RUMOS CONTEMPORÂNEOS DO DIREITO CIVIL

ESTUDOS EM PERSPECTIVA CIVIL-CONSTITUCIONAL

CARLOS EDISON DO RÊGO MONTEIRO FILHO

RUMOS CONTEMPORÂNEOS DO DIREITO CIVIL

ESTUDOS EM PERSPECTIVA CIVIL-CONSTITUCIONAL

Belo Horizonte

Fórum
CONHECIMENTO JURÍDICO

2017

© 2017 Editora Fórum Ltda.

É proibida a reprodução total ou parcial desta obra, por qualquer meio eletrônico, inclusive por processos xerográficos, sem autorização expressa do Editor.

Conselho Editorial

Adilson Abreu Dallari
Alécia Paolucci Nogueira Bicalho
Alexandre Coutinho Pagliarini
André Ramos Tavares
Carlos Ayres Britto
Carlos Mário da Silva Velloso
Cármen Lúcia Antunes Rocha
Cesar Augusto Guimarães Pereira
Clovis Beznos
Cristiana Fortini
Dinorá Adelaide Musetti Grotti
Diogo de Figueiredo Moreira Neto
Egon Bockmann Moreira
Emerson Gabardo
Fabrício Motta
Fernando Rossi
Flávio Henrique Unes Pereira

Floriano de Azevedo Marques Neto
Gustavo Justino de Oliveira
Inês Virgínia Prado Soares
Jorge Ulisses Jacoby Fernandes
Juarez Freitas
Luciano Ferraz
Lúcio Delfino
Marcia Carla Pereira Ribeiro
Márcio Cammarosano
Marcos Ehrhardt Jr.
Maria Sylvia Zanella Di Pietro
Ney José de Freitas
Oswaldo Othon de Pontes Saraiva Filho
Paulo Modesto
Romeu Felipe Bacellar Filho
Sérgio Guerra
Walber de Moura Agra

Luís Cláudio Rodrigues Ferreira
Presidente e Editor

Coordenação editorial: Leonardo Eustáquio Siqueira Araújo

Av. Afonso Pena, 2770 – 15º andar – Savassi – CEP 30130-012
Belo Horizonte – Minas Gerais – Tel.: (31) 2121.4900 / 2121.4949
www.editoraforum.com.br – editoraforum@editoraforum.com.br

M757r   Monteiro Filho, Carlos Edison do Rêgo
Rumos contemporâneos do direito civil: estudos em perspectiva civil-constitucional / Carlos Edison do Rêgo Monteiro Filho.– Belo Horizonte : Fórum, 2017.

348 p.
ISBN: 978-85-450-0230-7

1. Direito Civil. 2. Contratos. 3. Direito do Consumidor. I. Título.

CDD 342.1
CDU 347

Informação bibliográfica deste livro, conforme a NBR 6023:2002 da Associação Brasileira de Normas Técnicas (ABNT):

MONTEIRO FILHO, Carlos Edison do Rêgo. *Rumos contemporâneos do direito civil*: estudos em perspectiva civil-constitucional. Belo Horizonte: Fórum, 2017. 348 p. ISBN 978-85-450-0230-7.

Para Cristina, Maria Clara e Carlos Edison Neto, com amor.

SUMÁRIO

APRESENTAÇÃO 13

ARTIGOS, ENSAIOS E PARECERES

RUMOS CRUZADOS DO DIREITO CIVIL PÓS-1988 E DO
CONSTITUCIONALISMO DE HOJE 17

Aplicabilidade 23

A função social da posse 29

O bem de família 31

Um fato curioso à guisa de conclusão 35

REFLEXÕES METODOLÓGICAS: A CONSTRUÇÃO DO
OBSERVATÓRIO DE JURISPRUDÊNCIA NO ÂMBITO
DA PESQUISA JURÍDICA 37

1   Introdução 37

2   Resgate dos elos perdidos 40

2.1 Alteridade 44

3   Doutrinador colaborativo 46

4   Magistrado dialógico 50

5   Desenvolvimento de cultura hermenêutica no país 54

5.1 Rigor metodológico 56

6   O próximo passo: observatório legislativo 58

7   À guisa de conclusão 60

SUBVERSÕES HERMENÊUTICAS: A LEI DA COMISSÃO DA
ANISTIA E O DIREITO CIVIL-CONSTITUCIONAL 63

1   Introdução 63

2   O excessivo apego à subsunção no trato do assunto pelos Tribunais
     Regionais Federais 66

3	A oscilação do Superior Tribunal de Justiça	68
4	Origem e racionalidade da Lei da Comissão da Anistia	71
5	A metodologia civil-constitucional como instrumento para impedir subversões hermenêuticas	74

O CONCEITO DE DANO MORAL E AS RELAÇÕES DE TRABALHO 85

1	O enfrentamento do tema pela Justiça do Trabalho	85
2	Dano moral: conceito, pressupostos e prova	86
2.1	Dano moral por exclusão	87
2.2	Dano moral: teorias objetivas	87
2.3	Dano moral: teorias subjetivas	94
3	Caracterização do dever de ressarcir: verificação em concreto	95

O PRINCÍPIO DA REPARAÇÃO INTEGRAL E SUA EXCEÇÃO NO DIREITO BRASILEIRO 101

1	Trajetória pela reparação integral no Brasil	101
2	Natureza excepcional do parágrafo único do artigo 944 do Código Civil	107
3	Origens e racionalidade do dispositivo	109
4	Requisitos de aplicação	112
4.1	Excessiva desproporcionalidade	112
4.1.1	A culpa e as vicissitudes de sua gradação	113
4.2	Equidade na redução	118
4.3	Imperatividade *versus* facultatividade	125
5	O espectro de aplicabilidade da norma	127
5.1	Danos patrimoniais e extrapatrimoniais	127
5.2	Responsabilidade objetiva	132
6	Conclusões	134

DESAFIOS À CONCRETIZAÇÃO DO PRINCÍPIO DA REPARAÇÃO INTEGRAL NO SUPERIOR TRIBUNAL DE JUSTIÇA 137

1	Introdução: questões de responsabilidade civil contemporânea no acórdão do STJ	137
2	O embate entre causalidade e culpabilidade: análise da conduta do condomínio e da mãe	140
3	O problema da cumulação da reparação de danos morais e danos estéticos	144

4 Danos morais em razão do atraso no pagamento da indenização por parte da seguradora 148

5 Proposta de reflexão para concluir 150

DANO MORAL E *HOMO SACER*: O PROBLEMA DO ENUNCIADO Nº 385 DA SÚMULA DO SUPERIOR TRIBUNAL DE JUSTIÇA E SUA RECENTE AMPLIAÇÃO 151

1 Contornos da matéria na jurisprudência do Superior Tribunal de Justiça...151

2 Análise das premissas do entendimento cristalizado 156

2.1 Equiparação de dano moral a dor 156

2.2 Caracterização do dever de ressarcir em abstrato.......................... 161

2.3 Apego à subsunção 163

3 Notas conclusivas: releitura do caso sob a metodologia civil-constitucional 167

PROBLEMAS DE RESPONSABILIDADE CIVIL DO ESTADO 173

1 À guisa de introdução: a evolução do direito civil e a responsabilidade objetiva..173

2 Síntese do desenvolvimento da responsabilidade do Estado em quatro etapas 176

3 A responsabilidade por omissão: histórico da controvérsia acerca da natureza do dever de reparar o dano...183

3.1 O debate no âmbito do Supremo Tribunal Federal 186

3.2 Conclusão do ponto 190

4 A via de exercício do direito de regresso: debate sobre a denunciação da lide 193

4.1 Jurisprudência 195

4.2 Doutrina 198

4.3 Conclusões 200

5 Consideração final 202

LESÃO AO TEMPO: CONFIGURAÇÃO E REPARAÇÃO NAS RELAÇÕES DE CONSUMO.. 205

1 Introdução...205

2 O tempo como bem juridicamente tutelado 206

2.1 Dignidade e tempo da pessoa humana: liberdade e solidariedade....207

2.2 Manifestações do tempo nas relações jurídicas: prestação principal e deveres anexos da boa-fé objetiva.................................210

2.3 A reparabilidade da lesão ao tempo 214

3 Problemas de lesão temporal: reparação autônoma ou incidental 219

4 Repensando a dogmática: qualificação, limites da lesão ao tempo
e suas possibilidades reparatórias 221

O PROBLEMA DA MASSIFICAÇÃO DAS DEMANDAS CONSUMERISTAS: ATUAÇÃO DO PROCON E PROPOSTA DE SOLUÇÃO À LUZ DO DIREITO CONTEMPORÂNEO 229

1 Introdução: crise, contrato, responsabilidade civil e relações de
consumo 229

2 O problema da massificação das demandas 233

3 Três graus para a solução dos conflitos nas relações de consumo:
fornecedor, Procon e Judiciário 235

USUCAPIÃO IMOBILIÁRIA URBANA INDEPENDENTE DE METRAGEM MÍNIMA: UMA CONCRETIZAÇÃO DA FUNÇÃO SOCIAL DA PROPRIEDADE 245

1 Contornos introdutórios do caso em análise e o digladiar de
correntes antagônicas 245

2 Funcionalização: para que servem os direitos 246

3 Propriedade funcionalizada 249

4 Aquisição funcionalizada: hipóteses congêneres 254

5 Usucapião imobiliária urbana independente de metragem,
os valores em jogo e o aceso debate na jurisprudência.....................257

6 Considerações finais 263

USUCAPIÃO FAMILIAR: UM OLHAR SOBRE O NOVO INSTITUTO 265

O DIREITO DE VIZINHANÇA NO CÓDIGO CIVIL 269

1 Introdução...269

2 Características do direito de vizinhança 269

3 Parte geral do direito de vizinhança 271

3.1 Principais teorias do direito de vizinhança..272

3.2 A disciplina no Código de 2002: inovações e conteúdo da cláusula
geral..275

4 Parte especial do direito de vizinhança...277

4.1 Árvores limítrofes..277

4.2 Passagem forçada..278

4.3	Passagem de cabos e tubulações	279
4.4	Águas comuns	280
4.5	Linha divisória e direito de passagem	280
4.6	Direito de construir	281
4.7	Auxílio mútuo	282

PARECERES

AUTONOMIA CONTRATUAL EM ANÁLISE: UM PROBLEMA DE INTERPRETAÇÃO E QUALIFICAÇÃO DO NEGÓCIO EM CONCRETO 285

ROYALTIES E PARTICIPAÇÕES ESPECIAIS DEVIDOS PELA EXPLORAÇÃO DO PETRÓLEO: SEGURANÇA JURÍDICA, DIREITO ADQUIRIDO E BOA-FÉ OBJETIVA 295

1 Relatório. O objeto da consulta e o âmbito de projeção do problema 295

2 Fundamentação 297

2.1 Primeiro quesito: a violação do primado da segurança jurídica e do ato jurídico perfeito, em razão da anunciada aplicação do novo regime de distribuição de *royalties* às concessões licitadas anteriormente à vigência da Lei nº 12.534/2012 297

2.2 Segundo quesito: a violação do primado da segurança jurídica e do ato jurídico perfeito à luz do Contrato de Refinanciamento de Dívidas celebrado entre o Estado e a União 312

3 Conclusão 322

PREFÁCIOS E APRESENTAÇÕES

DO SONHO À AÇÃO: O RENASCIMENTO DA REVISTA DA FACULDADE DE DIREITO DA UERJ 325

PROBLEMAS DE RESPONSABILIDADE CIVIL 329

DIREITO DAS RELAÇÕES PATRIMONIAIS: ESTRUTURA E FUNÇÃO NA CONTEMPORANEIDADE 333

CURATELA E INTERDIÇÃO CIVIL 339

EXECUÇÕES EXTRAJUDICIAIS DE CRÉDITOS IMOBILIÁRIOS 341

CONTRATO PRELIMINAR: CONTEÚDO MÍNIMO E EXECUÇÃO 343

O MESTRE E SUA OBRA: APRESENTAÇÃO A *INSTITUIÇÕES DE DIREITO CIVIL*, VOL. IV, DE CAIO MÁRIO DA SILVA PEREIRA 347

APRESENTAÇÃO

Da reunião e atualização de alguns dos principais textos de minha produção científica nos últimos anos surge o livro que tenho a satisfação de apresentar. Trata-se de ensaios e artigos científicos decorrentes de atividade acadêmica realizada no âmbito da Faculdade de Direito da Universidade do Estado do Rio de Janeiro – UERJ, desenvolvida em grupos de pesquisa integrados por alunos de doutorado, mestrado e graduação. Selecionaram-se, ainda, pareceres que se propuseram a oferecer soluções para os problemas apresentados no bojo do dinamismo das relações econômicas privadas na contemporaneidade. Em comum, todos os trabalhos foram concebidos à luz da perspectiva crítica da metodologia civil-constitucional.

O livro se estrutura em dois eixos. O primeiro congrega trabalhos científicos que permeiam diferentes temas de direito civil. O elenco se inicia com reflexões sobre o próprio método civil-constitucional e, na sequência, inclina-se para a análise de matérias atinentes ao direito patrimonial. Dentre os aspectos abordados, a responsabilidade civil, os contratos, as relações de consumo e os direitos reais foram alvo de investigações específicas, sempre em função aplicativa da escala de valores consagrados pelo ordenamento jurídico. A segunda parte da obra agrupa algumas das apresentações e prefácios que tive a honra e o prazer de elaborar.

O processo de atualização se desenvolveu no âmbito do grupo de pesquisa homônimo da presente obra, por mim coordenado e que contou com a participação dedicada dos mestrandos Diana Paiva de Castro e Rodrigo Freitas, e do acadêmico Vynicius Guimarães, aos quais dedico sincero agradecimento.

ARTIGOS, ENSAIOS E PARECERES

RUMOS CRUZADOS DO DIREITO CIVIL PÓS-1988 E DO CONSTITUCIONALISMO DE HOJE*

Grande honra dividir a mesa com tão ilustre doutrina de direito constitucional. Agradecendo as palavras da apresentadora, quero cumprimentar o auditório: meu cumprimento a todos. Quero parabenizar especialmente o professor Gustavo Tepedino pela organização deste evento tão brilhante e que já se faz histórico, pela reunião de grandes professores, os maiores expoentes do direito civil-constitucional do mundo, personalidades de diferentes países, pela comunhão das ideias aqui debatidas, num encontro de várias gerações de estudantes e estudiosos do direito civil, e pela oportunidade, pela crença, pelo sentido de que se reveste: como mecanismo de transformação da realidade jurídica e, mais do que isso, de modificação do mundo dos fatos. Acho que estamos aqui, todos, experimentando momento único, e muito relevante. Portanto, eu comungo desses sentimentos e da grande alegria de estar aqui com vocês.

Eu vou dividir a minha apresentação em duas partes. Uma primeira, de acordo com o tema que me foi oferecido, que se consubstancia nos rumos cruzados do direito civil pós-1988 e do constitucionalismo de hoje, em que vou procurar identificar esses rumos, se é que eles já não estejam tão bem identificados pela plateia após tão brilhantes palestras, e verificar em que pontos ocorrem os tais cruzamentos. Num

---

* O trabalho foi originalmente publicado em *Direito civil contemporâneo: novos problemas à luz da legalidade constitucional*. Gustavo Tepedino (Org.). São Paulo: Atlas, 2008, Anais do Congresso Internacional de Direito Civil-Constitucional da Cidade do Rio de Janeiro, realizado em 21, 22 e 23 de setembro de 2006.

segundo momento, então, partirei em busca da aplicabilidade desses cruzamentos de rumo nos diferentes campos das relações privadas. Vale dizer: na primeira parte, a identificação dos rumos e a verificação de seus cruzamentos, e na segunda, a aplicabilidade dos "rumos cruzados" nos diversos segmentos das relações privadas.

A promulgação da Constituição de 1988 operou vigorosa transformação do direito civil, a impor a releitura de todas as suas instituições. A nova Carta ensejou tanto a revogação das disposições normativas incompatíveis com o seu texto e seu espírito, quanto a modificação interpretativa de todas as remanescentes. Rompeu com as bases e valores que até então prevaleciam, de cunho liberal, notadamente o individualismo e o patrimonialismo, e inaugurou nova ordem jurídica, calcada em valores existenciais, não patrimoniais, sobretudo no pluralismo e no solidarismo.[1]

Com efeito, perdeu o Código Civil de 1916, a partir do advento da Constituição de 1988, o *status* de "constituição do direito privado", ou de "centro do sistema do direito privado", como sucessivamente fora denominado,[2] passando a ter função meramente residual dentro do ordenamento jurídico pátrio. Frise-se que o advento do segundo Código Civil da história do Brasil, em 2002, em nada modifica tal ordem de considerações.

Como se sabe, o Código Civil de 1916 representava, quando do momento de sua vigência, a constituição do direito privado, a deter a exclusividade de sua regulação. Em tal cenário, o Código aspirava aos ideais de completitude, de ausência de lacunas. Posteriormente, o incremento do dado social, oriundo do progresso industrial aliado ao crescente fenômeno urbano, a reclamar normatização, importou no

---

[1]   Sobre a evolução do direito civil no Brasil e as mudanças ocorridas na disciplina com o advento do Constituição de 1988, ver TEPEDINO, Gustavo. "Premissas metodológicas para a constitucionalização do direito civil", artigo recentemente republicado na *RDE – Revista de Direito do Estado*, Ano 1, n. 2, p. 37-53, abr./jun. 2006; MORAES, Maria Celina Bodin de. A caminho de um direito civil constitucional. *Revista de Direito Civil*, n. 65, p. 21-65, jul./set. 1993; também dessa autora, Constituição e direito civil: tendências, *Revista dos Tribunais*, ano 89, v. 779, p. 47-63, set. 2000.

[2]   A respeito do significado "constitucional" dos códigos civis oitocentistas, dos quais o CC brasileiro de 1916 é fruto tardio, confiram-se: GIORGIANNI, Michele. O Direito privado e as suas atuais fronteiras. *Revista dos Tribunais*, ano 87, v. 747, p. 35-55, jan. 1998; e IRTI, Natalino. L'età della decodificazione, *Revista de Direito Civil*, n. 10, p. 15-33, out./dez. 1979. Segundo esse último autor: "Il mondo della sicurezza è, dunque, il mondo dei codici, che traducono, in ordinate sequenze di articoli, i valori del liberalismo ottocentesco. Di qui il significato 'costituzionale' dei codici civili, nel senso che essi non si limitano a disciplinare semplici congegni tecnici (più o meno perfetti e completi), ma raccolgono e fissano la filosofia della rivoluzione borghese" (p. 16-17).

paulatino e gradual crescimento de importância da legislação especial que florescia na penumbra da codificação. Pouco a pouco, a legislação de direito privado ia se avolumando e se adensando ao redor do Código Civil, de tal sorte que aquele vetusto desejo de completitude restara posto em xeque por observadores mais argutos.

A descrição da evolução normativa da época pode ser explicitada pela seguinte sequência: num primeiro momento, surgiram diversas leis extraordinárias que gravitavam ao redor do sistema do Código, mas que não lhe retiravam do centro do sistema jurídico (fase da excepcionalidade). Depois, essas leis, que, inicialmente, eram de emergência, extravagantes, foram se tornando cada vez mais densas e robustas, subtraindo inteiras matérias do bojo do Código Civil e passando a constituir verdadeiras legislações especiais (fase da especialização). Mais ainda: com o passar do tempo, chegou-se à era dos estatutos, quando parte da doutrina então destacou a passagem de um monossistema para um polissistema, a contemplar diferentes microssistemas que teriam critérios interpretativos próprios, peculiares, distintos entre si[3] – concepção criticada na palestra de ontem pelo Professor Perlingieri em resposta à instigante questão formulada pelo Professor Paulo Nalin.

Inegável que o Código Civil foi *pari passu* perdendo o *locus* privilegiado de que dispunha outrora. De fato, se a evolução do conjunto de leis de direito privado ao redor do Código Civil, chegando aos estatutos, retira do Código a conotação de centralidade, a Constituição da República então reunifica o sistema, e avoca, para o conjunto de valores que democraticamente reconhece, o ponto de referência antes constituído pelo Código Civil.[4] Assume posto central, do ápice do ordenamento jurídico, de todo o sistema jurídico (inclusive, do direito privado).[5]

---

[3] Nas palavras de Gustavo Tepedino (*Premissas...*, p. 45): "Com as modificações aqui relatadas, vislumbrou-se o chamado polissistema, onde gravitariam universos isolados, que normatizariam inteiras matérias a prescindir do Código Civil. Tais universos legislativos foram identificados pela mencionada doutrina como microssistemas, que funcionariam com inteira independência temática, a despeito dos princípios do Código Civil. O Código Civil passaria, portanto, a ter uma função meramente residual, aplicável tão-somente em relação às matérias não reguladas pelas leis especiais".

[4] À luz de sólida doutrina, adotou-se aqui a premissa de constituir o ordenamento um sistema unitário. Ao propósito, vejam-se as lições de Pietro Perlingieri: "A questão da aplicabilidade simultânea de leis inspiradas em valores diversos (...) resolve-se somente tendo consciência de que o ordenamento jurídico é unitário. A solução para cada controvérsia não pode mais ser encontrada levando em conta somente o artigo de lei que parece contê-la e resolvê-la, mas, antes à luz do inteiro ordenamento jurídico, e, em particular, de seus princípios fundamentais, considerados como opções de base que o caracterizam" (*Perfis do direito civil*. Tradução de Maria Cristina De Cicco. Rio de Janeiro: Renovar, 1997, p. 5).

[5] Nesse sentido, leia-se o que diz Maria Celina Bodin de Moraes (A caminho de um direito civil constitucional..., p. 24): "Diante da nova Constituição e da proliferação dos chamados

CARLOS EDISON DO RÊGO MONTEIRO FILHO
RUMOS CONTEMPORÂNEOS DO DIREITO CIVIL – ESTUDOS EM PERSPECTIVA CIVIL-CONSTITUCIONAL

Após toda essa longa caminhada, não há maiores dificuldades em se constatar, hoje, a existência de um conjunto de fatores decorrentes da influência do Texto Constitucional de 1988 e de suas potencialidades práticas e interpretativas que, reunidos, tomaram a designação de "Direito Civil-Constitucional". Sem necessidade de digressões outras, é para esse rumo que caminha e que se vem desenvolvendo o direito civil pós-88.

Diante dessa perspectiva contemporânea do direito civil se consolidaram novos paradigmas para a compreensão da matéria, baseados, sobretudo, nas seguintes proposições:

- identificação do marco axiológico supremo do ordenamento jurídico na dignidade humana e na solidariedade;
- distinção e prevalência, nas situações de conflito, dos valores não patrimoniais sobre os patrimoniais, por opção, democrática, do Poder Constituinte;
- funcionalização dos institutos jurídicos à tábua axiológica da Constituição, com a submissão de todas as situações jurídicas subjetivas a controle de merecimento de tutela, com base no projeto constitucional;
- reconhecimento da abertura do sistema aos valores constitucionalmente assegurados, a permitir a unidade interpretativa do ordenamento jurídico;
- ocaso da subsunção, diante da indivisibilidade do processo de interpretação-aplicação do ordenamento jurídico, em perspectiva sistemático-axiológica, a superar a obrigatoriedade da existência de norma infraconstitucional para o deslinde do caso prático;
- consagração da historicidade-relatividade dos institutos jurídicos, que assim podem desempenhar distintas funções, a depender do contexto histórico, geográfico, cultural e social em que se inserem;
- valorização da situação concreta e de suas especificidades sob a perspectiva da isonomia substancial, buscando-se tutelar,

---

microssistemas, como, por exemplo, a Lei do Direito Autoral, e recentemente, o Estatuto da Criança e do Adolescente, o Código de Defesa do Consumidor e a Lei das Locações, é forçoso reconhecer que o Código Civil não mais se encontra no centro das relações de direito privado. Tal pólo foi deslocado, a partir da consciência da unidade do sistema e do respeito à hierarquia das fontes normativas, para a Constituição, base única dos princípios fundamentais do ordenamento".

ao máximo, as diferenças – proteção especial aos idosos, crianças e adolescentes, e pessoas com deficiência;

- superação definitiva da dicotomia público-privado, proporcionando a interpenetração das searas e a redefinição permanente da noção de ordem pública;
- consagração da função social das instituições jurídicas, notadamente o contrato e a propriedade – o direito passa a ser visto sob a perspectiva mais ampla da sua função promocional.

Não seria exagerada a afirmativa de que a lista formulada anteriormente, talvez com algumas variações de vocabulário, também poderia sintetizar substancialmente os rumos do constitucionalismo de hoje. Eventuais acréscimos talvez se justifiquem em virtude do fato de que a matéria constitucional envolve políticas públicas e deveres específicos que são atribuídos especificamente ao Estado e fogem à esfera das relações entre particulares (de defesa, prestacionais, de proteção).

Segundo o professor Luís Roberto Barroso, os fatores que refletem a ideologia do constitucionalismo democrático se resumem no poder limitado, na dignidade da pessoa humana, na promoção e na preservação dos direitos fundamentais, na realização da justiça material, no respeito à diversidade, na solidariedade, na soberania popular e na felicidade.[6]

Esse mesmo elenco se identifica, em grande parte, com os novos paradigmas do direito civil atual. Com efeito, ambas as disciplinas têm em comum o fato de que buscam conferir máxima efetividade[7] às disposições da Constituição,[8] tutelando, de forma privilegiada, a pessoa humana – valor supremo do ordenamento.[9]

---

[6] O elenco foi apresentado pelo professor na palestra proferida por ocasião do mesmo Congresso Internacional de Direito Civil-Constitucional da Cidade do Rio de Janeiro. Em outra ocasião, o autor apresentou elenco semelhante: "O constitucionalismo democrático foi a ideologia vitoriosa do século XX. Nele se condensam as promessas da modernidade: poder limitado, dignidade da pessoa humana, preservação e promoção dos direitos fundamentais, realização da justiça material, respeito à diversidade." (O triunfo inacabado do direito constitucional, editorial do 1º v. da *Revista de Direito do Estado*, jan./mar. 2006).

[7] "Efetividade, em suma, significa a realização do Direito, o desempenho concreto de sua função social. Ela representa a materialização, no mundo dos fatos, dos preceitos legais e simboliza a aproximação, tão íntima quanto possível, entre o *dever-ser* normativo e o *ser* da realidade social. (BARROSO, Luís Roberto. *Temas de Direito Constitucional*. Rio de Janeiro: Renovar, 2005. t. III. p. 71).

[8] "(...) a partir da década de 1990, surge um outro discurso, alentado por uma geração de novos constitucionalistas brasileiros: se a nova Constituição consagra um projeto tão generoso de transformação social e de emancipação, por que não lutar pela sua efetivação? Desde então, a efetividade da Constituição, ou seja, a transposição dos seus princípios

Além disso, ambas as searas do direito – o direito civil e o constitucional – passam a dar mais valor à análise do caso concreto, em detrimento da concepção abstrata dos institutos, preconizando a utilização do método de ponderação na solução de conflitos. Tais foram as constatações deduzidas nas palestras que me antecederam. E a repetição aqui não é mera coincidência.

Resguardadas suas especificidades, e, naturalmente, as variações das diferentes correntes de fundamentação teórica em ambas as disciplinas, o fato é que aumentaram os pontos de interseção no objeto do estudo do direito civil e do direito constitucional.

A convergência se dá, sobretudo, no que concerne à investigação da aplicabilidade das normas de sede constitucional, definidoras de princípios e valores supremos do ordenamento jurídico, às relações privadas, notadamente nas áreas abrangidas pelo espectro dos denominados direitos fundamentais.[10]

Em comum, às doutrinas mais sociais do constitucionalismo e ao direito civil-constitucional, destaca-se, portanto, a busca de uma maior efetividade às normas constitucionais, numa tentativa de conferir máxima eficácia social aos direitos fundamentais, em busca da realização

---

e valores para o mundo real, tornou-se uma verdadeira obsessão dentre os juristas que acalentam um projeto de justiça social para o país" (SARMENTO, Daniel. Ubiqüidade constitucional: os dois lados da moeda. *Revista de Direito do Estado*, ano 1, n. 2, p. 95-96, abr./jun. 2006).

[9] Confira-se, a propósito, a síntese de Ingo Sarlet acerca da importância da relação direitos fundamentais – dignidade humana: "Com efeito, sendo correta a premissa de que os direitos fundamentais constituem – ainda que com intensidade variável – explicitações da dignidade da pessoa, por via de conseqüência e, ao menos em princípio (já que exceções são admissíveis, consoante já frisado), em cada direito fundamental se faz presente um conteúdo ou, pelo menos, alguma projeção da dignidade da pessoa". E, mais adiante, arremata: "Em suma, o que se pretende sustentar de modo mais enfático é que a dignidade da pessoa humana, na condição de valor (e princípio normativo) fundamental que 'atrai o conteúdo de todos os direitos fundamentais', exige e pressupõe o reconhecimento e proteção dos direitos fundamentais de todas as dimensões (ou gerações, se assim preferimos). Assim, sem que se reconheçam à pessoa humana os direitos fundamentais que lhe são inerentes, em verdade estar-se-á negando a própria dignidade". (SARLET, Ingo. *Dignidade da pessoa humana e direitos fundamentais na Constituição Federal de 1988*. 4. ed. rev. atual. Porto Alegre: Livraria do Advogado, 2006, p. 84-85).

[10] "Na verdade, os direitos fundamentais – coração das constituições contemporâneas – deixarão de ser compreendidos exclusivamente como direitos subjetivos. Será acrescida uma 'mais-valia', conhecida como 'dimensão objetiva'. Em razão desta dimensão objetiva, estes direitos serão considerados também como valores dotados de uma força irradiante, que permitirá a eles penetrarem em relações jurídicas distintas daquelas para as quais foram inicialmente concebidos – inclusive em relações privados – e influenciaram na interpretação e aplicação de outras normas jurídicas, especialmente as expressas em linguagem mais aberta e indeterminada" (SARMENTO, Daniel. Ubiqüidade..., p. 89-90).

dos anseios de construção de uma sociedade livre, justa e solidária, para usar a dicção do art. 3º, inciso I, Constituição da República.

Apontados esses rumos e bem delimitados os escopos do direito civil pós-1988 e do direito constitucional (de hoje) e os seus cruzamentos, parte-se, agora, para a segunda parte desta breve exposição, cuidando-se, ainda que rapidamente, da aplicação de alguns pontos do cruzamento nos diferentes segmentos das relações privadas.

Aplicabilidade

O Corpo. Em primeiro lugar, será abordada a questão do *direito ao corpo*, diante das transformações que vem sofrendo em virtude da evolução no campo da chamada biotecnologia.[11] Em face desses avanços da ciência, cria-se uma série de novas questões que merecem a atenção dos juristas. A título de exemplo, conforme bem lembrado pela professora Maria Celina Bodin de Moraes,[12] surge a questão dos *chips* introduzidos sob a pele das pessoas para todos os fins imagináveis, como o controle do consumo em boates, a segurança antissequestro no Brasil e mesmo para vigiar as liberdades condicionais concedidas aos presos.

Mas o que interessa, por ora, é a *perda da unidade* do corpo humano. Com o incremento da tecnologia, o corpo passa a se decompor em produtos, que, separados de sua origem, podem ser utilizados em outros corpos ou situações.[13]

Na Alemanha, por exemplo, ocorreu um caso dramático. Uma pessoa queria se submeter a um tratamento médico que poderia levá-la à esterilidade. Assim, antes de iniciar o tratamento, ela decidiu colher o seu sêmen e depositá-lo em um banco, ao qual pagaria por

---

[11] A questão é abordada, com primor, no artigo de Stefano Rodotà, "Transformações do CORPO", tradução de Maria Celina Bodin de Moraes, *Revista Trimestral de Direito Civil*, v. 19, p. 91-107, jul./set. 2004.

[12] A referência é à palestra proferida pela autora no mesmo Congresso Internacional de Direito Civil-Constitucional da Cidade do Rio de Janeiro.

[13] Em outro momento histórico, ainda que sob forte influência do paradigma do direito de propriedade, asseverou De Cupis: "Por conseqüência, se quisermos exprimir-nos exatamente, devemos dizer que a separação constitui o fato jurídico pelo qual a parte do corpo deixa de estar compreendida, não no objeto do inexistente *jus in se ipsum*, mas sim no elemento corpóreo do centro originário dos bens que são objeto dos direitos da personalidade. Esta proposição complexa explica-se tendo presente: primeiro, que os modos de ser da pessoa, que constituem o objeto dos direitos da personalidade, estão em função da própria pessoa, da qual representam a especificação e a emanação; segundo, que o corpo constitui um dos elementos da pessoa" (CUPIS, Adriano de *Os direitos da personalidade*. Tradução de Afonso Celso F. Rezende. Campinas: Romana, 2004, p. 96).

esse serviço. Realizado o tratamento, ao cabo bem-sucedido, a pessoa se tornou estéril. Quando quis, então, ter um filho biológico, o sujeito foi informado de que o seu material genético havia sido destruído acidentalmente por um funcionário do banco. Diante disso, não lhe restou alternativa senão o ajuizamento de uma ação, contra o banco de sêmen, em que pretendia obter a reparação dos danos sofridos. E não é difícil de se imaginar, aqui, que se trata de um caso de dano irreparável, consubstanciado na perda da chance de ter um filho próprio. Ao final, o seu pedido foi julgado procedente, e a Corte Constitucional Alemã quantificou a reparação de danos morais em 12.500 euros.[14]

Hoje, percebe-se que os dados genéticos podem ser obtidos com baixo índice de invasão. Um lenço usado, uma ponta de cigarro, um fio de cabelo, etc. podem traduzir, por si sós, todo o quadro de saúde de uma pessoa, atual e futuro. Diante disso, novas questões éticas passam a surgir. Será que a finalidade de identificação e segurança pode justificar qualquer utilização tecnicamente possível do corpo humano? Essa é a pergunta que se faz.

Nesse contexto de variadas possibilidades de investigação do DNA das pessoas, a Carta dos Direitos Fundamentais da União Europeia, em seu art. 21,[15] proibiu qualquer discriminação em virtude do patrimônio genético. E isso é de muita importância, especialmente nas relações de trabalho e nas relações de contrato de seguro, em razão da relevância de tais informações para esses tipos de avença.

Também se sustenta a necessidade de se reduzir a manipulação dos dados pessoais identificadores, limitando a sua coleta ao mínimo necessário para se atingir as finalidades legítimas. Revela-se, aqui, o princípio da proporcionalidade, devendo-se obter um mínimo de sacrifício possível para a finalidade que se quer alcançar.

De qualquer sorte, embora o corpo tenha se tornado múltiplo, podendo se decompor em diversas partes, ele deve ser visto como uno. Deve-se olhar para a pessoa em concreto, cuja integridade é tutelada pelo ordenamento, sobretudo em razão da dignidade humana

---

[14] Confira-se o inteiro teor em: <http://glowadis.wordpress.com/2013/06/21/9-november-1993-bghz-124-52/>.

[15] "Artigo 21. Não discriminação: 1. É proibida a discriminação em razão, designadamente, do sexo, raça, cor ou origem étnica ou social, características genéticas, língua, religião ou convicções, opiniões políticas ou outras, pertença a uma minoria nacional, riqueza, nascimento, deficiência, idade ou orientação sexual. 2. No âmbito de aplicação do Tratado que institui a Comunidade Européia e do Tratado da União Européia, e sem prejuízo das disposições especiais destes Tratados, é proibida toda a discriminação em razão da nacionalidade."

garantida constitucionalmente. Fala-se, assim, na "constitucionalização do corpo".[16]

Assim, partindo-se de uma leitura constitucional do direito civil, não se pode deixar de reconhecer a proteção dos dados pessoais como direito fundamental. Como se viu, isso decorre da tutela, mais ampla, conferida pela Constituição à pessoa humana. É essa a perspectiva que o direito deve assumir, diante dos rumos do direito civil pós-88 e do constitucionalismo atual, apresentados sucintamente na primeira parte desta exposição.[17]

Contratos. Dito isso, passamos a uma outra ordem de considerações. Ingressamos agora no campo dos contratos, especialmente na amplitude dos domínios do inadimplemento das obrigações, cujo foco será o da ampliação do espectro do adimplemento, ou seja, da ampliação do espectro do cumprimento das obrigações e, por via de consequência, também ampliação do espectro do inadimplemento.

Nesse ponto, surgem figuras interessantes com as quais a doutrina vem se ocupar, como a violação positiva do contrato por descumprimento de deveres anexos, carreados pela boa-fé objetiva, a figura do adimplemento substancial com fundamento no princípio da boa-fé e, por outro ângulo, a possibilidade de o inadimplemento contratual gerar danos extrapatrimoniais.

Em tema de atividade econômico-privada, a Constituição da República rompeu com a ótica produtivista e patrimonialista, então frequente no campo dos direitos obrigacionais. Hoje, fala-se em extensão, ampliação, da noção do inadimplemento, a qual ocorre, sobretudo, em virtude da força do princípio da boa-fé objetiva.[18]

Passamos de uma situação em que a relação jurídica obrigacional era simples e estática, voltada tão somente ao cumprimento da prestação principal, para uma relação obrigacional complexa e dinâmica, no

---

[16] A expressão foi cunhada pelo jurista italiano Stefano Rodotà, no artigo mencionado na nota nº 11.

[17] Anota, sobre parte da temática enfocada no texto, Pietro Perlingieri que: "O dano à saúde, como dano à pessoa, tem sempre sua autonomia e encontra fundamento nos princípios constitucionais – (...) – que reconhecem na pessoa o valor central do ordenamento à luz do qual se deve reler a normativa ordinária, incluindo todas as disciplinas sobre a responsabilidade civil" (*op. cit.*, p. 175).

[18] Segundo Teresa Negreiros "(...) o princípio da boa-fé representa, no modelo atual de contrato, o valor da ética: lealdade, correção e veracidade compõem o seu substrato, o que explica a sua irradiação difusa, o seu sentido e alcance alargados, conformando todo o fenômeno contratual, e, assim, repercutindo sobre os demais princípios, na medida em que a todos eles assoma o repúdio ao abuso da liberdade contratual a que tem dado lugar a ênfase excessiva no individualismo e no voluntarismo jurídicos" (*Teoria do contrato*: novos paradigmas. 2. ed. Rio de Janeiro: Renovar, 2006, p. 116)

sentido de comportar, além das prestações principais, outras prestações secundárias, acessórias ou anexas. São esses deveres, decorrentes da boa-fé, que agora nos interessam.

A relação obrigacional também passa a ser vista como dinâmica, isto é, a visão da obrigação como processo a caminhar para o cumprimento das obrigações.

Portanto, partiu-se de um modelo dicotômico – mora ou inadimplemento absoluto – previsto no Código Civil de 1916, para o modelo tricotômico, oxigenado pelos valores constitucionais e a abranger, além do inadimplemento absoluto e da mora, a violação positiva do contrato.

Essa terceira via no espectro do estudo do inadimplemento contratual corresponde à violação de deveres anexos de boa-fé, como informação, lealdade, cooperação e proteção. Tendo em vista que os deveres de boa-fé são insuscetíveis de categorização *a priori*, entendemos sua violação como uma nova espécie de violação positiva do contrato, informada pela axiologia da Constituição da República.

Isso tudo sem embargo de os deveres de boa-fé se projetarem não só para a execução do contrato, como para impor deveres aos contratantes, mesmo antes da celebração do contrato (fase pré-contratual) e até mesmo depois da celebração do contrato (fase pós-contratual).[19]

Impende, ainda, destacar a figura do adimplemento substancial baseado no princípio da boa-fé objetiva e que tem como efeito principal impedir a resolução do negócio jurídico em virtude do inadimplemento pouco significativo, incapaz de abalar a comutatividade, o equilíbrio das prestações do contrato.

Essa figura tem como requisito o fato de a prestação pactuada ter sido substancialmente satisfeita pelo devedor, não havendo, portanto, abalo à comutatividade e ao equilíbrio contratual.

Exemplos que cumulam na jurisprudência dizem respeito à compra e venda em prestações, quando, por exemplo, o devedor paga 48, 49 prestações de um parcelamento de 50 vezes. Nesses casos, o credor possui o direito de exigir o cumprimento da obrigação, mas lhe é negada a possibilidade de exigir o desfazimento e a retomada do bem em função daquela mínima parte em que foi descumprida a avença pelo devedor.[20]

---

[19] E ao falar também na boa-fé eu homenageio daqui o professor querido Antonio Junqueira e a professora Judith Martins Costa, dois dos maiores nomes do assunto, no direito brasileiro.

[20] "Alienação fiduciária. Busca e apreensão. Falta da última prestação.
Adimplemento substancial. O cumprimento do contrato de financiamento, com a falta apenas da última prestação, não autoriza o credor a lançar mão da ação de busca e

Ademais, é de se reconhecer a possibilidade de o descumprimento contratual gerar, além dos prejuízos patrimoniais à parte lesada, danos não patrimoniais, mercê da nova tábua de valores constitucionais, sob pena de se subverter a hierarquia do ordenamento que reconduziu a pessoa humana ao seu vértice.

Hoje o princípio da reparação integral impõe seja contemplado o dano moral sofrido independentemente da natureza do fato que o originou. Na essência, pouco importa se proveniente de responsabilidade civil contratual ou extracontratual, se a vítima é contratante ou terceiro, se a relação é de consumo ou paritária. Em qualquer situação jurídica, presentes os pressupostos de configuração do dano, impõe-se o dever de repará-lo.

Entretanto, há a necessidade premente de se construir critérios a separar as situações que causem ou não danos extrapatrimoniais. Nesse sentido, o Tribunal de Justiça do Rio de Janeiro editou o Verbete nº 75 de sua Súmula, nos seguintes termos: "O simples descumprimento do dever legal ou contratual por caracterizar mero aborrecimento, em princípio, não configura dano moral, salvo se da infração advém circunstâncias que atentam contra a dignidade da parte".

Nesse ponto, natureza dos valores em jogo envolvidos no contrato e também a boa-fé, que deve pautar a atuação dos contratantes, são balizamentos seguros para se definir as hipóteses em que cabe ou não dano moral pelo inadimplemento do contrato. Com fito de auxiliar o intérprete ao deslinde dessas situações, mostra-se importante avaliar quais são os valores perseguidos ou presentes no contexto em que a avença se desenvolveu.

Se em jogo a saúde ou a própria vida humana, como em tema de responsabilidade médica, identifica-se, de pronto, o fortíssimo fator de diferenciação, cabendo, nesses casos, a reparação pelos danos morais eventualmente sofridos.

No mesmo sentido, o bem-estar almejado com a viagem de férias – para lembrar a hipótese já consagrada na jurisprudência italiana

---

apreensão, em lugar da cobrança da parcela faltante. O **adimplemento substancial** do contrato pelo devedor não autoriza ao credor a propositura de ação para a extinção do contrato, salvo se demonstrada a perda do interesse na continuidade da execução, que não é o caso.

Na espécie, ainda houve a consignação judicial do valor da última parcela.

Não atende à exigência da boa-fé objetiva a atitude do credor que desconhece esses fatos e promove a busca e apreensão, com pedido liminar de reintegração de posse.

Recurso não conhecido" (STJ. QUARTA TURMA. Relator Ministro RUY ROSADO DE AGUIAR. REsp nº 272739. *DJ* 01/03/2001).

(*danno da vacanza rovinata*) e agora também analisada pelos tribunais brasileiros – também deve ser considerado para se conferir reparação por danos morais pelo inadimplemento dos contratos de turismo. Em tais hipóteses, a perda da oportunidade lúdica, às vezes única na vida das pessoas, faz exsurgir o evidente dano moral, que enseja o direito à reparação, conforme previsto no ordenamento jurídico.

O outro fator de diferenciação relevante, principalmente no que tange à quantificação, é a presença de deliberada conduta dirigida em sentido contrário à boa-fé; afinal, malferir a boa-fé é malferir o projeto solidário existencialista consagrado na Constituição.

Como exemplo de violação dolosa da boa-fé, destaca-se um caso julgado pelo Tribunal de Justiça do Rio Grande do Sul[21] em que uma famosa emissora televisiva (SBT) celebrou um contrato com um grupo de naturistas, para que fosse veiculada uma reportagem acerca dos costumes, da vida e da rotina daquelas pessoas. O contrato, que envolvia a privacidade e os valores daquele grupo, foi clausulado nos moldes do direito norte-americano. Assim, o negócio minudenciava estritamente cada aspecto da relação, determinando, entre outras coisas, que a exibição das imagens estava condicionada à apresentação em um programa específico da emissora (SBT Repórter) e por um único repórter, que seria, segundo os naturistas, insuspeito, isento, sério para desenvolver a reportagem.

Num primeiro momento, o SBT cumpriu literalmente a avença, mandando a equipe de reportagem ao local e produzindo a matéria,

---

[21] "Ementa: Ação de reparação por danos materiais e morais. Naturismo. Filmagem e reportagem. Autorização para o fim precípuo de ser a reportagem mostrada de forma não sensacionalista. Exibição deturpada no "Programa do Ratinho". Ilegitimidade Passiva da TVSBT Canal 5 de Porto Alegre. São legitimados para agir, ativa e passivamente, os titulares dos interesses em conflito: legitimação ativa terá o titular do interesse afirmado na pretensão, passiva terá o titular do interesse que se opõe ao afirmado na pretensão. Preliminar rechaçada. Quantum indenizatório. Lei de Imprensa. A indenização deve ser fixada a partir dos critérios utilizados nas demais demandas lastreadas na reparação do Código Civil. Seguem-se os lindes do Código Civil, dado o princípio da ampla reparabilidade estatuído no art. 5º, X, da Constituição Federal. Danos morais. Situação que não recomenda a mitigação do valor indenizatório, senão autoriza seu exasperamento, porquanto os fatos perpetrados revelam lesão que se espraia para além do grave, adentrando a seara do gravíssimo: ao par da violação do ajuste, infringindo-se capitalmente o *pacta sunt servanda*), o ataque à dignidade, ideologia, decoro, intimidade, privacidade e outros direitos constitucionalmente amparados foi grotesco. Danos materiais. Danos materiais incluídos nos danos morais, já que a questão não diz com negociação de imagem, tampouco contratação dessa, senão violação de direitos personalíssimos. desprovimento do apelo das rés, por unanimidade, e parcial provimento da apelação dos autores, majorando-se a indenização à quantia de 1.000 salários mínimos para cada autor, por maioria." (Apelação Cível nº 70003521176, 9ª CC, TJRS, Rel.: Ana Lúcia Carvalho Pinto Vieira, j. 11/12/2002)

que foi divulgada em rede nacional. Tendo em vista a tamanha repercussão, a emissora, movida por interesse comercial, enviou as imagens ao conhecido Programa do Ratinho, que, por sua vez, transmitiu jocosamente a reportagem, denegrindo a imagem e ofendendo a honra daquelas pessoas.

O grave descumprimento do acordo ensejou, assim, a ação de reparação de danos morais no Tribunal de Justiça do Rio Grande do Sul. Em primeira instância, foi fixada a quantia de 100 salários mínimos para cada autor. O Tribunal, em sede de apelação, verificando a gravidade da conduta e a contrariedade à boa-fé, aumentou a reparação em 10 vezes, passando a 1000 salários mínimos, por autor, a reparação na hipótese concreta.[22]

Portanto, para a reparação do dano moral, conclui-se ser imprescindível a avaliação dos valores em jogo e da conduta do ofensor.

A função social da posse

Passa-se agora ao terceiro ponto desta segunda parte da exposição, que diz respeito à posse e sua função social. A disciplina da posse no Código Civil, influenciada pela normativa constitucional, é definida como o poder de fato, protegido juridicamente, que se exerce sobre uma coisa. Do conceito, pode-se perceber que a posse é um exercício de fato, na fórmula deliberadamente redundante da doutrina civilista. Existe independentemente de título, constituindo-se antes no simples exercício de uma das faculdades inerentes ao domínio.

Cuida-se de um direito, portanto, autônomo, com ações próprias, independente da propriedade. A partir de tal conceito, extraem-se os principais efeitos da posse, entre os quais se encontram (i) o direito de defesa possessória, (ii) o direito de indenização das benfeitorias e a retenção de frutos, conforme o caso, e, talvez apontado como principal efeito, (iii) a possibilidade de a posse se converter em propriedade por usucapião.

---

[22] Vale notar que, em data posterior à palestra, o STJ julgou parcialmente procedente o recurso especial interposto pelo SBT contra os naturistas, para reduzir o montante da indenização para R$200.000,00 para cada autor. Confira-se a ementa do acórdão: "Responsabilidade Civil. Abuso na veiculação de imagens por canal de televisão. Desrespeito à honra e dignidade. Dano moral. *Quantum indenizatório*. Redução. 'O valor da indenização por dano moral não pode escapar ao controle do Superior Tribunal de Justiça' (REsp n. 53.321/RJ, Min. Nilson Naves). Recurso especial parcialmente conhecido e provido para redução do *quantum* indenizatório, de acordo com as peculiaridades do caso concreto." (REsp nº 838.550/RS, 4ª T., Min. Rel. CESAR ASFOR ROCHA, j. 13.02.07).

Segundo a doutrina civil-constitucional, e com base nas preciosas lições do professor Gustavo Tepedino, pode-se concluir que a justificativa da tutela jurídica da posse encontra-se diretamente ligada à função social que desempenha o possuidor. "São os valores sociais da habitação, do trabalho, da dignidade da pessoa humana que justificam a autonomia normativa da posse" e bem assim os efeitos que ela pode gerar.

É conhecida, nesse contexto, a veemente expressão do professor Ebert Chamoun, relator da parte de direitos reais na comissão que elaborou o projeto do Código Civil de 2002: "A posse é o exercício de fato de alguma das faculdades inerentes ao domínio, independentemente do domínio, sem o domínio ou até mesmo contra o domínio".

Recentemente, foi elaborado o Enunciado interpretativo nº 76 do Conselho de Justiça Federal, nas jornadas de direito civil em Brasília, que preconiza: "o possuidor direto tem direito a defender a sua posse contra o indireto, e este contra aquele", do qual se extrai que, para efeitos de estudo da tutela possessória, pode-se dividir a posse em dois aspectos, em um aspecto estrutural e um aspecto funcional.

Seguindo a divisão didática a que ora se faz alusão, o aspecto estrutural significa o momento estático da tutela possessória e o aspecto funcional, o momento dinâmico dessa mesma tutela. Estudam-se, em termos de estrutura, os poderes do possuidor. Quando se enfoca a função, em jogo se põe "o controle da legitimidade da posse, a justificativa finalística dos poderes do possuidor em razão das exigências suscitadas por outros centros de interesse dignos de tutela".

Por isso mesmo é que a função social da posse pode ser desempenhada em conjunto com a função social da propriedade ou autonomamente em relação à propriedade.

Afirma Gustavo Tepedino que, se a função social da posse é exercida conjuntamente com a propriedade, a função social desta absorve a daquela e o controle funcionalizante vai ser feito em razão da função social da propriedade prevista constitucionalmente. Por outro lado, se a função social da posse é exercida diretamente, independente da propriedade, a tutela possessória dependerá do direcionamento do exercício possessório aos valores tutelados pelo ordenamento que legitimem e justifiquem a sua proteção legal.

Em conclusão, verifica-se que da dicotomia abordada decorrem dois efeitos da função social da posse: em primeiro lugar, à luz do direito constitucional, não há precedência hierárquica da propriedade sobre a posse, e eventual controvérsia entre a posse e a propriedade não admite solução *a priori*. Há que se verificar, no caso concreto, o deslinde para a solução apresentada. Em segundo lugar, destaca-se a autonomia da posse em relação ao direito de propriedade, a qual poderá ser salvaguardada frente ao próprio direito de propriedade, se a posse cumprir a função social do bem em questão.[23]

O bem de família

Chega-se, enfim, à disciplina do bem de família para se concluir a presente exposição. O bem de família voluntário, previsto no Código Civil de 1916, não logrou, como se sabe, nenhum êxito social; não era norma muito efetiva, seja pela carestia de sua implementação, seja por desconhecimento do direito que dela derivava. O fato é que não se recorria ao expediente tipificado na norma codificada.

Somente a partir de 1988 e, posteriormente, com a promulgação da Lei nº 8.009/90, já inspirada pelo projeto constitucional, é que houve uma grande dinamização do tema, passando a disciplina do bem de família de voluntária para legal, a prever a tutela de forma automática, constatados os requisitos da norma.[24]

Logo, com o desenvolver dos anos, dois aspectos atraíram a atenção da nossa doutrina e jurisprudência.[25]

---

[23] Quanto à autonomia da posse e sua função social, remete-se à obra do Professor Luiz Edson Fachin, intitulada *A função social da posse e a propriedade contemporânea*. Porto Alegre: Fabris, 1988.

[24] "O bem de família, como estruturado na Lei n. 8.009/90, é o imóvel residencial, urbano ou rural, próprio do casal ou da entidade familiar e/ou imóveis da residência, impenhoráveis por determinação legal. Como resta evidente nesse conceito, o instituidor é o próprio Estado, que impõe o bem de família, por norma de ordem pública, em defesa da célula familial. Nessa lei emergencial, não fica a família à mercê de proteção, por seus integrantes, mas é defendida pelo próprio Estado, de que é fundamento. (...) Como faço ver, o novo bem de família, criado pela Lei n. 8.009, de 1990, é completamente diverso do modelo de Código Civil de 1916 e do atual, malgrado as inovações por este cuidadas. Nos Códigos de 1916 e atual, o bem de família é imóvel, como o cogitado no art. 1º da Lei n. 8.009/90, somente que, naqueles, a instituição depende de iniciativa de seu proprietário e do cumprimento de uma série enorme de formalidades, com os inconvenientes mostrados; neste, a constituição do bem de família é imediata e *ex lege*, desde que ocorram as hipóteses previstas no dispositivo de emergência, incluídos, ainda, bens móveis" (AZEVEDO, Álvaro Villaça. Bem de família. *In: Direito de família e o Novo Código Civil*. DIAS, Maria Berenice; PEREIRA, Rodrigo da Cunha (Coord.). 4. ed., 2. tir. Belo Horizonte: Del Rey, 2006, p. 215-216.

[25] Para um panorama do tema à luz da jurisprudência brasileira, ver COSTA, Pedro de Oliveira da. O "bem de família" na jurisprudência do STJ. *Revista Trimestral de Direito Civil*. v. 3, jul./set. 2000, p. 178, segundo o qual: "Há até bem pouco tempo, era praticamente unânime o entendimento de que o benefício da impenhorabilidade do bem de família não poderia ser estendido ao devedor solteiro que residisse sozinho, alegando os defensores dessa tese que a Lei nº 8.009/90 teria sido clara ao prever a impenhorabilidade do 'imóvel

Primeiramente, o alargamento do conceito em nome do emprego dos valores constitucionais, da isonomia substancial, da tutela da dignidade humana e da solidariedade social. Passou-se a admitir, também, como bem de família, o imóvel da pessoa solteira, que vive sozinha, sem família em qualquer sentido que se dê ao termo. Portanto, houve, em primeiro lugar, um alargamento do conceito, do espectro do bem de família para abranger o bem objeto da moradia do solteiro, questão atualmente já pacificada.[26]

Em segundo lugar, há discussão palpitante quanto à penhorabilidade do bem de família do fiador. Seguindo os novos rumos que levam o Direito Civil, cada vez mais, a se subordinar aos superiores princípios e valores constitucionais, parte da jurisprudência e da doutrina brasileira se posiciona em sentido diametralmente oposto ao art. 3º, inciso VII, da Lei nº 8.009/90, priorizando, fundamentalmente, o direito à moradia, consubstanciado no direito constitucional à dignidade da pessoa humana, questionando a aplicabilidade daquele dispositivo que permite a penhora do bem de família do fiador.[27-28]

---

residencial do casal, ou da entidade familiar' (art. 1º). Calcados em uma interpretação literal da lei, as mais variadas classes de juristas excluía – é verdade que na maior parte das vezes implicitamente – das benesses da lei os devedores solteiros que residissem solitários".

[26] "Não se pode afastar a possibilidade de se estender o direito à impenhorabilidade ao imóvel de uma pessoa solteira. O STJ assumiu tal entendimento equiparando o solteiro, o viúvo, o separado judicialmente, à entidade familiar, conferindo, também, a estes a proteção do *homestead*, destacando que 'seu escopo definitivo é a proteção de um direito fundamental da pessoa humana, o direito à moradia. Se assim ocorre, não faz sentido proteger quem vive em grupo e abandonar o indivíduo que sofre o mais doloroso dos sentimentos, a solidão. É impenhorável por efeito do preceito contido no art. 1º da Lei nº 8.009/90, o imóvel em que reside, sozinho, o devedor celibatário'" (PEREIRA, Caio Mário da Silva. *Instituições de direito civil*. 16. ed. Rio de Janeiro: Forense, 2006. v. V, p. 565). A decisão a que se refere o trecho transcrito se trata do acórdão proferido nos EREsp. nº 182.223, Rel. Min. SÁLVIO DE FIGUEIREDO TEIXEIRA, Rel. para acórdão Min. HUMBERTO GOMES DE BARROS, Corte Especial, j. 06.02.02. Confira-se, por inteiro, a ementa da decisão: "PROCESSUAL – EXECUÇÃO – IMPENHORABILIDADE – IMÓVEL – RESIDÊNCIA –DEVEDOR SOLTEIRO E SOLITÁRIO – LEI 8.009/90. – A interpretação teleológica do Art. 1º, da Lei 8.009/90, revela que a norma não se limita ao resguardo da família. Seu escopo definitivo é a proteção de um direito fundamental da pessoa humana: o direito à moradia. Se assim ocorre, não faz sentido proteger quem vive em grupo e abandonar o indivíduo que sofre o mais doloroso dos sentimentos: a solidão. – É impenhorável, por efeito do preceito contido no Art. 1º da Lei 8.009/90, o imóvel em que reside, sozinho, o devedor celibatário".

[27] "FIANÇA. LOCAÇÃO. PENHORA DO ÚNICO IMÓVEL QUE SERVE DE RESIDÊNCIA DO FIADOR. IMPOSSIBILIDADE.
São direitos fundamentais do cidadão e de sua família o direito de propriedade (CF/88, art. 5º, XXII) e o direito a moradia (CF/, art. 6º, caput, na redação da EC 26/00), sendo que a Constituição, em sua axiologia, prestigia como valor fundamental a moradia dos cidadãos e de sua família, tanto que o art. 183 concede o usucapião para quem detenha imóvel urbano nas condições que menciona.

RUMOS CRUZADOS DO DIREITO CIVIL PÓS-1988 E DO CONSTITUCIONALISMO DE HOJE | 33

Ressalte-se que o valor da habitação teve sua importância acentuada com o advento da Emenda Constitucional nº 26/2000, a qual, alterando a redação do art. 6º da Constituição da República, incluiu entre os direitos sociais básicos o direito à moradia.[29]

A lei deve ser interpretada e aplicada atendendo aos fins sociais a que ela se dirige e as exigências do bem comum (LICC, art. 5º), o que certamente não estará sendo atendido se o fiador perder a sua residência para atender débitos de aluguéis do afiançado em benefício do credor que explora economicamente a propriedade imobiliária. Outra deve ser a solução para a viabilização do mercado de locação, seja pelos cuidados do locador ao aceitar o fiador com patrimônio suficiente para garantia, seja pela definitiva implementação do seguro-fiança. O credor ou locador, ao contratar, deve examinar a situação patrimonial do fiador, pois seu é o risco. Agravo provido" (AI nº 70000649350; 1ª Câm. Especial Cível do TARS; Rel ADÃO SÉRGIO DO NASCIMENTO CASSIANO; j. em 28.3.2000)". "CONSTITUCIONAL. CIVIL. PROCESSO CIVIL. PENHORA INCIDENTE SOBRE IMÓVEL RESIDENCIAL DE FIADOR EM CONTRATO DE LOCAÇÃO. IMPOSSIBILIDADE. PROVIMENTO DO AGRAVO. 1.Com a promulgação da Emenda Constitucional nº 26, de fevereiro de 2000, que modificou a redação do art. 6º, da Constituição Federal, incluindo a moradia no rol dos direitos sociais, derrogado ficou o inc. VII do art. 3º da Lei 8.009/90, introduzido pelo art. 82 da Lei 8.245/91, daí resultando a impossibilidade de penhora destinado à residência do fiador". (AI 133604; 4ª Turma do TJDF; Rel Des. ESTEVAN MAIA; j. em 25.9.00)."

[28] A título de exemplo, leiam-se as palavras de Márcia Maria Menin: "Introduzida pela Lei de Locações (Lei 8.245/91), a possibilidade de penhora do único imóvel do fiador vislumbrava, por óbvio, trazer benesses ensejadoras de grande desenvolvimento ao setor imobiliário. Isto porque, antes da criação da indigitada lei, era considerável a dificuldade de locação, uma vez que para efetiva garantia do locador se mostrava conveniente a existência de fiador proprietário de mais de um imóvel, situação que no Brasil, deve-se admitir, nunca foi comum. Após o advento da Emenda Constitucional 26/00, onde se insere o direito à moradia como um dos direitos sociais, inicia-se a discussão a respeito da impenhorabilidade do imóvel do fiador. Por que o garantidor da locação não tem direito á proteção legal conferida a qualquer outra pessoa proprietária de imóvel onde fixa sua residência? A diferenciação feita entre locador e a figura do fiador fere o princípio constitucional da isonomia (art. 5º, caput, da Constituição Federal). Segundo ele, os iguais devem ser tratados igualmente, e na medida de suas desigualdades, os desiguais. No caso analisado é evidente que fiador e locador possuem idêntica situação jurídica, ambos são devedores solidários em caso de inadimplemento dos aluguéis arbitrados em contrato de locação. Ademais, embora seja sobremaneira importante a todos uma efetiva segurança jurídica, não é permitido que essa se sobreponha aos princípios axiologicamente superiores como o supracitado princípio da isonomia, bem como o princípio da dignidade da pessoa humana não devendo ainda, sobrepujar-se ao ordenamento constitucional que garante o direito à moradia. (...) Amparado nestes e outros argumentos, o ministro Carlos Velloso, do Supremo Tribunal Federal, proferiu decisão monocrática, afastando a penhora sobre o único imóvel de fiadores de contrato de locação, considerando o inciso VII da Lei 8.009/90, eivado de inconstitucionalidade, o que acabou por encorajar alguns tribunais a proferirem decisões que denotam o desapego ao rigorismo formal pelo valor precípuo da justiça social." (MENIN, Márcia Maria. Do bem de família voluntário. In: TARTUCE, Flávio; CASTILHO, Ricardo (Cood.). Direito civil: direito patrimonial e direito existencial: estudo em homenagem à professora Giselda Maria Fernandes Novaes Hironaka. São Paulo: Editora Método, 2006, p. 857-858)

[29] "Art. 6º São direitos sociais a educação, a saúde, o trabalho, a moradia, o lazer, a segurança, a previdência social, a proteção à maternidade e à infância, a assistência aos desamparados, na forma desta Constituição."

Entretanto, o Supremo Tribunal Federal, reunido em plenário, considerou penhorável o bem, entendimento que não guarda simetria com as conclusões expostas neste trabalho. Vejam-se os termos da decisão:

> EMENTA: FIADOR. Locação. Ação de despejo. Sentença de procedência. Execução. Responsabilidade solidária pelos débitos do afiançado. Penhora de seu imóvel residencial. Bem de família. Admissibilidade. Inexistência de afronta ao direito de moradia, previsto no art. 6º da CF. Constitucionalidade do art. 3º, inc. VII, da Lei nº 8.009/90, com a redação da Lei nº 8.245/91. Recurso extraordinário desprovido. Votos vencidos. A penhorabilidade do bem de família do fiador do contrato de locação, objeto do art. 3º, inc. VII, da Lei nº 8.009, de 23 de março de 1990, com a redação da Lei nº 8.245, de 15 de outubro de 1991, não ofende o art. 6º da Constituição da República. (STF. Órgão Julgador: Tribunal Pleno. Relator: Min. CEZAR PELUSO. RE 407688 / SP. Julgamento: 08/02/2006)

Para tanto, o Ministro Relator apegou-se ao argumento de que a penhorabilidade do bem de família do fiador visava justamente atender o direito à moradia, pois, através da garantia fornecida ao credor, seria possível amplo acesso à habitação, conforme se extrai de trecho do voto:

> A respeito, não precisaria advertir que um dos fatores mais agudos de retração e de dificuldades de acesso do mercado de locação predial está, por parte dos candidatos a locatários, na falta absoluta, na insuficiência ou na onerosidade de garantias contratuais licitamente exigíveis pelos proprietários ou possuidores de imóveis de aluguel.
>
> Nem, tampouco, que acudir a essa distorção, facilitando celebração dos contratos e com isso realizando, num dos seus múltiplos modos de positivação e de realização histórica, o direito social de moradia, é a própria *ratio legis* da exceção prevista no art. 3º, inc. VII, da Lei nº 8.009, de 1990. São coisas óbvias e intuitivas.

No ano de 2010, reconheceu o Supremo Tribunal Federal repercussão geral[30] da questão ora analisada, cuja solução ainda permanece na linha do acórdão supracitado.[31]

---

[30] STF, RE nº 612360 RG, Pleno, rel. min. Ellen Gracie, julg. 13.8.2010.

[31] Nesse sentido: "PENHORA – BEM DE FAMÍLIA – FIADOR EM CONTRATO DE LOCAÇÃO – CONSTITUCIONALIDADE. O Tribunal, no julgamento do Recurso Extraordinário nº 407.688-8/SP, declarou a constitucionalidade do inciso VII do artigo 3º da Lei nº 8.009/90, que excepcionou da regra de impenhorabilidade do bem de família o imóvel de propriedade de fiador em contrato de locação" (STF, RE nº 495105 AgR/SP, 1ª T., rel. min. Marco Aurélio, julg. 5.11.2013).

Um fato curioso à guisa de conclusão

Ontem, imediatamente após a conclusão da palestra-magna de abertura deste evento, magnificamente proferida pelo professor Pietro Perlingieri, acorreu ao microfone uma distinta senhora, integrante da organização administrativa do Congresso, e, dirigindo-se a uma pessoa anônima, possuidora de um automóvel modelo Fiesta, placa de Teresópolis, dentre a multidão de mais de mil e duzentas pessoas que lotávamos este auditório, anunciou em alto e bom som:

– "as lanternas estão acesas".

Ditas após a profunda intervenção do professor Perlingieri, as palavras de aviso, talvez em razão da ebulição intelectual decorrente da profícua reflexão suscitada, logo adquiriram significado filosófico profundo.

Em sua espontaneidade, aquela senhora, zelosa guardiã do patrimônio alheio, brindou-nos a todos com uma imagem poética, metafórica.

A minha esperança – que, a julgar pelo sucesso deste evento, logo se transformará em certeza – é de que os cruzamentos de rumo entre o direito civil e o direito constitucional possam contribuir para uma verdadeira transformação da sociedade, tão aspirada pelo projeto constitucional, para que toda e qualquer pessoa possa ter uma vida digna, e que, assim, consigamos construir, enfim, a sociedade solidária a que todos temos direito!

A missão não é fácil. Há muito a ser construído. Para tanto, todos havemos de estar atentos e atuantes, ou, em outras palavras, com as lanternas acesas.

Que as lanternas do direito civil-constitucional permaneçam acesas. Para sempre. Muito obrigado!

REFLEXÕES METODOLÓGICAS: A CONSTRUÇÃO DO OBSERVATÓRIO DE JURISPRUDÊNCIA NO ÂMBITO DA PESQUISA JURÍDICA*

1 Introdução

No mister de construção da ideia de ordenamento jurídico, essencialmente mutável, relativa e historicamente determinado, concorrem o legislador, o magistrado e o doutrinador, protagonistas da ciência jurídica, a cada momento, em cada parte.[1] Não há, no entanto, entre os papéis por eles desempenhados, a desejável sintonia em prol de resultado comum. Em verdade, diante da inexorável relatividade do fenômeno jurídico, assistiu-se a progressivo e disfuncional distanciamento entre as esferas de atuação mencionadas, a gerar em cada ator certo descompromisso com tudo o quanto não lhe dissesse respeito diretamente, ou, pior ainda, a ocasionar, no palco do fato social, certo antagonismo na busca da palavra mais certa, em meio a choques de

---

* O presente artigo, originalmente publicado na *Revista Brasileira de Direito Civil*, v. 9, jul-set/2016, decorre de pesquisa desenvolvida no âmbito de grupo coordenado pelo autor e integrado por alunos do Programa de Pós-graduação e da graduação em Direito da UERJ, cujos resultados parciais foram apresentados em palestra proferida pelo autor na cidade de Curitiba, por ocasião do II Congresso do IBDCivil. Merecem nomeado agradecimento pela participação na fase final da pesquisa os advogados Diana Paiva de Castro (mestranda PPGD-UERJ) e Rodrigo Freitas e o aluno da graduação Vynicius Guimarães (UERJ).

[1] "Os conceitos jurídicos não pertencem somente à história, mas, com oportunas adaptações, podem ser utilizados para realizar novas funções. Neste processo de adequação se verifica uma mudança substancial da sua natureza" (PERLINGIERI, Pietro. *O direito civil na legalidade constitucional*. Rio de Janeiro: Renovar, 2008, p. 142).

visões de mundo distintas e conflitos de interesses justapostos, característicos de disputa de poder.

Nesse quadro, de um lado, a doutrina, ensimesmada, buscava guarida na suposta segurança de abstrações e esquematizações do passado, e, apegando-se ao formalismo, desprezava a realidade dos fatos.[2-3] Pretendia-se universal, absoluta, como um fim em si mesma, em exercício de puro fetichismo conceitualista. Na percepção crítica de Von Caenegem, "numa perspectiva histórica geral, o mais surpreendente é que esses juristas tenham recebido sua educação profissional longe da prática diária do direito".[4]

De outra parte, a jurisprudência lidava com a concreta revolta dos fatos, e promovia a aplicação da lei ao caso prático com certo vigor criativo, premida pela imposição de pôr termo aos problemas que lhe desafiavam solução, mas longe de garantir a abertura e a unidade do sistema.[5-6] A ode à subsunção como mecanismo silogístico

---

[2] "No filão formalista coloca-se quem relega a praxe fora da própria reflexão, considerando-a um acidente e privilegiando a norma como objeto da interpretação: afirma-se ora o primado da lei, ora aquele dos conceitos e das definições, reduzindo ao mínimo a confrontação com o fato e a história, ou considerando os perfis fenomenológicos distintos e separados do direito. Ficam assim garantidas a unidade e a coerência do sistema, mas com a perda do contato com o dinamismo social externo, com a dimensão diacrônica do direito" (PERLINGIERI, Pietro. *Op. cit.*, p. 94).

[3] Bruno Lewicki, com base em Tércio Sampaio Ferraz Júnior, aduz que: "O ensino jurídico não constitui território imune à 'desumanização' diagnosticada na transmissão dos outros saberes. Ao revés, há muito tempo a formação dos novos juristas é alvo de críticas semelhantes, sendo considerada 'um tecnicismo neutro, uma arte de saber fazer sem se preocupar em saber porque (...). Nesses termos, a formação do bacharel é entendida como uma acumulação progressiva de informações, limitando-se o aprendizado a uma reprodução de teorias que parecem desvinculadas da prática (embora não o sejam), ao lado de esquemas prontos de especialidade duvidosa, que vão repercutir na imagem atual do profissional como um técnico a serviço de técnicos'" (LEWICKI, Bruno. O ensino monolítico do direito civil: notas para sua humanização. *Civilistica.com*. Rio de Janeiro, ano 1, n. 1, p. 3-4, jul./set./2012. Disponível em: <http://civilistica.com/ensinomonolitico/>. Data de acesso: 8 abr. 2016).

[4] CAENEGEM, R. C. van. *Uma introdução histórica ao direito privado*. São Paulo: Martins Fontes, 2000, p. 112.

[5] "Na experiência brasileira, ao contrário do que preconizou Gaston Morin, assiste-se à estranha revolta dos fatos em face (não do legislador, mas) do intérprete, ao qual cabe, em última análise, traduzir a legalidade civil-constitucional. Há que se construir, superando misoneísmos, técnica interpretativa compatível com o tempo das liberdades e das tecnologias" (TEPEDINO, Gustavo. Liberdades, tecnologia e teoria da interpretação. *Revista Forense*, v. 419, 2014, p. 419).

[6] "Deve-se definir o sistema jurídico como ordem axiológica ou teleológica de princípios jurídicos gerais. (...) Este sistema não é fechado, mas antes aberto. (...) Da problemática da abertura do sistema deve-se distinguir a sua mobilidade. A mobilidade, no sentido que este termo recebeu de Wilburg, significa a igualdade fundamental de categoria e a mútua substituibilidade dos critérios adequados de justiça, com a renúncia simultânea à

de interpretação – capaz de promover o encaixe da premissa menor à premissa maior – implicou a desconexão constante entre factualidade e normatividade, de maneira a considerar a interpretação e a aplicação do direito como etapas distintas.[7] Em tal cenário, não chega a surpreender a existência contemporânea de decisões de casos semelhantes a apontar para todos os lados, resultando em quadro geral de instabilidade, de imprevisibilidade e, em consequência, de insegurança jurídica. A questão se agrava diante das novas técnicas legislativas, que se valem de número crescente de cláusulas gerais e conceitos indeterminados, cujo manuseio por parte dos operadores da jurisprudência tem gerado fortes preocupações.

Por fim, o legislador, no bojo do processo político, tomava o processo legislativo como livre e descompromissado. A *mens legislatoris*, se, pela boa técnica, deveria desabrochar a sinergia do povo, levada a cabo por seus representantes, na prática, esboçava apenas a cruel e endêmica disputa pelo poder na sociedade. Demais disso, a edição de leis com objeto plúrimo, a abranger dezenas de assuntos díspares e dos mais variados ramos do direito, para além de atentar contra a cognoscibilidade por seus destinatários (o ideal são leis claras, de objeto único e bem redigidas), não raro se apresenta como instrumento de burla ao controle social do processo legislativo.

Como resultado do quadro traçado nos parágrafos anteriores, observa-se a completa desconexão entre lei, teoria e prática. A ciência jurídica, como objeto de estudo, sofreu processo de fragmentação em três sistemas quase herméticos – jurisprudencial, legislativo e doutrinário –, em prejuízo à adequação valorativa e à unidade interior da

---

formação de previsões normativas fechadas. Também um sistema móvel merece ainda o nome de sistema, pois nele se realizam as características da ordem e da unidade" (CANARIS, Claus-Wilhelm. *Pensamento sistemático e conceito de sistema na ciência do direito*. Lisboa: Fundação Calouste Gulbenkian, 1996, p. 280-282).

[7] "Entretanto, a despeito da racionalidade lógica do silogismo, há duas premissas equivocadas que autorizam a subsunção. A primeira delas é a separação entre o mundo abstrato das normas e o mundo real dos fatos no qual aquelas devem incidir, já que, a rigor, o direito se insere na sociedade e, por conseguinte, os textos legais e a realidade mutante se condicionam mutuamente no processo interpretativo. Em segundo lugar, a subsunção distingue artificialmente o momento da interpretação da norma abstrata (identificação da premissa maior) e o momento da aplicação da norma ao suporte fático concreto (enquadramento da premissa menor ao texto normativo). Contrariamente a tal compreensão, não é possível interpretar a norma aplicável sem levar em conta a hipótese fática que, por sua vez, se encontra moldada pelas normas de comportamento estabelecidas pelo direito (o qual condiciona a atuação individual). Daí a unicidade da interpretação e aplicação, sendo falsa a ideia de que haveria normas ideais em abstrato, capazes de tipificar e captar as relações jurídicas em concreto" (TEPEDINO, Gustavo. *Op. cit.*, p. 419).

ordem jurídica,[8] em quadro de crise que desafia o operador do direito contemporâneo *a buscar a junção eficaz entre os fragmentos e construir as pontes capazes de funcionalizá-los ao compromisso de transformação da realidade, promovendo os parâmetros axiológicos do ordenamento*, assentados no desenvolvimento pleno da pessoa e na solidariedade social. No presente texto, defende-se que à doutrina incumbe assumir a responsabilidade pelo processo de reunificação, valendo-se do observatório de jurisprudência como poderosa ferramenta a atuar sobre tais engrenagens.

2 Resgate dos elos perdidos

A Constituição de 1988 inaugurou, como consabido, nova ordem jurídica orientada à tutela privilegiada das situações existenciais.[9] Em seu art. 1º, III, a Carta erigiu a dignidade da pessoa humana em fundamento de todo o sistema. No que toca ao objeto deste estudo, pode-se dizer que a axiologia constitucional representou (*rectius*, determinou) a pavimentação de uma estrada de mão dupla, interligando a Constituição aos operadores do direito. Se por um ângulo sobressai a consagrada unificação do ordenamento, por irradiação da axiologia constitucional, que não mais comporta separação estanque em diferentes microssistemas, por outro impõe-se distinta incumbência aos operadores de concretizar os comandos constitucionais irradiados – a tornar necessária a redução do distanciamento entre o legislador, o doutrinador e o magistrado, já que igualmente voltados a fazer atuar a vontade constitucional.

Produto de tempos de hipercomplexidade, a multiplicação de novos centros de interesse merecedores de tutela à luz da tábua axiológica traçada pelo constituinte dardejou as pretensões de neutralidade, abstração e universalidade em que se ancorava o direito. Situações não

---

[8] "A função do sistema na Ciência do Direito reside, por consequência, em traduzir e desenvolver a adequação valorativa e a unidade interior da ordem jurídica. A partir daí o pensamento sistemático ganha também a sua justificação que, com isso, se deixa derivar mediatamente dos valores jurídicos mais elevados" (CANARIS, Claus-Wilhem. *Op. cit.*, p. 200).

[9] "É necessário reconstruir o Direito Civil não com uma redução ou um aumento de tutela das situações patrimoniais, mas com uma tutela qualitativamente diversa. Desse modo, evitar-se-á comprimir o livre e digno desenvolvimento da pessoa mediante esquemas inadequados e superados. O Direito Civil retoma, em renovadas formas, a sua originária vocação de *ius civile*, destinado a exercer a tutela dos direitos civis em uma nova síntese – cuja consciência normativa tem importância histórica (...) entre as relações civis e aquelas econômicas e políticas"(PERLINGIERI, Pietro. *Op. cit.*, p. 121-122).

previstas (e não previsíveis) se avolumaram, tornando essencialmente exposta a incapacidade da ciência jurídica de se pretender definitiva. Ao contrário, mostrou-se cada vez mais evidente a permanente mutabilidade do direito, a um só tempo condicionado e condicionante da sociedade. Em síntese, parece correto afirmar que a realidade molda o direito assim como é por ele conformada.[10] A factualidade, segundo Pietro Perlingieri, afigura-se assim "absolutamente ineliminável do momento cognoscitivo do direito que, como ciência prática, caracteriza-se por moventes não historiográficos ou filosóficos, mas aplicativos", de modo a privilegiar o intérprete com o papel fundamental de suprimir a insuficiência da codificação.[11]

Por conseguinte, o âmbito de atuação da jurisprudência remodela-se por completo. A unidade na complexidade do sistema passa a impor ao magistrado papel construtivo na elucidação do ordenamento do caso concreto.[12] Em cada decisão, o operador deverá realizar a ponderação dos diversos vetores incidentes na espécie, aplicando não o dispositivo de lei isoladamente, mas perquirindo o ordenamento jurídico em sua inteireza, complexo, heterogêneo e unitário, a fim de

---

[10] Na lição de Canaris: "A abertura do sistema jurídico não contradita a aplicabilidade do pensamento sistemático na Ciência do Direito. Ela partilha a abertura do sistema científico com todas as outras Ciências, pois enquanto no domínio respectivo ainda for possível um progresso no conhecimento, e, portanto, o trabalho científico fizer sentido, nenhum desses sistemas pode ser mais do que um projecto transitório. A abertura do sistema objectivo é, pelo contrário, possivelmente, uma especialidade da Ciência do Direito, pois ela resulta logo do seu objecto, designadamente, da essência do Direito, como um fenômeno situado no processo da História e, por isso, mutável" (CANARIS, Claus-Wilhem. *Op. cit.*, p. 281). A esse respeito, Pietro Perlingieri ensina que "ciência e praxe, norma e fato, longe de se confundirem, operam em planos distintos, mas convergentes, em uma contínua, indeclinável dialética que é vital para evidenciar – não a sua contraposição, mas – a sua complementaridade. O conhecimento jurídico não tende a descobrir a verdade e a solução absoluta, além do mais não verificável, mas aquela mais idônea às escolhas predeterminadas, expressas em regras convencionais que, no seu fluxo histórico, constituem o filtro da experiência geral em contínua verificação, em contato com os singulares fatos concretos" (PERLINGIERI, Pietro. *Perfis de direito civil*: introdução ao direito civil-constitucional. Tradução Maria Cristina de Cicco. Rio de Janeiro: Renovar, 2007. p. 82).

[11] PERLINGIERI, Pietro. *O direito civil na legalidade constitucional*, p. 132.

[12] "O reconhecimento do papel criativo dos magistrados (...) não importa em decisionismo, ou voluntarismo judiciário. A própria noção de segurança jurídica há de ser reconstruída a partir do compromisso axiológico estabelecido pela Constituição da República, com a elaboração de dogmática sólida, capaz de enfrentar a complexidade dos novos fenômenos sociais e de suas mudanças. Nessa esteira, torna-se imperioso fortalecer e difundir a teoria da argumentação, associada à interpretação unitária do ordenamento, não já à valoração individual de cada juiz, a fim de legitimar o discurso jurídico e a decisão judicial" (TEPEDINO, Gustavo. Itinerário para um imprescindível debate metodológico. *Revista Trimestral de Direito Civil*. v. 35, Rio de Janeiro: Padma, 2008, p. iv).

individualizar a solução jurídica compatível com a hierarquia de valores constitucionalmente traçada.[13]

Por efeito de tal imperativo, a subsunção – mecanismo silogístico de aplicação da lei ao fato da vida – resta superada. Nas nuances do caso concreto, cabe ao intérprete superar a análise meramente estrutural (o que é?), para privilegiar a funcionalização dos interesses irradiados (para que servem?), por meio de interpretação aplicativa dos comandos infraconstitucionais à luz da Carta Magna ou pela aplicação direta dos princípios e valores constitucionais.[14-15] A aplicação e a interpretação do Direito constituem, como já assentado, operação unitária e sobreposta.[16]

---

[13] "A norma do caso concreto é definida pelas circunstâncias fáticas nas quais incide, sendo extraída do complexo de textos normativos em que se constitui o ordenamento. O objeto da interpretação são as disposições infraconstitucionais integradas visceralmente às normas constitucionais, sendo certo que cada decisão abrange a totalidade do ordenamento, complexo e unitário. Cada decisão judicial, nessa perspectiva, é um ordenamento singular extraído da mesma tábua axiológica" (TEPEDINO. Gustavo. Liberdades, tecnologia e teoria da interpretação, p. 419).

[14] "Nesse panorama, o intérprete que se vê diante de uma situação jurídica qualquer deve perquirir, para além de seus elementos constitutivos (o que ela é), a sua razão teleologicamente justificadora: para que serve? Ou seja, os institutos jurídicos, partes integrantes da vida de relação, passam a ser estudados não apenas em seus perfis estruturais (sua constituição e seus elementos essenciais), como também – e principalmente – em seus perfis funcionais (sua finalidade, seus objetivos)" (MONTEIRO FILHO, Carlos Edison do Rêgo. Usucapião imobiliária urbana independente de metragem mínima: uma concretização da função social da propriedade. In: MONTEIRO FILHO, Carlos Edison do Rêgo (Coord.). Direito das relações patrimoniais: estrutura e função na contemporaneidade. Curitiba: Juruá, 2014, p. 17).

[15] "As Constituições, tidas como ápice na ordem hierárquica das normas dentro de determinado território, por si, não abrangem por completo as relações jurídicas da vida social. No entanto, seus princípios devem nortear todas as searas do ordenamento. Esse pensamento aplica-se tanto nas relações entre Estado e indivíduos quanto nas relações interindividuais; os valores e princípios constitucionais têm sua eficácia reconhecida diretamente nas relações entre os indivíduos" (FACHIN, Luiz Edson. Transições do direito civil. Direito civil: sentidos, transformações e fim. Rio de Janeiro: Renovar, 2014, p. 60-61).

[16] "A qualificação e a interpretação fazem parte de um procedimento unitário orientado a reconstruir aquilo que aconteceu em uma perspectiva dinâmica, voltado não ao passado, mas à fase de atuação. (PERLINGIERI, Pietro. Perfis de direito civil, p. 101-102). No mesmo sentido: "O que quero dizer é que a interpretação jurídica é mais do que um exercício de simples compreensão ou conhecimento do que está escrito nas leis. Porque a interpretação do direito é sempre voltada à obtenção de uma decisão para problemas práticos. Por isto, interpretação e aplicação não se realizam autonomamente. (...) O que na verdade existe (...) é uma equação entre interpretação e aplicação. De modo que aí não há dois momentos distintos, mas uma só operação. Interpretação e aplicação se superpõem" (GRAU, Eros. Técnica legislativa e hermenêutica contemporânea. In: TEPEDINO, Gustavo (Org.). Direito civil contemporâneo: novos problemas à luz da legalidade constitucional. São Paulo: Atlas, 2008, p. 284).

Na esteira do raciocínio, calha destacar que ao magistrado não aproveita valer-se aprioristicamente de suas concepções pessoais – ideológica, religiosa, cultural – para, ao depois, escolher o dispositivo jurídico isolado que lhe ofereça subsídios à solução previamente engendrada. Ao revés, a incindibilidade entre interpretação e aplicação, a hermenêutica em função aplicativa e a unidade do sistema impõem a axiologia constitucional como razão e limite às subjetividades decisórias. O ocaso da subsunção, longe de abrir ensanchas à arbitrariedade do julgador, enfatiza o redivivo papel da fundamentação no processo judicial.[17-18] Exige-se do intérprete esforço de justificação e argumentação que revele a compatibilidade da decisão construída aos princípios e valores da ordem jurídica.[19]

Os desenvolvimentos da teoria da argumentação, assim, valorizam a posição da doutrina, que se revela o *locus* privilegiado capaz de promover a almejada ressignificação da atividade interpretativa.[20-21]

---

[17] "A norma age sobre a conduta por meio de uma operação intelectiva (interpretação), destinada a proporcionar sua correta compreensão e a determinar a apreciação do interessado: em outros termos, age mediante uma atividade destinada a fazer com que ele saiba, quer ele se encontre ou não na condição (hipótese de fato ou espécie) prevista pela própria norma. (...) Sendo assim, a interpretação jurídica é destinada a uma função normativa pela própria natureza do seu objeto e do seu problema, que a coloca em correlação com a aplicação da norma entendida no sentido que acabamos de explicitar" (BETTI, Emilio. *Interpretação da lei e dos atos jurídicos*. São Paulo: Martins Fontes, 2007, p. 11-12).

[18] "A subsunção propicia a falsa impressão de garantia de igualdade na aplicação da lei. Entretanto, não há respeito à isonomia quando o magistrado deixa de perceber a singularidade de cada caso concreto e, mediante procedimento mecânico, faz prevalecer o texto abstrato da regra. Por outro lado, o silogismo revela-se capaz de camuflar intenções subjetivas ou ideológicas do magistrado, poupando-lhe da imperiosa necessidade de justificar sua decisão e oferecendo-lhe salvo-conduto para escapar do controle social quanto à aderência de sua atividade interpretativa à axiologia constitucional. Segurança jurídica deve ser alcançada pela compatibilidade das decisões judiciais com os princípios e valores constitucionais, que traduzem a identidade cultural da sociedade" (TEPEDINO, Gustavo. Liberdades, tecnologia e teoria da interpretação. *Op. cit.*, p. 419).

[19] "Ao que parece, todavia, parte da jurisprudência não se deu conta de que a maleabilidade do limite externo, formal, que restringiu o intérprete – o dogma da subsunção – não representou a consagração da vontade do magistrado, mas foi substituído pela imposição de um limite interno, metodológico: a exigência de fundamentação argumentativa da decisão" (BODIN DE MORAES, Maria Celina. *Op. cit.*, p. IV).

[20] "a argumentação jurídica deve ser compreendida aqui como talvez uma atividade linguística que decorre em várias situações da corte à sala de aula. A atividade linguística se preocupa, em certo sentido, com ser melhor definida, com a correção de afirmações normativas. Se comprovará como oportuno definir essa atividade como 'discurso' e, na verdade, visto que se preocupa com a exatidão das afirmações normativas de 'discurso prático'. O discurso jurídico é um caso especial do discurso prático geral" (ALEXY, Robert. *Teoria da argumentação jurídica*: a teoria do discurso racional como teoria da justificação jurídica. São Paulo: Landy, 2001, p. 25).

[21] "Cabe essencialmente à doutrina, no entanto, o trabalho de analisar a forma pela qual os institutos jurídicos nacionais devem ser interpretados à luz da normativa constitucional

Imperativo atribuir importância ao estudo e pesquisa constante de dados jurisprudenciais como instrumento de compreensão das "transições semicirculares" sociais e jurídicas, a permitir a tutela dos valores constitucionalmente assegurados.[22-23] E, como forma de desenvolver modelo integrado de método jurídico, compatível com a função promocional do ordenamento e sua eficácia social, propõe-se a construção de um observatório de jurisprudência com base em parâmetros aptos a simplificar a interligação entre os protagonistas do sistema, sob inspiração doutrinal.[24]

A proposta de construção do observatório de jurisprudência, peça-chave na aspiração de modelo integrado de método jurídico – insista-se –, toma por *premissa* a alteridade e se baseia em *três agrupamentos de parâmetros fundamentais*, a saber: (i) doutrinador colaborativo; (ii) magistrado dialógico; e (iii) desenvolvimento de cultura hermenêutica no país.

2.1 Alteridade

Como pressuposto, a alteridade, a abertura ao outro, parece ter o valor de fio condutor que une os parâmetros aqui suscitados. Trata-se de fator essencial à superação da dicotomia entre teoria e

---

para oferecer instrumentos argumentativos, lógicos e racionais, de modo a, facilitando a labuta judicial, ampliar a efetivação dos princípios superiores que os inspiram" (BODIN DE MORAES, Maria Celina. *Op. cit.*, p. IV).

[22] "Transições, por conseguinte, espelham transcursos em aberto e caminhos simultaneamente renovados e preservados. Os fenômenos sociais e jurídicos se multifacetaram, sem mais apreensões lineares ou unitárias. É certo que hoje se deve conservar e relembrar as lições segundo as quais não há verdadeiro direito se não existir, no plano concreto, a respectiva tutela" (FACHIN, Luiz Edson. *Op. cit.*, p. 80).

[23] "Inexiste, em concreto, uma percepção única nem uma só, e somente uma, redução de ambiência histórico-social apta a dar caracteres gerais a um dado sistema. Há, pois, transições, não necessariamente na percepção cronológica do positivismo histórico. As transições são, por definição, não lineares, e em sua transversalidade se aloja o pensamento tópico-sistemático progressivo em semicircularidade" (FACHIN, Luiz Edson. *Op. cit.*, p. 50).

[24] "Nos sistemas romano-germânicos entende-se haver uma 'ciência', decorrente do conhecimento do ordenamento, visto como um sistema que, composto pelo corpo de normas contidas em diplomas legislativos diversos, é dotado de algumas características essenciais: a unidade e a coerência. Daí, portanto, ser um direito doutoral, de professores, aqueles que em virtude de estudos aprofundados acerca do sistema, impossíveis de ser realizados no dia a dia por força das demandas cotidianas do julgar, melhor conhecem e, em consequência, melhor elaboram sua interpretação lógica, sistemática e teleológica" (BODIN DE MORAES, Maria Celina. Professores ou juízes? Editorial. *Civilistica.com*. Rio de Janeiro, ano 3, n. 2, jul./dez./2014. Disponível em: <http://civilistica.com/wp-content/uploads/2015/02/Editorial-civilistica.com-a.3.n.2.2014.pdf>. Acesso em: 12 maio 2016).

prática e resultado do esforço coletivo desenvolvido entre magistrado e doutrinador, em via de mão dupla. Além disso, não mais se justifica o argumento que vê na lei uma arma contra o Judiciário, como no tempo das codificações, nem tampouco o fetiche do precedente em detrimento da legalidade. Deve-se deixar de lado, portanto, a disputa do jogo de poder endêmico entre juízes, professores e legisladores, em favor de *atuação harmônica na produção do direito*, fiel aos valores supremos do ordenamento.

Para a eficácia da alteridade e a bem da harmonia em seu atuar, contribui uma sólida formação humanista dos operadores do direito. Considerando-se que, nas palavras de Pietro Perlingieri, "a formação do jurista, mais do que qualquer outro pesquisador, é inseparável da sua mais complexa experiência de homem", torna-se necessária a percepção do outro e seus distintos papéis.[25-26] A *ratio decidendi* bem como a *ratio legis*, nesse contexto, condicionam-se tanto pela formação do jurista quanto pelos princípios e regras do sistema, o que torna imperativo determinar "por quem, por que e onde o raciocínio é proposto"[27].

Se *texto* e *norma* não são sinônimos, uma vez que esta última resulta do processo de interpretação, se a factualidade e a normatividade estão em constante comunicação, pode-se concluir que a norma decorre de determinado contexto histórico e social, o que fortalece a inspiração da teoria da interpretação no personalismo e na preeminência da justiça sobre a letra dos textos.[28-29] Observe-se, a esse respeito, o significativo exemplo trazido por Pietro Perlingieri:

---

[25] PERLINGIERI, Pietro. *O direito civil na legalidade constitucional*, p. 43.

[26] Sobre a necessária percepção do outro como, a um só tempo, igual e diferente, para que a partir daí se realize o princípio da isonomia, confira-se o seguinte excerto: "Do Código à Constituição, a igualdade como exigência ética expressou, no Direito, a diferença com o respeito à diversidade. Igualdade e ausência de discriminação assentaram-se na relação da igualdade com direitos fundamentais, preservando-se, por imperativo, na igualdade a diferenciação" (FACHIN, Luiz Edson. *Op. cit.*, p. 54).

[27] PERLINGIERI, Pietro. *O direito civil na legalidade constitucional*, p. 82.

[28] "(...) o direito existe sempre 'em sociedade' (situado, localizado) e (...) as soluções jurídicas são sempre contingentes em relação a um dado envolvimento (ou ambiente). São, neste sentido, sempre locais" (HESPANHA, António Manuel. *A cultura jurídica europeia*: síntese de um milênio. Coimbra: Almedina, 2012, p. 13).

[29] Na lição de Eros Grau: "não se interpreta o direito em tiras; não se interpreta textos normativos isoladamente, mas sim o direito no seu todo, marcado, na dicção de Ascarelli, pelas suas premissas implícitas" (GRAU, Eros. *Ensaio e discurso sobre a interpretação/ aplicação do direito*. São Paulo: Malheiros, 2009, p. 101).

A histórica divisão política da Alemanha depois da última guerra deu lugar a uma Alemanha ainda inspirada por uma economia de mercado, embora com uma socialidade bem diversa daquela precedente, e uma outra inspirada, ao contrário, pela coletivização dos bens de produção. É sintomático que ambas – até 1º de janeiro de 1976, data da entrada em vigor do novo Código Civil da Alemanha oriental, promulgado em 19 de junho de 1975 – tenham conservado como vigente, em grande parte, o código de 1900, expressão e resultado do unitário esforço especulativo da doutrina alemã.[30]

Note-se que em dois ordenamentos jurídicos absolutamente distintos foi mantido um único código, a denotar que a lei não basta por si, mas, a rigor, a norma dela decorrente resulta do processo criativo do intérprete. Na constante dialética entre texto e realidade, as técnicas adotadas em um mesmo código civil podem ser funcionalizadas a objetivos e opções político-ideológicas em todo diversos, o que demonstra a primazia do significado sobre o significante. Conhecer o ordenamento, assim, não é somente conhecer a lei, nem, tampouco, as decisões judiciais no âmbito de determinado país. Igualmente as lições de seus juristas não bastam à sua identidade. Depende-se, sempre, da reunião de todos os seus formantes.[31]

3 Doutrinador colaborativo

O primeiro bloco de parâmetros de construção do observatório de jurisprudência associa-se à missão dos mestres.

Doutrinador colaborativo na construção da solução dos casos concretos, essa parece ser a função nuclear do professor de direito no mundo contemporâneo. Além de compilar dados, impõe-se que trabalhe sobre o torrencial volume de feitos disponíveis a fim de extrair, em perspectiva crítica e propositiva, a função dos institutos e a *ratio decidendi* compatível com os valores máximos do elenco axiológico do ordenamento jurídico, participando, assim, do processo de individualização do ordenamento jurídico às circunstâncias fáticas.[32]

---

[30] PERLINGIERI, Pietro. *O direito civil na legalidade constitucional*, p. 141.

[31] *Ibidem*.

[32] "Por isso é que, na formação permanente dos professores, o momento fundamental é o da reflexão crítica sobre a prática. É pensando criticamente a prática de hoje ou de ontem que se pode melhorar a próxima prática. O próprio discurso teórico, necessário à reflexão crítica, tem de ser de tal modo concreto que quase se confunda com a prática. Quanto melhor faça esta operação tanto mais inteligência ganha da prática em análise e maior

De igual modo, deve-se afastar do papel de mero observador *voyeur*, que assiste passivamente – de fora, sem ser visto – o desenrolar da história, e apoia-se na formulação de classificações e abstrações intelectuais que não correspondem ao mundo real – *rectius*, aos conflitos em concreto.

Faz-se mister que o doutrinador colaborativo supere, ainda, as tentações do conceitualismo – caracterizado pelo "excesso das abstrações e das generalizações" – e do comportamento elitista – traduzido no distanciamento da realidade e no estudo do direito comparado em perspectiva acrítica.[33-34] Na corda bamba entre o pragmatismo e o formalismo, o processo dialético combate tais tentações, contrapondo, em constante processo mental, a abstração das regras às nuances do caso concreto, que por vezes a reafirmam e por outras a desafiam.[35-36]

---

comunicabilidade exerce em torno da superação da ingenuidade pela rigorosidade" (FREIRE, Paulo. *Pedagogia da autonomia*: saberes necessários à prática educativa. São Paulo: Paz e Terra, 1996, p. 39).

[33] "A ciência do Direito (*jurisprudence*), por outro lado, revela o seu potencial quando se exige a formulação de princípios gerais: não apenas conceitos abstratos, mas também a crítica e a análise de tendências no pensamento jurídico e na judicatura são o seu domínio próprio. Não há dúvida de que os juristas podem esclarecer e explicar de uma maneira que não é como a do legislador nem como a do juiz. A fraqueza das escolas não é menos gritante. Seus livros – vastos tomos *De citationibus*, por exemplo – podem ser terrivelmente pedantes. Pior ainda, "*doctores certant*": os juristas adoram discordar, para o grande desconcerto dos tribunais e seus clientes. Confessadamente, uma *communis opinio* às vezes é estabelecida, mas é raro que não se possa desenterrar uma voz divergente nos tomos das bibliotecas acadêmicas" (CAENEGEM, R. C. van. *Juízes, legisladores e professores*. Rio de Janeiro: Elsevier, 2010, p. 91).

[34] "E também por parte dos mais atentos comparatistas tem-se a coragem de indicar que nos limitamos a receber a-criticamente alguns lugares comuns e banalidades de outros ordenamentos ou a discutir a teoria de escritores estrangeiros sem que se indique qualquer estudo aprofundado por parte de nossos estudiosos. Um hábito, na verdade, também de alguns de nossos Mestres, que se traduz em um comportamento de distanciamento elitista da própria comunidade intelectual, quando a escolha entre confrontar ou ignorar as opiniões de outros resultar inspirada em critérios obscuros até oscilar entre o exótico e o ocasional: comportamento certamente não útil para o conhecimento efetivo de nossa complexa cultura jurídica e de sua peculiar identidade (PERLINGIERI, Pietro. *O direito civil na legalidade constitucional*, p. 83).

[35] "É necessário pôr um freio na tendência ao conceitualismo como hábito mental, comum tanto na doutrina quanto nas decisões jurisprudenciais, evitando o excesso das abstrações e das generalizações e prestando a devida atenção na história e na comparação como conhecimentos caracterizados pela relatividade e pelo diversificado devir do direito" (PERLINGIERI, Pietro. *O direito civil na legalidade constitucional*, p. 81).

[36] "O antídoto para o conceitualismo e para o formalismo, que representa a sua expressão teórica, é o controle do efetivo funcionamento da justiça concreta, mediante verificação do processo mental que leva juízes e legisladores a formularem abstenções de regras e princípios, para retornar, por troca ou círculo contínuo, ao problema concreto" (PERLINGIERI, Pietro. *O direito civil na legalidade constitucional*, p. 81).

De outro turno, no estudo de ordenamentos estrangeiros, deve-se valer de visão global, extraindo da miríade de fontes a individualização das diferenças culturais, históricas e sociais, o respeito às particularidades locais e a compreensão da relatividade do fenômeno jurídico, distanciando-se da mera transposição de textos normativos a realidades completamente díspares. É dizer, a verdadeira comparação não pode prescindir da compreensão panorâmica de seu objeto.[37] Senhor de seu tempo, ativo e altivo, o doutrinador escapará à função meramente recognitiva e produzirá conhecimento e interpretação em função aplicativa, comprometendo-se, de um lado, com a instrumentalidade de princípios e regras aos valores do sistema e, de outro, com a eficácia social da academia.[38-39] No tema, interessante experiência tem se mostrado a prolação de enunciados interpretativos no âmbito das Jornadas de Direito Civil realizadas pelo Conselho da Justiça Federal. Frutos de tais encontros, os enunciados revelam-se formidáveis instrumentos de influência dos debates acadêmicos em sede jurisdicional.[40]

Com efeito, deve contribuir também para evitar indesejáveis subversões hermenêuticas. Tome-se por exemplo o majoritário

---

[37] "Com o transcorrer das experiências históricas, institutos, conceitos, instrumentos, técnicas jurídicas, embora permaneçam nominalmente idênticos, mudam de função, de forma que, por vezes, acabam por servir a objetivos diametralmente opostos àqueles originais" (PERLINGIERI, Pietro. *O direito civil na legalidade constitucional*, p. 141).

[38] "Daí a distinção essencial entre conhecimento-interpretação em função histórica e meramente recognitiva e conhecimento-interpretação em função aplicativa: uma voltada a reconstruir aquilo que foi com respeito absoluto dos fatos e da sua avaliação histórica sem considerações estranhas à época; a outra voltada a aplicar aquilo que foi prescrito para fatos sucessivos, isto é, individuando o dado normativo em função do futuro" (PERLINGIERI, Pietro. *O direito civil na legalidade constitucional*, p. 66).

[39] "É no magistério – sempre uma obra aberta – o lugar de pensar e dizer da importância de valores existenciais, da necessidade de pensar juridicamente o problema do acesso às riquezas e da essencialidade de um patrimônio mínimo. Da proteção merecida pelo nãoproprietário, e da relevância dos direitos fundamentais. Da imprescindível necessidade da superação de categorias antigas e arcaicas e da criação de novas categorias para novas realidades" (CORTIANO JUNIOR, Eroulths. Ensino jurídico e titularidades: o lugar do professor. *In*: TEPEDINO, Gustavo (Org.). *Direito civil contemporâneo*: novos problemas à luz da legalidade constitucional. São Paulo: Atlas, 2008, p. 355).

[40] Reverberando o debate realizado na VII Jornada de Direito Civil, Gustavo Tepedino, em editorial da *Revista Brasileira de Direito Civil* do primeiro trimestre de 2016, preleciona a importância da identificação das situações de vulnerabilidade como importante critério de distinção na concretização do princípio da isonomia substancial no bojo das regras atinentes à execução da garantia no financiamento imobiliário. V. TEPEDINO, Gustavo. Direito Civil e proteção das vulnerabilidades. Editorial. *RBDCivil*. Rio de Janeiro, v. 7, jan./mar. 2016. Disponível em: <https://www.ibdcivil.org.br/rbdc.php?ip=123&titulo=VOLUME%20 7%201%20JanMar%202016&category_id=123&arquivo=data/revista/volume7/rbdcivil_ volume_7.pdf>. Acesso em: 18 maio 2016.

REFLEXÕES METODOLÓGICAS: A CONSTRUÇÃO DO OBSERVATÓRIO DE JURISPRUDÊNCIA... | 49

posicionamento jurisprudencial – referente ao artigo 16 da Lei de Anistia – no sentido de negar reparação de dano moral ao anistiado que, por meio de transação administrativa, recebeu indenização de danos materiais.[41-42] A racionalidade desses julgados não se afigura compatível com o vetor axiológico do ordenamento jurídico. O princípio da dignidade da pessoa humana exige que cada lesão seja integralmente reparada de acordo com o efeito produzido na esfera da vítima – patrimonial ou extrapatrimonial – não se admitindo, sob qualquer hipótese, a compensação entre verbas de fundamentos distintos. Inclusive, reconhece-se a possibilidade de cumulação do ressarcimento dos danos morais e materiais desde o advento da Constituição Federal de 1988, que, no artigo 5º, V e X, assegura a reparação integral da vítima.[43-44] Nesse sentido, a Súmula 37 do Superior Tribunal de Justiça já dispusera que "são cumuláveis as indenizações por dano material e dano moral oriundos do mesmo fato". A matéria foi ainda disciplinada no art. 186 do Código Civil de 2002.[45-46]

Interpretar a Constituição Federal à luz da Lei da Anistia consiste em nítida subversão hermenêutica que amesquinha a tutela privilegiada da pessoa humana e ameaça a unidade sistemática. Por essas e outras razões, o papel do doutrinador colaborativo afigura-se fundamental para a proteção dos valores constitucionalmente assegurados, por meio

---

[41] Art. 16, Lei nº 10.599/2002: "Os direitos expressos nesta Lei não excluem os conferidos por outras normas legais ou constitucionais, vedada a acumulação de quaisquer pagamentos ou benefícios ou indenização com o mesmo fundamento, facultando-se a opção mais favorável".

[42] "A reparação econômica prevista na Lei 10.559/02 possui dúplice caráter indenizatório, abrangendo os danos materiais e morais sofridos pelos anistiados em razão dos atos de exceção praticados pelos agentes do Estado, de natureza política. Embora os direitos expressos na Lei de Anistia não excluam os conferidos por outras normas legais ou constitucionais, é 'vedada a acumulação de quaisquer pagamentos ou benefícios ou indenização com o mesmo fundamento, facultando-se a opção mais favorável' (art. 16)" (STJ, REsp nº 1.323.405/DF, 1ª T., Rel. Min. Arnaldo Esteves Lima, julg. 11.9.2012).

[43] Art. 5º, CRFB/88. "Todos são iguais perante a lei, sem distinção de qualquer natureza, garantindo-se aos brasileiros e aos estrangeiros residentes no País a inviolabilidade do direito à vida, à liberdade, à igualdade, à segurança e à propriedade, nos termos seguintes: V – é assegurado o direito de resposta, proporcional ao agravo, além da indenização por dano material, moral ou à imagem; X – são invioláveis a intimidade, a vida privada, a honra e a imagem das pessoas, assegurado o direito a indenização pelo dano material ou moral decorrente de sua violação".

[44] MONTEIRO FILHO, Carlos Edison do Rêgo. *Elementos de responsabilidade civil por dano moral*. Rio de Janeiro: Renovar, 2000, p. 117.

[45] MONTEIRO FILHO, Carlos Edison do Rêgo. *Elementos...*, p. 121.

[46] Art. 186, CC/2002. "Aquele que, por ação ou omissão voluntária, negligência ou imprudência, violar direito e causar dano a outrem, ainda que exclusivamente moral, comete ato ilícito".

do estudo e da pesquisa – em perspectiva crítica – da *ratio decidendi*, de modo a construir uma hermenêutica em função aplicativa capaz de promover a unidade axiológica do ordenamento.

Na hipótese, o próprio Superior Tribunal de Justiça já oscilou em seu posicionamento, admitindo, em alguns poucos arestos, a cumulação da reparação extrapatrimonial com a indenização obtida na via administrativa. Aqui se revela outro efeito importante do estudo e pesquisa da matéria sob método integrado por meio do desenvolvimento de observatório jurisprudencial, qual seja, para além da análise científica do mérito das decisões, deve o doutrinador colaborativo apontar contradições e inconsistências dos julgados entre si, zelando pela coerência e segurança jurídica do conjunto de precedentes judiciais.[47]

4 Magistrado dialógico

Outro conjunto de parâmetros de desenvolvimento do observatório relaciona-se, por paradoxal que possa parecer, ao comportamento dos titulares das decisões observadas: os juízes.

A exigência de fundamentação das decisões constitui, como se sabe, o principal limite à discricionariedade judicial. A superação do método subsuntivo reforçou a imposição da motivação como instrumento de controle à aplicação do sistema em sua unidade, abertura e mobilidade. Nesse contexto, tal dever não pode se revelar mera ilustração *a posteriori* de decisão já tomada.

Atento à importância da questão, o legislador do Novo Código de Processo Civil pretendeu ampliar o rigor na aplicação do princípio, considerando não fundamentada qualquer medida judicial que: "(i) se limitar *à* indicação, *à* reprodução ou *à* paráfrase de ato normativo, sem explicar sua relação com a causa ou a questão decidida; (ii) empregar conceitos jurídicos indeterminados, sem explicar o motivo concreto de sua incidência no caso; (iii) invocar motivos que se prestariam a justificar qualquer outra decisão; (iv) não enfrentar todos os argumentos deduzidos no processo capazes de, em tese, infirmar a conclusão adotada pelo julgador; (v) se limitar a invocar precedente ou enunciado de súmula,

---

[47] Confira-se: "Os direitos dos anistiados políticos, expressos na Lei 10.559/2002 (art. 1º, I a V), não excluem outros conferidos por outras normas legais ou constitucionais. Insere-se, aqui, o direito fundamental à reparação por danos morais (CF/88, art. 5º, V e X CC/1916, art. 159; CC/2002, art. 186), que não pode ser suprimido nem cerceado por ato normativo infraconstitucional, tampouco pela interpretação da regra jurídica, sob pena de inconstitucionalidade" (STJ, REsp nº 890.930/RJ, 1ª T., Rel. Min. Denise Arruda, julg. 17 maio 2007).

sem identificar seus fundamentos determinantes nem demonstrar que o caso sob julgamento se ajusta *àqueles* fundamento e (vi) deixar de seguir enunciado de súmula, jurisprudência ou precedente invocado pela parte, sem demonstrar a existência de distinção no caso em julgamento ou a superação do entendimento" (art. 489, §1º, CPC/2015).

Uma vez que o exercício da jurisdição se encontra limitado pelas balizas do ordenamento jurídico, demanda-se que o magistrado busque na doutrina o instrumental necessário ao cumprimento do dever de motivação. Tal tarefa constitui terreno fértil para o desenvolvimento da teoria da argumentação, a qual, por sua vez, não pretende identidade de decisões que envolvem casos análogos, mas coerência entre elas. O respeito e a valorização das especificidades mostram-se fundamentais para a individuação da normativa a ser aplicada, não podendo servir de escusa, contudo, para a adoção de decisões racionalmente contraditórias produzidas pelo mesmo órgão julgador.[48]

Nessa esteira, cumpre ressaltar que sem verticalidade teórica, não há prática que se sustente. O juiz precisa, necessariamente, estar aberto às lições da doutrina. Foi-se o tempo em que o atributo *acadêmico*, no seio dos tribunais, associava-se a magistrados e profissionais não comprometidos com a prática da jurisdição, mas com elucubrações em teorias que os afastavam, senão física, espiritualmente, das atribuições do cotidiano. Hoje, as qualificações de mestre, doutor, pesquisador, professor de direito tornaram-se disputadas por juízes, desembargadores e ministros em busca de aproximar a pesquisa científica dos conflitos do dia a dia, em processo de aprimoramento teórico-prático que em última análise favorece o jurisdicionado, o país. O Judiciário, assim, se insere na transformação mais ampla por que passa a sociedade: diante das novas tecnologias e da economia do conhecimento, "a formação e a obtenção de qualificações já não ocorre hoje uma vez na vida, mas no decurso da vida". Independentemente de qualquer título formal, desenha-se pacto de compromisso permanente com a aprendizagem, com o aperfeiçoamento técnico, com a atualização

---

[48] "Em outras palavras, um juiz não deveria criar um arcabouço teórico *ad hoc* para a discussão de cada caso, mas sim empregar o arcabouço usado para outros casos. Uma estrutura bem elaborada este é um aspecto da elaboração do direito – contribui para o principal projeto do direito, que é o de decidir de modo similar casos similares. A estrutura também proporciona um sistema para ancorar as decisões depois que elas tenham sido tomadas, tornando possível localizar precedentes relevantes no curso de demandas subsequentes" (HYLAND, Richard. Vamos dançar?. Tradução de Eduardo Nunes de Souza. *Civilistica. com.* Rio de Janeiro: a. 3, n. 2, 2014. Disponível em: <http://civilistica.com/vamos-dancar/>. Acesso em: 12 maio 2016).

profissional, compatível com a relevância da função que exercem os órgãos judicantes.[49]

Além de privilegiar a fundamentação de suas decisões nos valores do ordenamento e de buscar verticalidade teórica perene, o magistrado precisa também estar receptivo ao contexto social em que se encontra inserido. Necessário, desse modo, o desenvolvimento da cultura de tribunais abertos, afeitos à adoção de instrumentos de participação do cidadão comum e de especialistas, tais como a intervenção de *amicus curiae*, os mecanismos consensuais de solução de conflitos, as audiências e consultas públicas, para que ao final do litígio se consiga chegar a uma solução mais justa.[50-51] Evita-se, assim, que o juiz se encastele dentro das quatro paredes do gabinete, prolatando decisões que se distanciem da devida acuidade social.[52]

Exemplo ilustrativo de justiça dialógica consiste na questão da usucapião independente de metragem mínima. Imagine-se que determinada pessoa reúna todos os requisitos necessários à usucapião de certa área, mas se depare com óbice na legislação municipal que exige metragem mínima do módulo proprietário urbano ou rural. A perspectiva funcional, nesses casos, deve prevalecer em face da literalidade da norma municipal. Com efeito, em nome da dignidade humana, da solidariedade social e da igualdade substancial, não há que se interpretar

---

[49] GIDDENS, Anthony. *Sociologia*. 8. ed. Lisboa: Fundação Calouste Gulbenkian, 2010, p. 527. O autor prossegue em interessantíssima defesa do conceito de *aprendizagem no decurso da vida*: "Os profissionais em plena carreira procuram actualizar as suas qualificações através de programas educativos continuados e baseados na aprendizagem pela Internet. [...] A ideia de educação – como transmissão estruturada de conhecimento no âmbito de uma instituição formal – está a dar lugar a uma noção mais alargada de aprendizagem que pode ocorrer em vários cenários".

[50] Sobre o tema, cumpre observar que o Código de Processo Civil de 2015 conferiu novo *status* ao instituto do *amicus curiae*, elencando-o no título sobre intervenção de terceiros. Assim, possibilita o magistrado, até mesmo de ofício, valer-se da nova modalidade interventiva para maior esclarecimento a respeito da matéria em litígio (art. 138 do CPC/2015).

[51] Confira-se, nessa esteira, a adoção recorrente pelo Supremo Tribunal Federal de audiências públicas em temas, tais como dívida dos estados (Mandados de Segurança nºs 34023, 34110 e 34122), Código Florestal (ADIs nºs 4901, 4902, 4903 e 4937), importação de pneus usados (ADPF nº 101), pesquisas com células-tronco (ADI nº 3510), aborto de feto anencéfalo (ADPF nº 54), cotas em universidades (ADPF nº 186 e Recurso Extraordinário nº 597285), entre outras. Para uma pesquisa que congregue as diversas audiências públicas já realizadas no âmbito do Supremo, v. <http://www.stf.jus.br/portal/audienciaPublica/audienciaPublica.asp?tipo=realizada>.

[52] "Participação dos cidadãos comuns, pelo menos na forma de presença em tribunal aberto e de crítica em uma imprensa livre. Esta noção expressa a ideia democrática de que a justiça pertence à comunidade inteira e é do interesse dela, não simplesmente de uma *intelligentsia* limitada, altamente instruída. Também incorpora a ideia de que o cumprimento da justiça deve ser visto" (CAENEGEM, R. C. van. *Juízes, legisladores e professores*, p. 111).

a Constituição Federal à luz da legislação municipal. Não se concebe, aqui, propriamente um conflito hierárquico entre a norma constitucional e a municipal, mas regras com vocações em todo diversas. Enquanto a legislação municipal se volta à ordenação do solo urbano, o instituto da usucapião constitucionalmente previsto visa a tutelar a função social da posse em detrimento da propriedade desprovida de função.[53-54]

A despeito dos sólidos ensinamentos doutrinários, a jurisprudência vacilava em seu posicionamento na matéria. No Superior Tribunal de Justiça, prevalecia a improcedência do pedido, em razão da impossibilidade de fracionamento do terreno, enquanto os Tribunais de Justiça afiguravam-se favoráveis majoritariamente à tese da aquisição independentemente de metragem mínima.[55] A propósito, foi editado o verbete número 316 da Súmula da Jurisprudência Predominante do Tribunal de Justiça do Estado do Rio de Janeiro: "É juridicamente possível o pedido de usucapião de imóvel com área inferior ao módulo mínimo urbano definido pelas posturas municipais".[56] Em 2015, a questão foi finalmente enfrentada pelo Supremo Tribunal Federal. Na esteira do posicionamento dos tribunais inferiores, a Corte – exercendo o papel de magistrado dialógico – fez prevalecer a perspectiva funcional, considerando que "não pode ser obstado com fundamento em norma hierarquicamente inferior ou em interpretação que afaste a eficácia do direito constitucionalmente assegurado".[57]

---

[53] Sobre o tema, v. MONTEIRO FILHO, Carlos Edison do Rêgo. Usucapião imobiliária urbana independente de metragem mínima: uma concretização da função social da propriedade.

[54] "Não se pode sustentar que os limites e as obrigações não fazem parte do direito de propriedade; fatos externos são o ônus real, a servidão, o peso imposto pelo exterior e que, portanto, não fazem parte da estrutura da situação subjetiva-propriedade. (...) A propriedade é, ao revés, uma situação subjetiva complexa" (PERLINGIERI, Pietro. *O direito civil na legalidade constitucional*, p. 224). No mesmo sentido, adverte Ricardo Lira: "(...) contemporaneamente, a propriedade não sofre apenas as limitações exteriores decorrentes do poder de polícia, consubstanciando a função social da propriedade, mas ela própria é uma função social, sobretudo quando cria poderes inerentes a um bem de produção" (LIRA, Ricardo Pereira. *Elementos de direito urbanístico*. Rio de Janeiro: Renovar, 1997, p. 313).

[55] "O entendimento desta Corte é no sentido de que não é possível a usucapião de terreno com dimensões inferiores ao módulo urbano (ou rural)" (STJ, AgRg nos EDcl no Ag nº 1.407.458/RJ, 3ª T., Rel. Min. Paulo de Tarso Sanseverino, julg. 7.5.2013).

[56] A publicação da Súmula data de 18.08.2014, a partir do julgamento do Incidente de Uniformização de Jurisprudência nº 001314964.2005.8.19.0202, julgado em 14.4.2014, Rel. Des. Marcus Quaresma Ferraz.

[57] "Recurso extraordinário. Repercussão geral. Usucapião especial urbana. Interessados que preenchem todos os requisitos exigidos pelo art. 183 da Constituição Federal. Pedido indeferido com fundamento em exigência supostamente imposta pelo plano diretor do

5 Desenvolvimento de cultura hermenêutica no país

A aplicação de modelo integrado na metodologia jurídica, no seio do qual se destaca o observatório jurisprudencial, pretende-se permanente, acompanhada de constante crítica e autocrítica de seu funcionamento. Para tanto, exige-se o desenvolvimento de hermenêutica no país hábil a estabelecer critérios de objetivação dos valores que assumem papel decisivo no ordenamento jurídico.[58]

A perspectiva de uma doutrina atenta às decisões dos tribunais, nesse contexto, apresenta-se como instrumento para o conhecimento dos princípios e regras aplicadas (e aplicáveis) no caso prático e para a análise da motivação adotada (a *ratio decidendi*). Mais ainda: dado que não existe norma antes do processo interpretativo (como visto no tópico 2, anterior), mas sim artigo de lei visto na sua exterioridade, a clareza do texto torna-se sempre um *posterius*, resultado, produto da interpretação. O conteúdo de qualquer enunciado normativo não se exaure no momento da produção do texto pelo legislador, mas depende da participação ativa do intérprete. Fazem-se mais raros a cada dia os casos que sejam regulados por uma precisa disposição e não por uma miríade de disposições e de seus fragmentos.[59] Diante de tal quadro, agravado pela expansão das novas técnicas legislativas – em que princípios e cláusulas gerais tomam lugar da casuística regulamentar –, o manejo doutrinário, o conhecimento técnico, a visão dos precedentes, o recurso à lógica do sistema e a justificação axiológica das decisões constituem ferramentas indispensáveis à afirmação dos valores do ordenamento.

---

município em que localizado o imóvel. Impossibilidade. A usucapião especial urbana tem raiz constitucional e seu implemento não pode ser obstado com fundamento em norma hierarquicamente inferior ou em interpretação que afaste a eficácia do direito constitucionalmente assegurado. Recurso provido. 1. Módulo mínimo do lote urbano municipal fixado como área de 360 m2. Pretensão da parte autora de usucapir porção de 225 m², destacada de um todo maior, dividida em composse. 2. Não é o caso de declaração de inconstitucionalidade de norma municipal. 3. Tese aprovada: preenchidos os requisitos do art. 183 da Constituição Federal, o reconhecimento do direito à usucapião especial urbana não pode ser obstado por legislação infraconstitucional que estabeleça módulos urbanos na respectiva área em que situado o imóvel (dimensão do lote). 4. Recurso extraordinário provido" (STF, RE nº 422.349/RS, Pleno, Rel. Min. Dias Toffoli, julg. 29.4.2015).

[58] "Hermenêutica não deve ser reduzida à concepção de doutrina, e nem mesmo de método de interpretação. É, aqui, fundamentação" (FACHIN, Luiz Edson. *Op. cit.*, p. 55).

[59] PERLINGIERI, Pietro. *O direito civil na legalidade constitucional*, p. 620. Na p. 619, e no mesmo sentido do texto acima, vale conferir a eloquência das palavras do autor a pregar o banimento do vetusto brocardo latino *in claris non fit interpretativo*.

A título ilustrativo, veja-se o tortuoso problema da quantificação de danos morais, no qual se evidencia a existência de certa desconexão entre teoria e prática. Em determinadas decisões privilegia-se, na fundamentação, a função punitiva da reparação dos danos morais, apesar do nítido valor irrisório da condenação. Em outras, o magistrado posiciona-se pela inadmissibilidade do caráter de punição no ordenamento jurídico pátrio, mas, ao quantificar o dano, arbitra valores elevados. Examine-se, a esse respeito, o dano moral decorrente da inscrição indevida no cadastro de inadimplente. Analisando hipóteses semelhantes, o Tribunal de Justiça do Rio Grande do Sul posicionou-se, em determinada espécie, a favor da punição do ofensor, e fixou o montante indenizatório em R$2.000,00.[60] Em outro caso, no sentido oposto, o Tribunal considerou que o instituto dos *punitive damages* afigura-se "inviabilizado pelo ordenamento jurídico" brasileiro e arbitrou o montante em R$3.858,60.[61] Observe-se que, diante de circunstâncias similares, a decisão que argumentava pela indenização punitiva arbitrou *quantum* inferior à que julgou inadmissível os *punitive damages*, a denunciar o caráter meramente retórico da argumentação utilizada.

Para a solução de tais questões práticas, exige-se a construção de cultura hermenêutica com destaque para os papéis do observatório, capaz de compilar parâmetros, sistematizar dados e tratar informações, para assim bem orientar a solução dos casos concretos, de modo que, na constante dialética entre fato e texto legal, o magistrado tenha à disposição arcabouço teórico capaz de guiá-lo no sentido da máxima realização da tábua axiológica constitucional. Fecha-se, assim, o *círculo virtuoso doutrinador colaborativo/magistrado dialógico*, em que o próprio sistema seria capaz de se retroalimentar.

---

[60] TJRS, Ap. Cív. nº 70068613637, 10ª Câmara Cível, Rel. Des. Jorge Alberto Schreiner Pestana, julg. 31.3.2016. Transcreve-se trecho da decisão: "Da análise destas circunstâncias, tenho que o montante fixado em 1ª Instância, de R$2.000,00 (dois mil reais), esteja adequado a compensar a autora pelo injusto sofrido e suficientemente penalizar a ré pelo ato ilícito praticado".

[61] TJRS, Ap. Cív. nº 70018626622, 6ª Câmara Cível, Rel. Des. Regina Pessoa Silva dos Santos, julg. 8.5.2008. Confira-se trecho do julgado: "Reafirmo o que tantas vezes disse, a honra e a dignidade das pessoas não podem ser transformadas em fontes de ganhos, objetos de benesses financeiras, muito menos de mercancia, o que vem ocorrendo, aliás, com mais freqüência do que seria de se desejar, atitudes que permitem a banalização do dano moral. De registrar, ademais, ante os argumentos apologéticos em favor do instituto norte-americano do *punitive damages* ostentados pela autora em suas razões recursais, afigurar-se, atualmente, inviabilizado pelo ordenamento jurídico brasileiro (em que pese existir controvérsias tanto no âmbito doutrinário como jurisprudencial acerca do possível caráter punitivo da indenização aferida a título de danos morais no Brasil), que se atém a avaliar a extensão do dano e sua compensação, procurando nunca extrapolar o real prejuízo sofrido pela vítima, seja ele material ou moral".

A teoria da interpretação se constitui, nesse contexto, no estudo (não já de setores estanques, mas) dos problemas concretamente considerados, que revelam em sua heterogeneidade a unidade do ordenamento.[62]

5.1 Rigor metodológico

Não se alcança o desiderato de hipertrofiar a cultura hermenêutica senão por meio do indispensável rigor metodológico. Impõe-se, no particular, que a referência a julgados seja séria e científica, tanto no âmbito da pesquisa jurídica como na prática forense. A tônica superlativa da chamada *cultura de peça judicial* – consistente na escolha de única decisão *pret-a-porter* para reforço da tese e, dentro deste julgado escolhido, a extração de trechos favoráveis, com indesejada omissão de contextualizações, apostos explicativos, ponderações e contrapontos do texto original – ameaça o rigor técnico da dogmática.

Dessa forma, o levantamento de casos e soluções deve se basear em critérios objetivos que permitam o desenvolvimento da análise crítica. As decisões precisam ser analisadas em seu inteiro teor, superando-se certa tendência humana à acomodação, sobretudo porque, muitas vezes, as ementas não refletem o preciso conteúdo dos acórdãos.

Além disso, para que se possa desvelar uma tendência jurisprudencial há que se tomar como base certa quantidade de acórdãos capaz de sustentar, cientificamente, o achado. Com o advento da internet a facilidade de acesso ao conteúdo dos julgados aumentou exponencialmente. De um tempo em que se pesquisavam decisões em diários oficias, em informativos periódicos de jurisprudência ou *in locu* nos tribunais, chega-se, em vertiginosa transformação, à possibilidade de ampla coleta de informações, de forma instantânea, em qualquer juízo ou tribunal, por meio dos instrumentos de busca da rede mundial de computadores.

Tal incremento quantitativo, se por um lado reduziu as dificuldades materiais de pesquisa, ao agilizar o acesso à informação, por outro, impôs renovadas responsabilidades ao pesquisador, eis que o maior

---

[62] "O estudo do direito não pode ser feito por setores pré-constituídos, mas por problemas, com especial atenção às exigências emergentes" (PERLINGIERI, Pietro. *Perfis do direito civil*, p. 55).

REFLEXÕES METODOLÓGICAS: A CONSTRUÇÃO DO OBSERVATÓRIO DE JURISPRUDÊNCIA... | 57

acesso às decisões demanda maior capacidade de filtro, sistematização e cuidado com aquilo que lhe é disponibilizado aos turbilhões.[63] Nem mesmo os instrumentos e enunciados aptos a formarem precedentes, conforme o art. 927, CPC/2015, podem estar imunes à análise crítica do intérprete. Muitas vezes, a tese veiculada pelos tribunais não se coaduna com a *ratio decidendi* dos julgados que supostamente lhe sustentaria. Outras vezes, para aparentar a pacificação de sua jurisprudência, necessária à formação de enunciados vinculantes, as cortes procuram se basear em decisões desconexas entre si, que muitas vezes datam de períodos históricos e contextos completamente distintos. Por tais razões, reitera-se a necessidade do aprofundamento vertical da análise das decisões, cotejando-as integralmente – para além da ementa: relatório, fundamentação e dispositivo – a fim de que se possa controlar a legitimidade dos enunciados jurisprudenciais, bem como para bem destiná-los a demandas futuras, na adequada concretização do ordenamento do caso concreto.[64]

O rigor metodológico contrapõe-se, assim, à mera compilação de jurisprudência, em que não há a correta análise das nuances da situação prática e nem, tampouco, a necessária percepção crítica da *ratio decidendi*. A utilização de determinado precedente judicial à espécie concreta exige a identidade de circunstâncias fáticas, sob pena de violação à isonomia ao se transpor solução idêntica a caso distinto.[65]

---

[63] Maria Celina Bodin de Moraes denuncia a proliferação de "material didático de qualidade inferior, que, em nome da facilitação do acesso ao conhecimento, sacrifica o necessário rigor científico do Direito". Ademais, com o apoio em Umberto Eco, adverte sobre os problemas relativos à utilização de pesquisas por meio da internet: "Acrescente-se às dificuldades atuais aquelas provenientes da Internet, frequentemente considerada como um instrumento de valia para o ensino; ao contrário do que comumente se pensa, porém, a Internet 'é um mundo selvagem e perigoso; tudo o que surge lá é sem hierarquia. A imensa quantidade de coisas que circula é pior que a falta de informação. O excesso de informação provoca a amnésia. Informação demais faz mal'. Quando, então, os alunos se aventuram sem qualquer orientação, mediante simples consultas ao Google, correm o risco de se confundirem ainda mais" (BODIN DE MORAES, Maria Celina. Por um ensino humanista do direito civil. *Civilistica.com.* Rio de Janeiro, ano 1, n. 2, jul./dez./2012. Disponível em: <http://civilistica.com/por-umensino-humanista/>. Data de acesso: 08 abr. 2016, p. 7-9).

[64] Art. 927, CPC/2015. "Os juízes e os tribunais observarão: I – as decisões do Supremo Tribunal Federal em controle concentrado de constitucionalidade; II – os enunciados de súmula vinculante; III – os acórdãos em incidente de assunção de competência ou de resolução de demandas repetitivas e em julgamento de recursos extraordinário e especial repetitivos; IV – os enunciados das súmulas do Supremo Tribunal Federal em matéria constitucional e do Superior Tribunal de Justiça em matéria infraconstitucional; V – a orientação do plenário ou do órgão especial aos quais estiverem vinculados".

[65] "Pragmatismo e velho ou novo formalismo são os perigos de sempre. Circulam textos, inspirados principalmente em razões meramente comerciais, de recompilação de jurisprudências – nos quais frequentemente falta uma adequada atenção à descrição do

6 O próximo passo: observatório legislativo

Do distanciamento entre teoria e prática ao resgate de elos revela-se importante transição, mas não suficiente em si. Torna-se necessário passo adiante: que a doutrina monitore e participe da produção legislativa.

Proliferam, na atualidade, normativas que constituem verdadeiras colchas de retalho. Trata-se de leis que, em seu corpo, versam sobre temas diversos e sem qualquer congruência temática, reunindo, a um só tempo, diversos ramos de direito sem pretensão de conectá-los. Sobressai, nesse contexto, o ocaso do primado da técnica legislativa.

A prática constitui vício historicamente constatado na atuação do Poder Legislativo. Na República Velha, o problema atingia mais gravemente as chamadas caudas orçamentárias. O mecanismo consistia na inclusão, por emendas parlamentares, de temas estranhos às receitas e às despesas, em busca do benefício do processo legislativo mais célere que caracteriza as leis orçamentárias, para servir de veículo à aprovação de propostas a elas estranhas. Atento a essa grave questão, o constituinte de 1988 previu, no artigo 165, §8º, da Constituição Federal, que "a lei orçamentária anual não conterá dispositivo estranho à previsão da receita e à fixação da despesa".

O ardil, contudo, permanece na *praxe* legislativa. A título exemplificativo, examine-se a Lei nº 13.043/2014, que altera a redação de cinquenta e cinco (!) leis e reúne temas como: legislação fiscal e financeira; vigilância sanitária; alienação fiduciária e Advocacia-Geral da União. A falta de adequação temática salta aos olhos do intérprete, assim como a distorção metodológica que aparenta agasalhar interesses ocultos de sabe-se lá quais interessados.[66]

---

caso concreto, do fato – que possuem a pretensão de reconhecer na decisão jurisprudencial o significado de fonte primário e sem o exercício da função de controle crítico à luz de um correto método hermenêutico" (PERLINGIERI, Pietro. *O direito civil na legalidade constitucional*, p. 77).

[66] Observe-se a epígrafe da referida lei: "sobre os fundos de índice de renda fixa, sobre a responsabilidade tributária na integralização de cotas de fundos ou clubes de investimento por meio da entrega de ativos financeiros, sobre a tributação das operações de empréstimos de ativos financeiros e sobre a isenção de imposto sobre a renda na alienação de ações de empresas pequenas e médias; prorroga o prazo de que trata a Lei no 12.431, de 24 de junho de 2011; altera as Leis nos 10.179, de 6 de fevereiro de 2001, 12.431, de 24 de junho de 2011, 9.718, de 27 de novembro de 1998, 10.637, de 30 de dezembro de 2002, 10.833, de 29 de dezembro de 2003, 12.996, de 18 de junho de 2014, 11.941, de 27 de maio de 2009, 12.249, de 11 de junho de 2010, 10.522, de 19 de julho de 2002, 12.546, de 14 de dezembro de 2011, 11.774, de 17 de setembro de 2008, 12.350, de 20 de dezembro de 2010, 9.430, de 27 de dezembro de 1996, 11.977, de 7 de julho de 2009, 12.409, de 25 de maio de 2011, 5.895, de 19

REFLEXÕES METODOLÓGICAS: A CONSTRUÇÃO DO OBSERVATÓRIO DE JURISPRUDÊNCIA... | 59

Entretanto, em meio ao aparente e deliberado caos, há que se recomendar cautela: a elaboração de leis não se faz por processo livre e descompromissado, mas, ao revés, por processo complexo, lógico e essencialmente formal. A Lei Complementar nº 95/1998 disciplina a elaboração, redação, alteração e consolidação das leis. De seu teor depreende-se que as leis devem ser estruturadas em três partes básicas. A primeira, preliminar, compreende "a epígrafe, a ementa, o preâmbulo, o enunciado do objeto e a indicação do âmbito de aplicação das disposições normativas". Em seguida, a parte normativa abrange "o texto das normas de conteúdo substantivo relacionadas com a matéria regulada". Por fim, incluem-se as "disposições pertinentes às medidas necessárias à implementação das normas de conteúdo substantivo, às disposições transitórias, se for o caso, a cláusula de vigência e a cláusula de revogação, quando couber" (artigo 3º).

A Lei Complementar nº 95/1998 enfrenta expressamente o problema da pertinência temática dos assuntos objeto de regulação. Nos termos do artigo 7º, cada lei deverá tratar de um único objeto, e não poderá conter matéria estranha ou a este desvinculada por afinidade, pertinência ou conexão. Ademais, o "âmbito de aplicação da lei será estabelecido de forma tão específica quanto o possibilite o conhecimento técnico ou científico da área respectiva".

Torna-se cristalina, assim, a necessidade de se identificarem eventuais incongruências que comprometem a higidez legislativa e solucioná-las à luz dos valores do ordenamento. No processo legislativo contemporâneo, as interferências da dogmática na formulação dos comandos normativos têm se revelado insuficientes para influir e

---

de junho de 1973, 11.948, de 16 de junho de 2009, 12.380, de 10 de janeiro de 2011, 12.087, de 11 de novembro de 2009, 12.712, de 30 de agosto de 2012, 12.096, de 24 de novembro de 2009, 11.079, de 30 de dezembro de 2004, 11.488, de 15 de junho de 2007, 6.830, de 22 de setembro de 1980, 9.532, de 10 de dezembro de 1997, 11.196, de 21 de novembro de 2005, 10.147, de 21 de dezembro de 2000, 12.860, de 11 de setembro de 2013, 9.393, de 19 de dezembro de 1996, 9.250, de 26 de dezembro de 1995, 12.598, de 21 de março de 2012, 12.715, de 17 de setembro de 2012, 11.371, de 28 de novembro de 2006, 9.481, de 13 de agosto de 1997, 12.688, de 18 de julho de 2012, 12.101, de 27 de novembro de 2009, 11.438, de 29 de dezembro de 2006, 11.478, de 29 de maio de 2007, 12.973, de 13 de maio de 2014, 11.033, de 21 de dezembro de 2004, 9.782, de 26 de janeiro de 1999, 11.972, de 6 de julho de 2009, 5.991, de 17 de dezembro de 1973, 10.406, de 10 de janeiro de 2002, 9.514, de 20 de novembro de 1997, 11.775, de 17 de setembro de 2008, 10.150, de 21 de dezembro de 2000, e 10.865, de 30 de abril de 2004, e o Decreto-Lei no 911, de 1º de outubro de 1969; revoga dispositivos do Decreto-Lei no 1.569, de 8 de agosto de 1977, das Leis nos 5.010, de 30 de maio de 1966, e 8.666, de 21 de junho de 1993, da Medida Provisória no 2.158-35, de 24 de agosto de 2001, e do Decreto-Lei no 1.598, de 26 de dezembro de 1977; e dá outras providências".

apoiar as decisões do Congresso. Verifica-se relevante distanciamento e omissão das entidades acadêmicas quanto ao problema ora indigitado. Há que se desenvolver aqui também mecanismos similares aos utilizados pelo Supremo Tribunal Federal, como a realização de audiências públicas, para que o legislador consiga ouvir os clamores da população no âmbito de processo legislativo ungido por valores democráticos. É chegado o momento de transformar a ordem de fatores que entreveram a cultura jurídica em detrimento dos interesses da sociedade. O passo adiante consiste, justamente, na aproximação da doutrina ao processo legislativo, com finalidade de integrar a atuação de legisladores, magistrados e doutrinadores, sob a ótica de um único sistema.

7 À guisa de conclusão

Ao longo do tempo, a ciência jurídica tem assistido a progressivo isolamento de seus protagonistas, encapsulados cada um em sua espécie de gueto, como se houvesse um direito do legislador, outro do doutrinador e outro ainda do magistrado. No entanto, a nova ordem jurídica inaugurada pelo projeto constitucional de 1988 parece impor a superação dos vícios tradicionais do conceitualismo e do elitismo, da ode à subsunção, da luta endêmica pelo poder e da desarticulação entre lei, teoria e prática, em favor da unidade e da sistematicidade do Direito.

Como instrumento capaz de construir hermenêutica em função aplicativa que promova os valores constitucionalmente assegurados, destaca-se aqui o necessário processo de criação de modelo integrado por meio dos observatórios de jurisprudência e de legislação. Do jogo do poder político à alteridade, do doutrinador *voyeur* ao colaborativo, do magistrado *bouche de la loi* ao dialógico, da subsunção ao desenvolvimento de uma cultura hermenêutica, da prática da peça judicial superlativa ao rigor metodológico, destacam-se nesse breve estudo perfis fundamentais à reconstrução da unidade sistemática. Os parâmetros apresentados, além de seus entrelaçamentos funcionais, constituem enumeração aberta, insuscetível de aprisionamento em *numerus clausus*. Isso porque a perenidade do projeto suscita a necessidade de revisão permanente de seus critérios.

E a doutrina assume, assim, papel renovado à reconstrução e ressignificação das relações entre lei e prática, constituindo a sede por excelência do resgate dos elos perdidos. Dito diversamente, somente por meio de privilegiada integração, é possível se falar na nova perspectiva em que se pretende inserir os operadores do direito, em linha de superação das desavenças e disputas de poder, por meio da força transformadora ínsita aos processos de educação. Ensino e pesquisa deverão atuar como agentes indutores da intercomunicação entre os protagonistas do universo jurídico, a caminho da superação das dificuldades na realização dos valores supremos do ordenamento. Com a concepção do observatório de jurisprudência, dá-se o primeiro passo.

SUBVERSÕES HERMENÊUTICAS: A LEI DA COMISSÃO DA ANISTIA E O DIREITO CIVIL-CONSTITUCIONAL*

1 Introdução

A ordem jurídica inaugurada pela Constituição da República em 1988 impôs, como se sabe, nova escala de valores ao país. Como forma de superar qualquer tentativa de instrumentalização do homem aos fins políticos do Estado[1] e, particularmente, em resposta ao governo ditatorial anterior, de cujos porões, recém-abertos, ainda se ouvia e sentia o vilipêndio por que passaram os opositores do regime, o constituinte alçou a pessoa humana ao ápice do ordenamento jurídico.[2] Para isso,

---

* O trabalho encontra-se originalmente publicado em *Civilistica.com*, ano 5, n. 1, 2016. Disponível em: <http://civilistica.com/subversoes-hermeneuticas/>. Acesso em: 15 set. 2016. O autor agradece aos advogados Diana Paiva de Castro (mestranda PPGD-UERJ) e Rodrigo Freitas, e ao aluno da graduação Vynicius Guimarães (UERJ) a participação na pesquisa que resultou no presente artigo.

[1] "O Século XX foi profundamente marcado por duas grandes guerras, pelos horrores efetivamente praticados pelo Estado constituído, especialmente durante a vigência da ideologia nazista. Sua política de racismo, destruição e morte, assegurada por lei, consentiu que fossem ultrapassados limites até então intransitados, e provocou, como reação, a necessidade de concreta efetivação dos direitos humanos, subjazendo, *ex novo*, a ideia de que o direito ou é humano ou não é direito" (MORAES, Maria Celina Bodin de. Constituição e direito civil: tendências. *In*: *Na medida da pessoa humana*: estudos de direito civil-constitucional. Rio de Janeiro: Renovar, 2010, p. 39-40).

[2] Anota Luiz Edson Fachin: "Dignidade é mais que um vocábulo, e a igualdade transcende a expressão do signo linguístico. Ser sujeito de direito tem correspondido a ser *eventualmente* sujeito de direito. A susceptibilidade de tal titularidade não tem implicado concreção, efetividade. A proclamação conceitual inverte-se na realidade. Livres e iguais para não serem livres e iguais. Eis, num sentido originariamente desprovido de valor, especialmente

elencou um amplo rol exemplificativo de direitos e garantias fundamentais e elegeu a dignidade da pessoa humana como fundamento da República.[3]

Todavia, por paradoxal que possa parecer, justamente na hipótese de reparação de danos à pessoa[4] das vítimas da ditadura, parte dos tribunais brasileiros parece vacilar em tal proteção prioritária. O problema hermenêutico-metodológico identificado decorre da redação do artigo 16 da Lei nº 10.559/02 (Lei da Comissão da Anistia), ora transcrito:

> Os direitos expressos nesta Lei não excluem os conferidos por outras normas legais ou constitucionais, vedada a acumulação de quaisquer pagamentos ou benefícios ou indenização com o mesmo fundamento, facultando-se a opção mais favorável.

Majoritariamente, a jurisprudência dos Tribunais Regionais Federais (TRFs), competentes para julgar casos dos quais a União

---

da axiologia que recobre a vida em si mesma, a fonte de todos os direitos e princípios" (FACHIN, Luiz Edson. *Teoria crítica do direito civil à luz do novo código civil brasileiro*. Rio de Janeiro: Renovar, 2012, p. 40).

[3] "No Direito brasileiro, após mais de duas décadas de ditadura sob o regime militar, a Constituição democrática de 1988 explicitou, no artigo 1º, III, a dignidade da pessoa humana como um dos 'fundamentos da República'. A dignidade humana, assim, não é criação da ordem constitucional, embora seja por ela protegida. A Constituição consagrou o princípio e, considerando a sua eminência, proclamou-o entre os princípios fundamentais, atribuindo-lhe o valor supremo de alicerce da ordem jurídica democrática. Com efeito, da mesma forma que Kant estabelecera para a ordem moral, é na dignidade humana que a ordem jurídica (democrática) se apóia e se constitui. Isto significa dizer que o valor da dignidade alcança todos os setores da ordem jurídica" (MORAES, Maria Celina Bodin de. *Danos à pessoa humana*: uma leitura civil-constitucional dos danos morais. Rio de Janeiro: Renovar, 2003, p. 83-84).

[4] A respeito da releitura da tutela privilegiada da pessoa humana no âmbito da responsabilidade civil, cf. DI LAURO, Antonino Procida Mirabelli. *La riparazione dei danno ala persona*. Napoli: Edizioni Scientifiche Italiane, 1993. De outra parte, Stefano Rodotà salienta as mudanças de paradigmas com relação ao modelo tradicional de responsabilidade civil: "Il sistema tradizionale della responsabilità civile non ha mai preteso dio assicurare un risarcimento in tutte le ipotesi in cui si verifica un danno: a fondamento di esso, anzi, operavava il presupposto della risarcibilità dei soli danni provocati dal cómportamento volontario di un soggetto (le previsioni diversamente fondate erano intese come mera eccezione). I nuovi casi di danneggiamento, dal canto loro, si rivelavano molto spesso irriducivili a questo schema" (RODOTÀ, Stefano. *Il problema della responsabilità civile*. Milano: Dott. A. Giuffrè Editore, 1967, p. 18). Tradução livre: O sistema tradicional da responsabilidade civil nunca pretendeu assegurar o ressarcimento em todas as hipóteses nas quais se verifica um dano: em fundamento a isso, operava o pressuposto da ressarcibilidade apenas dos danos provocados pelo comportamento voluntário do sujeito (as previsões diversamente fundadas se apresentavam como meras exceções). Os novos casos de dano, por sua vez, se revelavam muito frequentemente irredutíveis a este esquema.

participa, confere ao dispositivo teor restritivo, no sentido de impedir a cumulação da indenização da Lei nº 10.559/02 com qualquer outra modalidade indenizatória. Dessa forma, ao ter optado pelo sistema da Lei da Comissão da Anistia e recebido a reparação econômica nela prevista, a vítima acabaria privada da compensação relativa aos danos morais sofridos, por força do aposto limitativo que a impede de acumular alguma outra verba, ainda que os efeitos extrapatrimoniais da lesão não se confundam com os patrimoniais. A prevalecer, como tem prevalecido, a tese resultaria no amesquinhamento da tutela integral da pessoa humana,[5] valor fundante do sistema jurídico.

Não reparar o dano moral das vítimas das mais graves torturas significa caminhar na contramão do projeto constitucional, chancelar nefastas práticas do Estado de exceção e ignorar a existência das abomináveis experiências sofridas por inúmeras pessoas durante o intervalo ditatorial. Jovens que, na década de 1960, viviam com o futuro estendido à sua frente tiveram-no retirado pelo Estado brasileiro. O roteiro se repetia: simpatizantes ou integrantes de organizações políticas contrárias ao regime tinham seus nomes inscritos no registro dos órgãos e entidades oficiais, eram presos ilegalmente e submetiam-se a inimagináveis torturas. A história registra cenas deploráveis, tais como o confinamento em manilhas de esgoto e análogos, agressões, privação de sono, ameaças de morte, choques elétricos em distintas partes do corpo, além de ombrear a execução de companheiros. Trata-se dos mais profundos danos que podem ser causados à dignidade da pessoa. Muitos, infelizmente, sucumbiram pelo caminho; outros encontraram no exílio ou na clandestinidade a brecha para a sobrevivência – esses formam o contingente que agora bate às portas da Comissão de Anistia e do Judiciário.

Faz-se necessário, portanto, lançar luzes sobre a questão com a merecida cautela que a gravidade do problema suscita, e perquirir se a interpretação-aplicação do comando legal ancorada em sua aparente literalidade guarda compatibilidade com os valores do ordenamento. Eis a que se destina o presente ensaio. Que trará à baila, na sequência,

---

[5] "A concepção exclusivamente patrimonialista das relações privadas, fundada sobre a distinção entre interesses de natureza patrimonial e de natureza existencial, não responde aos valores inspiradores do ordenamento jurídico vigente. Também, os interesses que não têm caráter patrimonial são juridicamente relevantes e tutelados pelo ordenamento. Por outro lado, não faltam situações patrimoniais que, por sua ligação estrita com o livre desenvolvimento da pessoa, assumem uma relevância existencial" (PERLINGIERI, Pietro. *O direito civil na legalidade constitucional*. Rio de Janeiro: Renovar, 2008, p. 760).

CARLOS EDISON DO RÊGO MONTEIRO FILHO
RUMOS CONTEMPORÂNEOS DO DIREITO CIVIL – ESTUDOS EM PERSPECTIVA CIVIL-CONSTITUCIONAL

as linhas argumentativas adotadas pelos Tribunais pesquisados – TRFs e STJ –, para, logo depois, apresentar a análise crítica empreendida ao cabo deste estudo.

2 O excessivo apego à subsunção no trato do assunto pelos Tribunais Regionais Federais

Com base em trecho do artigo 16 da Lei da Comissão da Anistia, os Tribunais Regionais Federais negam reparação de dano moral ao anistiado que, por meio de transação administrativa, fora indenizado por danos materiais naquela sede.[6] O entendimento, como se pretende demonstrar neste estudo, ao estender a vedação de acumulação à reparação de danos extrapatrimoniais, reflete total descompromisso com a tutela da dignidade humana.[7]

A maior parte das ações de reparação de danos morais que carregavam como causa de pedir fatos como os narrados na introdução acima, ao serem julgadas pelos cinco Tribunais Regionais Federais do país, tiveram como desfecho a negativa dos pleitos ressarcitórios, basicamente sob a fundamentação de que "não pode o anistiado pretender receber seus valores perante a administração e, simultaneamente, prosseguir com a via judicial (...)". E, em arremate: "não é possível, por força

---

[6] "A reparação prevista na Lei nº 10.559/2002 (arts. 1º e 4º) possui dúplice caráter indenizatório, abrangendo os danos materiais e morais, havendo expresso impedimento de acumular pagamentos, benefícios e indenizações, independentemente se concedidos administrativa ou judicialmente, que tenham por base o mesmo fundamento (art. 16)" (TRF-2, Ap. Cív. nº 0009929-39.2010.4.02.5101, 8ª Turma Especializada, rel. des. federal Marcelo Pereira da Silva, julg. 26.02.2016). No mesmo sentido, confira-se: TRF-2, 7ª T., Ap. Cív. nº 200951010256466, Rel. Des. Fed. Luiz Paulo da Silva Araújo Filho, j. em 26.02.2016; TRF-2, 6ª T., Ap. Cív. nº 0000716-80.2013.4.02.5108, Rel. Des. Federal Antonio Henrique Correa da Silva, j. em 28.04.2016; TRF-1, 1ª T., Ap. Cív. nº 00357166420074013400, Rel. Des. Ailton Schramm da Rocha, j. em 4.5.2016; TRF-1, 6ª T., Ap. Cív. nº 00116966720114013400, Rel. Des. Federal Jirair Aram, j. em 05.10.2015.

[7] Sobre o conteúdo da dignidade no viés do Direito Público, v. BARROSO, Luís Roberto. *A dignidade da pessoa humana no direito constitucional contemporâneo*: a construção de um conceito jurídico à luz da jurisprudência mundial. Belo Horizonte, Fórum, 2012. Na lição que se tornou clássica de Maria Celina Bodin de Moraes, "o substrato material da dignidade deste modo entendido se desdobra em quatro postulados: (i) o sujeito moral (ético) reconhece a existência dos outros como sujeitos iguais a ele; (ii) merecedores do mesmo respeito à integridade psicofísica de que é titular; (iii) é dotado da vontade livre, de autodeterminação; (iv) é parte do grupo social, em relação ao qual tem garantia de não vir a ser marginalizado. São corolários desta elaboração os princípios jurídicos da igualdade, da integridade física e moral – psicofísica –, da liberdade e da solidariedade" (MORAES, Maria Celina Bodin de. *Danos à pessoa humana*: uma leitura civil-constitucional dos danos morais. Rio de Janeiro: Renovar, 2009, p. 85).

de expresso dispositivo, prosseguir com a lide judicial, a não ser que se abandone a via administrativa. Basta ler os termos do artigo 16 da Lei".[8] Assim, a coletividade de vítimas das mais graves barbáries, que foi atraída, confiou e se socorreu do expediente engendrado pela União para o reconhecimento mais célere de seus direitos, acabou desgraçadamente limitada às concessões administrativas da Comissão. Para se ter uma ideia da dimensão do problema, as indenizações outorgadas nessa esfera giravam em torno do valor de R$3.000,00 (três mil reais) mensais,[9] retroativos aos cinco anos anteriores ao pedido. Dita verba, de natureza salarial, parece abranger apenas parte da composição dos lucros cessantes, como se verá no item 4, *infra*.

Em reiteradas oportunidades, decide-se que o recebimento dos valores em conformidade com o sistema da Lei da Comissão da Anistia, perante a Comissão, obstaculiza a percepção de quaisquer outros. A título ilustrativo, tome-se o julgamento da Apelação Cível nº 0000716-80.2013.4.02.5108, em abril de 2016, realizado pela 6ª Turma Especializada do Tribunal Regional Federal da 2ª Região.[10] Em primeira instância, o autor postulara reparação de danos morais por ter sido preso, torturado e demitido de cargo público que ocupava durante a ditadura militar. A sentença julgou improcedente o pedido autoral, com base na aplicação do referido artigo 16. O TRF-2, por sua vez, em grau de apelação, negou

---

[8]   TRF-2, 3ª S., Ap. Cív. nº 394110, Rel. Des. Reis Friede, j. em 28.04.2011.

[9]   Informação extraída de <http://www.conjur.com.br/2010-jun-27/valor-indenizacoes-comis sao-anistia-revisto-tcu>. Acesso em: 17 jun. 2016.

[10] De acordo com a ementa da decisão: "Direito civil e administrativo. Responsabilidade civil. Apelação. CPC/1973. Tortura durante o regime militar. Não comprovação. Dano moral e material. Impossibilidade. Prescrição. 1. A sentença reconheceu a prescrição quinquenal da pretensão indenizatória do autor por danos morais e materiais decorrentes de suposto sofrimento a que foi submetido o autor quando preso e indiciado em inquéritos policiais no período ditatorial, vez que decorridos mais de 5 (cinco) anos entre o início da vigência do art. 8º do ADCT (5/10/1988) e o ajuizamento da ação (18/6/2013). 2. Aplica-se a prescrição quinquenal (art. 1º do Decreto 20.910/32) às ações relativas à reparação de danos oriundos de perseguição política durante o período da ditadura militar, a contar a partir da vigência o art. 8º do ADCT, em 05/10/1988. 3. Ainda que assim não fosse, o autor não comprova, inequivocamente, as supostas torturas sofridas, mas tão-somente que esteve preso por determinado período, o que, de toda sorte, não implica, por si só, concluir que tenha sido torturado. Precedentes. 4. Inviável, ainda, a pretendida indenização, quando o autor já obteve, em sede administrativa, reparação econômica de caráter indenizatório equivalente a 270 salários mínimos, nos termos da Lei 10.559/2002, a qual possui duplo caráter indenizatório e abrange tanto os danos morais quanto os danos materiais sofridos pelos anistiados. Inteligência do art. 16 da Lei 10.559/2002. Precedente. 5. Afastada a sistemática do CPC/2015, art. 85, que não vigorava na data do recurso. Aplicação do CPC/2015, arts. 14 e 1.046, e Enunciado Administrativo nº 7/STJ. 6. Apelação desprovida" (TRF-2, 6ª T., Ap. Cív. nº 0000716-80.2013.4.02.5108, Rel. Des. Antonio Henrique Correa da Silva, j. em 20.04.2016).

provimento ao recurso para confirmar a sentença. Argumentou-se que, como o autor já havia obtido indenização da Comissão de Anistia, não poderia pleitear segunda reparação, ainda que por danos morais, já que a causa de pedir seria a mesma. Desse modo, o Tribunal arrematou que a reparação prevista na Lei nº 10.559/2002 possuiria duplo caráter indenizatório, abrangendo tanto os danos morais quanto os danos materiais sofridos pelos anistiados. Além disso, aduziu que o anistiado não comprovou as torturas sofridas, pois a simples prisão por motivação política durante o regime não implicaria, *de per se*, a conclusão de que o anistiado sofrera qualquer tipo de crueldade.

3 A oscilação do Superior Tribunal de Justiça

Ao contrário dos Tribunais Regionais Federais, o posicionamento do Superior Tribunal de Justiça a respeito do assunto não se acha pacificado. Dado o manancial de julgados no tema, ora contrários,[11] ora favoráveis[12] à cumulação indenizatória, revela-se impossível proclamar a existência, na matéria, de jurisprudência consolidada no âmbito da Corte Superior. Com o fito de ilustrar tal divergência, expõem-se dois recentes julgados que traduzem os entendimentos contrapostos.

No Recurso Especial nº 1.323.405/DF,[13] o STJ enfrentou hipótese fática em que líder estudantil havia sido comprovadamente perseguido

---

[11] Nesse sentido, confira-se: "É irrelevante perquirir se o embargante foi anistiado pela Comissão de Anistia com fundamento no §2º ou no §3º do art. 8º do ADCT, na medida em que ambas as hipóteses são regulamentadas pela Lei 10.559/02, que afasta a possibilidade de cumulação da reparação econômica com a indenização por danos morais pleiteada na presente ação ordinária" (STJ, 1ª T., EDcl no REsp nº 1.323.405/DF, Rel. Min. Arnaldo Esteves Lima, j. em 19.03.2013). E ainda: "A Lei 10.559/2002 proíbe a acumulação de: (I) reparação econômica em parcela única com reparação econômica em prestação continuada (art. 3º, §1º); (II) pagamentos, benefícios ou indenizações com o mesmo fundamento, facultando-se ao anistiado político, nesta hipótese, a escolha da opção mais favorável (art. 16)" (STJ, 2ª T., AgRg no REsp nº 1.498.167/RJ, Rel. Min. Humberto Martins, j. em 18.08.2015). Na mesma esteira, v. STJ, 1ª T., REsp nº 1.323.405/DF, Rel. Min. Arnaldo Esteves Lima, j. em 11.12.2012; STJ, 2ª T., AgRg no REsp nº 1480428/RS, Rel. Min. Humberto Martins, j. em 01.09.2015; STJ, 3ª S., AR nº 4.979/DF, Rel. Min. Reynaldo Soares da Fonseca, j. em 09.12.2015.

[12] Nessa esteira, observe-se: "Inexiste vedação para a acumulação da reparação econômica com indenização por danos morais, porquanto se trata de verbas indenizatórias com fundamentos e finalidades diversas: aquela visa à recomposição patrimonial (danos emergentes e lucros cessantes), ao passo que esta tem por escopo a tutela da integridade moral, expressão dos direitos da personalidade" (STJ, 2ª T., AgRg no REsp nº 1.467.148/SP, Rel. Min. Herman Benjamin, j. em 5.2.2015); No mesmo sentido, STJ, 1ª T., REsp nº 890.930/RJ, Rel. Min. Denise Arruda, j. em 17.05.2007; STJ, 1ª T., AgRg no REsp nº 137.009/PE, Rel. Min. Napoleão Nunes Maia Filho, j. em 27.05.2014.

[13] Confira-se a ementa do julgado: "Administrativo. Processual civil. Recurso especial. Anistiado político. Pedido de indenização por danos morais. Via administrativa. Esgotamento.

durante a ditadura militar, o que o obrigou a buscar asilo político no Uruguai e no Peru. A vítima havia recebido na Comissão de Anistia indenização pelos danos materiais sofridos durante os treze anos de opressão. Posteriormente, ajuizou ação pleiteando a reparação de dano moral por todos os prejuízos extrapatrimoniais decorrentes da perseguição e do exílio.

No juízo de piso, o pedido foi julgado improcedente por falta de provas. O Tribunal de origem, contudo, reformou a sentença e condenou a União ao pagamento de R$83.000 (oitenta e três mil reais) a título de reparação dos danos morais. Além de considerar adequadamente provada a ocorrência de prisão, bem como as consequências causadas pelo exílio político – "distanciamento da família, perda dos direitos políticos e vida foragida" –, o Tribunal argumentou que a reparação administrativa prevista na Lei nº 10.559/02 não impede a compensação por danos morais na via judicial.

Desnecessidade. Prescrição. Não ocorrência. Cumulação com a reparação econômica concedida pela comissão de anistia. Impossibilidade. Bis in *idem*. Recurso especial conhecido e provido. Recurso adesivo prejudicado. 1. "No tocante à necessidade de exaurimento prévio da via administrativa para o ingresso de demanda judicial, o entendimento das duas Turmas que compõem a Primeira Seção desta Corte é no sentido de que o não-esgotamento da via administrativa não resulta em falta de interesse de agir capaz de obstar o prosseguimento do pleito repetitivo" (AgRg no REsp 1.190.977/PR, Rel. Min. MAURO CAMPBELL MARQUES, Segunda Turma, DJe 28/9/10). 2. O Superior Tribunal de Justiça firmou a compreensão no sentido de que "a edição da Lei nº 10.559/2002, que regulamentou o disposto no artigo 8º dos Atos das Disposições Transitórias – ADCT e instituiu o Regime do Anistiado Político, importou em renúncia tácita à prescrição" (AgRg no REsp 897.884/RJ, Rel. Min. CELSO LIMONGI, Des. Conv. do TJSP, Sexta Turma, DJe 8/3/10). 3. A reparação econômica prevista na Lei 10.559/02 possui dúplice caráter indenizatório, abrangendo os danos materiais e morais sofridos pelos anistiados em razão dos atos de exceção praticados pelos agentes do Estado, de natureza política. 4. Inaplicável, à espécie, a jurisprudência contida na Súmula 37/STJ, ainda que do ato de exceção tenha decorrido, além de dano material, também dano moral, ante a disciplina legal específica da matéria. 5. Embora os direitos expressos na Lei de Anistia não excluam os conferidos por outras normas legais ou constitucionais, é "vedada a acumulação de quaisquer pagamentos ou benefícios ou indenização com o mesmo fundamento, facultando-se a opção mais favorável" (art. 16). 6. Não busca o autor, no presente caso, a eventual majoração da reparação econômica fixada pela Comissão de Anistia, mas a obtenção de uma segunda indenização, cuja causa de pedir é a mesma anteriormente reconhecida pela aludida comissão. 7. Acolhido o pedido principal formulado no recurso especial da União, ficam prejudicados os pedidos alternativos, concernentes à revisão do quantum indenizatório e da taxa de juros moratórios fixados no acórdão recorrido. Fica prejudicado, ainda, o recurso especial adesivo em que o autor pleiteia a majoração da indenização e dos honorários advocatícios. 8. Recurso especial da União conhecido e provido para reformar o acórdão recorrido e restabelecer os efeitos da sentença de improcedência do pedido. Recurso especial adesivo prejudicado" (STJ, 1ª T., REsp nº 1.323.405/DF, Rel. Min. Arnaldo Esteves Lima, j. em 11.09.2012).

Após a interposição de recurso especial por parte da União, a questão chegou ao Superior Tribunal de Justiça. A 1ª Turma, por maioria, deu provimento ao recurso especial para reformar o acórdão recorrido e restabelecer os efeitos da sentença de improcedência do pedido autoral. Considerou a Corte que a reparação econômica prevista na Lei da Comissão da Anistia possui dúplice caráter indenizatório, abrangendo tanto os danos morais quanto os danos materiais, já que o texto normativo não faz qualquer ressalva quanto à natureza das verbas. Tal caráter seria reforçado pela previsão contida nos artigos 4º a 6º da lei,[14] que estendeu a reparação econômica àqueles que não comprovarem vínculo com atividade laboral. De outra parte, o artigo 16 da lei teria expressamente vedado a cumulação da reparação econômica com outras indenizações, se presente o mesmo fundamento. No caso em análise, aduziu-se que o fundamento da indenização concedida pela Comissão de Anistia seria o mesmo da reparação por danos morais. Desse modo, como o autor não buscava a revisão do valor fixado pela Comissão, mas a obtenção de segunda reparação com idêntica causa de pedir, a impossibilidade de acumulação das verbas restaria configurada, afastando-se o teor do enunciado nº 37 da Súmula do STJ.

Noutro precedente, o julgamento do Recurso Especial nº 1.485.260/PR,[15] a Corte adotou entendimento oposto. Na espécie,

---

[14] "Art. 4º. A reparação econômica em prestação única consistirá no pagamento de trinta salários mínimos por ano de punição e será devida aos anistiados políticos que não puderem comprovar vínculos com a atividade laboral"; "Art. 6º. O valor da prestação mensal, permanente e continuada, será igual ao da remuneração que o anistiado político receberia se na ativa estivesse, considerada a graduação a que teria direito, obedecidos os prazos para promoção previstos nas leis e regulamentos vigentes, e asseguradas as promoções ao oficialato, independentemente de requisitos e condições, respeitadas as características e peculiaridades dos regimes jurídicos dos servidores públicos civis e dos militares, e, se necessário, considerando-se os seus paradigmas".

[15] O acórdão restou assim ementado: "Administrativo e processual civil. Recurso especial. Anistiado político. Ofensa ao art. 535 do CPC. Inocorrência. Responsabilidade civil do Estado. Perseguição política ocorrida durante o regime militar instaurado em 1964. Prazo prescricional. Inaplicabilidade do art. 1º do Decreto 20.910/32. Violação de direitos humanos fundamentais. Imprescritibilidade. Precedentes. Art. 16 da Lei nº 10.559/02. Reparação econômica no âmbito administrativo que não inibe a reivindicação de danos morais pelo anistiado na via judicial. Juros e correção incidentes sobre o valor da condenação. Aplicabilidade do art. 1º- f da lei nº 9.494/97 com a redação dada pela lei nº 11.960/09. Recurso da união parcialmente acolhido. 1. Não ocorre ofensa ao art. 535 do CPC, quando a Corte de origem dirime, fundamentadamente, as questões que lhe são submetidas, apreciando integralmente a controvérsia posta nos autos 2. Conforme jurisprudência do STJ, "a prescrição quinquenal, disposta no art. 1º do Decreto 20.910/1932, não se aplica aos danos decorrentes de violação de direitos fundamentais, os quais são imprescritíveis, principalmente quando ocorreram durante o Regime Militar, época em que os jurisdicionados não podiam deduzir a contento suas pretensões" (AgRg no AREsp

SUBVERSÕES HERMENÊUTICAS: A LEI DA COMISSÃO DA ANISTIA E O DIREITO CIVIL-CONSTITUCIONAL | 71

o autor havia proposto ação de reparação por danos morais devido à perseguição política que sofreu durante a ditadura militar. O juiz de 1ª instância julgou procedente o pedido e condenou a União ao pagamento de R$50.000,00 (cinquenta mil) reais a título de danos extrapatrimoniais. O Tribunal de origem, por sua vez, reformou a sentença para majorar a compensação, arbitrando o *quantum* em R$150.000,00 (cento e cinquenta mil reais). Com o recurso da União, a questão chegou ao STJ. A mesma 1ª Turma, em posição antagônica ao julgado anteriormente analisado, aqui manteve a condenação no montante concedido pelo acórdão (R$150.000,00). O fundamento da decisão foi de que a reparação prevista na Lei da Comissão da Anistia se refere aos danos materiais (prejuízos à atividade laboral do anistiado), o que não excluiria, portanto, o direito de a vítima pleitear na via judicial a reparação por danos morais, porquanto distintos os fundamentos. Salientou-se, por fim, que o referido artigo 16 da lei se dirige apenas à Administração Pública, não vinculando o Poder Judiciário.

Embora tenha havido divergência quanto ao termo inicial dos juros moratórios e da correção monetária da verba indenizatória, a questão relativa à possibilidade de cumulação dos danos patrimoniais e morais no caso da Lei da Comissão da Anistia foi decidida de forma unânime entre os Ministros da 1ª Turma.[16]

4 Origem e racionalidade da Lei da Comissão da Anistia

A Lei nº 10.559/02 destina-se precipuamente, em consequência da concessão de anistia, às recomposições salariais e promoções, de

---

302.979/PR, Rel. Ministro Castro Meira, Segunda Turma, DJe 5/6/2013). 3. Mesmo tendo conquistado na via administrativa a reparação econômica de que trata a Lei nº 10.559/02, e nada obstante a pontual restrição posta em seu art. 16 (dirigida, antes e unicamente, à Administração e não à Jurisdição), inexistirá óbice a que o anistiado, embora com base no mesmo episódio político mas porque simultaneamente lesivo à sua personalidade, possa reivindicar e alcançar, na esfera judicial, a condenação da União também à compensação pecuniária por danos morais. 4. Nas hipóteses de condenação imposta à Fazenda Pública, como regra geral, a atualização monetária e a compensação da mora devem observar os critérios previstos no art. 1º-F da Lei nº 9.494/97, com a redação dada pela Lei nº 11.960/09. Acolhimento, nesse específico ponto, da insurgência da União. 5. Recurso especial a que se dá parcial provimento" (STJ, 1ª T., REsp nº 1.485.260/PR, Rel. Min. Sérgio Kukina, j. em 05.04.2016).

[16] Ministros Napoleão Nunes Maia Filho, Regina Helena Costa, Benedito Gonçalves e Desembargador Convocado do TRF da 1ª Região Olindo Menezes, além do próprio Rel. Min. Sérgio Kukina.

contornos indenizatórios, aos empregados e servidores públicos civis e militares, demitidos por razões estritamente políticas durante o governo ditatorial militar, na esteira do que dispõe o artigo 8º do ADCT (Ato das Disposições Constitucionais Transitórias),[17] e fruto das competências descritas nos artigos 21, XVII,[18] e 48, VIII[19] da própria Constituição da República. A lei parece ter vindo completar processo histórico iniciado em 1979, com a edição da primeira Lei da Anistia do país (a Lei nº 6.683, de 28 de agosto do mesmo ano[20]), no sentido de atribuir as indenizações devidas por perdas laborais a quem de direito, já que a normativa de 1979 as excluía textualmente, a teor de seu artigo 11: "Esta Lei, além dos direitos nela expressos, não gera quaisquer outros, inclusive aqueles relativos a vencimentos, saldos, salários, proventos, restituições, atrasados, indenizações, promoções ou ressarcimentos".

Trata-se de tentativa de salvaguardar efeitos importantes de relações de trabalho interrompidas abrupta e ilegalmente, em capítulo infeliz da história do Brasil, ressarcindo os ganhos que razoavelmente teriam os demitidos por motivação política se os seus vínculos laborais subsistissem. Identifica-se claramente a natureza de tais recomposições como parcela atinente ao dano material suportado pelos perseguidos do regime de exceção, mais especificamente como lucros cessantes. Por evidente, de leitura perfunctória da Lei da Comissão da Anistia, percebe-se que a reparação de danos morais foge inteiramente a seu escopo, e nem de longe se pode extrair de seu teor o impedimento de acesso ao Judiciário para dirimir questões congêneres.

---

[17] Art. 8º, ADCT da CRFB/88. "É concedida anistia aos que, no período de 18 de setembro de 1946 até a data da promulgação da Constituição, foram atingidos, em decorrência de motivação exclusivamente política, por atos de exceção, institucionais ou complementares, aos que foram abrangidos pelo Decreto Legislativo nº 18, de 15 de dezembro de 1961, e aos atingidos pelo Decreto-Lei nº 864, de 12 de setembro de 1969, asseguradas as promoções, na inatividade, ao cargo, emprego, posto ou graduação a que teriam direito se estivessem em serviço ativo, obedecidos os prazos de permanência em atividade previstos nas leis e regulamentos vigentes, respeitadas as características e peculiaridades das carreiras dos servidores públicos civis e militares e observados os respectivos regimes jurídicos".

[18] Art. 21, CRFB/88. "Compete à União: XVII – conceder anistia".

[19] Art. 48, CRFB/88. "Cabe ao Congresso Nacional, com a sanção do Presidente da República, não exigida esta para o especificado nos arts. 49, 51 e 52, dispor sobre todas as matérias de competência da União, especialmente sobre: VIII – concessão de anistia".

[20] Confira-se o art. 1º da Lei nº 6.683/1979: "É concedida anistia a todos quantos, no período compreendido entre 02 de setembro de 1961 e 15 de agosto de 1979, cometeram crimes políticos ou conexo com estes, crimes eleitorais, aos que tiveram seus direitos políticos suspensos e aos servidores da Administração Direta e Indireta, de fundações vinculadas ao poder público, aos Servidores dos Poderes Legislativo e Judiciário, aos Militares e aos dirigentes e representantes sindicais, punidos com fundamento em Atos Institucionais e Complementares".

SUBVERSÕES HERMENÊUTICAS: A LEI DA COMISSÃO DA ANISTIA E O DIREITO CIVIL-CONSTITUCIONAL | 73

Em rigor, o regime da lei contempla duas modalidades de *indenização*, ou, em seus próprios dizeres, de "reparação econômica de caráter indenizatório": ao anistiado pode, pois, ser deferida (i) reparação econômica em prestação única ou (ii) reparação econômica em prestação mensal, permanente e continuada.

A reparação econômica em prestação única, conforme dispõe a lei, consistirá no pagamento de trinta salários mínimos por ano de punição e será devida "aos anistiados políticos que não puderem comprovar vínculos com a atividade laboral", tendo como teto o valor indenizatório de cem mil reais. Configura-se, aqui, permissão para que a comissão do Ministério da Justiça, no desempenho de espécie de transação administrativa, valha-se da flexibilização dos requisitos comprobatórios do vínculo de trabalho anterior – iluminada pelo *princípio da solidariedade* e pela acentuada *função social da lei* – para pagar de uma só vez quantia fixada a partir do produto da multiplicação de trinta salários mínimos por ano de punição, respeitado, em todos os casos, o limite intransponível de cem mil reais. A simplificação do tratamento normativo da espécie dispensa, para os objetivos deste ensaio, digressões outras.

A segunda modalidade, dita reparação econômica em prestação mensal, permanente e continuada, depende da demonstração inequívoca do vínculo com a atividade laboral. E seu valor será aferido na forma do artigo 6º da lei, que dispõe:

> O valor da prestação mensal, permanente e continuada, será igual ao da remuneração que o anistiado político receberia se na ativa estivesse, considerada a graduação a que teria direito, obedecidos os prazos para promoção previstos nas leis e regulamentos vigentes, e asseguradas as promoções ao oficialato, independentemente de requisitos e condições, respeitadas as características e peculiaridades dos regimes jurídicos dos servidores públicos civis e dos militares, e, se necessário, considerando-se os seus paradigmas.

Consideram-se, para a finalidade de cálculo do valor da prestação mensal, nos termos dos parágrafos do artigo 6º, os elementos de prova oferecidos pelo requerente, assim como se permite sejam solicitadas informações "de órgãos oficiais, de fundações, empresas públicas ou privadas, ou empresas mistas sob controle estatal, ordens, sindicatos ou conselhos profissionais a que o anistiado político estava vinculado ao sofrer a punição". A lei possibilita, até mesmo, seja a soma arbitrada "com base em pesquisa de mercado". Ganha relevo, outrossim, na busca do *quantum debeatur*, a verificação de paradigma, que, a lei define como "a situação funcional de maior freqüência constatada entre os pares ou colegas contemporâneos do anistiado que apresentavam o mesmo posicionamento no cargo, emprego ou posto quando da punição".

Da apreciação de ambas as espécies indenizatórias concebidas na Lei da Comissão da Anistia, torna-se nítida a percepção de que o espírito do diploma legal versa sobre reparação de danos patrimoniais da vítima. Ao prever, *v. g.*, que o valor da prestação mensal será igual ao da remuneração que o anistiado político receberia se na ativa estivesse, o texto da lei aventa, insista-se, clara hipótese de indenização por lucro cessante, similar ao didático exemplo do taxista que, ao sofrer grave acidente, passa semanas impossibilitado de trabalhar, fazendo jus à indenização por aquilo que razoavelmente deixou de lucrar no período.

É nesse cenário normativo que a Comissão de Anistia do Ministério da Justiça tem reconhecido administrativamente a condição de anistiado político de centenas de pessoas, assegurando-lhes o recebimento da reparação econômica em prestação mensal que, em média, tem seu valor fixado, como visto, em R$3.000,00 (três mil reais).[21]

Acreditar quitados todos os valores das indenizações devidas, diante da ampla extensão dos efeitos danosos suportados, dentro do valor mensal estabelecido administrativamente não se mostra condizente com as particularidades da espécie. Muito pelo contrário. Parece claro que as progressões nas carreiras interrompidas desde a década de 1960 apontariam para valores que, hoje, excederiam em muito somas fixadas no patamar de dois ou três mil reais. Qualquer verificação de paradigma comprovaria o fato de tais quantias serem aparentemente insuficientes.

5 A metodologia civil-constitucional como instrumento para impedir subversões hermenêuticas

Evidencia-se, do teor das considerações até aqui expendidas, que a verba concedida na esfera administrativa se traduz como *reconhecimento parcial de direitos* – a tornar o montante percebido *parcela incontroversa do débito* (possivelmente maior), fato que não impediria o anistiado de buscar em sede judicial a complementação devida, em nome do imperativo da reparação integral do dano e da própria garantia do acesso à Justiça, a impedir que a lei exclua da apreciação do

---

[21] Cf. nota 8, *supra.*

SUBVERSÕES HERMENÊUTICAS: A LEI DA COMISSÃO DA ANISTIA E O DIREITO CIVIL-CONSTITUCIONAL | 75

Poder Judiciário qualquer lesão ou ameaça a direito, conforme disposto no inciso XXXV do art. 5°[22] da Constituição da República.[23] Por isso, a lei, ainda que trouxesse enunciado expresso que tangenciasse o afastamento da jurisdição ou a inacumulabilidade de danos patrimoniais e extrapatrimoniais, deveria ser declarada inconstitucional em tais partes ou submetida à interpretação conforme à Constituição, se fosse o caso. A bem da verdade, o citado artigo 16 não possui previsão literal em nenhum dos dois aspectos, embora tenham sido essas as normas extraídas por diversos julgados, conforme itens 2 e 3, *supra*. E, como se sabe, segundo o princípio da supremacia da Constituição e em atenção à eficácia interpretativa de suas normas, nenhum ato normativo de hierarquia inferior poderá contrariar seus ditames.[24] Não se pode interpretar a Lei da Comissão da Anistia de modo a excluir as vítimas da ditadura da persecução judicial de seus direitos, mais notadamente daqueles referentes à compensação pelos danos morais sofridos. Extrair do dispositivo do artigo 16 da Lei da Comissão da Anistia tais entendimentos significa *interpretar a Constituição da República à luz da lei ordinária, e não o contrário, como manda a hierarquia do sistema.*[25]

---

[22] Art. 5º, CRFB/88. "Todos são iguais perante a lei, sem distinção de qualquer natureza, garantindo-se aos brasileiros e aos estrangeiros residentes no País a inviolabilidade do direito à vida, à liberdade, à igualdade, à segurança e à propriedade, nos termos seguintes: XXXV – a lei não excluirá da apreciação do Poder Judiciário lesão ou ameaça a direito".

[23] A respeito do acesso à justiça, cf. CAPELLETTI, Mauro. *Acesso à justiça*. Tradução de Ellen Gracie Northfleet. Porto Alegre: Fabris, 1988; CARNEIRO, Paulo Cezar Pinheiro. *Acesso à justiça*: juizados especiais cíveis e ação civil pública: uma nova sistematização da teoria geral do processo. Rio de Janeiro: Forense, 1999.

[24] "As Constituições, tidas como ápice na ordem hierárquica das normas dentro de determinado território, por si, não abrangem por completo as relações jurídicas da vida social. No entanto, seus princípios devem nortear todas as searas do ordenamento. Esse pensamento aplica-se tanto nas relações entre Estado e indivíduos quanto nas relações interindividuais; os valores e princípios constitucionais têm sua eficácia reconhecida diretamente nas relações entre os indivíduos" (FACHIN, Luiz Edson. *Transições do direito civil*: Direito civil: sentidos, transformações e fim. Rio de Janeiro: Renovar, 2014, p. 60-61).

[25] "Do ponto de vista da teoria da interpretação, mostra-se imprescindível que a pluralidade de fontes normativas não acarrete a ruptura do sistema, disperso em lógicas setoriais, em detrimento da unidade essencial ao próprio conceito de ordenamento. Nessa perspectiva, há de se criticar a preferência linguística pela expressão microssistema para designar núcleos normativos que, a despeito de suas características estatutárias e multidisciplinares, não podem ser interpretados de maneira autônoma, apartado dos valores comuns ao sistema jurídico, o qual, embora aberto e plural, mostra-se necessariamente unitário, no âmbito do qual a Constituição da República se situa em posição hierárquica superior e prevalente. Em outros termos, para que se construa dogmática consentânea com a noção de sistema, revela-se imprescindível a utilização de teoria da interpretação única e não formalista, em que cada norma infraconstitucional seja aplicada conjuntamente com os princípios constitucionais. A reunificação do sistema só pode ser compreendida com a atribuição de papel proeminente e central à Constituição" (TEPEDINO, Gustavo. Editorial.

Impor-se à vítima de perseguições, prisões, torturas, exílio, distância e isolamento das principais referências pessoais (lar, trabalho, família e amigos) que opte entre a esfera administrativa e a via judicial para pleitear reparação pelos danos sofridos tem gerado gravíssima consequência. É que, na prática, como a Lei da Comissão da Anistia fixou procedimento simplificado para o ressarcimento administrativo dos danos, a partir de previsões abstratas que nem sempre abarcam as especificidades das lesões suportadas por cada pessoa, tornou-se comum a preferência das vítimas por esse caminho – não pela sua justeza, mas por sua celeridade, cabe enfatizar, que em muito supera a do processo judicial.

Assim, valer-se de anseio legítimo do anistiado para, na contramão da teleologia constitucional, afastar a apreciação do Poder Judiciário traduz manifesta subversão hermenêutica. Pois, como visto, ainda que se tenha beneficiado da tutela administrativa, constitui garantia fundamental do cidadão submeter ao juízo a apreciação da lesão ou ameaça a direito, cabendo ao magistrado, mercê de suas aptidões funcionais, a análise minuciosa dos fatos para anular, rever, complementar ou manter o *decisum* do Ministério da Justiça e, em definitivo, entregar a solução adequada à axiologia do ordenamento, como se continuará a analisar na sequência.

Na teleologia da lei, o escopo primário de seu artigo 16 associa-se à não exclusão de direitos, de tal sorte que, como não poderia deixar de ser, os "direitos" nela "expressos", os quais, como visto quase à exaustão neste trabalho, limitam-se a *lucros cessantes laborais*, "não excluem os conferidos por outras normas legais ou constitucionais". Nessa linha, a Lei da Comissão da Anistia não poderia – como ela mesma reconhece e em face de sua função e posição no sistema – circunscrever a indenização a limite aquém da extensão dos danos sofridos e excluir direitos e benefícios dos anistiados que estejam contemplados em outros comandos normativos.

Interessante abrir breve parêntese, à luz da historicidade,[26] para cotejar a dicção do dispositivo em comento com a fórmula do artigo 11 da Lei nº 6.683/79, que adotara orientação oposta. Naquela quadra,

---

Diálogos entre fontes normativas na complexidade do ordenamento. *Revista Brasileira de Direito Civil*. v. 5, p. 6-7, 2015).

[26] "Os conceitos jurídicos não pertencem somente à história, mas, com oportunas adaptações, podem ser utilizados para realizar novas funções. Neste processo de adequação se verifica uma mudança substancial da sua natureza" (PERLINGIERI, Pietro. *O direito civil na legalidade constitucional*, p. 142).

aos sinais de que o regime militar encontrava seu crepúsculo, a Lei da Comissão da Anistia exsurgiu tímida e fruto de um pacto nacional de ocasião: em detrimento da anistia "ampla, geral e irrestrita" (lema dos partidos de oposição), prevaleceu a tese voltada à transição para o regime democrático de forma "lenta, gradual e segura" (como queriam os militares). Como produto de seu tempo, portanto, a lei de 1979 consagrara alguns direitos mas vedava explicitamente o que não se fizesse explícito. Confira-se fragmento de seu artigo 11: "esta Lei, além dos direitos nela expressos, não gera quaisquer outros". A literalidade do artigo 16 da lei de 2002, em nítida contraposição a este *modelo taxativo*, estabelece, ao revés, *padrão exemplificativo*, segundo o qual: "os direitos expressos nesta Lei não excluem os conferidos por outras normas legais ou constitucionais". Não por coincidência, contrapõem-se, nas leis de anistia confrontadas, enumerações fechada e aberta, respectivamente relacionadas a períodos históricos de clausura e abertura.

Em prosseguimento, a segunda parte do dispositivo, de caráter complementar, adverte ser "vedada a acumulação de quaisquer pagamentos ou benefícios com o mesmo fundamento" mas pontua, em arremate, que se faculta ao anistiado a opção pelo que lhe for "mais favorável". Ao preceituar a vedação, em aposto restritivo, a lei pretende evitar que se tenha como resultado da conjugação de previsões normativas um *bis in idem* de verbas com fundamentos idênticos, mas, ainda assim, com a ressalva de que se faculta a opção mais favorável ao anistiado.

Pois bem: o que a lei quis impedir, salta aos olhos e não passa das fronteiras do que está dito, foi o *recebimento em dobro da mesma verba laboral*, o que, de resto, constituiria *enriquecimento sem causa*, repudiado pelo sistema.[27] Assim, se a União já indenizou certo período salarial na seara administrativa, não pode ser condenada a indenizar aquele mesmo período judicialmente, a título de lucros cessantes. Nada além disso. Para se debelar o risco do pagamento dúplice, destarte, basta que se abatam os recebimentos administrativos do *quantum debeatur*

---

[27] Art. 884, CC. "Aquele que, sem justa causa, se enriquecer à custa de outrem, será obrigado a restituir o indevidamente auferido, feita a atualização dos valores monetários. Parágrafo único. Se o enriquecimento tiver por objeto coisa determinada, quem a recebeu é obrigado a restituí-la, e, se a coisa não mais subsistir, a restituição se fará pelo valor do bem na época em que foi exigido"; art. 885, CC. "A restituição é devida, não só quando não tenha havido causa que justifique o enriquecimento, mas também se esta deixou de existir"; art. 886, CC. "Não caberá a restituição por enriquecimento, se a lei conferir ao lesado outros meios para se ressarcir do prejuízo sofrido".

apurado, com muito maior rigor, precisão técnica e como última palavra, no processo judicial – a justa medida da extensão dos danos. A reserva de opção mais favorável, por seu turno, na complexidade do ordenamento, não pode se traduzir por uma escolha de Sofia. Lamentavelmente, alguns julgados valem-se da ressalva constante da parte final do interpretado artigo 16 para, em detrimento dos interesses dos anistiados que se socorreram da Comissão da Anistia, equiparar o trilhar da via administrativa a uma espécie de *renúncia ao exercício do direito de ação*. Tal expediente, do qual se lança mão já no epílogo do processo judicial, quando inviabilizada qualquer reflexão para eventual tomada de posição diferente, fere de morte a legítima confiança depositada pelo administrado na oportunidade que o próprio Poder Executivo lhe abriu. O que era favorecimento, na abstrata previsão legal, vira, ato contínuo, concreta armadilha: a vítima que arque com as consequências da escolha revelada, ao depois, infeliz pelo Judiciário. É como se o encadeamento lógico do artigo 16 fosse lido às avessas.

Relembre-se: situado no plano das disposições finais da lei, o objetivo central consignado em seu texto é o de esclarecer, em caráter quase tautológico, que os direitos expressos no regime do anistiado político podem ser cumulados com outras vantagens e benefícios, apenas afastada a possibilidade de pagamento indevido (por conta da duplicidade), mas, mesmo assim, com a preocupação de garantir-lhe solução mais favorável. O que os julgados que negam a possibilidade de recebimento de outras verbas no Judiciário fazem é *tomar a estrutura pela função*,[28] é dar ao aposto restritivo alcance que ele não tem, malversando a boa-fé objetiva[29] para extrair a fórceps de sua literalidade

---

[28] "O fato jurídico, como qualquer outra entidade, deve ser estudado nos dois perfis que concorrem para individuar sua natureza: a estrutura (como é) e a função (para que serve)" (PERLINGIERI, Pietro. *O direito civil na legalidade constitucional*, p. 603).

[29] "La 'buena fe' exige de cada uno de los contratantes el considerar como declarado por ambos y vigente como contenido del contrato y, por tanto, como conforme a su sentido, y como pactado objetivamente, de igual forma que si resultase exigido en el contrato mismo, todo aquello derivado no sólo de su tenor literal, sino de la finalidad objetiva recognoscible del contrato, de la conexión con su sentido y de su idea fundamental; atendiendo, en el caso concreto, a los usos del tráfico existentes y a los intereses de los contratantes" (LARENZ, Karl. *Derecho de obligaciones*. Madrid: Revista de Derecho Privado, 1958. t. I, p. 118-119). Tradução livre: "A boa-fé exige de cada um dos contratantes considerar como declarado por ambos e vigente como conteúdo do contrato e, portanto, como conforme ao seu sentido, e como pactuado objetivamente, como se fosse exigido pelo próprio contrato, tudo que deriva não só do teor literal, mas da finalidade objetiva reconhecível do contrato, da conexão com seu sentido e sua ideia fundamental; atendendo, no caso concreto, aos usos do tráfico existentes e aos interesses dos contratantes". No mesmo sentido: "O comportamento das pessoas deve respeitar um conjunto de deveres reconduzidos, num

SUBVERSÕES HERMENÊUTICAS: A LEI DA COMISSÃO DA ANISTIA E O DIREITO CIVIL-CONSTITUCIONAL | 79

exegese punitiva de todo estranha ao sentido declarado textualmente na lei e, pior ainda, vilipendiando seu papel no sistema.[30] Em rigor, se é verdade que a verba reparatória percebida na esfera administrativa não abrange sequer a extensão do dano patrimonial sofrido pelas vítimas do Estado durante o regime militar, como parece, mais grave ainda é impedir a persecução da verba reparatória dos danos extrapatrimoniais, os quais *não foram objeto de regramento no âmbito da Lei da Comissão da Anistia.*

No que concerne à existência dos danos extrapatrimoniais, além das injustificadas demissões, há verdadeiro rosário de lesões autônomas a clamar por reparação: perseguições políticas, prisões indevidas, agressões físicas, perda de entes queridos, enfim, tortura. Com razão, já Savatier ponderava que "(...) toute voie de fait sur une personne lui donne un droit à l'indemnité".[31]

Parece de todo inconstitucional que a lei exclua a persecução judicial de compensação por danos morais. Tal exegese deixaria desamparadas as vítimas de perseguição política, prisões arbitrárias e até mesmo de tortura, em deferência a um aposto inserido ao final de um dispositivo de lei ordinária. Contrariaria, portanto, a Constituição – que expressamente assegura a compensação por danos morais – em nome da duvidosa, *rectius*, equivocada interpretação de uma regra. Não se pode conceber que pequeno trecho da lei ordinária subverta valores os mais relevantes ao funcionamento do ordenamento jurídico como sistema unitário e complexo.[32] Em síntese, negar a reparação de danos

---

prisma juspositivo e numa óptica histórico-cultural, a uma regra de actuação de boa-fé (...) no período pré-negocial, na constância de contratos válidos, em situações de nulidades contratuais e na fase posterior à extinção de obrigações" (CORDEIRO, Antônio Menezes. *Da boa fé no direito civil.* Coimbra: Almedina, 1997, p. 632).

[30] "As leis continuam a desempenhar na nossa vida jurídica, tal como dantes, um enorme papel: os juízes estão obrigados a elas recorrer sempre que se adequem a uma situação de facto. De outro modo deixariam as leis de ser 'coagentes' e falhariam a sua tarefa de direcção no seio da comunidade. Carecem assim e sempre de interpretação, e visto que esta deve convalidar o que o legislador (de modo racional, com consideração do escopo da regulação e das relações reguladas) pretendeu dizer (dispor), não pode o intérprete aqui proceder de modo arbitrário ou discricionário. As decisões judiciais, mesmo quando nelas se plasmam juízos de valor, não podem aceitar-se as cegas ; requerem confirmação, no sentido de verificar se são compatíveis com outras decisões e princípios jurídicos reconhecidos, se são 'materialmente adequadas'. O que é de todo impossível sem a observância de determinadas exigências metódicas" (LARENZ, Karl. *Metodologia da ciência do direito.* Lisboa: Fundação Calouste Gulbenkian, 1991, p. 2-3).

[31] SAVATIER, René. *Traité de la responsabilité civile en doit français*Paris: Librairie Générale de Droit et de jurisprudence, 1951. t. II, p. 97-98. Tradução livre: toda agressão à pessoa lhe dá direito à indenização.

[32] "A questão da aplicabilidade simultânea de leis inspiradas em valores diversos (...) resolve-se somente tendo a consciência de que o ordenamento jurídico é unitário. A solução para

CARLOS EDISON DO RÊGO MONTEIRO FILHO
RUMOS CONTEMPORÂNEOS DO DIREITO CIVIL – ESTUDOS EM PERSPECTIVA CIVIL-CONSTITUCIONAL

morais aos anistiados – em interpretação da Carta Magna à luz da Lei da Comissão da Anistia – constitui incoerência que rompe a unidade do sistema.[33]

Como se sabe, a possibilidade de cumulação da reparação dos danos morais e materiais fez-se contemporânea da Constituição de 1988: com fulcro nos incisos V e X[34] de seu artigo 5º, que visam a assegurar a reparação integral da vítima,[35] o Enunciado nº 37 da Súmula do Superior

---

cada controvérsia não pode mais ser encontrada levando em conta simplesmente o artigo de lei que parece contê-la e resolvê-la, mas, antes, à luz do inteiro ordenamento jurídico, e, em particular, de seus princípios fundamentais, considerados como opções de base que o caracterizam" (PERLINGIERI, Pietro. *Perfis de direito civil*, p. 5). No mesmo sentido: "O sistema jurídico (...) há fazer convergir a atividade interpretativa e legislativa na aplicação do direito, sendo aberto justamente para que se possa nele incluir todos os vetores condicionantes da sociedade, inclusive aqueles que atuam na cultura dos magistrados, na construção da solução para o caso concreto. A pluralidade de fontes normativas, pois, não pode significar perda do fundamento unitário do ordenamento, devendo sua harmonização se operar de acordo com a Constituição, que o recompõe, conferindo-lhe, assim, a natureza de sistema" (TEPEDINO, Gustavo. Editorial. *Revista Trimestral de Direito Civil*, v. 15, p. 6, 2003). Confira-se, ainda: "Sendo assim, então para a ciência do Direito como também para a filosofia 'prática' (quer dizer, a ética e a filosofia do Direito), a única espécie de sistema ainda possível é o sistema 'aberto' e, até um certo grau, 'móvel' em si, que nunca está completo e pode ser continuamente posto em questão, que toma clara a 'racionalidade intrínseca', os valores directivos e os princípios do Direito. A busca de um tal sistema e a orientação dada por ele em questões fundamentais é uma parte constitutiva irrenunciável do labor jurídico" (LARENZ, Karl. *Metodologia da ciência do direito*. Lisboa: Fundação Calouste Gulbenkian, 1991, p. 241).

[33] "A abertura do sistema jurídico não contradita a aplicabilidade do pensamento sistemático na Ciência do Direito. Ela partilha a abertura do sistema científico com todas as outras Ciências, pois enquanto no domínio respectivo ainda for possível um progresso no conhecimento, e, portanto, o trabalho científico fizer sentido, nenhum desses sistemas pode ser mais do que um projecto transitório. A abertura do sistema objectivo é, pelo contrário, possivelmente, uma especialidade da Ciência do Direito, pois ela resulta logo do seu objecto, designadamente, da essência do Direito, como um fenômeno situado no processo da História e, por isso, mutável" (CANARIS, Claus-Wilhem. *Pensamento sistemático e conceito de sistema na ciência do direito*. Lisboa: Fundação Calouste Gulbenkian, 1996, p. 281).

[34] Art. 5º, CRFB/88. "Todos são iguais perante a lei, sem distinção de qualquer natureza, garantindo-se aos brasileiros e aos estrangeiros residentes no País a inviolabilidade do direito à vida, à liberdade, à igualdade, à segurança e à propriedade, nos termos seguintes: V – é assegurado o direito de resposta, proporcional ao agravo, além da indenização por dano material, moral ou à imagem; X – são invioláveis a intimidade, a vida privada, a honra e a imagem das pessoas, assegurado o direito a indenização pelo dano material ou moral decorrente de sua violação".

[35] "Hoje, portanto, após longo percurso, estabeleceu-se a reparação integral do dano como um valor importante no ordenamento. Reconheceu-se, mais, que os danos extrapatrimoniais são merecedores de tutela privilegiada, já que fundamentalmente ligados à dignidade da pessoa humana, segundo a normativa da Constituição República, de 1988. E que o princípio da dignidade humana, erigido pelo Constituinte de 1988 como fundamento da República, deve irradiar-se, prioritária e necessariamente, por todo o sistema jurídico. Por outro prisma, consagrou-se a solidariedade como um valor da República (Constituição República, de 1988, art. 1º, III, e art. 3º, I), solidariedade que, em tema de responsabilidade

SUBVERSÕES HERMENÊUTICAS: A LEI DA COMISSÃO DA ANISTIA E O DIREITO CIVIL-CONSTITUCIONAL | 81

Tribunal de Justiça já dispusera que "são cumuláveis as indenizações por dano material e dano moral oriundos do mesmo fato".[36] A matéria foi igualmente disciplinada no artigo 186 do Código Civil de 2002.[37] No entanto, a *ratio decidendi* da maior parte dos julgados encontrados sobre o tema não se afigura compatível com esse vetor axiológico do ordenamento jurídico. O princípio da dignidade da pessoa humana exige que cada lesão seja integralmente reparada de acordo com o efeito produzido na esfera da vítima[38] – patrimonial ou extrapatrimonial –, não se admitindo, sob qualquer hipótese, a compensação entre verbas de fundamentos distintos.[39] E, como visto, na instância administrativa, a compensação dos danos extrapatrimoniais não é sequer cogitada. *O sistema, fincado em princípios e valores existenciais,[40] prestigia a tutela*

---

civil, aponta no sentido da vítima, sempre buscando garantir-lhe uma reparação integral". MONTEIRO FILHO, Carlos Edison do Rêgo. Artigo 944 do Código Civil: o problema da mitigação do princípio da reparação integral. *In*: TEPEDINO, Gustavo; FACHIN, Luiz Edson (Org.). *O direito e o tempo*: embates jurídicos e utopias contemporâneas: estudos em homenagem ao professor Ricardo Pereira Lira. Rio de Janeiro: Renovar, 2008, p. 763-764.

[36] MONTEIRO FILHO, Carlos Edison do Rêgo. *Elementos de responsabilidade civil por dano moral*, p. 121.

[37] Art. 186, CC/2002. "Aquele que, por ação ou omissão voluntária, negligência ou imprudência, violar direito e causar dano a outrem, ainda que exclusivamente moral, comete ato ilícito".

[38] Já se aduziu, em outra sede, que: "Na verdade, a análise dos efeitos do dano é que fornece o seu desdobramento nas duas categorias genericamente inseridas no âmbito da responsabilidade civil, quais sejam, a dos danos materiais e a dos danos morais (...) não é a natureza do interesse juridicamente tutelado que caracteriza o dano moral como tal, e sim o efeito da lesão na pessoa do ofendido, vítima. De maneira que o interesse juridicamente tutelado pode ser a honra, e de uma lesão a esta espécie de direito da personalidade decorrer dano patrimonial, como no exemplo de uma falsa imputação de calúnia que, abalando a reputação, o bom conceito de um indivíduo lhe frustre determinados negócios em vias de lhe proporcionar boa remuneração. A partir daí, pode-se conceituar, simplesmente então, o dano moral (...) tecnicamente, como *o efeito moral da lesão a interesse juridicamente protegido*" (MONTEIRO FILHO, Carlos Edison do Rêgo. *Elementos de responsabilidade civil por dano moral*. Rio de Janeiro: Renovar, 2000, p. 38-40).

[39] Na lição de Pietro Perlingieri: "A personalidade, portanto, não é um direito, mas sim, um *valor* (o valor fundamental do ordenamento) e está na base de uma série aberta de situações existenciais, nas quais se traduz a sua incessantemente exigência mutável de tutela. Tais situações subjetivas não assumem necessariamente a forma do direito subjetivo e não devem fazer com que se perca de vista a unidade do valor envolvido. Não existe um número fechado de hipótese tuteladas: tutelado é o valor da pessoa sem limites, salvo aqueles colocados no seu interesse e naqueles de outras pessoas. A elasticidade da tutela se torna instrumento para realizar formas de proteção também atípicas, fundadas no interesse à existência e no livre desenvolvimento da vida de ralação. (...) Uma vez considerada a personalidade humana como um interesse juridicamente protegido e relevante para o ordenamento, a responsabilidade civil se estende também a todas as violações dos comportamentos subjetivos nos quais pode se realizar a pessoa" (PERLINGIERI, Pietro. *O direito civil na legalidade constitucional*, p. 764-766).

[40] "Em particular, a constitucionalização do direito civil impõe a aplicação direta dos princípios constitucionais às relações privadas, tais como o livre desenvolvimento da

diferenciada dos interesses dos anistiados, cuja vulnerabilidade advém da circunstância peculiar de terem sido vítimas da barbárie institucionalizada no regime anterior.

Insista-se mais uma vez: interpretar a Constituição da República à luz da Lei da Comissão da Anistia consiste em nítida subversão hermenêutica que amesquinha a tutela privilegiada da pessoa humana[41] e rompe a unidade do ordenamento jurídico.

Em suma, o que se percebe da leitura dos acórdãos coligidos é o apego exasperado à moldura legal (subsunção[42]) para solucionar o caso, mais especificamente a busca de um único dispositivo legal que dê a resposta à questão submetida a julgamento (casuística regulamentar de origem oitocentista[43]), ao arrepio das novas técnicas legislativas (positivação de princípios e valores, cláusulas gerais[44]) e dos avanços

---

personalidade, a igualdade substancial e o direito à diferença, a tutela da privacidade da integridade psicofísica e a solidariedade familiar e social, todos reunidos e ponderados no âmbito do princípio maior de proteção à dignidade da pessoa humana" (MORAES, Maria Celina Bodin de. *A utilidade dos princípios na aplicação do direito*. Editorial. p. 1. Disponível em: <http://civilistica.com/utilidade-principios/>. Acesso em: 10 jun. 2016).

[41] "A pessoa humana, portanto – e não mais o sujeito de direito neutro, anônimo e titular de patrimônio –, qualificada na concreta relação jurídica em que se insere, de acordo com o valor social de sua atividade, e protegida pelo ordenamento segundo o grau de vulnerabilidade que apresenta, torna-se a categoria central do direito privado" (TEPEDINO, Gustavo. Do sujeito de direito à pessoa humana. *In*: *Temas de direito civil*. Rio de Janeiro: Renovar, 2006. t. II, p. 342).

[42] Na crítica de Gustavo Tepedino: "A subsunção propicia a falsa impressão de garantia de igualdade na aplicação da lei. Entretanto, não há respeito à isonomia quando o magistrado deixa de perceber a singularidade de cada caso concreto e, mediante procedimento mecânico, faz prevalecer o texto abstrato da regra. Por outro lado, o silogismo revela-se capaz de camuflar intenções subjetivas ou ideológicas do magistrado, poupando-lhe da imperiosa necessidade de justificar sua decisão e oferecendo-lhe salvo-conduto para escapar do controle social quanto à aderência de sua atividade interpretativa à axiologia constitucional. Segurança jurídica deve ser alcançada pela compatibilidade das decisões judiciais com os princípios e valores constitucionais, que traduzem a identidade cultural da sociedade" (TEPEDINO, Gustavo. Liberdades, tecnologia e teoria da interpretação. *Revista Forense*, v. 419, p. 419, 2014).

[43] "o significante codificado é uma síntese da racionalidade (formulada no tempo da razão oitocentista), fundada na estrutura de um dado pensamento científico, segundo a lógica formal e sob os signos da certeza, completude e definitividade. (...) A necessidade da codificação (...) é, pois, decorrente de reclamos para um tipo de segurança formal, próprio da racionalidade codificadora, diversamente da segurança material, comprometida com o justo para o caso concreto e próprio da tríplice base constitucionalizada do Direito civil contemporâneo" (FACHIN, Luiz Edson. *Transições do direito civil*: direito civil: sentidos, transformações e fim. Rio de Janeiro: Renovar, 2014, p. 78-79).

[44] "Em primeiro lugar, nota-se uma alteração profunda na técnica legislativa. (...) O legislador vale-se de cláusulas gerais, abdicando da técnica regulamentar que, na égide da codificação, define os tipos jurídicos e os efeitos deles decorrentes. Cabe ao intérprete depreender das cláusulas gerais os comandos incidentes sobre inúmeras situações futuras, algumas delas sequer alvitradas pelo legislador, mas que se sujeitam ao tratamento

SUBVERSÕES HERMENÊUTICAS: A LEI DA COMISSÃO DA ANISTIA E O DIREITO CIVIL-CONSTITUCIONAL | 83

da teoria da interpretação (visão sistêmica, funcionalização dos institutos jurídicos[45]).

Nesse cenário, diante da "clareza" do texto do artigo 16 da Lei da Comissão da Anistia, turvam-se princípios e valores constitucionais. Perdem a visão do ordenamento como sistema, a hierarquia axiológica e a teleologia normativa; ganham o obscurantismo das interpretações isoladas, a supervalorização da literalidade do excerto legal que parece dar tratamento ao problema e a miopia da qualificação descompromissada com a historicidade do fenômeno jurídico.[46] Triunfo das subversões hermenêuticas.

---

legislativo pretendido por se inserirem em certas situações-padrão: a tipificação taxativa dá lugar a cláusulas gerais, abrangentes e abertas" (TEPEDINO, Gustavo. Premissas metodológicas para a constitucionalização do direito civil. *In*: TEPEDINO, Gustavo. Rio de Janeiro: Renovar, 1999. t. I, p. 9).

[45] Conforme observado em outra sede: "Nesse panorama, o intérprete que se vê diante de uma situação jurídica qualquer deve perquirir, para além de seus elementos constitutivos (o que ela é), a sua razão teleologicamente justificadora: para que serve? Ou seja, os institutos jurídicos, partes integrantes da vida de relação, passam a ser estudados não apenas em seus perfis estruturais (sua constituição e seus elementos essenciais), como também – e principalmente – em seus perfis funcionais (sua finalidade, seus objetivos)" (MONTEIRO FILHO, Carlos Edison do Rêgo. Usucapião imobiliária urbana independente de metragem mínima: uma concretização da função social da propriedade. *In*: MONTEIRO FILHO, Carlos Edison do Rêgo (Coord.). *Direito das relações patrimoniais*: estrutura e função na contemporaneidade. Curitiba: Juruá, 2014, p. 17).

[46] "(...) o direito existe sempre 'em sociedade' (situado, localizado) e (...) as soluções jurídicas são sempre contingentes em relação a um dado envolvimento (ou ambiente). São, neste sentido, sempre locais" (HESPANHA, António Manuel. *A cultura jurídica europeia*: síntese de um milênio. Coimbra: Almedina, 2012, p. 13).

O CONCEITO DE DANO MORAL E AS RELAÇÕES DE TRABALHO*

1 O enfrentamento do tema pela Justiça do Trabalho

A reparação do dano moral mostra-se conquista recente na história dos ordenamentos jurídicos contemporâneos e se insere em um contexto mais amplo no qual sobressai a tutela dos valores existenciais atrelados ao princípio da dignidade da pessoa humana. Por contemplar um certo anseio de cidadania, oriundo do processo de redemocratização que em nosso país finca raízes na Constituição de 1988, as estatísticas têm registrado um forte incremento no volume de ações em que se debate o problema da reparação do dano moral. E, particularmente no campo das relações não paritárias, como nas de consumo e nas trabalhistas, o fenômeno avoluma-se ainda mais.

Em uma pequena amostragem da jurisprudência do TST, no ano de 2011 houve nada menos do que 17.215 decisões sobre o assunto.[1] As hipóteses caracterizadoras do dano extrapatrimonial encontradas nesse e em outros anos disseram respeito, sobretudo, a lesões decorrentes de acidentes de trabalho e doenças profissionais,[2] imposição de

---

* O trabalho foi originalmente publicado em *Diálogos entre o direito do trabalho e o direito civil*, organizado por Gustavo Tepedino, Luiz Philippe Vieira de Mello Filho, Ana Frazão e Gabriela Neves Delgado (São Paulo: Revista dos Tribunais, 2013).

[1] Resultado da pesquisa que teve como critério de busca a expressão *dano moral* no sítio do TST: <www.tst.gov.br>, no período entre 01.01.2011 a 31.12.2011.

[2] TST, AIRR nº 50140-63.2008.5.03.0094, 7ª T., rel. Min. Pedro Paulo Manus, *DEJT* 09.03.2012; TST, Subseção I Especializada em Dissídios Individuais, E-ED-RR – 67340-77.2005.5.17.0004, rel. Min. José Roberto Freire Pimenta, *DEJT* 09.03.2012; e TST, AIRR nº 1009100-47.2007.5.04.0141, 2ª T., rel. Min. José Roberto Freire Pimenta, *DEJT* 09.03.2012.

jornada em ambientes de trabalho degradantes,[3] prática de assédio moral (*mobbing*)[4] e revistas pessoais abusivas,[5] imputações caluniosas,[6] anotações desabonadoras na CTPS,[7] entre outras.

O quadro sumariamente narrado anteriormente está a evidenciar que as relações laborais constituem, de fato, um terreno fértil para a ocorrência de múltiplas situações lesivas – o que certamente tem a ver com as vicissitudes do *contato verticalizado* travado entre empregado e empregador. Debruçado sobre tamanha *quantidade* de casos concretos, o TST tem enfrentado a mesma *qualidade* de questões que afligem os tribunais comuns, em especial sobre qualificação, quantificação e prescrição. Como pano de fundo desse cenário, o teor da EC nº 45, que consolidou a competência da Justiça do Trabalho para processar e julgar as ações de indenização decorrentes da relação de trabalho.[8]

Nas próximas linhas deste ensaio, vai-se procurar cuidar da qualificação do dano moral a ser reparado e, para tanto, o fio condutor do ensaio abordará a polêmica em torno de sua conceituação, revelando o esforço da doutrina em buscar sua definição dogmática, indispensável à distinção entre dano moral e "mero aborrecimento do dia a dia".[9-10]

2 Dano moral: conceito, pressupostos e prova

Entre as vertentes teóricas de maior vulto, encontram-se as que conceituam dano moral por mecanismo de exclusão – o que não é patrimonial; as que o definem a partir da existência da lesão a bem

---

[3] TST, RR nº 175900-95.2008.5.09.0242, 5ª T., rel. Min. Emmanoel Pereira, *DEJT* 09.03.2012; TST, RR nº 43900-56.2008.5.06.0003, 7ª T., rel. Min. Pedro Paulo Manus, *DEJT* 09.03.2012; TST, RR nº 89400-73.2009.5.08.0127, 3ª T., rel. Min Alberto Luiz Bresciani de Fontan Pereira, *DEJT* 11.04.2012.

[4] TST,, RR nº 22000-03.2009.5.23.0005, 5ª T., rel. Min. Kátia Magalhães Arruda, *DEJT* 04.05.2012.

[5] TST, RR nº 162400-53.2005.5.06.0014, 4ª T., rel. Min. Fernando Eizo Ono, *DEJT* 10.02.2012.

[6] TST, RR nº 66400-53.2008.5.04.0333, 8ª T., rel. Min. Márcio Eurico Vitral Amaro, *DEJT* 09.03.2012.

[7] TST, AIRR nº 142500-92.2009.5.01.0011, 8ª T., rel. Min. Maria Laura Franco Lima de Faria, *DEJT* 09.03.2012.

[8] Cf. art. 114, VI, da CF. V., também, Súmula vinculante nº 22 do STF.

[9] A expressão, já amplamente consagrada, foi cunhada por Cavalieri Filho, Sérgio, em seus votos no TJRJ e no seu *Programa de responsabilidade civil*. 3. ed. São Paulo: Malheiros, 2002, p. 89.

[10] Para ulteriores referências acerca da diferenciação apontada no texto, cf. BODIN DE MORAES, Maria Celina. *Danos à pessoa humana*. Rio de Janeiro: Renovar, 2003, p. 141-192, que dedica um inteiro capítulo ao assunto, sob o esclarecedor título "o que é e o que não é dano moral".

jurídico extrapatrimonial (correntes objetivas) – em geral referidas a três diferentes categorias tuteladas pelo ordenamento: direitos da personalidade; patrimônio ideal; e, mais recentemente, dignidade humana; e as que tomam em consideração o efeito extrapatrimonial na pessoa do ofendido, independentemente da natureza do bem jurídico protegido (correntes subjetivas).

Sem extrapolar os limites do tema do presente trabalho, passa-se à análise sucinta das teorias, relacionando-as aos pressupostos que determinam a própria existência do dever de reparar.

2.1 Dano moral por exclusão

A concepção da tese da exclusão, a mais antiga entre todas as correntes, tem na *simplicidade* e na *ampliação* do conceito seus maiores méritos e seus maiores deméritos. Se, por um lado, é passível de apreensão singela, sob a fórmula "é moral o dano que não é material", e didático ponto de partida para o estudo do assunto, por outro, pouco colabora no debate da identificação das hipóteses que caracterizam tecnicamente dano moral. Paradoxalmente, dotada de característica de generalização que comporta uma infinidade de situações jurídicas passíveis de enquadramento como dano moral, culmina por esvaziar as potencialidades do instituto, pois, como se poderia dizer, em adaptação de regra de experiência comum, *se tudo é dano moral, nada é dano moral*. Banaliza-se o tipo, privando-o de atingir suas funções e potencialidades hoje assinaladas pelo próprio texto constitucional.

2.2 Dano moral: teorias objetivas

As teorias objetivas, por sua vez, têm como destaque o fato de desvincularem a comprovação da existência do dano da demonstração dos sentimentos humanos envolvidos. Assim, para o deslinde do problema pouco relevo é atribuído às sensações de dor, vexame, humilhação, frustração, indignação, etc. Concentram-se, isso sim, sobre a *ocorrência da lesão* sofrida pela vítima, daí serem qualificadas como objetivas. Basta a prova da violação do bem jurídico tutelado para *ipso facto* caracterizar a lesão, merecedora, por seu turno, da pronta resposta do direito, por meio dos mecanismos reparatórios disponíveis. Com isso, proporcionam superar vetustas objeções à reparação dos danos morais de incapazes e de pessoas jurídicas, nas quais habitam os maiores percalços das concepções que correlacionam dano moral e "dor" – ainda que em seu significado mais amplo.

Subdividem-se, pois, essas teses ditas objetivas em três subteorias, desenvolvidas conforme a violação atinja os seguintes bens tutelados: direitos da personalidade, patrimônio ideal e dignidade humana. Para os defensores da primeira subteoria, a ligação entre dano moral e direitos da personalidade seria tão estreita, tão forte e tão íntima, que se poderia dizer umbilical. Partindo dessa premissa, conceituam, então, o dano moral como a *lesão a direitos da personalidade* e, como corolário do raciocínio, costumam excluir qualquer possibilidade de existência de dano moral para além do espectro dos direitos da personalidade.

Nesse sentido, Paulo Luiz Netto Lôbo é enfático ao concluir que "não há outras hipóteses de danos morais além das violações aos direitos da personalidade". Sustenta, assim, que toda a casuística que tem desembocado nos tribunais "permite o reenvio de todos os casos de danos morais aos tipos de direitos da personalidade. Nenhum dos casos deixa de enquadrar-se em um ou mais de um tipo, (...). A referência frequente à 'dor' moral ou psicológica não é adequada e deixa o julgador sem parâmetros seguros de verificação da ocorrência de dano moral. A dor é uma consequência, não é o direito violado".[11] E arremata o raciocínio do seguinte modo:

> O dano moral remete à violação do dever de abstenção a direito absoluto de natureza não patrimonial. Direito absoluto significa aquele que é oponível a todos, gerando pretensão à obrigação passiva universal. E direitos absolutos de natureza não patrimonial, no âmbito civil, para fins dos danos morais, são exclusivamente os direitos da personalidade. *Fora dos direitos da personalidade são apenas cogitáveis os danos materiais.*[12-13] (destacou-se)

---

[11] Danos morais e direitos da personalidade. *RTDC*, Rio de Janeiro, Padma, v. 6, p. 95, abr./jun. 2001.

[12] *Idem*, p. 96.

[13] Em busca do alargamento das hipóteses de reparação do dano moral para além dos direitos da personalidade, seja consentida a referência, em perspectiva crítica, a Carlos Edison do Rêgo Monteiro Filho, *Elementos de responsabilidade civil por dano moral*. Rio de Janeiro: Renovar, 2000, p. 40 e ss., onde se lê: "Não se pode olvidar que, na prática de nossos tribunais, se verifica uma tendência, ou pelo menos uma facilidade maior, em reparar o dano moral quando decorrente de lesão aos direitos da personalidade, onde a vítima é a própria pessoa que sofre as consequências da injúria perpetrada, assim, v.g., nos direitos à honra, à imagem, ao nome, à integridade física, à privacidade etc. (...) De outro lado, convém assinalar que as lesões aos direitos da personalidade não encerram todas as possibilidades de reparação do dano moral. Em outras palavras: nem

O CONCEITO DE DANO MORAL E AS RELAÇÕES DE TRABALHO | 89

Outra relevante subteoria objetiva identifica o dano moral à lesão ao patrimônio ideal. Representante pioneiro dessa escola de pensamento no Brasil, Wilson Melo da Silva escreve as primeiras linhas de sua obra clássica[14] apresentando a seguinte definição de dano moral: "Danos morais são lesões sofridas pelo sujeito físico ou pessoa natural de direito em seu patrimônio ideal, entendendo-se por patrimônio ideal, em contraposição ao patrimônio material, o conjunto de tudo aquilo que não seja suscetível de valor econômico".

E prossegue o autor com exemplos de situações jurídicas ensejadoras de lesão a bens que compõem o patrimônio moral, ocasionando dano moral: "Danos morais, pois, seriam, exemplificadamente, os decorrentes das ofensas à honra, ao decoro, à paz interior de cada qual, às crenças íntimas, aos sentimentos afetivos de qualquer espécie, à liberdade, à vida, à integridade corporal".[15]

Pode-se entrever nessa sede uma procura em conferir tratamento mais amplo à temática da reparabilidade do dano moral, dilargando os lindes dos direitos da personalidade.[16] Por outro ângulo, a crítica que se lhe dirige diz com a contradição em termos que a denominação da subteoria encerra, dado que a concepção de patrimônio vincula-se estritamente ao conjunto de bens, ou relações jurídicas, materiais, avaliáveis pecuniariamente.[17]

---

sempre o dano moral decorre de violação aos chamados direitos da personalidade, como expressão dos atributos essenciais da própria pessoa tutelados pela ordem jurídica. Cumprindo reconhecer que embora nestas hipóteses o dano faça-se enxergar mais claramente, outras hipóteses há, de reparabilidade admitida mais recentemente, como a de dano moral em função de lesão a bem patrimonial com distintivo valor de afeição e da perda de ente querido".

[14] *O dano moral e sua reparação.* 3. ed. Rio de Janeiro: Forense, 1999, p. 1.

[15] *Ibidem,* p. 2.

[16] Avançando na formulação do raciocínio, Wilson Melo da Silva estabelece a subdivisão do patrimônio moral em dois segmentos, cada qual a engendrar efeitos jurídicos específicos, como se depreende do texto a seguir transcrito: "Os irmãos Mazeaud (Henri e Leon), combatentes de primeira linha em prol da reparabilidade, procuram ordenar a matéria, introduzindo, com apoio em Trébutien, Mangin e Laborde, a regra da classificação dos danos morais em danos que afetam a parte social e danos que dizem respeito à parte afetiva do patrimônio moral. §Os danos que afetam a parte social do patrimônio moral, segundo eles, estariam sempre ligados a um real e efetivo prejuízo material, como, por exemplo, as ofensas irrogadas à dignidade, ao bom nome, à honra de cada um. §Pelo contrário: os danos da segunda classe, isto é, aqueles que dizem respeito à parte afetiva do dano moral, estes estariam sempre desacompanhados de repercussões materiais" (*idem,* p. 145-146).

[17] Mister ouvir a réplica do autor às críticas formuladas: "Em rigor, portanto, existem duas sortes distintas de patrimônios: uma de bens materiais, e outra de bens imateriais. Se, juridicamente, por patrimônio se costuma entender apenas o conjunto dos bens econômicos, não menos certo é, ainda, que, embora, na linguagem tradicional, não haja um

Ainda mais grave, no entanto, parece ser o fato de procurar o fundamento da tutela reparatória existencial no paradigma do direito subjetivo de propriedade, núcleo central de um suporte, patrimonialista na concepção clássica, em que se baseia a teoria. O modelo suscitado (binômio dano-reparação) é facilmente explicável: o indivíduo possui um coletivo de bens; se algum desses bens for lesionado, ele fará jus a uma indenização. A única diferença é que, no particular, como bens tutelados, no lugar da terra, do prédio, do crédito entram a honra, a integridade física, a privacidade.[18]

Décadas após o registro doutrinário aludido *supra*, acha-se em tramitação no Congresso Nacional o Projeto de Lei nº 523/2011, que adota textualmente a definição de dano moral como decorrência de lesão ao patrimônio ideal, como se vê da dicção de seu art. 1º: "Constitui dano moral a lesão ao patrimônio moral da pessoa natural e da pessoa jurídica".[19-20]

---

nome específico para o conjunto dos bens ideais, o direito não lhe desconhece a existência. Afirma-a, dispensando, tal classe de bens, a sua proteção. §E, pois, hoje, atendendo à realidade dos fatos, se não quisermos dilatar o conceito de patrimônio e para não estarmos a incidir, sempre, num ilogismo jurídico, deveríamos, toda vez em que os referíssemos ao patrimônio no seu estado tradicional, salientar a circunstância, a fim de se evitar uma possível e prejudicial confusão de ideias e de conceitos distintos" (*idem*, p. 320).

[18] Na mesma trilha de Wilson Melo da Silva segue Yussef Said Cahali que, em crítica à teoria da exclusão (a primeira retratada supra), engata a defesa do patrimônio moral – mediante a indicação da necessária extensão do sentido do termo patrimônio – e sua partição nos mesmos moldes referidos anteriormente. Vale transcrever: "Se, porém, abstrairmos o caráter estritamente econômico do patrimônio, para (segundo as concepções mais modernas) dilargar o seu conteúdo de modo a compreender valores imateriais, inclusive de natureza ética, veremos que o critério distintivo à base da exclusão revela-se insatisfatório. §Parece mais razoável, assim, caracterizar o dano moral pelos seus próprios elementos; portanto, 'como a privação ou diminuição daqueles bens que têm um valor precípuo na vida do homem e que são a paz, a tranquilidade de espírito, a liberdade individual, a integridade individual, a integridade física, a honra e os demais sagrados afetos'; classificando-se, desse modo, em dano que afeta a 'parte social do patrimônio moral' (honra, reputação etc.) e dano que molesta a 'parte afetiva do patrimônio moral' (dor, tristeza, saudade etc.); dano moral que provoca direta ou indiretamente dano patrimonial (cicatriz deformante etc.) e dano moral puro (dor, tristeza etc.)".

[19] Interessante observar que o supracitado projeto de lei em sua redação original conceituava dano moral à luz da subteoria objetiva dos direitos da personalidade (limitando-o especificamente à honra), conforme se depreende do texto: "Art. 2º Dano moral é todo aquele em que haja irreparável mácula à honra subjetiva de pessoa natural ou jurídica". Com a Emenda Substitutiva nº 2 e a Emenda ao Substitutivo nº 3, preferiu-se adotar a subteoria objetiva do patrimônio ideal, ampliando o espectro da conceituação de dano moral, nos termos destacados no texto *supra*.

[20] Além desse, há nove importantes projetos tramitando na Câmara dos Deputados que versam sobre danos morais, bem como dois no Senado Federal. A íntegra dos textos encontra-se disponível em: <www.camara.gov.br/sileg/default.asp>; <www.senado.gov.br/atividade/Materia/>.

O CONCEITO DE DANO MORAL E AS RELAÇÕES DE TRABALHO | 91

Perpassando o conceito, e indicando os bens jurídicos integrantes do patrimônio ideal da pessoa física e da pessoa jurídica,[21] o projeto dedica-se sobretudo à quantificação da reparação, ao elencar critérios de avaliação variáveis conforme a intensidade do dano.[22] Põe-se a tentar solucionar, com esse mecanismo, a crise dos valores atribuídos à reparação dos danos morais. Embora louvável o fim, o meio escolhido (técnica do tabelamento), de acordo com posição dominante na jurisprudência, teria tangenciado a inconstitucionalidade.

Há que se noticiar ainda a terceira subteoria objetiva, esta baseada no que se denominou lesão à dignidade humana. Sérgio Cavalieri Filho apresenta formulação dogmática baseada no conceito de *direito subjetivo constitucional* à *dignidade*. Para o autor, a *dignidade*, em sede constitucional, tem o condão de sintetizar todos os direitos da personalidade. E foi a própria Constituição que trouxe para seus ditames a reparabilidade plena do dano moral, que restaria correlacionado, segundo Cavalieri, aos direitos da personalidade exemplificadamente enunciados no art. 5º, V e X, e reconduzidos à expressão da *dignidade humana* que os fundamenta e lhes dá sentido sistemático.[23]

---

[21] Observe-se a íntegra dos arts. 2º e 3º do projeto de lei: "Art. 2º São bens juridicamente tutelados por esta lei aqueles inerentes à pessoa física: o nome, a honra, a imagem, a intimidade. Art. 3º São bens juridicamente tutelados por esta lei aqueles inerentes à pessoa jurídica: a imagem, o nome, a respeitabilidade".

[22] Cumpre transcrever a íntegra do art. 7º, que se dedica ao tema: "Art. 7º Ao apreciar o pedido, o juiz considerará o teor do bem jurídico tutelado, os reflexos pessoais e sociais da ação ou omissão, a possibilidade de superação física ou psicológica, assim como a extensão e duração dos efeitos da ofensa. §1º Se julgar procedente o pedido, o juiz fixará a indenização a ser paga, a cada um dos ofendidos, em um dos seguintes níveis: I – ofensa de natureza leve: até dez mil reais; II – ofensa de natureza média: até quarenta mil reais; III – ofensa de natureza grave: até cem mil reais; §2º Na fixação do valor da indenização, o juiz levará em conta, ainda, a situação social, política, econômica e creditícia das pessoas envolvidas, as condições em que ocorreu a ofensa ou o prejuízo moral, a intensidade do sofrimento ou humilhação, o grau de dolo ou culpa, a existência de retratação espontânea, o esforço efetivo para minimizar a ofensa ou lesão e o perdão, tácito ou expresso. §3º A capacidade financeira do causador do dano, por si só, não autoriza a fixação da indenização em valor que propicie o enriquecimento sem causa, ou desproporcional, da vítima ou de terceiro interessado".

[23] Nas palavras do autor: "Temos hoje o que pode ser chamado de *direito subjetivo constitucional* à *dignidade*. Ao assim fazer, a Constituição deu ao dano moral uma nova feição e maior dimensão, porque a dignidade humana nada mais é do que a base de todos os valores morais, a essência de todos os direitos personalíssimos. O direito à honra, à imagem, ao nome, à intimidade, à privacidade ou a qualquer outro direito da personalidade – todos estão englobados no direito à dignidade, verdadeiro fundamento e essência de cada preceito constitucional relativo aos direitos da pessoa humana. §Dano moral, à luz da Constituição vigente, nada mais é do que *violação do direito à dignidade*. E foi justamente por considerar a inviolabilidade da intimidade, da vida privada, da honra e da imagem corolário do direito à dignidade, que a Constituição inseriu, em seu art. 5º, V e X, a plena reparação do dano moral. Este é, pois, o novo enfoque constitucional pelo qual deve ser examinado o dano moral, que já começou a ser assimilado pelo Judiciário (...)". Programa de responsabilidade civil..., p. 85.

Em sequência, extrai da noção apresentada um substancial efeito ampliativo, e procura desvincular a verificação do dano da existência de dor e outros sentimentos negativos análogos, chegando a sugerir, coerente com o caráter objetivo propugnado, o emprego de nova terminologia na matéria: "Como se vê, hoje o dano moral não mais se restringe à dor, tristeza e sofrimento, estendendo a sua tutela a todos os bens personalíssimos – os complexos de ordem ética –, razão pela qual revela-se mais apropriado chamá-lo de dano imaterial ou não patrimonial, como ocorre no direito português".[24]

E prossegue o autor, em lição eloquente, que logo se tornou consabida nos meios forenses: meros aborrecimentos do cotidiano não causam, em geral, dano moral. Na mesma passagem, em arremate, sublinha: a dor não é causa de dano moral, é consequência. Confira-se:[25]

> Se dano moral é agressão à dignidade humana, não basta para configurá-lo qualquer contrariedade. §Nessa linha de princípio, só deve ser reputado como dano moral a dor, vexame, sofrimento, ou humilhação que, fugindo à normalidade, interfira intensamente no comportamento psicológico do indivíduo, causando-lhe aflições, angústia e desequilíbrio em seu bem-estar. Mero dissabor, aborrecimento, mágoa, irritação ou sensibilidade exacerbada estão fora da órbita do dano moral, porquanto, além de fazerem parte da normalidade do nosso dia a dia, no trabalho, no trânsito, entre os amigos e até no ambiente familiar, tais situações não são intensas e duradouras, a ponto de romper o equilíbrio psicológico do indivíduo Se assim não se entender, acabaremos por banalizar o dano moral, ensejando ações judiciais em busca de indenizações pelos mais triviais aborrecimentos. §Dor, vexame, sofrimento e humilhação são consequência, e não causa.

Ainda com fundamento na lesão à dignidade, mas em linha marcadamente distinta, Maria Celina Bodin de Moraes define dano moral nos seguintes termos: "constitui dano moral a lesão a qualquer dos aspectos componentes da dignidade humana – dignidade esta que se encontra fundada em quatro substratos e, portanto, corporificada no conjunto dos princípios da igualdade, da integridade psicofísica, da liberdade e da solidariedade".[26]

---

[24] *Idem*, p. 86.

[25] *Idem*, p. 89.

[26] *Op. cit.*, p. 327. Já na página 131, a distinção para com a linha anterior é feita de modo explícito pela própria autora. "Recentemente, afirmou-se que o 'dano moral, à luz da Constituição vigente, nada mais é do que violação do direito à dignidade'. Se não se está

O CONCEITO DE DANO MORAL E AS RELAÇÕES DE TRABALHO | 93

De outro turno, a autora estabelece a distinção entre o que é e o que não é dano moral com base na caracterização da *injustiça* do dano, de tal sorte que só mereceriam a tutela do ordenamento os danos considerados injustos.[27] E, coerentemente com a linha objetiva que adota, Maria Celina esclarece que a injustiça do dano "não pode estar juridicamente vinculada a supostos sentimentos negativos, grandes ou pequenos, da vítima. A lesão causadora do dano injusto refere-se, diretamente, ao bem jurídico tutelado, ao interesse ou direito da pessoa humana, merecedor de tutela jurídica".[28]

Em outra passagem, mais adiante, a autora tenta demonstrar as vantagens que justificariam a adoção da doutrina propugnada, inclusive no que tange à configuração do marco divisório entre os fatos que constituem dano moral e os ditos meros aborrecimentos do dia a dia:[29]

A importância de conceituar o dano moral como a lesão à dignidade humana pode ser medida pelas consequências que gera, a seguir, enunciadas. Assim, em primeiro lugar, toda e qualquer circunstancia que atinja o ser humano em sua condição humana, que (mesmo longinquamente)

---

de acordo, todavia, com a criação de um 'direito subjetivo à dignidade', como foi sugerido, é efetivamente o princípio da dignidade humana, princípio fundante de nosso Estado Democrático de Direito, que institui e encima, como foi visto, a cláusula geral de tutela da personalidade humana, segundo a qual as situações jurídicas subjetivas não patrimoniais merecem proteção especial no ordenamento nacional, seja através de prevenção, seja mediante reparação, a mais ampla possível, dos danos a elas causados. A reparação do dano moral transforma-se, então, na contrapartida do princípio da dignidade humana: é o reverso da medalha". A ideia é retomada na síntese conclusiva de n. 4: "Para que exista dano moral, não é preciso que se configure lesão a algum direito subjetivo da pessoa da vítima, ou a verificação de prejuízo por ela sofrido. A violação de qualquer situação jurídica subjetiva extrapatrimonial em que se esteja envolvida a vítima, desde que merecedora de tutela jurídica, será suficiente para gerar reparação". Abra-se, aqui, um parêntese ilustrativo, para transcrever a lição de Gustavo Tepedino, com base em Pietro Perlingieri, também em perspectiva crítica à subteoria do direito subjetivo. Segundo Pietro Perlingieri, principal artífice dessa corrente doutrinária, a personalidade humana mostra-se insuscetível de recondução a uma "relação jurídica-tipo" ou a um "novelo de direitos subjetivos típicos", sendo, ao contrário, valor jurídico a ser tutelado nas múltiplas e renovadas situações em que o homem possa se encontrar a cada dia. Daí resulta que o modelo do direito subjetivo tipificado será necessariamente insuficiente para atender às possíveis situações subjetivas em que a personalidade humana reclame tutela jurídica. *Temas de direito civil...*, p. 47.

[27] Segundo seu magistério, "afirmar que o dano moral é 'dor, vexame, humilhação, ou constrangimento' é semelhante a dar-lhe o epíteto de 'mal evidente'. Através destes vocábulos, não se conceitua juridicamente, apenas se descrevem sensações e emoções desagradáveis, que podem ser justificáveis, compreensíveis, razoáveis, moralmente legítimas até, mas que, se não forem decorrentes de 'danos injustos', ou melhor, de danos a situações merecedoras da tutela por parte do ordenamento, não são reparáveis" (*op. cit.*, p. 130).

[28] *Op. cit.*, p. 181.

[29] *Op. cit.*, p. 188.

CARLOS EDISON DO RÊGO MONTEIRO FILHO
RUMOS CONTEMPORÂNEOS DO DIREITO CIVIL – ESTUDOS EM PERSPECTIVA CIVIL-CONSTITUCIONAL

pretenda tê-lo como objeto, que negue a sua qualidade de pessoa, será automaticamente considerada violadora de sua personalidade, e, se concretizada, causadora de dano moral a ser reparado. (...). §A definição aqui esboçada parece ser mais útil quando se tratar de verificar, nas concretas circunstâncias, a presença ou ausência de dano moral. De fato, não será toda e qualquer situação de sofrimento, tristeza, transtorno ou aborrecimento que ensejará a reparação, mas apenas aquelas situações graves o suficiente para afetar a dignidade humana em seus diversos substratos materiais, já identificados quais sejam, a igualdade, a integridade psicofísica, a liberdade e a solidariedade familiar ou social, no plano extrapatrimonial em sentido estrito.

2.3 Dano moral: teorias subjetivas

Em contraste com as teorias objetivas, as teorias subjetivas concentram-se sobre os efeitos da lesão na pessoa ofendida. Segundo tal concepção, para a classificação do dano nada importa a natureza do bem jurídico atingido. O que explicita cada espécie são as consequências produzidas na vítima. Mesmo porque o objeto da reparação são, sempre, os efeitos patrimoniais ou extrapatrimoniais concretos, e não a lesão abstratamente considerada. O precursor dessa tese no Brasil, Aguiar Dias, esclarece que:

> O dano moral é o efeito não patrimonial da lesão de direito e não a própria lesão, abstratamente considerada. O conceito de dano é único, e corresponde a lesão de direito. Os efeitos da injúria podem ser patrimoniais ou não, e acarretam, assim, a divisão dos danos em patrimoniais e não patrimoniais. Os efeitos não patrimoniais da injúria constituem os danos não patrimoniais.[30]

Posto isso, elabora, então, o seu próprio conceito: "Dano moral (...) é a reação psicológica à injúria, são as dores físicas e morais que o homem experimenta em face da lesão".[31] Eis, precisamente, o ponto em que residem as objeções às doutrinas subjetivas. Equiparar dano moral a dor, além de suscitar as contradições já mencionadas em tema de amentais e pessoas jurídicas, na prática configura óbice intransponível no que tange à comprovação do dano.[32]

---

[30] AGUIAR DIAS, *Op. cit.*, p. 861.
[31] AGUIAR DIAS, *Op. cit.*, p. 865.
[32] Não é o caso de Aguiar Dias, mas em doutrina já se sustentou, equivocadamente, que a verificação do dano moral e sua extensão, para fins de quantificação, deveria constituir

3 Caracterização do dever de ressarcir: verificação em concreto

A caminho de concluir, e em perspectiva crítica aos textos doutrinários indicados anteriormente, afirma-se que – se as correntes de conceituação por exclusão (moral é o dano que não é patrimonial) acham-se inexoravelmente fadadas a perder vigor, devido aos incontáveis problemas de se definir, em qualquer ciência ou ramo do saber, alguma coisa por meio de outra – o debate que contrapõe as linhas objetivas e subjetivas está na ordem do dia, trazendo consigo a permanente e angustiante tentativa de construção da linha demarcatória que separa o dano moral reparável do mero aborrecimento cotidiano.

Se não chegam a ser antagônicas, as fórmulas empregadas pelas teorias mostram-se bem distintas. Dizer-se *dano = lesão* é bem diferente de se afirmar *dano = efeito da lesão*. E, como a lesão pode suscitar variados efeitos, a vertente subjetiva parece conduzir a uma definição mais técnica do que seja o dano extrapatrimonial. A lesão a direito da personalidade, ao patrimônio moral ou à dignidade humana pode gerar também efeitos patrimoniais, como se sabe, na forma de danos emergentes e lucros cessantes, donde não se poder tomá-la como sinônima, síntese ou núcleo de definição de dano moral.

Demais disso, para fins de reparação, como já se explicou, o que se leva em conta são os efeitos concretos, que se projetam na pessoa da vítima da lesão sofrida, e não esta abstratamente considerada. Assim, todas as situações em que a lesão atinge bens e interesses jurídicos para além da pessoa ofendida exigiriam uma elasticidade capaz de comprometer os conceitos de personalidade, patrimônio moral e dignidade humana, revelando-se a insuficiência da abordagem puramente objetiva. De fato, o extravio de bagagem, de bens materiais com valor de afeição (fotografias, anel de casamento, heranças familiares, obras de arte), a perda ou maus tratos de animal doméstico de estimação, a morte ou a lesão de pessoa querida, a destruição de material genético, todas essas situações são reconduzíveis à ideia de produção de um efeito extrapatrimonial antijurídico na pessoa atingida, resultante da atenta consideração dos fatores de ponderação envolvidos. Assim também os chamados novos danos – mais propriamente, novas situações

---

tarefa a ser levada a cabo por peritos psicólogos ou psiquiatras que atestassem as consequências danosas traumáticas vividas por cada pessoa em cada situação submetida a julgamento. Cf. ZENUN, Augusto. *Dano moral e sua reparação*. Rio de Janeiro: Forense, 1994, p. 145 e 146.

lesivas – decorrentes das novas tecnologias conspiram a favor das teses subjetivas, pois incompatíveis com a rigidez dos tipos preconcebidos.

Em todos os casos, em rigor, reconhecer o efeito extrapatrimonial tutelado juridicamente na pessoa do ofendido é tarefa do aplicador/ intérprete, independentemente de qualquer *comprovação de dor* por parte da vítima. Nessa direção, já proclamou o STF que a constatação do dano moral se dá por meio do reconhecimento de um "mal evidente".[33]

A vítima, tendo o ônus da prova ou beneficiando-se de sua inversão, bem como o ofensor deverão contribuir para a elucidação dos fatos que propiciaram ou não a ocorrência da lesão. Os fatos hão de ser muito bem demonstrados e, uma vez assentado o suporte probatório sobre o qual repousa a questão em exame, o reconhecimento do efeito danoso extrapatrimonial opera-se *in re ipsa*.[34]

À luz de uma teoria subjetiva renovada, o efeito extrapatrimonial tutelado que define o dano moral deve-se apresentar nos moldes do *mal evidente* mencionado na decisão da Corte Suprema, vale dizer: o efeito é objetivamente apreciável, perceptível de fora para dentro e não o inverso – este, o palco das controvertidas noções de subjetividade e dor.

E, mais do que isso, na tortuosa tarefa de discernir entre as situações concretas que mereçam ressarcimento e as que não configuram juridicamente dano moral,[35] o Judiciário, chamado a dirimir a questão, mais do que se ater a identificar a lesão em abstrato, irá sopesar todos

---

[33] No voto vista do Min. Francisco Rezek, quando do julgamento do RE nº 172.720-9, RJ (STF, 2ª T., j. 06.02.1996).

[34] Em julgamento que versava sobre a prática de *mobbing*, o TST deu provimento a recurso de revista majorando a indenização de R$6.000,00 para R$30.000,00, ressaltando que: "não há como se exigir do autor a comprovação da exata repercussão que as humilhações sofridas no trabalho tiveram em sua vida familiar e social e em sua autoimagem e autoestima, uma vez que se trata de *in re ipsa*, ou seja, prova-se apenas a conduta ilícita do ofensor, daí se presumindo abalo emocional suportado pela vítima". TST, RR nº 2743900-70.2008.5.09.0011, 8ª T., rel. Min. Dora Maria da Costa, *DEJT* 10.02.2012.
No mesmo sentido, mas apontando para conclusão diversa, confira-se a ementa do seguinte julgado: "Indenização por danos morais. Assédio moral. Restrição ao uso do banheiro. Não comprovação. Não evidenciada a restrição do uso do banheiro por motivo de produtividade, nem eventual constrangimento do empregado quando necessitou utilizá-lo fora das pausas autorizadas pela NR-17 da Portaria 9 do MTE, para os empregados de teleatendimento, não há que se falar em afronta aos arts. 1º, III e IV, 5º, V e X, e 170, *caput*, da CF, 186, 187 e 927 do CC. Sem a demonstração de efetiva afronta ao princípio da dignidade da pessoa humana não se configura o assédio moral apto para ensejar a responsabilização da reclamada por danos morais. Recurso de revista não conhecido" TST, AI RR nº 25.2006.5.18.0141, 6ª T., rel. Min. Aloysio Corrêa da Veiga, *DEJT* 06.07.2012.

[35] MONTEIRO FILHO, Carlos Edison do Rêgo. *Elementos de responsabilidade civil por dano moral*, p. 29: "(...) está-se a estudar o dano moral na acepção técnico-jurídica da expressão, que se não confunde com o sentido vulgar dos vocábulos, podendo-se afirmar que *não são todas as dores morais que ensejam sanção da ordem jurídica, mas apenas aquelas especialmente qualificadas pela norma, aquelas que interessam ao direito* – que no dizer de Miguel Reale seriam aquelas alcançadas pela projeção do feixe luminoso do jurídico nos fatos sociais (...)" [destacou-se].

O CONCEITO DE DANO MORAL E AS RELAÇÕES DE TRABALHO | 97

os fatores objetivos e subjetivos envolvidos no caso em análise para identificar eventual efeito extrapatrimonial reparável.[36] Assim, respectivamente, não deverá descuidar da *gravidade da lesão* (relevância jurídica do bem ou interesse tutelado, extensão, intensidade e duração do dano, entre outros)[37] e da *conduta das partes* (boa-fé, condições pessoais das partes, histórico da relação, etc.) para individuar a normativa adequada.

Nesse procedimento dinâmico, não deve, por outro ângulo, deixar-se aprisionar por categorias rígidas, reveladas nos entendimentos que excluem aprioristicamente a possibilidade de dano extrapatrimonial proveniente de relações contratuais ou familiares.

O TST tem procurado realizar em cada caso que lhe é submetido a ponderação de fatores em concreto, em detrimento da pesquisa da existência da lesão abstratamente considerada, para a exata identificação do efeito extrapatrimonial na pessoa do ofendido.

Nos casos de revista íntima de empregados, por exemplo, avaliam-se circunstâncias tais como a forma como se procede à revista, a intimidade, a privacidade e a imagem dos empregados, o poder de direção do empregador, seu interesse patrimonial, a natureza dos produtos comercializados, sua nocividade em relação à saúde e à segurança de empregados e terceiros, o interesse público de que medicamentos restritos não circulem livremente, etc.[38] Tudo ponderado,[39] o Tribunal

---

[36] Seja consentido apresentar o conceito de dano moral formulado alhures pelo autor deste ensaio: efeito moral da lesão a interesse juridicamente protegido. *Elementos...*, p. 40.

[37] O Código Civil de Portugal nomeadamente exige o requisito da gravidade da lesão no dispositivo que cuida da cláusula geral dos danos não patrimoniais, como se depreende do teor do art. 496º, a seguir transcrito: "Art. 496º – Danos não patrimoniais – 1. Na fixação da indemnização deve atender-se aos danos não patrimoniais que, pela sua gravidade, mereçam a tutela do direito".

[38] TST, RR nº 2865800-81.2007.5.09.0002, 6ª T., rel. Min. Kátia Magalhães Arruda, *DEJT* 06.07.2012: "Pedido de Indenização por danos morais. Revista de bolsas e pertences sem abuso do poder de fiscalização. 1. Não se ignora que a dignidade da pessoa humana, fundamento da República, nos termos do art. 1º, III, da CF/1988, e regra matriz do direito à indenização por danos morais, previsto no art. 5º, X, da CF/1988, impõe-se contra a conduta abusiva do empregador no exercício do poder de direção a que se refere o art. 2º da CLT, o qual abrange os poderes de organização, disciplinar e de fiscalização. 2. No caso, contudo, as premissas fáticas registradas no acórdão recorrido demonstram claramente que o empregador exerceu de maneira regular o seu poder diretivo, fazendo a fiscalização de bolsas e pertences aleatoriamente, sem contato pessoal, sem exposição ao público. Não há nenhum elemento na decisão recorrida que demonstre que a conduta lícita do reclamado tenha se tornado, em algum ponto, abusiva. Na realidade, o TRT apenas decidiu que a revista de bolsas e pertences, considerada em si mesma, implicaria dano moral. 3. Se conduta ilícita não há, mas, sim, o regular exercício do poder de fiscalização, não há como se condenar o empregador ao pagamento de indenização por danos morais. Não há como se punir quem não comete irregularidade. Constatada a afronta ao conteúdo normativo do art. 2º da CLT, o qual autoriza a conduta regular do reclamado. Precedentes. 4. Recurso de revista a que se dá provimento, quanto ao tema. Prejudicado o exame do item montante da indenização".

[39] "Danos morais. Revista em pertences pessoais do empregado. Abusividade. Inocorrência. A matéria relacionada à revista realizada pelas empresas deve ser examinada levando em

CARLOS EDISON DO RÊGO MONTEIRO FILHO
RUMOS CONTEMPORÂNEOS DO DIREITO CIVIL – ESTUDOS EM PERSPECTIVA CIVIL-CONSTITUCIONAL

pode, então, individuar a normativa e definir se é caso de impor o dever de reparar o dano moral.[40]

---

consideração a conduta da empresa, pela observância de parâmetros razoáveis na proteção do seu patrimônio, mas sem deixar de observar o direito dos empregados à preservação da intimidade, merecendo uma maior reflexão do empregador, à luz do princípio da dignidade humana. No caso em análise, não ficou consignado pelo E. Tribunal Regional exposição a situação vexatória a ensejar o pagamento de indenização por danos morais, uma vez que a revista da forma como praticada pela ré não comprometeu a dignidade e intimidade do autor, pois eram verificados os pertences (bolsas e sacolas) dos empregados eleitos por amostragem (dois a cada cem empregados, com acionamento automático da catraca), por fiscal do mesmo sexo, em sala privada e sem contato físico. Recurso de revista conhecido e provido" (TST, RR nº 34300-71.2009.5.09.0656, 6ª T., rel. Min. Aloysio Corrêa da Veiga, *DEJT* 06.07.2012).

[40] "Recurso de revista. Danos morais. Revista íntima. Empresa de produtos farmacêuticos. I – O Tribunal Regional negou provimento ao recurso ordinário interposto pela reclamada e manteve a sentença, em que foi condenada ao pagamento de indenização por danos morais no *'importe de R$40.000,00 (quarenta mil reais), com incidência de juros e correção monetária'*. Consignou que a reclamada expôs o autor à situação vexatória e humilhante. Entendeu que a conduta praticada é *'flagrantemente atentatória à dignidade do empregado que é obrigado a se despir perante outros funcionários para provar que 'não cometeu' qualquer ilicitude na empresa'*. Registrou que a reclamada descumpriu o termo de ajuste de conduta firmado perante o Ministério Público do Trabalho, em que se comprometeu a *'abster-se 'de realizar revistas íntimas em seus empregados'*. Considerou que *'ser obrigado a desnudar-se, quando se está na condição de subordinação jurídica (hipossuficiência) é um absurdo inominável'* e *'verdadeiro abuso de poder por parte do empregador, sendo ainda mais grave tal fato quando se trata de empresa que já havia firmado compromisso com o Ministério Público do Trabalho'*. Concluiu que cabe à reclamada *'adequar-se ao termo de ajuste de conduta, investindo em outros meios de segurança e controle que não afetem o empregado ou não o exponham a tais situações'* e que *'é flagrante o dano moral, estando presentes não só a tipificação do ato ilícito como a comprovação induvidosa do prejuízo moral causado pelo empregador, justificando-se a fixação de indenização capaz de minorar ou compensar a lesão provocada'*. II – Pelo que se extrai das informações contidas nos autos, a empresa recorrente atua no ramo de distribuição de medicamentos e de produtos farmacêuticos, conforme se infere até mesmo de seu nome (*Distribuidora Farmacêutica Panarello Ltda.*). É fato público e notório que a venda de remédios passa por rigoroso controle dos órgãos fiscalizadores da vigilância sanitária e do Ministério da Saúde, haja vista as consequências nocivas que o uso indevido de tais medicações pode causar às pessoas. Portanto, a recorrente deve cercar-se de todos os cuidados para impedir desvio dos produtos comercializados, pois tal controle não visa apenas a resguardar o patrimônio do empregador, mas, acima de tudo, busca defender matéria de interesse da coletividade, diante da natureza da atividade exercida pela recorrente. III – Observa-se, no caso, um aparente conflito de direitos fundamentais. De um lado, o direito dos empregados em ter garantida sua privacidade e intimidade, previsto no art. 5º, X, da Constituição da República. De outro lado, a necessidade de preservação da segurança da coletividade, consagrada no *caput* do art. 5º da CF/1988. IV – No caso em análise, deve-se ressaltar que a atuação da empresa recorrente, consistente em proceder à revista íntima de todos os seus empregados, assenta-se no fato de que o material produzido tem características químicas cuja utilização, sem o devido acompanhamento médico, pode acarretar diversos danos à saúde e à coletividade. Portanto, existe interesse coletivo que mitiga o direito de intimidade dos empregados. V – Os doutrinadores preveem no poder de comando da atividade empresarial a possibilidade do uso de revistas pessoais nos empregados, desde que tal procedimento não exceda os limites de razoabilidade. VI – Não consta do acórdão qualquer indício de que as revistas eram efetuadas de forma vexatória. É verdade que,

Nas hipóteses de assédio moral (ou *mobbing*), igualmente, os requisitos são construídos à luz de cada caso. A reiteração da prática ao longo do tempo, o conhecimento dos colegas, a conduta da empresa para coibir, o limite na imposição das metas, entre outros, funcionam como parâmetros de caracterização do dano.[41]

Note-se, em comum nas decisões pesquisadas, não existir no Tribunal uma orientação única por matéria, nos moldes do reconhecimento de uma lesão em abstrato, mas sim a busca do efeito extrapatrimonial em concreto nos balizamentos das vicissitudes de cada caso em julgamento.

---

de acordo com a decisão recorrida, os empregados despiam os uniformes e ficavam – *só de cueca, passando pela vistoria sem baixar a cueca* – (f.) e que tal situação gera certo desconforto para os trabalhadores. Entretanto, o Tribunal Regional não apontou nenhum elemento capaz de demonstrar que as revistas reduziam a honra do autor, ou até mesmo que os prepostos da empresa recorrente agiam de forma jocosa durante o procedimento de revista, capaz de extrapolar os limites do poder de direção. Portanto, não se verifica ato suficientemente capaz de ensejar a ocorrência de dano à imagem e à moral do empregado e, por conseguinte, de autorizar a condenação ao pagamento de indenização. Recurso de revista de que se conhece, por divergência jurisprudencial, e a que se dá provimento, para excluir da condenação o pagamento de indenização por danos morais no importe de R$40.000,00 (quarenta mil reais). VII – Ante o provimento do recurso de revista, declaro prejudicada a análise do pleito da recorrente, consistente em diminuir o valor da condenação" TST, RR nº 162400-53.2005.5.06.0014, 8ª T., rel. Min. Fernando Eizo Ono, *DEJT*, 10.02.2012.

[41] Quanto aos limites na imposição das metas, destaque-se importante precedente: "Recurso de revista – Responsabilidade civil do empregador – Injúria grave por parte de seu preposto – Determinação de metas administrativas – Sugestão de cumprimento ainda que com troca de favores sexuais – Indenização por dano moral. As instâncias percorridas deferiram à reclamante a indenização por dano moral, em face de situação ocorrida em reunião realizada entre o gerente regional da instituição bancária e seus subordinados, na qual foram instigados a alcançar as metas determinadas pelo Banco, ainda que isso lhes custasse a troca de favores sexuais. É sabido ser legítima a demanda do empregador para que seus empregados alcancem as metas por ele fixadas, desde que isto, porém, não cause constrangimento, humilhação e degradação à sua imagem. Na espécie, o gerente regional, *longa manus* do Banco, deixou de eleger o caminho da motivação para enveredar-se na seara da humilhação, que faz trajetória inversa daquela que nos indica o caminho da honra e da retidão. A responsabilidade do Banco é inarredável, e a sua atitude em se debater pelas instâncias da Justiça do Trabalho, na tentativa de se isentar da reparação devida, faz corar até mesmo a face de um frade de pedra. Seu tempo e recursos deveriam ser destinados à reciclagem de seus empregados, à implantação de controle de qualidade na empresa, à humanização das relações, pois, assim como humilhada foi a empregada em reunião, maior humilhação se lhe impinge agora, com este processo que se arrasta há anos nos pretórios trabalhistas. Intocados os artigos mencionados e desvaliosos os julgados transcritos, na forma das Súmulas 221 do TST e 296 do TST. Insubsistente, outrossim, o discurso de que não se pretendia rever a prova dos autos, mas apenas valorá-las, por estampar mero eufemismo da parte" (TST, RR nº 113800-55.2005.5.15.0109, 1ª T., rel. Min. Luiz Philippe Vieira de Mello Filho, *DEJT* 24.06.2011).

Pautando o julgamento pela observância da hierarquia dos valores expressos no ordenamento pátrio, a jurisprudência realizará as funções compensatória e preventiva da responsabilidade civil no direito contemporâneo.[42]

---

[42] PERLINGIERI, Pietro. *O direito civil na legalidade constitucional*. Rio de Janeiro: Renovar, 2008. p. 152 a 156.

O PRINCÍPIO DA REPARAÇÃO INTEGRAL E SUA EXCEÇÃO NO DIREITO BRASILEIRO*

1 Trajetória pela reparação integral no Brasil

O princípio da reparação integral, hoje pedra angular na responsabilidade civil, revela-se *conquista recente* do ordenamento jurídico brasileiro.

Sua consagração normativa no Código Civil de 2002, no entanto, veio acompanhada de curiosa exceção descrita no parágrafo único do art. 944. Para bem compreender o fenômeno, no seio das novas tendências da responsabilidade civil, da primeira parte deste trabalho constam breves considerações sobre a trajetória da luta pela reparação integral dos danos no Brasil, destacando-se e pondo-se em evidência, assim, o caráter excepcional do parágrafo único do art. 944; na segunda, busca-se examinar conceitualmente o referido dispositivo, de forma a definir os requisitos e os limites de sua aplicabilidade; e, por fim, na terceira parte, são abordadas questões concretas acerca do problema central identificado, em uma tentativa de contribuir para se estabelecer o verdadeiro alcance da norma, cuja interpretação não pode deixar de estar em plena sintonia com os princípios e valores constitucionais.

Põem-se em destaque, a partir daqui, os principais fatores que determinaram o roteiro da reparação integral no Brasil, iniciando-se com a reparabilidade plena dos danos morais. Conforme já se pôde

---

* O presente artigo foi originalmente publicado em TEPEDINO, Gustavo; FACHIN, Luiz Edson (Org.). *O Direito & o tempo:* embates jurídicos e utopias contemporâneas. Rio de Janeiro: Renovar, 2008.

demonstrar em outra sede,[1] data de 1966 a decisão do Supremo Tribunal Federal que admitiu, pela primeira vez, a reparação, muito embora a decisão transparecesse, ainda, apego à ótica patrimonialista.[2] Até a Constituição da República de 1988 (CR88), a jurisprudência, no que tange ao problema, mostrou-se, grosso modo, vacilante. Debatia-se quanto à possibilidade de se cumularem indenizações por danos morais e por danos materiais sofridos em razão de um mesmo fato. Sob a rubrica de dano moral, ressarciam-se, em rigor, danos patrimoniais duvidosos, travestidos ora de danos emergentes, ora de lucros cessantes, e não propriamente os efeitos não patrimoniais da lesão. Na morte de um filho, *v. g.*, a indenização, por "dano moral", era calculada com base nos gastos que os pais tiveram até então com a criança, e na expectativa de que, no futuro, ela lhes pudesse conferir algum tipo de renda, mesmo que não exercesse ainda algum trabalho remunerado. A visão – repita-se – vinculava-se estritamente aos valores patrimoniais da lesão. Daí por que, para evitar eventual *bis in idem*, entendia-se não ser possível o ressarcimento simultâneo de danos materiais e morais, em confusão conceitual que perdurou por mais de duas décadas.

A temática somente adquiriu novos perfis com a promulgação do Texto de 1988. Nos dizeres clássicos de Caio Mário da Silva Pereira, "a Constituição Federal de 1988 veio a pôr uma pá de cal na resistência à reparação do dano moral",[3] já que consagrou, nos incisos V e X do artigo 5º[4] a plena reparabilidade da espécie. O Código Civil de 2002

---

[1] Seja consentido remeter a MONTEIRO FILHO, Carlos Edison do Rêgo. *Elementos de responsabilidade civil por dano moral*. Rio de Janeiro: Renovar, 2000, p. 7 e ss.

[2] No caso (RE nº 59.940 – SP, *RTJ* 39/38-44), os pais pleiteavam indenização pela morte de dois filhos menores causada, culposamente, por uma empresa de ônibus. Os votos do Min. Rel. Aliomar Baleeiro e do Min. Pedro Chaves ressaltaram, na fundamentação, a possibilidade de ressarcimento dos danos morais na hipótese. Apesar disso, percebe-se que o valor da indenização foi arbitrado a partir de uma visão patrimonialista da lesão. É o que se extrai do seguinte trecho do voto do relator: "O homem normal, que constitui família, não obedece apenas ao impulso fisiológico do sexo, mas busca satisfações espirituais e psicológicas, que o lar e os filhos proporcionam ao longo da vida e até pela impressão de que se perpetua neles. (...) Se o responsável pelo homicídio lhes frustra a expectativa futura e a satisfação atual, deve reparação, ainda que seja a indenização de tudo quanto despenderam para um fim lícito malogrado pelo dolo ou culpa do ofensor. Perderam, no mínimo, tudo quanto investiram na criação e educação dos filhos, e que se converteu em pura frustração pela culpa do réu. O patrimônio não são apenas coisas concretas, mas o acervo de todos os direitos que o titular dele pode exercitar".

[3] PEREIRA, Caio Mário da Silva. *Responsabilidade Civil*. 9. ed. rev. Rio de Janeiro: Forense, 1998, p. 58.

[4] "Art. 5º Todos são iguais perante a lei, sem distinção de qualquer natureza, garantindo-se aos brasileiros e aos estrangeiros residentes no País a inviolabilidade do direito à vida, à liberdade, à igualdade, à segurança e à propriedade, nos termos seguintes:

(CC), a seu turno, sufragou o referido entendimento,[5] não obstante, à época de sua promulgação, a discussão já estivesse superada,[6] concentrando-se jurisprudência e doutrina não mais na admissão do dever reparatório, e sim (i) na delimitação das hipóteses de reparação e (ii) na aferição do *quantum debeatur* – nos critérios de quantificação dos danos extrapatrimoniais.

Assim, desde o advento da CR88, já não mais se discute quanto à possibilidade de se cumularem indenizações por danos morais e materiais resultantes de um único fato. Prevaleceu no Superior Tribunal de Justiça (STJ) o entendimento cristalizado no verbete nº 37 de sua Súmula: "são cumuláveis as indenizações por dano material e dano moral oriundos do mesmo fato". O enunciado retrata significativo avanço no processo de consagração do princípio da reparação integral dos danos.

Contudo, a trajetória pela reparação integral não se deu somente com a ampliação progressiva da admissibilidade da reparação dos danos extrapatrimoniais. Também o papel da culpa e sua comprovação foram gradativamente (perdendo *status* e) reformulados de forma a beneficiar a vítima.

Verificou-se, num primeiro momento, o incremento dos mecanismos de presunção de culpa, com o objetivo de simplificar o esforço da vítima quanto à demonstração da conduta culposa, visto que a prática demonstrava que, com o avanço da sociedade industrial e do consumo em massa, em inúmeros casos, a prova – adjetivada, então, de "diabólica" – constituía verdadeiro empecilho à obtenção da reparação.[7]

V – é assegurado o direito de resposta, proporcional ao agravo, além da indenização por dano material, moral ou à imagem;

X – são invioláveis a intimidade, a vida privada, a honra e a imagem das pessoas, assegurado o direito a indenização pelo dano material ou moral decorrente de sua violação;"

[5] "Art. 186. Aquele que, por ação ou omissão voluntária, negligência ou imprudência, violar direito e causar dano a outrem, ainda que exclusivamente moral, comete ato ilícito."

[6] Segundo a expressão já consagrada de Gustavo Tepedino, o legislador do CC de 2002 foi um "engenheiro de obras feitas", porque pretendeu "consagrar direitos que, na verdade, estão tutelados em nossa cultura jurídica pelo menos desde o pacto político de outubro de 1988" (Editorial. *Revista Trimestral de Direito Civil*, p. iv, v. 7, jul./set. 2001).

[7] George Ripert assim traduz a situação da vítima com a evolução da sociedade: "A regra do artigo 1382 [do Código Civil francês] supõe que a vítima prove a existência de uma falta causadora do prejuízo. Ora, se este é fácil de estabelecer, a prova da culpabilidade assim como o laço de causalidade entre a falta e o prejuízo, constitui muitas vezes prova diabólica. Quanto mais as forças de que o homem dispõe são multiplicadas por meio de mecanismos complicados susceptíveis de agir à distância, quanto mais os homens vivem amontoados e próximos dessas máquinas perigosas, mais difícil se torna descobrir a verdadeira causa do acidente e estabelecer a existência da falta que o teria causado. Na expressão de Josserand, o acidente torna-se *anônimo*" (RIPERT, George. *O regime democrático e o direito civil moderno*. Tradução de J. Cortezão. São Paulo: Saraiva, 1937, p. 337).

Daí por que, em sede jurisprudencial, assomavam-se hipóteses de culpa presumida.

Em etapa posterior, seguindo a linha evolutiva, as leis passaram a dispensar, por completo, a conduta culposa em múltiplas situações específicas. Bastariam o dano e o nexo de causalidade que jungisse uma determinada atividade àquele dano, e estaria configurado o dever de reparar. Essas hipóteses de *responsabilidade objetiva*, entretanto, dependiam de expressa previsão normativa;[8] a regra geral era, ainda, aquela da responsabilidade subjetiva, calcada na culpa e cristalizada no art. 159 do CC de 1916.[9]

Assentado na premissa de que, no direito civil contemporâneo, se desenhava, em termos quantitativos, a predominância de ações judiciais que tinham como causa de pedir a responsabilidade independente da culpa, em um terceiro passo, registrou-se a *expansão das fronteiras* da regra objetiva sobre a subjetiva, que restou com campo de incidência bastante reduzido. Já naquela ocasião, atenta doutrina declarava superado o sistema que identifica as responsabilidades por culpa e objetiva, respectivamente, à regra e à exceção, sendo inegável a constatação da coexistência de ambas as fontes, sem que se pudesse estabelecer hierarquia entre as mesmas.[10] Ou seja, perdia a responsabilidade por culpa o *status* de centro do sistema.

---

[8] Vale citar, aqui, as palavras de Caio Mário da Silva Pereira anteriores à promulgação do CC de 2002: "A doutrina do risco, cujo surgimento aqui é exposto, não penetrou em nosso direito positivo senão em incidências específicas. (...) Numerosas disposições contidas em leis especiais consagram a responsabilidade objetiva, podendo citar-se, em primeiro lugar, a legislação sobre acidentes de trabalho, inaugurada com o Decreto nº 3.724, de 15 de janeiro de 1919; substituído pelo Decreto nº 24.637, de 10 de julho de 1934, e depois pelo Decreto-Lei nº 7.036, de 10 de novembro de 1944; pela Lei nº 5.316, de 1967, e finalmente pela Lei nº 6.367, de 19 de outubro de 1976. Informados pela teoria do risco o Código Brasileiro do Ar, Decreto-Lei nº 483, de 8 de junho de 1938; Decreto-Lei nº 32, de 10 de novembro de 1966, com as alterações do Decreto-Lei nº 234, de 28 de fevereiro de 1967; da Lei nº 5.710, de 7 de outubro de 1971; da Lei nº 6.298, de 15 de dezembro de 1975; da Lei nº 6.997, de 7 de junho de 1982, e atualmente no Código Brasileiro de Aeronáutica com a Lei nº 7.565, de 19 de dezembro de 1986" (PEREIRA, Caio Mário da Silva. *Responsabilidade civil*. 9. ed. rev. Rio de Janeiro: Forense, 1998, p. 23-24).

[9] "Art. 159. Aquele que, por ação ou omissão voluntária, negligência, ou imprudência, violar direito, ou causar prejuízo a outrem, fica obrigado a reparar o dano.
A verificação da culpa e a avaliação da responsabilidade regulam-se pelo disposto neste Código, arts. 1.518 a 1.532 e 1.537 a 1.553."

[10] Gustavo Tepedino fazia alusão, ainda na vigência do Código de 1916, a uma *dualidade de fontes*: "Delineia-se, assim, um modelo dualista, convivendo lado a lado a norma geral de responsabilidade civil subjetiva, do artigo 159 [do CC de 1916], que tem como fonte o ato ilícito, e as normas reguladoras da responsabilidade objetiva para determinadas atividades, informadas por fonte legislativa que, a cada dia, se torna mais volumosa".

Sobreveio, então, o CC de 2002, que, com igual ímpeto de facilitar a obtenção de reparação pela vítima, consagrou o entendimento antecipado pela doutrina e estabeleceu verdadeira cláusula geral de responsabilidade objetiva para as atividades de risco. A partir de então, segundo a redação do parágrafo único do art. 927, "haverá obrigação de reparar o dano, independentemente de culpa, nos casos especificados em lei, ou quando a atividade normalmente desenvolvida pelo autor do dano implicar, por sua natureza, risco para os direitos de outrem". Percebe-se, assim, não haver mais dúvida: no sistema atual, a responsabilidade civil passou a ter *dúplice fundamento*: ora a culpa, ora o risco – sempre com o intuito de garantir a reparação integral do dano.

Mas o movimento pela reparação integral também não se deteve em tais revoluções em prol de sistemas objetivos.[11] Mesmo nos casos de incidência da regra subjetiva, a culpa torna a revelar outro perfil: afasta-se de sua tendência original moralizadora (ligada à violação de deveres preexistentes na lei ou no contrato), e conecta-se à figura do desvio de conduta, verificável por meio de *standards* correlacionados a cada situação específica. Noutras palavras, assume uma feição menos psicológica e mais objetiva, normativa.[12] A justificativa finalística da releitura da culpa não destoa, em nada, do que foi até aqui exposto; vale dizer, insere-se, à perfeição, no contexto mais amplo da luta pela reparação integral do dano.

Como corolário, o eminente civilista destacava ainda que: "é de se ter presente que o sistema dualista de responsabilidade atende a um incindível dever de solidariedade social determinado pelo constituinte, que não se restringe à relação entre o cidadão e o Estado e para cuja efetividade se revela indispensável sua incidência, em igual medida, sobre as relações de direito público e de direito privado" (TEPEDINO, Gustavo. A evolução da responsabilidade civil no direito brasileiro e suas controvérsias na atividade estatal. *Temas de direito civil*. Rio de Janeiro: Renovar, 1998, p. 177).

[11] Para uma ampla resenha acerca dos fundamentos da responsabilidade objetiva e das teorias do risco cf. VIEIRA, Patricia R. Serra. *A responsabilidade civil objetiva no direito de danos*. Rio de Janeiro: Forense, 2004.

[12] Confira-se a lição de Maria Celina Bodin de Moraes: "A noção normativa da culpa, como inobservância de uma norma objetiva de conduta, praticamente substituiu a noção psicológica, com vistas a permitir que se apure o grau de reprovação social representado pelo comportamento concreto do ofensor, isto é, a correspondência, ou não, do fato a um padrão (*standard*) objetivo de adequação, sem que se dê relevância à sua boa ou má intenção. Neste sentido, a culpa continua a desempenhar um papel central na teoria do ilícito: a figura do ilícito permanece ancorada no fato 'culposo', o qual, porém, foi redefinido, através dessa concepção da culpa, como sendo um fato avaliado negativamente em relação a parâmetros objetivos de diligência. A culpa passou a representar a violação (*rectius*, o descumprimento) de um *standard* de conduta" (MORAES, Maria Celina Bodin de. *Danos à pessoa humana*: uma leitura civil-constitucional dos danos morais. Rio de Janeiro: Renovar, 2003, p. 212).

E, por fim, quanto à aferição do nexo de causalidade,[13] procura-se imputar o dever de reparar integralmente o dano sofrido pela vítima, prescindindo-se, cada vez mais, de um suposto juízo de reprovação da conduta, em rigor, estranho ao debate da relação causal. À semelhança da culpa, a comprovação do nexo também é objeto de simplificação, preferindo-se, no bojo de tais condições, atribuir a seu exame uma conotação jurídica em lugar da material. Em doutrina há inclusive quem sustente uma "responsabilidade civil por presunção de causalidade".[14] Ademais, o CC de 2002 vale-se da regra da solidariedade passiva em tema de responsabilidade extracontratual, facilitando a obtenção da indenização, quando a autoria do dano couber a mais de uma pessoa (art. 942). Nesse cenário, incumbe ao nexo definir o grau de responsabilidade e a consequente medida de indenização.[15]

Hoje, portanto, após longo percurso, estabeleceu-se a reparação integral do dano como um valor importante no ordenamento. Reconheceu-se, mais, que os danos extrapatrimoniais são merecedores de tutela privilegiada, já que fundamentalmente ligados à dignidade da pessoa humana, segundo a normativa da CR88. E que o princípio da dignidade humana, erigido pelo Constituinte de 1988 como fundamento da República, deve irradiar-se, prioritária e necessariamente, por todo o sistema jurídico.[16] Por outro prisma, consagrou-se a solidariedade

---

[13] Sobre as teorias de nexo de causalidade, cf. SILVA, Wilson Melo da. *Responsabilidade sem culpa*. 2. ed. São Paulo: Saraiva, 1974, p. 112-133; TEPEDINO, Gustavo. Notas sobre o nexo de causalidade. *Temas de direito civil*. Rio de Janeiro: Renovar, 2006. t. II, p. 63-81; e CRUZ, Gisela Sampaio da. *O problema do nexo causal na responsabilidade civil*. Rio de Janeiro: Renovar, 2005.

[14] A expressão entre aspas corresponde ao título da tese de doutorado de Caitlin Sampaio Mulholland, defendida no Programa de Pós-Graduação em Direito da UERJ, em 2006. Para a autora, faz-se necessário "um segundo giro paradigmático no Direito de Danos: da certeza para a probabilidade causal na imputação dos danos", já que se vítima lograsse demonstrar "a existência de uma probabilidade causal, estatisticamente calculada, haveria a responsabilidade" (MULHOLLAND, Caitlin Sampaio. *A responsabilidade civil por presunção de causalidade*. Tese (Doutorado) – Programa de Pós-Graduação em Direito da UERJ, 2006, p. 351).

[15] Nesse sentido: "A gravidade da culpa não serve, frise-se, como 'medida' da indenização, nem mesmo é, a nosso ver, adequada para determinar a distribuição do prejuízo entre os agentes co-responsáveis pelo dano. É o nexo causal o elemento da responsabilidade civil que deve exercer essa função (...)" (CRUZ, Gisela Sampaio da. *O problema do nexo causal na responsabilidade civil*. Rio de Janeiro: Renovar, 2005, p. 325).

[16] Cf., sobre o princípio da dignidade, a lição de Maria Celina Bodin de Moraes, que, no artigo intitulado "O princípio da dignidade humana" (*In*: MORAES, Maria Celina Bodin de (Coord.). *Princípios do direito civil contemporâneo* Rio de Janeiro: Renovar, 2006, p. 1-60), busca tornar mais denso o conteúdo do princípio, cujos corolários seriam os princípios da igualdade, da integridade psicofísica, da liberdade e da solidariedade.

como um valor da República (CR88, art. 1º, III, e art. 3º, I), solidariedade que, em tema de responsabilidade civil, aponta no sentido da vítima, sempre buscando garantir-lhe uma reparação integral.[17]

Em doutrina, consagrou-se a expressão "giro conceitual" de Orlando Gomes:[18] do *ato* ilícito passou-se ao *dano* injusto, do causador passou-se à vítima. Ou seja, diante do dano sofrido, a vítima fará jus à reparação integral, independentemente do juízo de reprovação da conduta.

Tal movimento de expansão justifica e fundamenta a necessidade de tutela privilegiada dos valores extrapatrimoniais, que projeta seus efeitos no campo da responsabilidade civil a enfatizar sua correlação com a reparação do dano moral, o desprestígio do rigor na apuração da culpa, a flexibilização na comprovação do nexo e, em síntese, a consagração do princípio da integral reparação.

2 Natureza excepcional do parágrafo único do artigo 944 do Código Civil

Inserido nesse contexto retratado anteriormente é que o *caput* do art. 944 do CC prevê a regra da *extensão do dano* como *medida de indenização.*[19]

---

[17] Confiram-se as palavras de Gisela Sampaio da Cruz: "Essa mudança de perspectiva em direção ao conceito de proteção da dignidade humana, conforme explica Maria Celina Bodin, acaba por influenciar, de modo decisivo, o critério de reparação que se baseia na condição pessoal da vítima. Não há dúvida de que à pessoa humana cabe proteção mais ampla, e é justamente por isso que o Direito Civil deve voltar-se para a busca do instrumental que permitirá alcançar a reparação integral do dano sofrido" (CRUZ, Gisela Sampaio da. *O problema do nexo causal na responsabilidade civil*. Rio de Janeiro: Renovar, 2005, p. 319).

[18] GOMES, Orlando. Tendências modernas na teoria da responsabilidade civil. *In:* DI FRANCESCO, José Roberto Pacheco (Org.). *Estudos em homenagem ao professor Silvio Rodrigues*. São Paulo: Saraiva, 1989, p. 291-302. Dissertando sobre as mudanças na responsabilidade civil, o autor conclui que: "Assim, como assinalou Ripert, faz algum tempo, o fenômeno da responsabilidade passou a ser considerado como *fenômeno de reparação*. Com esse endereço, o regime tradicional da responsabilidade baseada na *culpa* foi declinando na medida em que a *responsabilidade objetiva*, fundada no *risco* ou em outros critérios, foi tomando o seu lugar. Por sua vez, a responsabilidade independente de culpa *evoluiu* para um sistema geral de *seguro*, individual e social, que, todavia, oferece dificuldades técnicas para a sua realização e não resolve todos os problemas, conquanto seja uma solução adequada à mentalidade *consumística* dos tempos presentes, na observação de um escritor. Nessa direção, a responsabilidade civil não perde a 'sua lógica nem a sua moralidade', como pensam alguns, e adquire, por outro lado, uma carga pesada de solidarismo, como outros acreditam" (p. 301-302).

[19] "Art. 944. A indenização mede-se pela extensão do dano."

Significa que a indenização deve cobrir o dano em toda a sua amplitude. Ou, por outras palavras, a reparação deve alcançar todo o dano. Precisa ser *integral*, pois. Nesse aspecto, o legislador de 2002, "engenheiro de obras feitas",[20] não trouxe qualquer inovação ao sistema vigente. Com a promulgação do CC, em rigor, consagrou-se de modo expresso princípio que já vigorava plenamente no ordenamento jurídico brasileiro, posto que implícito.

Portanto, quando o parágrafo[21] alude à *redução* equitativa da indenização em razão do grau de culpa do ofensor, parece evidente que se trata de norma de *natureza excepcional*. Porque o intérprete partirá do valor que contemple toda a extensão do dano e, aplicando o parágrafo, o reduzirá por equidade, tornando a indenização, por força das circunstâncias, apenas *parcial*.

A correlação entre o *caput* e o parágrafo traduz-se, juridicamente, pelo raciocínio regra-exceção. Seja por virtude do exame de força axiológica, seja pela análise da estrutura interna da norma, chega-se à idêntica constatação: a relação é de *exceção* para com a *regra* do *caput* do dispositivo, que prevê a reparação integral do dano, insista-se, conquista a que se chegou após a trajetória sumariamente sintetizada no item 1, *supra*.

Eis um dado relevante: o dispositivo em comento constitui-se na única *exceção* ao princípio da reparação integral no âmbito do direito positivo brasileiro. Mais: visto que a intangibilidade do princípio da reparação integral assume papel fundamental na cultura jurídica pátria, a excepcionalidade do comando normativo em foco determina *extrema cautela* na sua interpretação.[22-23]

---

[20] V., *supra*, nota 6.

[21] "Parágrafo único. Se houver excessiva desproporção entre a gravidade da culpa e o dano, poderá o juiz reduzir, eqüitativamente, a indenização."

[22] Sobre a impossibilidade de se interpretar extensivamente as regras excepcionais, leia-se a passagem do clássico de Carlos Maximiliano: "Em regra, as normas jurídicas aplicam-se aos casos que, embora não designados pela expressão literal do texto, se acham no mesmo virtualmente compreendidos, por se enquadrarem no *espírito* das disposições: baseia-se neste postulado a exegese *extensiva*. Quando se dá o contrário, isto é, quando a letra de um artigo de repositório parece adaptar-se a uma hipótese determinada, porém se verifica estar esta em desacordo com o *espírito* do referido preceito legal, não se coadunar com o fim, nem com os motivos do mesmo, presume se tratar-se de um fato da esfera do Direito Excepcional, interpretável de modo *estrito*. (...) As disposições excepcionais são estabelecidas por motivos ou considerações particulares, contra outras normas jurídicas, ou contra o Direito comum; por isso não se estendem além dos casos e tempos que designam expressamente" (MAXIMILIANO, Carlos. *Hermenêutica e aplicação do direito*. 19. ed. Rio de Janeiro: Forense, 2005, p. 183-194, destaques no original).

[23] Em igual sentido, lecionam Gustavo Tepedino, Heloisa Helena Barboza e Maria Celina Bodin de Moraes, que o parágrafo único do art. 944, ao tentar reduzir o excessivo ônus que

O PRINCÍPIO DA REPARAÇÃO INTEGRAL E SUA EXCEÇÃO NO DIREITO BRASILEIRO | 109

Se assim é, como ora demonstrado, cabe o questionamento: qual motivo, afinal, moveu o legislador de 2002 a consagrar tamanha exceção?

3 Origens e racionalidade do dispositivo

O parágrafo único do art. 944 do CC inspirou-se em dispositivos semelhantes presentes no Código Federal Suíço das Obrigações e no Código Civil de Portugal. A lei suíça, que data do início do século XX, assim dispõe:

> Art. 43 (III. Fixação do Dano) (1) O juiz determina o modo e a extensão da reparação, de acordo com as circunstâncias e a gravidade da culpa. (...) Art. 44 (IV. Motivos de redução) (1) Se o lesado concordou com o ato danoso, ou se circunstâncias, pelas quais deve ele responder, atuaram para criar ou aumentar o dano ou agravaram, de outro modo, a situação do obrigado à indenização, poderá o juiz minorar a obrigação de indenização ou, inteiramente, não a reconhecer. (2) Se o obrigado à indenização que não causou o dano nem intencionalmente nem por negligência grave, ficar, pela prestação da indenização, reduzido a estado de necessidade, poderá o juiz, também por esse motivo, minorar a obrigação de indenizar.[24]

---

recairia sobre o ofensor, acaba por transferir para a vítima a parcela do dano correspondente à redução procedida pelo juiz. Daí por que o dispositivo: "deve ser visto com cautela e interpretado em estrita conformidade com sua inspiração, sendo recomendável restringir-se sua aplicação àqueles casos em que a própria situação da vítima gera um risco de dano superior ao risco médio que vem embutido no convívio social" (TEPEDINO, Gustavo; BARBOZA, Heloisa Helena; MORAES, Maria Celina Bodin de. *Código civil interpretado conforme a Constituição da República*. Rio de Janeiro: Renovar, 2006. v. II, p. 860).

[24] Confira-se o texto disponível no *site* <http://www.admin.ch/ch/f/rs/c220.html>. Acesso em: 11 set. 07:

« **Art. 43**
III. Fixation de l'indemnité
1 Le juge détermine le mode ainsi que l'étendue de la réparation, d'après les circonstances et la gravité de la faute.
1bis Lorsqu'un animal qui vit en milieu domestique et n'est pas gardé dans un but patrimonial ou de gain, est blessé ou tué, le juge peut tenir compte dans une mesure appropriée de la valeur affective de l'animal pour son détenteur ou les proches de celui-ci.
2 Des dommages-intérêts ne peuvent être alloués sous forme de rente que si le débiteur est en même temps astreint à fournir des sûretés.
Art. 44
IV. Réduction de l'indemnité
1 Le juge peut réduire les dommages-intérêts, ou même n'en point allouer, lorsque la partie lésée a consenti à la lésion ou lorsque des faits dont elle est responsable ont contribué à créer le dommage, à l'augmenter, ou qu'ils ont aggravé la situation du débiteur.

O Código Civil português, a seu turno, estabelece, em seu art. 494.º, que:

> Quando a responsabilidade se fundar na mera culpa, poderá a indemnização ser fixada, equitativamente, em montante inferior ao que corresponderia aos danos causados, desde que o grau de culpabilidade do agente, a situação económica deste e do lesado e as demais circunstâncias do caso o justifiquem.[25]

Como se vê, os diplomas estrangeiros que mais inspiraram o codificador brasileiro na elaboração do parágrafo único do art. 944 estabelecem outros critérios, além do mero grau de culpa do ofensor, para a redução equitativa da indenização. Consideram, sobretudo, a situação econômica do autor do dano, que não pode ser reduzido a um estado de necessidade.

De igual modo, os Códigos Civis da Espanha e da Argentina não se detêm unicamente no fator culpa leve ou levíssima; muito pelo contrário, no modelo argentino preferiu-se dar guarida especial à situação patrimonial do causador do dano, enquanto no espanhol remeteu-se o intérprete ao conjunto das circunstâncias do caso.[26]

Mais recentemente, pôde-se colher da experiência europeia o resultado do trabalho elaborado pelo Grupo Europeu do Direito da Responsabilidade Civil, nos preparativos para elaboração de um Código Civil Europeu, que deu origem aos Princípios de Direito Europeu da Responsabilidade Civil, em que também se fez alusão à situação econômica do ofensor, *verbis*:[27]

---

2 Lorsque le préjudice n'a été causé ni intentionnellement ni par l'effet d'une grave négligence ou imprudence, et que sa réparation exposerait le débiteur à la gêne, le juge peut équitablement réduire les dommages-intérêts.»

[25] BASTOS, Jacinto Rodrigues. *Código civil português anotado e atualizado*. 15. ed. Lisboa: Almedina, 2005.

[26] Código Civil Argentino: "Artículo 1069. El daño comprende no sólo el perjuicio efectivamente sufrido, sino también la ganancia de que fue privado el damnificado por el acto ilícito, y que en este Código se designa por las palabras "pérdidas e intereses". Los jueces, al fijar las indemnizaciones por daños, podrán considerar la situación patrimonial del deudor, atenuándola si fuere equitativo; pero no será aplicable esta facultad si el daño fuere imputable a dolo del responsable". Disponível em: <http://www.usal.es/~derepriv/refccarg/ccargent/codciv.htm>. Acesso em: 30 out. 2007.
Código Civil Espanhol: "Artículo 1103. La responsabilidad que proceda de negligencia es igualmente exigible en el cumplimiento de toda clase de obligaciones; pero podrá moderarse por los Tribunales según los casos". Disponível em: <http://civil.udg.edu/normacivil/estatal/CC/INDEXCC.htm>. Acesso em: 30 out. 2007.

[27] *European Group on Tort Law*. Princípios de Direito Europeu da Responsabilidade Civil. Disponível em: <http://www.egtl.org/principles/text_PT.htm>. Acesso em: 11 set. 2007.

Excepcionalmente, se face à situação económica das partes a reparação integral constituir um encargo opressivo para o réu, a indemnização pode ser reduzida. Para tomar esta decisão, deve ter-se em consideração, especialmente, o fundamento da responsabilidade (art.1:101), a extensão da protecção do interesse (art. 2:102) e a dimensão do dano.

Diversamente, na redação do dispositivo brasileiro, cuja literalidade, como visto, consumou-se no sentido de abstrair o fator patrimonial dos envolvidos – o que torna justas as críticas que vem recebendo de parte da doutrina –, a justificativa dada pelo autor intelectual do dispositivo, Agostinho Alvim, na exposição de motivos do anteprojeto, baseia-se em que:

> Não parece justo que, no caso de culpa leve, e dano vultoso, a responsabilidade recaia inteira sobre o causador do dano. Um homem que economizou a vida toda para garantir a velhice, pode, por uma leve distração, uma ponta de cigarro atirada ao acaso, vir a perder tudo o que tem, se tiver dado origem a um incêndio. E não só ele perde, mas toda a família. Notam os autores que acontecimentos trazem em si uma dose de fatalidade. 'E a fatalidade está em que a distração é uma lei inexorável, à qual nunca ninguém se furtou.' É justamente por reconhecer isso que o legislador manda indenizar no caso de acidente do trabalho, embora ele ocorra, quase sempre, por motivo de descuido, negligência, imprudência, enfim culpa do empregado. Por estas razões é que o anteprojeto faculta ao juiz, sem impor, que reduza a indenização.[28]

Perceptível, pois, que a preocupação literal, a *mens legislatoris*, foi tão somente a de evitar a *eventual desgraça* do causador do dano cuja culpa não foi grave. Resta saber – e é deste mister que se quer desincumbir este estudo – se essa *ratio* pode ser aplicada em conformidade com o estado atual do ordenamento, ou, por outra, se está de acordo com os fins sociais e valores fundamentais colimados.[29]

---

[28] *Revista do Instituto dos Advogados Brasileiros*, n. 24, p. 101-102.

[29] Essa é justamente a preocupação expressa por Ricardo Pereira Lira ao discorrer sobre o problema da aplicação do direito: "O problema se põe quando o aplicador do direito, depois de passar por esses vários estágios, alcança uma solução absolutamente injusta, que desatende aos fins sociais a que o direito se dirige e aos valores fundamentais que, axiologicamente, hão de ser colimados" (LIRA, Ricardo Pereira. A aplicação do direito e a lei injusta. *Revista da Faculdade de Direito da Universidade do Estado do Rio de Janeiro*, Rio de Janeiro, Renovar, n. 5, p. 88-89, 1997).

4 Requisitos de aplicação

À luz do verificado, constata-se que o parágrafo único do art. 944, ao enunciar o grau de culpa como fator único de redução,[30] parece constituir *experiência singular* no mundo. Aliás, ineditismo que se faz presente também em outro dispositivo sobre a responsabilidade civil no CC de 2002: o parágrafo único do art. 927, que, como registrado brevemente *supra*, prevê uma cláusula geral de responsabilidade objetiva para as atividades de risco.[31] Passa-se, então, aos requisitos para a aplicação da normativa em tela.

4.1 Excessiva desproporcionalidade

A redação do dispositivo exige, para a redução equitativa da indenização, a "excessiva desproporção" entre o grau de culpa do agente e a extensão do dano provocado. Vê-se, logo, que não se trata de qualquer desproporção. Somente as *significativas* deflagram o mecanismo legal em jogo: não havendo na lei palavras à toa, impõe-se seja excepcionalmente vultosa, gritante a desproporção.

É claro que, em muitas ocasiões, quiçá na maioria das vezes, não haverá rigorosa proporção entre o grau de culpa do agente e a extensão do dano. Cuida-se de pressupostos de configuração da responsabilidade civil que não guardam relação entre si. O grau de culpa não define, *per se*, a extensão do dano. Por isso, via de regra, toma lugar alguma desproporção entre conduta e resultado.

E nesses casos ordinários, de desproporção simples, não se tem por preenchido o requisito da *excessiva* desproporcionalidade – tal como

---

[30] Frise-se: de redução. Para a doutrina majoritária, a literalidade clara não permite entrever espaço para autorização de interpretação *a contrario sensu*, ou seja, a majoração da indenização por motivo de dolo ou culpa grave não se coaduna com o teor do parágrafo do art. 944. Confira-se, ao propósito, Anderson Schreiber: "A ninguém, com efeito, passa despercebido o fato de que o legislador não autorizou a elevação da indenização com base na culpa grave ou dolo do agente, mas exclusivamente permitiu a *redução eqüitativa* da indenização quando a culpa for desproporcionalmente tênue frente ao dano provocado" (SCHREIBER, Anderson. *Novos paradigmas da responsabilidade civil: da erosão dos filtros da reparação à diluição dos danos*. São Paulo: Atlas, 2007, p. 43).

[31] De acordo com Maria Celina Bodin de Moraes: "Uma cláusula geral de responsabilidade objetiva era, de há muito, aventada pela doutrina germânica, liderando tendência, presente em alguns países desenvolvidos, de incrementar as hipóteses reguladas pela responsabilidade sem culpa como meio de oferecer melhor proteção e mais garantias aos direitos dos lesados. O Brasil parece ter sido o primeiro país a concretizar tal anseio" (MORAES, Maria Celina. Bodin de. Risco, Solidariedade e Responsabilidade Objetiva. *Revista dos Tribunais*, v. 854, p. 14, 2006).

O PRINCÍPIO DA REPARAÇÃO INTEGRAL E SUA EXCEÇÃO NO DIREITO BRASILEIRO | 113

exigido pelo parágrafo único. Somente em situações extraordinárias, repita-se, nas quais seja chocante e iníqua a imposição do dever de indenizar em sua inteireza é que se identifica esse primeiro requisito, podendo-se cogitar, então, da redução equitativa.

4.1.1 A culpa e as vicissitudes de sua gradação

Impende destacar, neste passo, que o grau de culpa é tomado aqui como elemento de quantificação da indenização (*quantum debeatur*), que, como se sabe, corresponde ao segundo momento na ordem de investigação sucessiva da responsabilidade civil.[32] Não se trata, pois, de discutir a imposição do dever de indenizar (*an debeatur*), que se afere antes tendo-se por base somente a existência dos pressupostos, ou elementos essenciais, da responsabilidade civil, bastando a culpa, genericamente considerada, para se ter como constituído um dos três pilares da responsabilidade subjetiva clássica. Preliminarmente, pode-se admitir, pois, que a gradação de culpa não projete efeitos, em sede de responsabilidade extracontratual, sobre a atribuição do dever reparatório, remanescendo o problema de sua admissibilidade em tema de quantificação.[33]

---

[32] Sobre os dois planos de investigação sucessiva na responsabilidade civil, permita-se a referência a outro trabalho do autor, em que se consignou: "(...) mister se faz esclarecer quais sejam os dois planos de investigação sucessiva que ora importa retratar. O primeiro envolve a demonstração dos pressupostos da responsabilidade (dano, nexo causal e culpa, quando não dispensada, nas hipóteses objetivas). De fato, diante de uma demanda reparatória, num primeiro momento, o objeto da perquirição do magistrado consiste em verificar a presença dos pressupostos caracterizadores do dever de indenizar. Nesse contexto, duas situações podem ocorrer, basicamente: ou se comprovam os pressupostos, e assim dá-se origem à obrigação ressarcitória; ou esses não se fazem presentes, e não há que se tratar de reparação. Só se passa à investigação do montante do dever de reparar o dano quando se estiver diante de situação que configure a existência dos seus pressupostos. E, uma vez superado esse primeiro plano (*an debeatur*), voltam-se as atenções ao tema da avaliação, da quantificação dos danos já então reconhecidos. Eis o segundo momento na ordem de considerações sucessivas constante das ações de responsabilidade civil (*quantum debeatur*), ao qual se chegará tão-somente após se lograr êxito na caracterização dos pressupostos portanto. (...) Vale dizer: primeiro, se *reconhece o direito* a obter a reparação; depois, se *calcula o valor* da mesma – eis a linha de raciocínio fundamental, subentendida sempre em tema de responsabilidade civil" (MONTEIRO FILHO, Carlos Edison do Rêgo. *Elementos de responsabilidade civil por dano moral*. Rio de Janeiro: Renovar, 2000, p. 124-125, grifos no original).

[33] A preocupação de conferir certo equilíbrio ao papel da graduação da culpa e sua relevância na reparação dos danos marca o texto de Anderson Schreiber, que reflete a perplexidade da doutrina com o parágrafo único do art. 944. Confira-se: "a irrelevância da gradação da culpa afigura-se como importante característica da responsabilidade civil, em oposição à responsabilidade penal, onde o caráter punitivo recomenda a análise da intensidade do

A graduação da culpa, a que o dispositivo remete o intérprete, encontra suas origens no direito bizantino.[34] Classicamente, triparte-se a culpa em grave (lata), leve e levíssima, segundo os diferentes graus de diligência empregados pelo autor do dano.[35] No entanto, já se afirmou que a divisão, em regra, não é relevante para o direito, que apenas considera a culpa e o dolo *em geral*.[36]

De qualquer modo, atenta doutrina critica o fato de o procedimento de liquidação dos danos tomar por base o grau de culpa, já que a medida da indenização é a extensão do dano sofrido, independentemente da culpabilidade.

Isso porque, de uma ação com forte dolo, pode decorrer dano diminuto (ou pior, nenhum dano), assim como de uma culpa levíssima (ou pior, de uma não culpa) pode derivar dano de colossais dimensões.

---

desvio cometido pelo agente. Isto não significa, todavia, que, no âmbito civil, a gradação de culpa seja inteiramente inútil. Há hipóteses específicas em que o grau de culpa assume importância" (SCHREIBER, Anderson. *Novos paradigmas da responsabilidade civil: da erosão dos filtros da reparação à diluição dos danos*. São Paulo: Atlas, 2007, p. 42).

[34] Marcelo Junqueira Calixto, em tese de doutorado defendida em 2007 no Programa de Pós-Graduação em Direito da UERJ, é quem sustenta, com autoridade, o ponto: "A origem desta classificação não seria romana, mas bizantina" (p. 61). Sobre a origem da classificação da culpa em graus, o autor discorre de modo vertical, no estudo invocado, entre as páginas 69 e 76 (CALIXTO, Marcelo Junqueira. *O papel da culpa na responsabilidade civil*. Tese (Doutorado) – Programa de Pós-Graduação em Direito da UERJ, 2007).

[35] Miguel Maria de Serpa Lopes, ressaltando as fontes romanas da graduação da culpa, aduz que "Quanto à intensidade da culpa, no tocante à sua gravidade, é fato incontestável encontrarem-se nas fontes romanas as expressões *culpa lata, culpa latior, magna culpa dolo próxima, culpa levis, culpa levior* e uma única vez *culpa levissima*. Daí a razão pela qual os glosadores, dominados pela idéia constante de tudo classificar, não hesitaram, sob o impulso dessa tendência sistematizadora, em estabelecer categorias e graus estimativos da intensidade da diligência empregada pelo devedor, no cumprimento da obrigação, ou, por outra, para o conhecimento da proporção de sua negligência no não cumprimento da obrigação. Surgiu então a *communis opinio* da tripartição da culpa em lata, leve e levíssima" (LOPES, Miguel Maria de Serpa. *Curso de direito civil*: obrigações em geral. 7. ed. rev. e atual. pelo prof. José Serpa Santa Maria. Rio de Janeiro: Freitas Bastos, 2000, v. II, p. 344). Segundo Caio Mário da Silva Pereira, "Na *culpa grave*, embora não intencional, seu autor sem 'querer' causar o dano, 'comportou-se como se o tivesse querido', o que inspirou o adágio *culpa lata dolo aequiparatur* (...). *Culpa leve* é a falta de diligência média, que um homem normal observa em sua conduta. *Culpa levíssima*, a falta cometida em razão de uma conduta que escaparia ao padrão médio, mas que um *diligentissimo pater familias*, especialmente cuidadoso, guardaria. Nosso direito desprezou esta gradação da culpa, que não deve influir na determinação da responsabilidade civil, e que não encontra amparo no BGB ou apoio em boa parte da doutrina (cf. Giorgio Giorgi, *Tratatto delle Obligazioni*, v. II, nº 27; M. I. Carvalho de Mendonça, *Doutrina e Prática das Obrigações*, v. II, nº 455; Caio Mário da Silva Pereira, *Instituições de direito Civil*, v. II, nº 175)" (PEREIRA, Caio Mário da Silva. *Responsabilidade civil*. 9. ed. rev. e atual. Rio de Janeiro: Forense, 1998, p. 71, grifos no original).

[36] LOPES, Miguel Maria de Serpa. *Curso de direito civil*: obrigações em geral. 7. ed. rev. e atual. pelo prof. José Serpa Santa Maria. Rio de Janeiro: Freitas Bastos, 2000. v. II, p. 347.

O PRINCÍPIO DA REPARAÇÃO INTEGRAL E SUA EXCEÇÃO NO DIREITO BRASILEIRO | 115

O causador do dano deve responder, isso sim, pelos efeitos da lesão que causou à pessoa e ao patrimônio do ofendido em sua integralidade (a regra, repita-se, é a da reparação integral).

Já Wilson Melo da Silva diferenciava culpabilidade e imputabilidade:[37]

> Causalidade não se confunde com culpabilidade. (§) A causalidade seria um elemento comum tanto na doutrina da responsabilidade por culpa como na responsabilidade meramente objetiva. (§) E, por isso mesmo, estaria sujeito o problema do nexo causal, lá e cá, às mesmas regras, às mesmas críticas e às mesmas vicissitudes.

Aguiar Dias aduzia também não ser a culpabilidade, mas sim a causalidade, o melhor critério para determinar a obrigação de indenizar: "Não é o grau de culpa, mas o grau de participação na produção do evento danoso (...) que deve indicar a quem toca contribuir com a cota maior ou até com toda a indenização".[38] A crítica que vem a seguir é implacável:

> Não se leva em conta, dominada a regra por uma preocupação sentimental, que o dano é o desfalque de patrimônio do lesado e que a indenização se destina a recompor esse patrimônio, não se justificando que a recomposição não se opere porque o desfalque foi produzido por culpa leve. Pequenas faltas podem produzir grandes danos, como mostra a fábula da guerra perdida em conseqüência da ferradura que se soltou do cavalo do guerreiro.[39]

Mais recentemente é esta a lição de Gisela Sampaio da Cruz, em trabalho monográfico sobre o tema do nexo causal:[40]

> A gravidade da culpa não serve, frise-se, como 'medida' da indenização, nem mesmo é, a nosso ver, adequada para determinar a distribuição do prejuízo entre os agentes co-responsáveis pelo dano. É o nexo causal o elemento da responsabilidade civil que deve exercer essa função (...).

---

[37] SILVA, Wilson Melo da. *Responsabilidade sem Culpa*. 2. ed. São Paulo: Saraiva, 1974, p. 132.

[38] DIAS, José de Aguiar. *Da responsabilidade civil*. 11. ed. rev., atual. e ampl. por Rui Berford Dias. Rio de Janeiro: Renovar, 2006, p. 47.

[39] *Idem*.

[40] CRUZ, Gisela Sampaio da. *O problema do nexo causal na responsabilidade civil*. Rio de Janeiro: Renovar, 2005, p. 325.

A regra é, portanto, que a indenização seja fixada conforme a extensão do dano. Tanto faz se o dano foi causado com dolo de máxima intensidade ou se foi provocado por culpa levíssima – na responsabilidade civil, ambas dão lugar à reparação integral. É o que se depreende do art. 403, segundo o qual *"ainda que a inexecução resulte de dolo do devedor*, as perdas e danos só incluem os prejuízos efetivos e os lucros cessantes por efeito dela direto e imediato, sem prejuízo do disposto na lei processual" (grifou-se).

Se em face dos danos patrimoniais a regra referida *supra* goza de aceitação uníssona, permanece em discussão a possibilidade de a normativa dos arts. 403 e 944 (*caput*) se estender também aos danos extrapatrimoniais. Como se sabe, a jurisprudência majoritariamente reconhece que a *conduta* do ofensor que causa o dano moral seja considerada para efeito de *quantificação* da reparação. Ao que parece, de fato, em relação aos danos extrapatrimoniais, quanto mais intenso for o dolo do ofensor ou mais grave sua culpa, maiores, em geral (mas não necessariamente), serão as dimensões da lesão e o consequente efeito danoso sofrido pela vítima. As discussões, posto que interessantíssimas, refogem, entretanto, aos limites deste trabalho.

Por outro ângulo, na responsabilidade civil contratual, pode ocorrer que o tipo de contrato determine um tratamento diferenciado ao devedor inadimplente, conforme tenha incorrido em dolo ou culpa, com variações de consequências que tocam à *existência do dever de reparar*, ao contrário da seara extracontratual, em que como se afirmava "in lege Aquilia et levissima culpa venit". É o caso, por exemplo, do art. 392, segundo o qual "nos contratos benéficos, responde por simples *culpa* o contratante, a quem o contrato aproveite, e por *dolo* aquele a quem não favoreça" (destacou-se). O mesmo acontece na hipótese do art. 400, de acordo com o qual "a mora do credor subtrai o devedor *isento de dolo* à responsabilidade pela conservação da coisa, obriga o credor a ressarcir as despesas empregadas em conservá-la, e o sujeita a recebê-la pela estimação mais favorável ao devedor, se o seu valor oscilar entre o dia estabelecido para o pagamento e o da sua efetivação" (destacou-se). E, ainda: projetado sobre construção jurisprudencial, consagrou-se entendimento segundo o qual "no transporte desinteressado, de simples cortesia, o transportador só será civilmente responsável por danos causados ao transportado quando incorrer em *dolo* ou *culpa grave*" (Enunciado nº 145 da Súmula do STJ – texto original sem destaques).[41]

---

[41] Sobre as diferenças entre os graus de culpa e o dolo na responsabilidade contratual, Miguel Maria de Serpa Lopes lembra que "o nosso Código Civil afastou-se de qualquer

O PRINCÍPIO DA REPARAÇÃO INTEGRAL E SUA EXCEÇÃO NO DIREITO BRASILEIRO | 117

Questiona-se, então, se a autonomia das partes permite que se pactuem cláusulas que limitem a responsabilidade conforme o grau de culpa do devedor. O problema, de grande complexidade, foge aos estreitos lindes deste artigo.[42] Por ora, basta dizer que, em regra, a doutrina veda a que se estabeleça a exclusão de responsabilidade por dolo ou culpa grave.[43]

Enfocando o cerne do tema, para concluir este ponto, percebe-se que a "excessiva desproporção" mencionada pelo parágrafo único do art. 944 visa a evitar a ruína do ofensor (e de sua família), que agiu com culpa de *pequena* intensidade frente à *grande* repercussão do dano. Da exposição de motivos extrai-se o gérmen do dispositivo: uma desgraça não se compensa com outra. Mormente por pequena culpa (leve ou levíssima).

De se recordar, contudo, que o contexto histórico em que foi concebido o dispositivo revelava-se bastante distinto do atual. Vigorava um contexto rigorosamente *patrimonialista*. A reparação dos danos morais ensaiava seus primeiros passos, ainda cambaleantes. A culpa, mesmo que presumida, era o centro do sistema; era a partir dela que se concebia a responsabilidade civil. Estava-se distante do advento da Constituição de 1988, quando, só então, estabeleceu-se a linha de ruptura com o direito anterior e seus valores – no particular, patrimonialistas e subjetivistas (culpa).

---

correlação entre a gravidade da culpa e a reparação do dano. Dispõe o art. 1.060: *ainda que a inexecução resulte de dolo do devedor, as perdas e danos só incluem os prejuízos efetivos e os lucros cessantes por efeito dela direto e imediato.* Apenas criou uma diferença entre dolo e culpa, para, em certos casos, como nos contratos unilaterais, a parte não beneficiada só responder em ocorrendo o primeiro, pois, se houver procedido culposamente, está isenta de responsabilidade (Cód. Civ., art. 1.057), bem como o devedor, no caso de mora do credor (Cód. Civ., art. 958)". E ainda: "(...) o nosso sistema limita-se a se referir à culpa e ao dolo, entretanto, nada obsta a que o contrato estabeleça a prefixação do comportamento do devedor, na execução da obrigação. A responsabilidade contratual pode cair no campo da autonomia da vontade, exceto para afastar o dolo, e assim a apreciação da culpa do devedor pode obedecer a um critério especial" (LOPES, Miguel Maria de Serpa. *Curso de direito civil:* obrigações em geral. 7. ed. rev. e atual. pelo prof. José Serpa Santa Maria. Rio de Janeiro: Freitas Bastos, 2000. v. II, p. 347-348).

[42] Para compreensão do problema mais amplo das cláusulas de limitação e exclusão de responsabilidade, cf. a importante contribuição, no direito português, de António Pinto Monteiro, a quem a doutrina brasileira tem feito muitas referências. MONTEIRO, António Pinto. *Cláusulas limitativas e de exclusão de responsabilidade civil.* Coimbra: Almeida, 2003 (reimpressão).

[43] "São cláusulas ilícitas: a de transferência de obrigações essenciais do contratante, as que exonerem de responsabilidade pelo dolo ou culpa grave e, em geral, todas as que interessem à proteção da vida, da integridade física e da saúde do contratante." (DIAS, José de Aguiar. *Da responsabilidade civil.* 10. ed. rev. e atual. Rio de Janeiro: Forense, 1997. v. II, p. 672).

CARLOS EDISON DO RÊGO MONTEIRO FILHO
RUMOS CONTEMPORÂNEOS DO DIREITO CIVIL – ESTUDOS EM PERSPECTIVA CIVIL-CONSTITUCIONAL

Hoje, no atual estado do Direito, afigura-se lógico que os institutos jurídicos do passado tenham que ser objeto de *revisão permanente*, em um trabalho incessante de atualização e adequação à nova ordem estabelecida desde a CR88.

Assim, o fato de o parágrafo único do art. 944 se referir a uma gradação da culpa do ofensor, em sede de quantificação (segundo momento), significa que a dicção legal deve albergar, inclusive, o *grau de culpa "zero"*. Em outras palavras, a interpretação contemporânea a ser dada à norma recomenda que se proceda à análise da *"conduta" do ofensor*, e não propriamente à análise do grau de sua culpa, para os efeitos do cálculo do *quantum*. Dessa forma, afasta-se o risco de uma contradição incompatível com a noção da unidade do sistema que representa o ordenamento jurídico: o paradoxo de o agente causador que agiu com culpa ser beneficiado com a redução ao passo que aquele que age sem qualquer culpa (ou em grau zero, como ora se propõe) vir a ser obrigado à reparação integral.[44] Adiante se cuidará da aplicação do dispositivo em sede de responsabilidade objetiva.

4.2 Equidade na redução

Prosseguindo-se na análise do parágrafo único do art. 944, eis o segundo requisito previsto para a aplicação do dispositivo – a redução a ser procedida pelo juiz não é simples, direta, linear; ela é adjetivada também: deve ser equitativa. Assim sendo, não pode o juiz proceder à redução que não seja equitativa.[45]

O apelo à equidade se traduzia, segundo o entendimento tradicional, pela aplicação da justiça ao caso concreto.[46] A equidade ensejava

---

[44] O problema fora ressaltado, outrossim, por Thomas Bustamante e Denis Franco Silva, segundo os quais o parágrafo único do art. 944 entra "em contradição com o restante do Código (pois aos casos de responsabilidade objetiva – sem culpa nenhuma – não se aplica a possibilidade de redução da indenização por impossibilidade lógica)" (*"Neminem Laedere*: o novo Código Civil brasileiro e a integral reparabilidade dos danos materiais decorrentes do ato ilícito" *(Revista Trimestral de Direito Civil*, v. 20, p. 249, out./dez. 2004).

[45] Vicente Ráo, a propósito do tema, expõe as seguintes considerações: "Sintetizando as noções expostas, podemos concluir pelo seguinte modo: Designa-se por eqüidade uma particular aplicação do princípio da igualdade às funções do legislador e do juiz, a fim de que, na elaboração das normas jurídicas e em suas adaptações aos casos concretos, todos os casos iguais, explícitos ou implícitos, sem exclusão, sejam tratados igualmente e com humanidade, ou benignidade, corrigindo-se para esse fim, a rigidez das fórmulas gerais usadas pelas normas jurídicas, ou seus erros e omissões" (RÁO, Vicente. *O direito e a vida dos direitos*. 4. ed. anotada e atual. por Ovídio Rocha Barros Sandoval. São Paulo: Revista dos Tribunais, 1997. v. 1. p. 91).

[46] Para Agostinho Alvim, autor da Exposição de Motivos do Anteprojeto do Código Civil da parte referente às obrigações, a equidade distingue-se em equidade judicial e equidade

a possibilidade de abrandamento do rigor que eventualmente adviria da subsunção do fato à norma. Constituiria, assim, um tempero às consequências severas captadas na utilização dos brocardos: *summum jus summa injuria; dura lex sed lex.*

Na particular hipótese do parágrafo único do art. 944, o objetivo era o de se evitar, por meio do recurso à equidade, a desgraça do responsável que, por *inexorável descuido momentâneo,* produz *enormes* danos à vítima. Servindo como um temperamento, ou contrapeso, à aplicação asséptica da letra fria do *caput,* que, sob certas condições, redundasse em uma inversão de papéis: uma vítima – a que efetivamente sofreu o prejuízo – seria trocada por outra – o ofensor, arruinado economicamente.

No entanto, os avanços doutrinários contemporâneos mostram que a aplicação da lei não se restringe à mecânica da mera subsunção do fato à norma. É certo, ademais, que o exercício da função judicante não se pode confundir com o atuar de um autômato. O tema, de alcance teórico rico e complexo, no presente estudo se restringe à constatação de que, com base nas lições de Bobbio e Perlingieri, o juiz na interpretação e aplicação do Direito deve levar em consideração o ordenamento jurídico inteiro, com seus princípios e valores, e não somente o dispositivo legal específico sob exame.[47-48]

---

legal. O primeiro caso seria aquele em que o juiz, na hipótese de haver permissão legal (expressa ou implícita), aplica a melhor solução ao caso concreto, resultando numa "justiça perfeita". No segundo caso – equidade legal – a justiça seria "aproximada", pois ocorre quando o próprio legislador minudencia a regra geral, especificando diversas hipóteses de incidência da norma. Haveria uma aproximação ao caso concreto, mas não uma justiça perfeita. De acordo com o autor, a equidade aplicada pelo juiz não pode resultar em arbítrio ilimitado. O juiz deve agir em conformidade com os princípios subjacentes a todo o sistema jurídico. Confiram-se as suas próprias palavras: "A lei que recomenda a equidade, explícita ou implicitamente, de maneira a descer até a individuação, tal lei permite ao juiz a revelação do direito. Mas, como o termo 'legislador', aplicado ao juiz não lhe dá arbítrio absoluto, deve ele ter em vista o sistema legislativo e a moral positiva (moral que impera em dado tempo e lugar) para deste modo revelar o que 'descobriu', mas nunca o que haja 'criado' arbitrariamente" (ALVIM, Agostinho. Da equidade. *Revista dos Tribunais,* v. 797, p. 767-770, mar. 2002).

[47] Confira-se o seguinte trecho da obra de Pietro Perlingieri: "Um ordenamento a-sistemático, isto é, feito de normas que não exprimem relações internas, não encontrou até hoje uma verificação histórica. A hipótese não é somente de escola, mas é improvável porque logicamente contraditória. Se o critério de fundação do sistema privilegia de modo decisivo o conteúdo sobre a forma (*contenutístico*), sendo, portanto, fruto de elaboração, das correlações entre um e outro instituto, o sentido do sistema se deduz não no esplêndido isolamento da relação do intérprete 'com o conteúdo de cada norma', mas sempre confrontando cada norma com todas as outras, verificando a sua coerência constitucional. Tal 'conexão' é uma necessidade também lógica, como meio de conhecimento do ordenamento vigente e de suas efetivas possibilidades" (PERLINGIERI, Pietro. *Perfis do direito civil:* introdução ao direito civil constitucional. Tradução de Maria Cristina de Cicco. Rio de Janeiro: Renovar, 1997, p. 77). É ainda o que se extrai da lição

Destarte, o chamamento à integração da norma jurídica, por meio do recurso às cláusulas gerais, em linha evolutiva partiu da vontade individual do intérprete para chegar à vontade geral consubstanciada na escala de valores do ordenamento. Se assim é, e tendo o legislador se utilizado, no parágrafo único do art. 944, de uma norma do tipo aberta (uma cláusula geral), revela-se mais robusta a conclusão de que o seu conceito jurídico *deverá* ter seu conteúdo preenchido pelo magistrado com base, forçosamente, no *conteúdo axiológico determinado pela CR88*, e não a partir de uma leitura pessoal ou arbitrária do dispositivo.

Em doutrina que propõe conferir maior eficácia social às cláusulas gerais do CC, nutrindo-as do conteúdo axiológico constitucional, Gustavo Tepedino leciona que:

> O novo Código Civil brasileiro, inspirado nas codificações anteriores aos anos 70, introduz inúmeras cláusulas gerais e conceitos jurídicos indeterminados, sem qualquer outro ponto de referência valorativo. Torna-se imprescindível, por isso mesmo, que o intérprete promova a conexão axiológica entre o corpo codificado e a Constituição da República, que define os valores e os princípios fundantes da ordem pública.[49]

---

de Norberto Bobbio (que em passagem clássica para explicar a norma e o ordenamento valeu-se da imagem metafórica da árvore e floresta correlacionando-as respectivamente) ao explicar o método sistemático de interpretação: "Chama-se 'interpretação sistemática' aquela forma de interpretação que tira os seus argumentos do pressuposto de que as normas de um ordenamento, ou, mais exatamente, de uma parte do ordenamento (como o Direito privado, o Direito penal) constituam uma totalidade ordenada (mesmo que depois deixe um pouco no vazio o que se deve entender com essa expressão), e, portanto, seja lícito esclarecer uma norma obscura ou diretamente integrar uma norma deficiente recorrendo ao chamado 'espírito do sistema', mesmo indo contra aquilo que resultaria de uma interpretação meramente literal. (...) Que o ordenamento jurídico, ou pelo menos parte dele, constitua um sistema é um pressuposto da atividade interpretativa, um dos ossos do ofício, digamos assim, do jurista" (BOBBIO, Norberto. *Teoria do ordenamento jurídico*. 10. ed. Tradução de Maria Celeste Cordeiro Leite dos Santos, rev. técnica Claudio De Cicco, apres. Tércio Sampaio Ferraz Júnior. Brasília: Universidade de Brasília, 1999, p. 76).

[48] Mais uma vez, recorra-se à lição de Ricardo Pereira Lira: "A Constituição de 1988 estabelece que a República tem como fundamento a DIGNIDADE DA PESSOA HUMANA, declara que é objetivo fundamental dessa mesma República ERRADICAR A POBREZA E A MARGINALIZAÇÃO, BEM COMO REDUZIR AS DESIGUALDADES SOCIAIS. (...) Dessa forma esses princípios fundamentais presidem toda a interpretação e aplicação do direito infra-constitucional, de forma a conduzi-lo à eqüidade e à Justiça Social. Esses princípios fundamentais estão acima dos próprios princípios gerais de direito de que cuida a Lei de Instrução ao Código Civil, como processos de integração e suprimento das lacunas do ordenamento" (LIRA, Ricardo Pereira. A aplicação do direito e a lei injusta. *Revista da Faculdade de Direito da Universidade do Estado do Rio de Janeiro*, Rio de Janeiro, Renovar, n. 5, p. 95, 1997).

[49] TEPEDINO, Gustavo. *Temas de direito civil*. Rio de Janeiro: Renovar, 2006, t. II, p. 7. Texto intitulado "Crise de fontes normativas e a técnica legislativa na parte geral do Código Civil de 2002".

O PRINCÍPIO DA REPARAÇÃO INTEGRAL E SUA EXCEÇÃO NO DIREITO BRASILEIRO | 121

Constituição que identificou o marco axiológico supremo do ordenamento jurídico na dignidade humana e na solidariedade (arts. 1º, III, e 3º, I) e fixou a prevalência, nas situações de conflito, dos valores não patrimoniais sobre os patrimoniais.[50] Como afirma a lição consabida: deve-se ler a norma ordinária com base na Constituição, e não o contrário. Atentos, assim, ao fenômeno, tem-se que são os valores constitucionalmente consagrados que preencherão o conteúdo da norma do Código, insista-se.

Na esteira de tais considerações, e considerando o estado atual da responsabilidade civil, em que impera a tutela privilegiada da vítima, pode-se afirmar que o balanceamento da equidade deve levar em conta outros diversos fatores de ponderação, para além do grau de culpa, dentre eles o *limite* do patrimônio mínimo do ofensor *e da vítima*. Neste passo, balizamento como o da *hipossuficiência* na condição patrimonial do ofensor *e da vítima* pode contribuir para iluminar o critério da equidade para a redução.

Se o causador do dano for solvente e tiver capacidade para suportar o encargo da indenização sem recair em pobreza, a aplicação do parágrafo único do art. 944 é de ser, em princípio, *afastada*. A exceção, como se viu, interpreta-se restritivamente. Isso porque, nessa hipótese, o pagamento da indenização à vítima não comprometeria a existência digna do ofensor. E o princípio da restituição integral não permite a *preponderância* da tutela *patrimonial* do ofensor em detrimento da vítima.[51] A *ratio* do dispositivo deve ser tão somente a de evitar reduzir o causador do dano a um estado de carência.

---

[50] Esses são dois dos pilares fundamentais da metodologia civil-constitucional e que se encontram sintetizados em Monteiro Filho, Carlos Edison do Rêgo. "Rumos cruzados do direito civil pós 1988 e do constitucionalismo de hoje" *in Anais do Congresso Internacional de Direito Civil-Constitucional*, no prelo.

[51] Thomas Bustamante e Denis Franco Silva defendem a tese de que o parágrafo único do art. 944 é inconstitucional no que tange aos danos patrimoniais, porque violaria a garantia constitucional do direito de propriedade (art. 5º, XXII, CF88). Segundo os autores, deve-se proceder a um juízo de ponderação entre os interesses do ofensor, que cometeu ato ilícito (ainda que com culpa leve) e a vítima (que não concorreu para o dano). Em razão da proteção constitucional da propriedade, a balança, certamente, penderia para a tutela do patrimônio da vítima em detrimento daquele do ofensor, a não ser que houvesse um outro forte motivo, no caso concreto, que revertesse esse resultado. *In verbis*: "(...) a hipótese contemplada no parágrafo primeiro (*sic*) daquele mesmo artigo ('excessiva desproporção' entre prejuízo e culpa) é, por si só, *insuficiente* para, aplicando-se a eqüidade, justificar uma exceção ao *caput*. Para afastar a aplicação do *caput*, são necessárias razões muito mais fortes do que a mera 'desproporção entre prejuízo e culpa'" (*Neminem Laedere*: o novo Código Civil brasileiro e a integral reparabilidade dos danos materiais decorrentes do ato ilícito. *Revista Trimestral de Direito Civil*, v. 20, p. 257, out./dez. 2004).

Não há como não se aludir aqui à garantia do patrimônio mínimo, que, conforme a lição de Luiz Edson Fachin, decorre do próprio princípio da dignidade humana. Leia-se o que diz o autor:

> Na inegável transformação que abre portas, sob a crítica dos paradigmas tradicionais, ao Direito Civil contemporâneo abre-se espaço para dar um passo adiante. A garantia pessoal de um patrimônio mínimo, do qual ninguém pode se assenhorear forçosamente, sob hipótese legítima alguma, pode ser esse novo horizonte. (...) (§) A tese encontra-se conexionada ao princípio da dignidade humana, de foro constitucional, diretriz fundamental para guiar a hermenêutica e a aplicação do Direito (...).[52]

A solução é a mesma na experiência estrangeira. Os dispositivos alienígenas mencionados são unânimes em erigir como parâmetro de ponderação, para a redução da indenização, a condição econômica do causador do dano. Diferentemente, como se verifica, o CC brasileiro, em seu teor literal, fixou-se tão somente no grau de culpa.

Por outro lado, não se pode esquecer de garantir a dignidade humana e o respectivo patrimônio mínimo da *vítima*, o que parece não ter sido percebido pelo dispositivo, cuja preocupação aparente limitou-se ao ofensor.

O juízo de equidade[53] não pode perder de vista, pois, que a vítima, que sofreu o dano, só em casos *especialíssimos* pode vir a ser onerada com *parte* do prejuízo experimentado (correspondente à respectiva redução da indenização procedida pelo juiz). Vale dizer, nos casos em que a reparação integral, na ponderação de valores em jogo, tivesse de ceder espaço a *outro princípio* digno de *igual* tutela.[54]

---

[52] FACHIN, Luiz Edson. *Estatuto jurídico do patrimônio mínimo*. Rio de Janeiro: Renovar, 2001, p. 304 e 308.

[53] Aguiar Dias, cinco décadas antes da promulgação do CC de 2002, já defendia a aplicação da equidade em sede de responsabilidade civil para, à luz da condição patrimonial dos envolvidos, se alterar o *quantum* fixado na hipótese de mudança da situação após a liquidação do dano: "É também de aplicar a equidade, para redução da indenização de acordo com as posses do responsável. Este princípio está hoje vitorioso na maioria dos países cultos e atende aos princípios fundamentais da responsabilidade civil. O direito existe para servir aos homens. Se, como acreditamos, continua a prevalecer a definição de Celso, que nos legou a máxima *jus est ars boni et eaqui*, o direito não pode perder de vista a equidade. Daí também decorre que uma legislação cuidadosa ou, em sua falta, a própria jurisprudência, não pode deixar de atender a circunstâncias que, depois do julgamento definitivo sobre a liquidação, alterem de forma acentuada a situação da vítima ou do responsável, relativamente ao *quantum* fixado" (*In: Repertório enciclopédico do direito brasileiro*, por J. M. de Carvalho Santos, coadjuvado por José de Aguiar Dias, Rio de Janeiro: Editor Borsoi, 1947. v. XIV, p. 225).

[54] Para uma fundamentação metodológica do mecanismo de ponderação de princípios constitucionais em face do artigo em tela, cf. o texto de Carlos Konder, cuja síntese se pode

O PRINCÍPIO DA REPARAÇÃO INTEGRAL E SUA EXCEÇÃO NO DIREITO BRASILEIRO | 123

Na divisão dos ônus operada pelo juiz (no caso da aplicação da redução equitativa do parágrafo único do art. 944), cumpre ter em mente que a vítima já sofreu o dano e leva consigo os efeitos da lesão.[55-56] Com efeito, diante do pequeno desvio de conduta do ofensor, da desatenção que ocasionou enorme dano, a redução que o beneficiaria não poderia chegar a atingir um patamar que comprometesse na outra ponta a integridade mínima patrimonial *da vítima*, já que essa parcela do patrimônio está ligada à sua própria sobrevivência digna. Tal limite humanitário deve ser observado *imperativamente*.

Em conclusão, a invocação da equidade sublinha e enfatiza a necessidade do preenchimento do conteúdo da lei pela normativa constitucional e sua tábua axiológica, segundo as quais a necessidade de se

---

extrair da seguinte passagem: "Portanto, se o princípio da reparação integral do dano tem caráter constitucional, a utilização da redução eqüitativa da indenização com base na desproporção excessiva entre o grau de culpa e o dano deve, além de respeitar os limites do dispositivo, ter por fundamento a aplicação de um outro princípio constitucional que deva prevalecer diante das circunstâncias específicas daquele caso concreto" (KONDER, Carlos Nelson. A redução eqüitativa da indenização em virtude do grau de culpa: apontamentos acerca do parágrafo único do art. 944 do Código Civil. *Revista Trimestral de Direito Civil*, v. 29, p. 32, jan./mar. 2007).

[55] Rui Stoco, ao seu turno, afirma que a aplicação da equidade na fixação do montante indenizatório não quer significar um privilégio ao agente do dano, em detrimento da vítima. A balança sempre deve pender para quem sofreu o dano. STOCO, Rui. *Responsabilidade civil e sua interpretação jurisprudencial*: doutrina e jurisprudência. 4. ed. rev., atual e ampl. São Paulo: Revista dos Tribunais, 1999, p. 655. *In verbis*: "Mas isso não quer significar que se aplique no campo da responsabilidade civil o *in dubio pro reo*, princípio pertinente apenas ao Direito Penal, ou que se preconize a proteção do réu em detrimento da vítima. (§) Há aqui de prevalecer o *in dubio pro creditoris*, como muito bem demonstrou João Casillo, ao afirmar que 'a tendência deve ser no sentido contrário. Na dúvida, a atenção do julgador deve voltar-se para a vítima, ainda que se corra o risco de que, por um excesso, o ofensor indenize mais do que era devido. O risco inverso de a vítima receber menos do que teria direito é que não pode ser admitido'".

[56] Enquanto que ao causador do dano – seja por culpa ou pelo risco de sua atividade – impõe-se suportar alguns efeitos da lesão, que se dirigirão ao seu patrimônio, por força da atribuição do dever de ressarcimento. Nesse sentido, leiam-se as considerações de George Ripert: "É fácil dizer, por exemplo, em presença dum acidente de automóvel, que o guarda do carro deve suportar o prejuízo causado ao peão atropelado. Intentando reparar, pode-se levar alguém à miséria. Troca-se a vítima e eis tudo. (§) O que, no entanto, permite considerar a solução como sendo melhor que a recusa de todo o socorro, é que já existe pela troca das coisas uma certa repartição do risco corrido. Sobretudo no caso de acidentes corporais, a jurisprudência admitiu facilmente, quer a responsabilidade contractual, quer a responsabilidade pelo facto das coisas. Ora, para tais acidentes, a reparação não poderia nunca ser completa, pois só pode consistir em atribuir à vítima uma indenização pecuniária. A indenização que, para os prejuízos materiais, permite quase sempre uma *restitutio in integrum*, salvo quando se trata de destruição de objectos insubstituíveis, não pode ter, para os prejuízos corporais senão uma função de compensação. (...) *Faz-se, por esta forma, pela atribuição da indenização pecuniária, uma certa repartição do dano sofrido: um suportará a dor física ou moral, outro é atingido na fortuna".* O regimen democrático e o direito civil moderno*. Tradução de J. Cortezão. São Paulo: Saraiva, 1937, p. 369-370, destacou-se).

garantir um patrimônio mínimo tanto ao causador do dano quanto à vítima ocupa papel de destaque.

Aliás, tal conclusão é corroborada pela interpretação extensiva a ser conferida ao parágrafo único do art. 928,[57] cuja redação, embora limitada ao caso do incapaz causador do dano, deve ser lida de forma a abranger também as demais hipóteses de responsabilidade civil. Assim, não se pode "privar do necessário" – em interpretação conjunta com o parágrafo único do art. 944 – o agente causador do dano que atuou com culpa leve ou levíssima, nem, por outro lado, acrescenta-se aqui, a vítima. Diz-se, em doutrina, que o parágrafo único do art. 928 tem "vocação de expansão", pois contempla regra ligada à garantia do mínimo existencial do ser humano.[58]

Diante do exposto, o sacrifício da tutela especial da vítima (e do princípio da reparação integral) para se autorizar a redução equitativa da indenização só ocorrerá quando houver, em contraposição, um conjunto de circunstâncias de tal força que permita justificar o mecanismo. Não basta, como aparentemente se deduz do parágrafo único do art. 944, que haja excessiva desproporção entre a culpa e o dano. Para que a solução seja verdadeiramente condizente com a equidade, deve-se estar em presença de outros requisitos, como as situações patrimoniais do ofensor e da vítima – que se revelam, em definitivo, como componentes essenciais na equação. Serão o limite e o fundamento da redução.

---

[57] "Art. 928. O incapaz responde pelos prejuízos que causar, se as pessoas por ele responsáveis não tiverem obrigação de o fazer ou não dispuserem de meios suficientes.
Parágrafo único. A indenização prevista neste artigo, que deverá ser eqüitativa, não terá lugar se ela privar do necessário o incapaz ou as pessoas que dele dependem."

[58] "Necessário se faz, portanto, que seja quantitativamente eqüitativa não apenas a obrigação de indenizar imposta ao incapaz, nos termos do art. 928, mas qualquer obrigação de indenizar dirigida à pessoa humana, de modo a não privar o seu devedor dos meios necessários a uma vida digna. Daí a vocação expansiva da regra em apreço, que se torna, por isso mesmo, verdadeiro princípio geral de responsabilidade civil. A partir dela, vê-se que, também nos casos em que a indenização recaia sobre o patrimônio do pai, tutor ou curador, o limite humanitário haverá de ser protegido, e a passagem ao patrimônio do incapaz se dará não quando esgotados todos os recursos do responsável, mas quando reduzidos estes ao montante necessário à manutenção de uma vida digna, noção que não deve ser interpretada de forma restritiva" (TEPEDINO, Gustavo; BARBOZA, Heloisa Helena; MORAES, Maria Celina Bodin de. *Código Civil interpretado conforme a Constituição da República*. Rio de Janeiro: Renovar, 2006. v. II, p. 821-22).
Nesse sentido é o Enunciado nº 39 da I Jornada de Direito Civil do CEJ (Centro de Estudos Judiciários do Conselho da Justiça Federal, *in* <www.jf.gov.br>): "Art. 928: a impossibilidade de privação do necessário à pessoa, prevista no art. 928, traduz um dever de indenização eqüitativa, informado pelo princípio constitucional de proteção à dignidade da pessoa humana. Como conseqüência, também os pais, tutores e curadores serão beneficiados pelo limite humanitário do dever de indenizar, de modo que a passagem ao patrimônio do incapaz se dará não quando esgotados todos os recursos do responsável, mas se reduzidos estes ao montante necessário à manutenção de sua dignidade".

4.3 Imperatividade *versus* facultatividade

Outro ponto a ser analisado no estudo do parágrafo único do art. 944 diz respeito à facultatividade ou imperatividade de sua aplicação pelo julgador.

Aparentemente, ou pelo menos no sentido literal, cuida-se de norma de natureza dispositiva e não imperativa. Vale dizer, o juiz não guardaria observância obrigatória ao dispositivo. A doutrina tem caminhado nesse sentido:[59]

No entanto, muito embora o teor do parágrafo seja expresso e procure não deixar dúvida de que se trata de uma faculdade posta à disposição do julgador, *serão as circunstâncias do caso concreto*, à *luz da carga axiológica constitucional, que irão determinar e pautar a atuação do magistrado na aplicação do dispositivo.*

Com efeito, não se pode mesmo estabelecer, em todos os casos, a facultatividade da aplicação da norma *tout court*. Se presentes certos fatores determinantes, o ordenamento todo estará a impor a aplicação do dispositivo para reduzir o valor da reparação do dano. Ou, por outra, se em jogo componentes tais como *dignidade humana, solidariedade*, e o reflexo no *patrimônio mínimo*, não poderá prevalecer a natureza aparentemente dispositiva da norma.

A razão que embasa a assertiva anterior reside no reconhecimento da tutela privilegiada dos princípios e valores constitucionais e sua aplicação (direta) às relações privadas, na unidade interpretativa do sistema jurídico, e na funcionalização dos institutos jurídicos à tábua axiológica da Constituição, com a submissão de todas as situações jurídicas subjetivas ao controle de merecimento de tutela com base no projeto constitucional.

Aliás, não é demais lembrar que a inversão do sentido literal da norma, por obra da interpretação e aplicação do direito, não é fenômeno desconhecido no Brasil. Fato idêntico ao que ora se propõe ocorreu, na codificação anterior, com a disciplina da cláusula penal.

---

[59] Inclusive em Portugal, cujo CC apresenta dicção semelhante à brasileira ("... *poderá* a indemnização ser fixada, equitativamente, em montante inferior ao que corresponderia aos danos causados ..." destacou-se). Fernando Pessoa Jorge assinala que "O tribunal *poderá* fixar a indemnização em termos diferentes da regra geral, em que ela se mede pelos prejuízos, *mas não terá necessariamente de o fazer*; se o fizer, julgará segundo a eqüidade, isto é, segundo o que lhe parecer justo no caso concreto, atendendo a todas as circunstâncias que se verificarem e, em especial, o grau de culpabilidade do agente" (JORGE, Fernando de Sandy Lopes Pessoa. *Ensaio sobre os pressupostos da responsabilidade civil*. Lisboa: 1968, p. 364, os destaques não constam do original).

É que o art. 924 do CC de 1916 dispunha que: "Quando se cumprir em parte a obrigação, *poderá* o juiz reduzir proporcionalmente a pena estipulada para o caso de mora, ou de inadimplemento".[60] Mas o que era de observância facultativa passou a ser de observância obrigatória, como se a norma dissesse: "quando se cumprir em parte a obrigação, *deverá* o juiz reduzir proporcionalmente a pena estipulada para o caso de mora, ou de inadimplemento". O raciocínio acabou por migrar da interpretação para o direito legislado: o CC de 2002 conferiu caráter imperativo à redução da penalidade (art. 413).[61]

Outro exemplo igualmente significativo do contraste retratado no parágrafo anterior destaca Ricardo Lira, denominando de *direito insurgente* o estado de conflito frontal entre o direito aplicado e a previsão do ordenamento, em nome da justiça social. Põe em tela a hipótese da responsabilidade civil do empregador por ato do empregado, e após citar os artigos 1.521 e 1.523 do Código Civil de 1916, leciona:

> No direito legislado [a referência, aqui, é ao CC de 1916], por conseguinte, a responsabilidade do amo, patrão ou comitente é desenganadamente subjetiva. Não basta que a vítima prove a culpa do preposto, serviçal ou empregado. Para surgir a responsabilidade do preponente seria necessário, em face do texto da lei, que a vítima provasse a culpa *in vigilando* ou *in eligendo* do preponente, ou seu procedimento doloso. (...) Os operadores do direito criaram, insurgentemente, a responsabilidade sem culpa do preponente, por força da qual provada a culpa ou dolo do preposto é responsável o preponente.[62]

Uma vez mais, a mudança diametral de sentido foi incorporada pelo direito positivo: o CC de 2002 estabeleceu a responsabilidade objetiva do empregador pelos atos do empregado (art. 933).[63] E é

---

[60] "Com a evolução dos princípios fundamentais do regime contratual, especialmente a partir da CF, doutrina e jurisprudência foram progressivamente alterando a interpretação do art. 924 do CC 1916, passando a considerá-lo imperativo, ou seja, insuscetível de ser afastado pela vontade das partes, ou pelo magistrado, a quem se tornou impositivo – e não mais apenas facultativo – a utilização do critério da proporcionalidade" (TEPEDINO, Gustavo; BARBOZA, Heloisa Helena; MORAES, Maria Celina Bodin de. *Código Civil interpretado conforme a Constituição da República*. Rio de Janeiro: Renovar, 2004. v. I, p. 750).

[61] "Art. 413, A penalidade deve ser reduzida equitativamente pelo juiz se a obrigação principal tiver sido cumprida em parte, ou se o montante da penalidade for manifestamente excessivo, tendo-se em vista a natureza e a finalidade do negócio."

[62] LIRA, Ricardo Pereira. A aplicação do direito e a lei injusta. *Revista da Faculdade de Direito da Universidade do Estado do Rio de Janeiro*, Rio de Janeiro, Renovar, n. 5, p. 93, 1997.

[63] "Art. 933. As pessoas indicadas nos incisos I a V do artigo antecedente, ainda que não haja culpa de sua parte, responderão pelos atos praticados pelos terceiros ali referidos".

O PRINCÍPIO DA REPARAÇÃO INTEGRAL E SUA EXCEÇÃO NO DIREITO BRASILEIRO | 127

exatamente do mesmo mecanismo que se cogita para o comando literal do parágrafo único do art. 944 do CC de 2002.

5 O espectro de aplicabilidade da norma

Após a análise dos requisitos de aplicação do parágrafo único do art. 944, parte-se para a perquirição do campo de incidência da norma, isto é, a quais situações de dano se destina o comando em baila. No cerne da polêmica questão acerca da aplicabilidade do art. 944, são aventadas duas ordens de indagações: a primeira levará em conta a patrimonialidade do dano (item 5.1, *infra*), na segunda, voltada ao regime de responsabilidade pertinente, será empreendido controle de compatibilidade do dispositivo à responsabilidade objetiva (5.2).

5.1 Danos patrimoniais e extrapatrimoniais

Quanto à patrimonialidade, a norma enseja três posicionamentos teóricos distintos em sua exegese. Se o parágrafo seria (i) restrito aos danos patrimoniais, (ii) limitado aos danos extrapatrimoniais ou (iii) englobaria ambas as situações danosas.

Importa repisar que, no âmbito da quantificação, para cada espécie de dano corresponde mecanismo de reparação próprio. O dano emergente é definido como aquilo que a vítima positivamente perdeu. Liquida-se por meio da *equivalência*. Especificamente para esta modalidade de prejuízo – danos emergentes – o mecanismo de quantificação fundamenta-se em mera operação matemática de subtração: procura-se a *diferença* entre a situação patrimonial anterior e posterior ao evento danoso.[64] Sobre tal valor, aferido *com exatidão*, destarte, incidirá a redução por equidade almejada no parágrafo único do art. 944. Em rigor, a correspondência patrimonial exata entre o dano e a indenização faz-se nota peculiar à reparação dos danos emergentes: somente essa *equivalência* permite a recomposição do estado anterior (*status quo ante*) restabelecendo o equilíbrio repentinamente rompido com a lesão.

Por sua vez, o cálculo de um valor preciso na quantificação enfrenta certas dificuldades no plano dos lucros cessantes, outra espécie

---

[64] "A mensuração do dano emergente, como se vê, não enseja maiores dificuldades. Via de regra, importará no desfalque sofrido pelo patrimônio da vítima; será a diferença do valor do bem jurídico entre aquele que ele tinha antes e depois do ato ilícito" (CAVALIERI FILHO, Sérgio. Programa de responsabilidade civil. 3. ed. São Paulo: Malheiros, 2002, p. 81).

de dano patrimonial. Os lucros cessantes correspondem às verbas que a pessoa deixou de lucrar e que lucraria ordinariamente, não fosse a ocorrência da lesão sofrida. Indenizam-se não por meio da equivalência, o que aqui já não é mais possível, mas sob o prisma da *razoabilidade*.[65] Compreendem tudo o quanto a vítima deixou de lucrar, nas *condições normais de temperatura e pressão*, em função do dano sofrido. Sobre esse valor, por sua vez, encontrado com base nas legítimas expectativas frustradas – privação do que ordinariamente obteria –, é que vai incidir a redução do parágrafo.

Já no âmbito da reparação dos danos extrapatrimoniais se encontram níveis bem mais profundos de dificuldade para se aferir o montante reparatório. A tônica, em lugar da equivalência e da razoabilidade, passa a ser a *compensação*. Imprescindível frisar, outrossim, que a cautela nesse campo do ressarcimento, à luz da norma em estudo, deve ser muito maior, isto é, os freios e contrapesos da redução tornar-se-ão mais rigorosos, pois os valores existenciais, conectados à reparação do dano moral, são objeto de tutela constitucional privilegiada. Na célebre representação da justiça – olhos vendados, espada e balança – é como se houvesse mais libras pesando no outro prato da balança. A redução a partir de valor exato, prevista na dicção da norma, deve ser interpretada como um *fator exógeno de quantificação* dos danos extrapatrimoniais, na árdua tarefa do cálculo do valor.

De se sublinhar, então, que, em todos os casos, como foi dito, no ato de aplicação, a redução prevista na dicção da norma deve ocorrer *a partir de um valor determinado*. Ou seja, deve-se primeiro alcançar o *quantum debeatur*, abstraindo o parágrafo, para, posteriormente, graduar para baixo o montante ressarcitório, de maneira que, mercê da fundamentação e da transparência, se possa controlar a correta utilização do instituto.

Isso posto, há, na esteira de tais considerações, dois aspectos a destacar.

Primeiro, não obstante o fato de que em doutrina a modificação tenha gerado polêmica e repercutido nas mais variadas opiniões, desde defensores eloquentes até críticos ferozes, na prática, nada obstante, a modificação apresenta, até o momento, resultados curiosos.

---

[65] "Consiste, portanto, o lucro cessante na perda do ganho esperável, na frustração da expectativa de lucro, na diminuição potencial do patrimônio da vítima. Pode decorrer não só de paralisação da atividade lucrativa ou produtiva da vítima, como, por exemplo, a cessação dos rendimentos que alguém já vinha obtendo de sua profissão, como, também, de frustração daquilo que era razoavelmente esperado" (CAVALIERI FILHO, Sérgio. *Programa de responsabilidade civil*. 3. ed. São Paulo: Malheiros, 2002, p. 81).

O PRINCÍPIO DA REPARAÇÃO INTEGRAL E SUA EXCEÇÃO NO DIREITO BRASILEIRO | 129

Com efeito, em relação aos danos materiais – para os quais foi concebida originariamente a norma[66] – não há *sequer um registro* de decisão que tenha reduzido a indenização, seja dos danos emergentes, seja dos lucros cessantes, baseando-se no grau reduzido de culpa. Trata-se de mais um paradoxo a envolver o assunto: o instituto foi criado tendo em mira um objetivo – a redução da indenização dos danos materiais – e acabou servindo a outro – a fundamentação do cálculo da reparação dos danos extrapatrimoniais.

Mesmo na seara dos danos extrapatrimoniais, onde de fato se utiliza o instrumento, tampouco se pode falar em *revolução* no sistema, eis que a invocação do novo dispositivo aparece apenas como mais um fundamento específico do trabalho que as cortes já vinham realizando: vale dizer, *a análise da conduta do ofensor como parâmetro para a quantificação na reparação por danos morais.*[67] Graduam para cima ou para baixo o valor do *quantum* compensatório, conforme maior ou menor grau de reprovabilidade da conduta do ofensor. E aí está: quando se reduz a verba de indenização por força do pequeno grau de culpa do agente menciona-se o parágrafo único do artigo 944.[68-69] Sem que, com isso, se

---

[66] Disso dão prova: (a) a literalidade do texto; (b) os exemplos constantes na exposição de motivos; e (c) o momento histórico em que se encontrava o direito anterior, ainda vacilante quanto à reparabilidade do dano moral.

[67] Nesse sentido: "RECURSO ESPECIAL – RESPONSABILIDADE CIVIL – ACIDENTE EM PLATAFORMA DE EXPLORAÇÃO DE PETRÓLEO – MORTE DE FILHO – DANOS MORAIS – QUANTUM INDENIZATÓRIO – NÚMERO DE LESADOS – RAZOABILIDADE – RECURSO NÃO CONHECIDO.
1. Aos parâmetros usualmente considerados à aferição do excesso ou irrisão no arbitramento do quantum indenizatório de danos morais – gravidade e repercussão da lesão, grau de culpa do ofensor, nível socioeconômico das partes –, perfaz-se imprescindível somar a quantidade de integrantes do pólo proponente da lide. A observância da eqüidade, das regras de experiência e bom senso, e dos princípios da isonomia, razoabilidade e proporcionalidade quando da fixação da reparação de danos morais não se coaduna com o desprezo do número de lesados pela morte de parente. 2. Ante as peculiaridades da espécie, a manutenção do quantum indenizatório arbitrado pelo Tribunal a quo, em valor equivalente a 500 salários mínimos para cada um dos autores, pais da vítima do acidente laboral, denota eqüidade e moderação, não implicando em enriquecimento sem causa. 3. Recurso Especial não conhecido" (STJ. Quarta Turma. Rel. Jorge Scartezzini. REsp. nº 745710/RJ. Julgamento em 05.12.2006).

[68] Tal fato pode ser observado nos trechos dos seguintes arrestos:
"Nessas hipóteses de protesto indevido e inclusão do nome do devedor em cadastros de inadimplentes, esta Quarta Turma tem adotado como parâmetro a quantia correspondente entre dez a vinte salários mínimos. Aqui, levadas em conta a pequena intensidade do grau da culpa e, de outra parte, a pouca relevância da lesão sofrida pela autora, o arbitramento que melhor se amolda à espécie é o de empregar-se o meio termo, ou seja, estabelecer o quantum indenizatório no importe equivalente a quinze salários mínimos, R$4.500,00 (quatro mil e quinhentos reais), sobretudo ao considerar-se que os danos morais ocorreram em dois momentos: no protesto indevido e na injusta inscrição na Serasa. Nessas condições,

tenha, de todo modo, por defeso o atuar em sentido inverso; noutros termos: não parece ter prevalecido a tese de que o grau de culpa serviria tão só para reduzir a quantificação, de tal sorte que a partir de 2002 no Brasil não se poderia mais utilizar este parâmetro para determinar o aumento do valor da reparação dos danos extrapatrimoniais. A tese[70] foi sintetizada na mais recente edição das Jornadas de Direito Civil:

---

o acórdão recorrido não somente afrontou os ditames dos arts. 186, 944, parágrafo único, do Código Civil de 2002, como ainda dissentiu da jurisprudência pacífica emanada desta Casa em tema de fixação dos danos morais" (STJ. Quarta Turma. Rel. Barros Monteiro. REsp nº 710959/MS. Julgado em 20.09.2005). E, ainda: "AÇÃO INDENIZATÓRIA. Banco réu que permitiu que terceiro abrisse conta corrente com documentos do autor e emitisse cheques sem fundos que ensejaram a inscrição do nome do autor nos cadastros do SPC e do SERASA. O banco responde objetivamente pelos danos causados ao correntista, por estar jungido à teoria do risco da atividade, que lhe impõe o dever jurídico de segurança em face do consumidor, que, à evidência, foi violado em virtude da prestação defeituosa de serviço bancário. Responsabilidade objetiva do réu configurada, devendo ele indenizar o autor independentemente de culpa, na forma do artigo 14 do CDC. Indenização fixada em R$4.000,00, com base na Súmula 89 deste Tribunal de Justiça e no artigo 944, parágrafo único do Código Civil, que impõe a redução eqüitativa da indenização em face da pequena culpabilidade do réu, que também foi vítima de fraude. Juros moratórios que deverão ser contados desde o evento danoso, na forma do artigo 398 do Código Civil e da Súmula 54 do STJ. Sentença que se mantém" (Apel. Cível nº 2006.001.45829, 1ª CCTJRJ, Rel. Des. Maria Augusta Vaz M. de Figueiredo, j. 1º.09.06). "AÇÃO ORDINÁRIA DE REPARAÇÃO DE DANOS MORAIS. CHEQUES FURTADOS CUJO FURTO FOI COMUNICADO AO ESTABELECIMENTO DE CRÉDITO. PROTESTO REALIZADO POR TERCEIROS E EM RAZÃO DO QUAL O BANCO, MESMO CIENTE DA SUSTAÇÃO, BLOQUEOU A SUA MOVIMENTAÇÃO BANCÁRIA. INCLUSIVE OS SEUS SALÁRIOS COMO PROFESSOR DA UNIVERSIDADE FEDERAL FLUMINENSE. *DAMNUM IN RE IPSA.* VALOR INDENIZATÓRIO COMPATÍVEL COM O DANO EXPERIMENTADO E DENTRO DOS CRITÉRIOS UTILIZADOS PELA CORTE. RECURSO AO QUAL SE NEGA SEGUIMENTO COM BASE NO ART. 557 DO CPC. I – O banco responde objetivamente pelos danos causados ao correntista, por estar jungido à teoria do risco da atividade, que lhe impõe o dever jurídico de segurança em face do consumidor, que, à evidência, foi violado em virtude da prestação defeituosa de serviço bancário. Responsabilidade objetiva do Réu configurada, devendo ele indenizar o autor independentemente de culpa, na forma do artigo 14 do CDC. II – Indenização fixada em R$9.000,00, com base na Súmula 89 deste Tribunal de Justiça e no artigo 944, parágrafo único, do Código Civil, que impõe a redução eqüitativa da indenização em face da pequena culpabilidade do Réu, que também foi vítima de fraude. III – Assim, deu a sentença apelada adequada solução ao litígio, sendo descabida a irresignação do apelante, de modo que, com base no artigo 557 do CPC, por ser manifestamente improcedente o apelo, nego-lhe seguimento" (Apel. Cível nº 2006.001.55817, 13ª CCTJRJ, Rel. Des. Ademir Pimentel, j. 12.01.07).

[69] "Portanto, nesse aspecto, a medida do prejuízo pode deixar de ser o valor da indenização. Nada vai impedir, por outro lado, que corrente jurisprudencial entenda por agravar a indenização quando a culpa for excessiva ou desmesurada, atendendo às novas correntes que justificam o dever de indenizar, mormente em sede de dano moral, como aponta a redação do projeto mencionado" (VENOSA, Silvio. *Direito civil*. 6. ed. São Paulo: Atlas, 2006. v. 4, p. 23).

[70] A função punitiva na reparação do dano moral não goza de aceitação irrestrita em doutrina, como preleciona Maria Celina Bodin de Moraes: "Tal caráter aflitivo, aplicado indiscriminadamente a toda e qualquer reparação de danos morais, coloca em perigo princípios

O PRINCÍPIO DA REPARAÇÃO INTEGRAL E SUA EXCEÇÃO NO DIREITO BRASILEIRO | 131

Enunciado 379 – O art. 944, *caput*, do Código Civil não afasta a possibilidade de se reconhecer a função punitiva ou pedagógica da responsabilidade civil.[71]

O segundo aspecto a destacar relaciona-se ao controle de constitucionalidade do parágrafo. É que para os adeptos da corrente que o quer aplicável apenas aos danos extrapatrimoniais, o dispositivo carrega vício de constitucionalidade tangente ao dano patrimonial;[72] enquanto para os defensores de sua aplicação restrita aos danos materiais, inconstitucional seria utilizá-lo em danos morais;[73] e, por fim, àqueles que admitem sua aplicação em ambas as espécies parece inconstitucional qualquer redução, se adotada interpretação literal do texto do CC.[74]

A bem dos princípios e valores do ordenamento, mister constatar que o contraste resultante do fato de a reparação por danos extrapatrimoniais visar a tutela dos valores mais importantes do ordenamento,[75] enquanto a norma do parágrafo único objetiva tutelar valores meramente patrimoniais, indica que sua aplicação na redução da indenização por danos morais inverteria a tábua axiológica do ordenamento, preterindo a tutela extrapatrimonial em prol da tutela patrimonial. Daí decorre a conclusão de que a redução cogitada no parágrafo único somente seria justificável se o resultado de todo um conjunto de fatores de ponderação, a incluir a reserva do patrimônio mínimo[76] do agente causador e

---

fundamentais de sistemas jurídicos que têm na lei a sua fonte normativa, na medida em que se passa a aceitar a idéia, extravagante à nossa tradição, de que a reparação já não se constitui como o fim último da responsabilidade civil, mas a ela se atribuem também, como intrínsecas, as funções de punição e dissuasão, de castigo e prevenção" (MORAES, Maria Celina Bodin de. *Danos à pessoa humana*: uma leitura civil-constitucional dos danos morais. Rio de Janeiro: Renovar, 2003, p. 258).

[71] O acesso aos enunciados do CJF tem-se pelo endereço <www.jf.gov.br>.

[72] Para Thomas Bustamante e Denis Franco Silva, a garantia constitucional do direito de propriedade seria o fiel da balança, determinante para "a proteção de quem sofreu prejuízos por parte de terceiros" (BUSTAMANTE, Thomas; SILVA, Denis Franco. *Neminem Laedere*: o novo Código Civil brasileiro e a integral reparabilidade dos danos materiais decorrentes do ato ilícito. *Revista Trimestral de Direito Civil*, v. 20, p. 251, out./dez. 2004).

[73] FACCHINI NETO, Eugênio. Da responsabilidade civil no novo Código. *In*: SARLET, Ingo Wolfgang (Org.). *O novo Código Civil e a Constituição*. 2. ed. rev. e ampl. Porto Alegre: Livraria do Advogado, 2006, p. 171-188, 204.

[74] CALIXTO, Marcelo Junqueira. *O papel da culpa na responsabilidade civil*. Tese (Doutorado) – Programa de Pós-Graduação em Direito da UERJ, 2007, p. 179.

[75] Na verdade, o grande problema relativo aos danos extrapatrimoniais é a sua quantificação demasiadamente baixa, que não reflete a tutela privilegiada conferida pela CR88.

[76] A referência obrigatória no tema é a FACHIN, Luiz Edson. *Estatuto jurídico do patrimônio mínimo*. Rio de Janeiro: Renovar, 2001. Cumpre, outrossim, aludir à resenha de Miguel Kfouri Neto: "A indenização por eqüidade encontra-se prevista no §829, do Código Civil

da vítima (de forma a garantir subsistência digna a ambos), com base no texto constitucional, assim a indicasse.

5.2 Responsabilidade objetiva

Duas correntes se digladiam na busca de elucidar melhor a questão posta no subtítulo *supra*. A primeira argumenta que o regime da responsabilidade civil – objetiva ou subjetiva – se limita à verificação dos pressupostos da existência do dever de reparar, ou seja: dano, nexo de causalidade e culpa para a responsabilidade subjetiva; e dano e nexo de causalidade para a responsabilidade objetiva. Por outro lado, os *pressupostos do dever de reparar* não se confundiriam com os *fatores de quantificação*, os quais se guiariam por mecanismos próprios, conforme o tipo de dano. Nesse contexto, nada impediria a verificação da conduta do ofensor em tema de responsabilidade objetiva.

Em sentido diametralmente oposto, objeta-se que a discussão sobre a culpa seria, de todo modo, ainda que no âmbito da quantificação, introduzida indevidamente em sede de responsabilidade objetiva.[77] Discussão essa que justamente a lei quis evitar ao estabelecer o regime independente da culpa, impondo um debate na tramitação da liquidação dos danos, que se imagina virulento, dados os efeitos que dele podem defluir, em torno da culpabilidade do agente.

---

alemão: '§829 (Responsabilidade eqüitativa) Quem, em um dos casos assinalados nos §§823 a 826, não for, com fundamento nos §§827 e 828, responsável por um dano por ele causado, terá, não obstante, sempre que a indenização do dano não possa ser exigida de um terceiro com dever de vigilância, de indenizar o dano, desde que a eqüidade, de acordo com as circunstâncias, particularmente, de acordo com as relações entre os interessados, exigir uma compensação, e a ele não sejam tirados os meios dos quais necessita para sua manutenção conveniente, assim como para a realização de suas obrigações legais de alimentos'. (§) Menciona Milton Paulo de Carvalho Filho que, no direito argentino, o art. 1.069, do Código Civil, contemplado na Lei 17.711, passou a dispor: "O dano compreende não apenas o prejuízo efetivamente sofrido, senão também a ganância de que foi privado o danificado pelo ato ilícito, e que neste Código se destina com as palavras perdas e interesses. Os juízes, ao fixar as indenizações pelos danos, poderão considerar a situação patrimonial do causador, atenuando-a se for eqüitativo; mas não será aplicável esta faculdade se o dano for imputável a dolo do responsável. (§) Na seqüência o magistrado paulista reproduz comentários de Atílio Aníbal Alterini: '(...) A natureza da obra do autor exclui a possibilidade de atenuar a responsabilidade quando há dolo; não havendo culpa, ou havendo um ligeiro descuido como é a culpa, compete que os juízes atenuem eqüitativamente as indenizações no caso. (...)'" (KFOURI NETO, Miguel. Graus da culpa e redução eqüitativa da indenização. *Revista dos Tribunais*, v. 839, p. 49, set. 2005).

[77] Neste sentido, cf. KFOURI NETO, Miguel. Graus da culpa e redução eqüitativa da indenização. *Revista dos Tribunais*, v. 839, p. 57, set. 2005.

O problema se reveste, ainda, de boa dose de dificuldade, na medida em que se replicou à resposta da segunda corrente com o argumento de que a exclusão da responsabilidade objetiva do campo de aplicação do parágrafo único do artigo 944 ocasionaria uma contradição que não deve ser admitida no ordenamento.

Note-se: paradoxalmente, o causador do dano que agiu sem culpa nenhuma, como sói ocorrer na responsabilidade objetiva, restaria obrigado à indenização plena, ao passo que o que agiu com culpa leve ou levíssima, em sede de responsabilidade subjetiva, seria beneficiado com a possibilidade de redução.

As Jornadas de Direito Civil, por sua vez, promovidas pelo Centro de Estudos Jurídicos do Conselho da Justiça Federal parecem oscilar aos sabores desses ventos.

Na I Jornada, estabeleceu-se o Enunciado nº 46, que dizia:

> Art. 944: a possibilidade de redução do montante da indenização em face do grau de culpa do agente, estabelecida no parágrafo único do art. 944 do novo Código Civil, deve ser interpretada restritivamente, por representar uma exceção ao princípio da reparação integral do dano, *não se aplicando* às *hipóteses de responsabilidade objetiva* (destacou-se).[78]

Posteriormente, na IV Jornada, realizada em Brasília nos dias 25 e 26 de outubro de 2006, resolveu-se suprimir a parte final do Enunciado nº 46, o qual passou a ter a seguinte redação:

> Art. 944: a possibilidade de redução do montante da indenização em face do grau de culpa do agente, estabelecida no parágrafo único do art. 944 do novo Código Civil, deve ser interpretada restritivamente, por representar uma exceção ao princípio da reparação integral do dano.[79]

A mudança encontra-se afinada com os fundamentos constantes deste trabalho, em que se defende a análise da *conduta* independentemente da *configuração da culpa*, e consoante a divisão da responsabilidade civil em dois planos de estudo. De todo modo, e tendo sempre como escopo a proteção dos valores mais importantes elegidos pelo ordenamento, ressalte-se que, muito provavelmente, a redução não logrará preencher todos os requisitos normativos em tema de relações

---

[78] O acesso aos enunciados do CJF tem-se pelo endereço <www.jf.gov.br>.
[79] *Idem.*

de consumo, dados os contornos valorativos ligados à hipossuficiência, que envolvem a tutela privilegiada em sede constitucional do consumidor. Ocorre que, no contrabalanço da desgraça do ofensor com culpa pequena, ingressam, conforme o caso, outros fatores robustos de consideração a favor da vítima. Além da hipossuficiência do consumidor, na responsabilidade contratual,[80] podem pesar a favor da vítima outros fundamentos tais como a boa-fé, as legítimas expectativas do contratante, a eventual existência de cláusula penal, a normativa do contrato em foco (se oneroso ou benéfico), entre outros.

6 Conclusões

Em tentativa de síntese do estudo tem-se que: (a) o princípio da reparação integral faz-se corolário de longa evolução no direito brasileiro, reflete valores fundamentais do ordenamento e apresenta *status* constitucional; (b) o mecanismo de redução equitativa da indenização para a hipótese de gritante desproporção entre conduta e resultado constitui *exceção* à reparação integral e, assim, recomenda extrema cautela em sua interpretação e aplicação, sob pena de *inconstitucionalidade*; (c) o dispositivo brasileiro, ao se ater unicamente ao grau de culpabilidade, distancia-se dos congêneres estrangeiros, que tomam em conta uma pluralidade de aspectos; (d) a aludida desproporção há de ser de grande monta (significativa), para além das discrepâncias ordinariamente presentes entre causa e consequência; (e) a redução impõe-se equitativa (o que se traduz pela análise de todo o conjunto de fatores presentes em cada caso *sub examen*, em especial a situação patrimonial tanto do causador do dano quanto da *vítima*) e, (f) inaplicável quando inexistir comprometimento patrimonial do agente para o pagamento da indenização, (g) deve partir da indicação prévia do valor base, correspondente à restituição integral, em homenagem à transparência e à fundamentação das decisões; (h) a solução engendrada no parágrafo, por fim, é de aplicação *cogente*, sem que se possa excluir qualquer espécie de dano (embora os extrapatrimoniais suscitem maior

---

[80] Nesse sentido, tem prevalecido no Superior Tribunal de Justiça de Portugal o entendimento segundo o qual a gradação da responsabilização em função da culpa não se aplica à sede contratual, nos seguintes termos: "A possibilidade de graduação equitativa da indemnização quando haja mera culpa do lesante encontra-se consagrada na lei apenas para a responsabilidade extracontratual, não sendo extensiva à responsabilidade contratual" (acórdão proferido no Processo nº 05A3054).

precaução) ou regime de responsabilidade (atentando-se às vicissitudes do regramento negocial), se assim a indicar o resultado da ponderação das circunstâncias do caso concreto, à luz dos valores constitucionais.

DESAFIOS À CONCRETIZAÇÃO DO PRINCÍPIO DA REPARAÇÃO INTEGRAL NO SUPERIOR TRIBUNAL DE JUSTIÇA*

1 Introdução: questões de responsabilidade civil contemporânea no acórdão do STJ

O avanço tecnológico e a jurisdicização das relações pessoais constituídas no seio de uma sociedade cada vez mais complexa demandam, incisivamente, a resposta dos tribunais para a solução de novos conflitos que progressivamente se avolumam. Essa dinamicidade na instrumentalização dos direitos desloca a responsabilidade civil para uma posição central no acervo de mecanismos utilizados diariamente pelo Judiciário na solução dos problemas veiculados.[1] Some-se a este quadro fático que, do ponto de vista das fontes normativas, a tutela

---

* O trabalho foi originalmente publicado em FRAZÃO, Ana; TEPEDINO, Gustavo (Coord.). O Superior Tribunal de Justiça e a reconstrução do direito privado. São Paulo: Revista dos Tribunais, 2011.

[1] O papel dos tribunais e a função contemporânea da responsabilidade civil são muito bem identificados por Maria Celina Bodin de Moraes, que, haurindo lições em Stefano Rodotà, destaca: "(...) o direito da responsabilidade civil é antes de tudo jurisprudencial. Os magistrados, com efeito, são os primeiros a sentirem as mudanças sociais e, bem antes de se poder colocar em movimento qualquer alteração legislativa, estão aptos a atribuir-lhes, através de suas decisões, respostas normativas. (...) A canônica finalidade de moralização da responsabilidade civil parece ter sido substituída com vantagens pela concepção que vislumbra no instituto a presença, e a consequente realização, de um dever geral de solidariedade, também hoje previsto constitucionalmente (CF, art. 3º, I), que se encontra na base do aforismo multissecular do *neminem laedere*, isto é, da obrigação de comportar-se de modo a não lesar os interesses de outrem" BODIN DE MORAES, Maria Celina. A constitucionalização do direito civil e seus efeitos sobre a responsabilidade civil. *Direito, Estado e Sociedade*, v. 9, n. 29, p. 238-239, jul/dez 2006. Cf. também RODOTÀ, Stefano. *Il problema della responsabilità civile*. Milano: Giuffrè, 1967, p. 95 e ss.

privilegiada da dignidade da pessoa humana aliada à solidariedade social resultantes da vigorosa transformação por que passou o ordenamento jurídico brasileiro com a promulgação da Constituição de 1988 delinearam os novos contornos do princípio da reparação integral e projetam suas modificações qualitativas e quantitativas, compatíveis com a nova escala de valores traçada pelo constituinte.[2]

O caso em comento bem apreende essa perspectiva. Trata-se de ação indenizatória por danos materiais e morais, promovida por mãe e filha menor em razão do afogamento da criança na piscina do edifício de apartamentos onde moravam. O acidente impôs à menina um estado vegetativo permanente, e o fato ocorreu quando o sistema de sucção superdimensionado instalado no local prendeu seus cabelos no ralo do fundo da piscina, causando o afogamento.

As autoras então pretendiam ver reconhecida a responsabilidade solidária do condomínio e da fornecedora do equipamento, vez que o primeiro seria responsável pela manutenção e limpeza da piscina, além de ter adquirido o equipamento de filtragem sem certificar-se de sua adequação para o local onde instalado e operado, tampouco dispor de pessoal com aptidão técnica para o manejo adequado do maquinário. À fornecedora do equipamento foi imputada a responsabilidade pela não disponibilização de informações para efetiva e segura operação do sistema. Ademais, requereram a condenação da seguradora do condomínio ao pagamento de indenização por danos morais decorrentes da mora injustificada no pagamento do seguro, causa da exposição pública da mãe da menor, que se viu obrigada a promover campanhas de arrecadação para conseguir custear o tratamento da filha.

O Juízo de primeiro grau reconheceu a responsabilidade do Condomínio, imputando-lhe o dever de indenizar os danos morais e materiais apurados, e afastou as pretensões veiculadas em face da seguradora e da fornecedora do equipamento.

Ambos, autoras e condomínio, manejaram recursos ao Tribunal de São Paulo, que, somente, admitiu em parte o recurso autoral apenas para majorar as verbas compensatórias dos danos morais suportados pela autora que sofreu o afogamento (de R$52.000,00 para R$100.000,00).

---

[2] Sobre a evolução do direito civil no Brasil e as mudanças ocorridas na disciplina com o advento do Constituição de 1988, ver Gustavo Tepedino, "Premissas metodológicas para a constitucionalização do direito civil", artigo recentemente republicado na *RDE – Revista de Direito do Estado*, Ano 1, n. 2, abr./jun. 2006, p. 37-53; também de Gustavo Tepedino, e no mesmo sentido, cf. Normas constitucionais e relações de direito civil na experiência brasileira. *In: Temas de Direito Civil*. Rio de Janeiro: Renovar, 2006. t. II, p. 21-46.

DESAFIOS À CONCRETIZAÇÃO DO PRINCÍPIO DA REPARAÇÃO INTEGRAL NO SUPERIOR TRIBUNAL DE JUSTIÇA | 139

Inconformadas com a decisão da 6ª Câmara de Direito Privado do TJSP, mãe e filha interpuseram o recurso especial em comento.

O recurso foi, por maioria, parcialmente conhecido e, nessa parte, provido, determinando: a exclusão da culpa concorrente da mãe; a indenização autônoma dos danos estéticos em face dos danos morais; a condenação da seguradora nas verbas decorrentes da mora e da reparação dos danos morais em razão do atraso no pagamento da indenização; o afastamento da compensação entre as verbas pagas pelo condomínio para custeio do tratamento da criança com o pensionamento devido em razão de sua incapacidade. Vencido o Min. Luis Felipe Salomão, que reconheceu, além do referido, a responsabilidade solidária da fornecedora do equipamento a partir da sistemática das relações de consumo.[3] Os Ministros não olvidaram da relevância da informação nas situações consumeristas que "mais que um simples elemento formal, afeta a essência do negócio, pois a informação integra o conteúdo do contrato (...) ou, se falha, representa a falha (vício) na qualidade do produto ou serviço oferecido (...)".[4] Seguiram, entretanto, o posicionamento do Relator, conforme o qual, verificada a instrução nas instâncias ordinárias, entendeu-se que a fornecedora do equipamento se desincumbiu do ônus informativo acerca do produto colocado no mercado e, portanto, descaracterizado o acidente de consumo.

O julgado em exame apoia-se no princípio da reparação integral dos danos, como destacado no primeiro parágrafo deste ensaio, e traz à evidência, ainda, a evolução do tratamento da responsabilidade civil no Tribunal Superior, assim como os novos desafios decorrentes da consolidação da ordem constitucional democrática que privilegia as relações jurídicas de caráter extrapatrimonial.

Serão comentados a seguir três pontos fundamentais contemplados no acórdão que evidenciaram a sintonia entre as tendências da

---

[3]   Nesse particular, destacou o I. Min. que: "(...) Vale dizer, instalar a piscina sem qualquer informação quanto a bomba correta a ser utilizada, permitindo assim, ainda que por defeito do instalador, do engenheiro, que fosse utilizada bomba com capacidade superior, que pudesse ocasionar o acidente, e esse risco não estar ostensivamente advertido pelo fabricante, parece-me que gera, nos termos do art. 14 c/c o art. 17 do Código de Defesa do Consumidor, a responsabilidade solidária da Fornecedora do equipamento. (...) No caso, houve vício de informação por parte da Fornecedora do equipamento, que deixou de incluir no seu manual, de forma clara, adequada e ostensiva, que a utilização de bomba de maior potência poderia causar acidentes graves e, portanto, era inadequada sua utilização (art. 6º, III, CDC c/c art. 9º, CDC c/c art. 31, CDC). Consequentemente, a falta de informação gerou um defeito de segurança, pois, após a realização do serviço de troca de filtros, a piscina não mais oferecia a segurança que dela poderia se esperar".

[4]   BENJAMIN, Antônio Herman V. *et al. Manual de direito do consumidor.* 2. ed. São Paulo: RT, 2009, p. 58-59.

Corte e a função contemporânea da responsabilidade civil: (i) o papel da culpa e do nexo causal na ação reparatória, especialmente em tema de (aparente) culpa concorrente e concurso de causas; (ii) o problema da cumulação da reparação de danos estéticos e danos morais; e (iii) a possibilidade de existência de danos morais a partir de violação contratual.

2 O embate entre causalidade e culpabilidade: análise da conduta do condomínio e da mãe

A decisão do Tribunal bandeirante reconheceu que, no caso apreciado, a ausência da mãe no local do acidente teria configurado uma violação do dever de vigiar imposto pelo Estatuto da Criança e Adolescente e, em razão dessa *negligência*, a responsabilidade do condomínio seria atenuada diante da culpa concorrente da genitora. Conforme o relato, o entendimento daquela Corte apontou que teria a autora faltado com seu dever de vigilância ao permitir que a menor se utilizasse da piscina sem a supervisão de um adulto, e, em decorrência, a condenação do condomínio seria estimada no pagamento de apenas 50% das despesas decorrentes do tratamento médico, cirúrgico e ambulatorial a que submetida a menor, a título de indenização por danos materiais, tendo em conta que, consoante a divisão entre dois culpados pela ocorrência do sinistro, a outra metade seria atribuída à mãe.

O Ministro relator, no entanto, ao fundamentar seu voto no âmbito do Recurso Especial, constatou:

> Resultam evidentes dos autos, como fatos incontroversos: a) que F. estava desacompanhada de sua mãe quando foi vítima do afogamento em questão; b) que a menina sabia nadar e já conhecia a piscina do condomínio; c) que tanto vítima, como sua genitora e demais condôminos não tinham ciência do super dimensionamento do sistema hidráulico ali instalado e tampouco dos perigos que o mesmo poderia acarretar.[5]

O esforço para o deslinde da identificação da causa precisa do acidente no corpo do julgado afigura-se louvável. Com efeito, ficou destacado pelo Relator que o incidente que carreou toda sorte de danos às autoras decorreu não do descuido dos familiares da menina, mas pelo fato de ter a menor seus cabelos sugados pelo sistema de recirculação e tratamento de água superdimensionado.

---

[5] STJ, 4ª T., REsp nº 1.081.432, j. 03.03.2009, rel. Min. Carlos Fernando Mathias.

Não houve, na espécie, concorrência de causas. Nessa quadra, pontuou em certo trecho do seu voto, num misto de lamento e resignação, que "a presença da genitora da vítima no local só adicionaria ao evento mais uma testemunha ao acidente que imputou à menor as gravíssimas sequelas que a acometeram".[6]

Vale dizer, o julgado soube distinguir nas especificidades da situação concreta os eventos que guardaram relação de causalidade necessária para a produção do dano, extirpando juízos abstratos e preconcebidos de reprovação de determinada conduta. Ao assim proceder, revelou-se sensível à evolução doutrinária da responsabilidade civil, captando o papel precípuo do nexo causal de medida de atribuição do dever de reparar, em linha evolutiva que substitui a noção de culpa pela ideia de causa.

De fato, não é de hoje que a culpa perdeu o *status* de centro do sistema da responsabilidade civil, dado o avanço da objetivação das regras reparatórias, e cambiou o próprio papel que lhe incumbe desempenhar nas hipóteses residuais (subjetivas), a partir da justificativa finalística de sua releitura, a impor uma feição mais objetiva, normativa, e menos psicológica.[7]

No caso em tela, punir (ainda mais) a mãe por algo que ela não tinha como evitar representaria verdadeiro desvio da finalidade da reparação, restando a vítima direta do evento (a criança) com direito a apenas uma parte (metade) das verbas reparatórias patrimoniais, ficando a descoberto nos outros cinquenta por cento por efeito de uma injustificada reprimenda ou censura ao comportamento da mãe – ela, em rigor, outra vítima, como agora reconhecido pelo STJ, posto que em ricochete.

A vetusta ideia de moralização de condutas não podia mesmo chegar a tamanha iniquidade. A culpa não pode ter esse papel, substituindo-se à causa.

Se houvesse concorrência de causas,[8] aí sim, justificar-se-ia a repartição da indenização, como já Ripert o proclamava, pois, nesta

---

[6] STJ, 4ª T., REsp nº 1.081.432, j. 03.03.2009, rel. Min. Carlos Fernando Mathias.

[7] MONTEIRO FILHO, Carlos Edison do Rêgo. Artigo 944 do Código Civil: o problema da mitigação do princípio da reparação integral. *In*: TEPEDINO, Gustavo; FACHIN, Luiz Edson (Org.). *O direito e o tempo*: embates jurídicos e utopias contemporâneas: estudos em homenagem ao professor Ricardo Pereira Lira. Rio de Janeiro: Renovar, 2008, p. 757-796.

[8] Sergio Cavalieri Filho explica: "Fala-se em culpa concorrente quando, paralelamente à conduta do agente causador do dano, há também conduta culposa da vítima, de modo que o evento danoso decorre do comportamento culposo de ambos. A doutrina atual

hipótese, "(...) o autor e a vítima, cada um pela sua ação, *causaram o prejuízo*, e que por conseguinte é preciso, *analisando as causas*, e dividindo o prejuízo, dar a cada um a parte que lhe incumbe" (destacou-se).[9] De igual modo, Marcelo Calixto em perspectiva crítica ao art. 945 do Código Civil aduz o seguinte: "(...) defende-se que a hipótese aí versada é de concorrência de causas, sendo resolvida à luz das reflexões acerca do nexo de causalidade, e não da culpa". E, assim, propõe que "o cálculo do montante da reparação não se fará à luz da gravidade da culpa, e sim por meio da verificação da eficácia causal para a produção do dano".[10]

Diga-se, entre parênteses, que a doutrina mais atenta tem criticado a literalidade de algumas regras do Código Civil de 2002 que no procedimento de liquidação dos danos tomaram por base o grau de culpa, já que a medida da indenização é a extensão do dano sofrido, independente da culpabilidade. Isso porque, de uma ação com forte dolo, pode decorrer dano diminuto (ou pior, nenhum dano), assim como de uma culpa levíssima (ou pior, de uma não culpa) pode derivar dano de colossais dimensões. O causador do dano deve responder, isso sim, pelos efeitos da lesão que causou à pessoa e ao patrimônio do ofendido em sua integralidade (a regra, repita-se, é a da reparação integral).

Também Aguiar Dias já aduzia não ser a culpabilidade, mas sim a causalidade, o melhor critério para determinar a obrigação de indenizar:

---

tem preferido falar, em lugar da concorrência de culpas, em *concorrência de causas ou de responsabilidades*, porque a questão (...) é mais em decorrência de causa do que de culpa. A vítima também concorre para o evento, e não apenas aquele que é apontado como único causador do dano. (...) Vê-se do exposto que na culpa concorrente as duas condutas – do agente e da vítima – concorrem para o resultado em grau de importância e intensidade, de sorte que o agente não produziria o resultado sozinho, contando, para tanto, com o efetivo auxílio da vítima" CAVALIERI FILHO, Sergio. *Programa de responsabilidade civil*. 9. ed. rev. atual. São Paulo: Atlas, 2010. p. 42-43.

Vale, ainda, conferir as considerações de Caitlin Mulholland, para quem: "A vítima de um dano pode contribuir para o resultado de duas formas distintas: ativa e passivamente. Quando age de forma passiva, ela funciona no diagrama da responsabilidade civil como mero instrumento do dano. Assim, a vítima só foi atropelada porque caminhava na rua. Isso por si só não é suficiente para fazer com que desapareça a responsabilidade civil do ofensor. Contudo, quando a vítima age de forma ativa, tendo um comportamento comissivo ou omissivo que contribuiu de maneira substancial para que o dano se dê da maneira como se deu, aí teremos um caso de fato concorrente ou fato exclusivo da vítima, através dos quais existe a diminuição do valor indenizatório de acordo com a contribuição de cada parte na causação do dano (...)" MULHOLLAND, Caitlin Sampaio. *A responsabilidade civil por presunção de causalidade*. Rio de Janeiro: GZ, 2009. p. 120-121.

[9] RIPERT, Georges. *A regra moral nas obrigações civis*. Campinas: Bookseller, 2000, p. 240.

[10] CALIXTO, Marcelo Junqueira. *A culpa na responsabilidade civil*: estrutura e função. Rio de Janeiro: Renovar, 2008, p. 331 e 332.

DESAFIOS À CONCRETIZAÇÃO DO PRINCÍPIO DA REPARAÇÃO INTEGRAL NO SUPERIOR TRIBUNAL DE JUSTIÇA | 143

"Não é o grau de culpa, mas o grau de participação na produção do evento danoso (...) que deve indicar a quem toca contribuir com a cota maior ou até com toda a indenização".[11] A crítica que vem a seguir é implacável:

> Não se leva em conta, dominada a regra por uma preocupação sentimental, que o dano é o desfalque de patrimônio do lesado e que a indenização se destina a recompor esse patrimônio, não se justificando que a recomposição não se opere porque o desfalque foi produzido por culpa leve. Pequenas faltas podem produzir grandes danos, como mostra a fábula da guerra perdida em consequência da ferradura que se soltou do cavalo do guerreiro.[12]

Mais recentemente é esta a lição de Gisela Sampaio da Cruz, em trabalho monográfico sobre o tema do nexo causal:[13]

> A gravidade da culpa não serve, frise-se, como 'medida' da indenização, nem mesmo é, a nosso ver, adequada para determinar a distribuição do prejuízo entre os agentes correspráveis pelo dano. É o nexo causal o elemento da responsabilidade civil que deve exercer essa função (...).

Entende-se que, a teor do art. 403 do CC, vigora no ordenamento brasileiro a concepção de *necessariedade* do liame entre causa e efeito, expressão cunhada por Gustavo Tepedino após percorrer criticamente as três correntes teóricas mais relevantes no assunto, e a partir da qual "o dever de reparar surge quando o evento danoso é efeito necessário de certa causa".[14] Na esteira da lição, Caitlin Mulholland constata que "o dano, para ser indenizado, deve ser o resultado que, no caso concreto, é consequência direta e imediata da conduta ou atividade realizadas".[15]

---

[11] DIAS, José de Aguiar. *Da responsabilidade civil*. 11. ed. rev. atual. ampl. Rui Berford Dias. Rio de Janeiro: Renovar, 2006, p. 47.

[12] *Idem.*

[13] CRUZ, Gisela Sampaio da. *O problema do nexo causal na responsabilidade civil*. Rio de Janeiro: Renovar, 2005. p. 325.

[14] TEPEDINO, Gustavo. Notas sobre o nexo de causalidade. *Revista Trimestral de Direito Civil – RTDC*, v. 6, p. 8, 2001. Cf. ainda, TEPEDINO, Gustavo *et al*. *Código Civil interpretado conforme a Constituição da República*. 2. ed. Rio de Janeiro: Renovar, 2007. v. I, p. 735 ss.
De se anotar que, ainda que se tratasse de concomitância de causas, a solução seria a mesma atribuída pelo STJ, pois que se teriam causas sucessivas, em que a necessariedade do conjunto de causas aponta nítida para a preponderância da conduta do condomínio –TEPEDINO, Gustavo. Notas... cit., p. 18 e 19.

[15] MULHOLLAND, Caitlin Sampaio, *op. cit.*, p. 173-174.
A procedência da afirmação pode ser extraída do julgado seguinte: "1. À luz do comando normativo inserto no art. 1.060 do Código Civil de 1916, reproduzido no art. 403 do

Diante de tais constatações, e atento à enumeração que produziu dos fatos incontroversos, concluiu o Ministro relator que "sem precisar maiores cogitações, tenho que não há falar, *in casu*, em culpa da genitora da vítima, revelando-se merecedor de reparos o aresto impugnado, neste ponto".

Não tendo participação na cadeia causal que culminou com o resultado, à mãe não poderia ser imputada metade da culpa (*rectius*, causa) pelo ocorrido, de sorte a permitir a divisão por dois do valor encontrado para a reparação dos danos patrimoniais. Reformou-se, assim, a decisão para condenar o condomínio – cuja conduta de substituição do antigo sistema de filtragem da piscina por um novo superdimensionado revelou-se como a causa única e necessária (direta e imediata) dos resultados danosos – ao valor integral dos danos materiais apurados.

3 O problema da cumulação da reparação de danos morais e danos estéticos

Tema que adquiriu vulto tanto no âmbito forense como em debates doutrinários é o que diz respeito ao chamado dano estético. Verificam-se basicamente, no particular, duas ordens de divergências: uma primeira, relativa à própria caracterização do dano estético, ou seja, em que consistiria e em quais hipóteses caberia sua reparação; e uma outra, atinente à viabilidade de cumulação de sua verba indenizatória com a dos danos patrimoniais e morais.

Quanto ao primeiro aspecto supra-aludido, vale dizer que o estético não é um *tertium genus* de dano, ao lado do patrimonial e do extrapatrimonial. Entende-se por dano estético a lesão aos bens jurídicos da personalidade voltados à integridade física e à imagem. Tal lesão pode gerar, em princípio, efeitos patrimoniais ou extrapatrimoniais na pessoa

---

vigente *Códex*, sobre nexo causal em matéria de responsabilidade civil – contratual ou extracontratual, objetiva ou subjetiva – vigora, no direito brasileiro, o princípio da causalidade adequada, também denominado princípio do dano direto e imediato. 2. Segundo referido princípio ninguém pode ser responsabilizado por aquilo a que não tiver dado causa (art. 159 do CC/1916 e art. 927 do CC/2002) e somente se considera causa o evento que produziu direta e concretamente o resultado danoso (art. 1.060 do CC/1916 e 403 do CC/2002). 3. A imputação de responsabilidade civil, portanto, supõe a presença de dois elementos de fato, quais: a conduta do agente e o resultado danoso; e de um elemento lógico-normativo, o nexo causal (que é *lógico*, porque consiste num elo referencial, numa relação de pertencialidade, entre os elementos de fato; e é *normativo*, porque tem contornos e limites impostos pelo sistema de direito, segundo o qual a responsabilidade civil só se estabelece em relação aos efeitos diretos e imediatos causados pela conduta do agente" (STJ, REsp. nº 325.622, 4ª T., j. 28.10.2008, rel. Min. Carlos Fernando Mathias).

da vítima. Exemplos: deformidades e cicatrizes deixadas no corpo de alguém. Em outros termos, seriam ferimentos que maculam a imagem da pessoa, agridem-na em sua plasticidade, ferindo sua autoestima e, eventualmente, ocasionando embaraços em suas relações sociais.[16] Em rigor, não se exige que a lesão seja de tal monta a desfigurar a vítima ou a lhe causar rejeição no ambiente social;[17] tais fatores, uma vez verificados, adquirem relevo sobretudo no tocante à apuração do valor da reparação, que deve contemplar tal carga, no sentido de um especial aumento do *quantum debeatur*.[18-19]

---

[16] Sobre dano estético, cf. a decisão seguinte: "Notadamente em relação ao dano estético, a idade da vítima ressai de suma relevância para a fixação da indenização, tendo em vista que a aparência pessoal em idades juvenis, cujos laços afetivos e sociais ainda estão sendo formados, mostra-se mais determinante à elaboração da personalidade, se comparada à importância dada à estética por pessoas de idade mais avançada, cujos vínculos familiar, sentimental e social já se encontram estabilizados" (STJ, REsp. nº 689.088, 4ª T., rel. Min. Luis Felipe Salomão, publicado em 02.02.2010).

[17] No mesmo sentido, v. LOPEZ, Teresa Ancona. *O dano estético*. 2. ed. São Paulo: RT, 1999, p. 38-39, para quem "não se trata apenas das horripilantes feridas, dos impressionantes olhos vazados, da falta de uma orelha, da amputação de um membro, das cicatrizes monstruosas, ou mesmo do aleijão propriamente dito. Para a responsabilidade civil, basta a pessoa ter sofrido uma 'transformação', não tendo mais aquela aparência que tinha. Há agora um desequilíbrio entre o passado e o presente, uma modificação para pior".

[18] Acerca da cumulação, sob influência da súmula, tem-se decidido como o acórdão a seguir: "Agravo regimental no recurso especial – Processual civil – Administrativo – Responsabilidade civil do estado – Atropelamento de transeunte por viatura da polícia – Honorários – Art. 260 do CPC – Ausência de prequestionamento – Danos moral e estético – Cumulação – *Quantum* indenizatório – Recurso incapaz de infirmar os fundamentos da decisão agravada – Agravo desprovido. (...) 2. É possível a cumulação de indenização por danos estético e moral, ainda que derivados de um mesmo fato, mas desde que um dano e outro possam ser reconhecidos autonomamente, ou seja, devem ser passíveis de identificação em separado. 3. Na hipótese dos autos, ainda que derivada de um mesmo fato atropelamento de transeunte por viatura policial, a paraplegia da vítima e seu estado comatoso ensejou duas formas diversas de dano, o moral e o estético. O primeiro, correspondente à violação do direito à dignidade e à imagem da vítima, assim como ao sofrimento, à aflição e à angústia a que foi submetida, e o segundo, decorrente da modificação de sua estrutura corporal, enfim, da deformidade a ela causada (...)" (STJ, AgRg no REsp nº 936.838, 1ª T., j. 18.06.2009, rel. Min. Denise Arruda).

[19] Sobre a caracterização do dano estético, v., também: "Civil e processual – Ação de indenização – Acidente ferroviário – Lesão que incapacitou a vítima para o trabalho – Culpa concorrente – Embargos declaratórios – Multa – Exclusão – Pensão mensal vitalícia – Possibilidade – Dano estético e moral – Cumulação – Sucumbência recíproca – Honorários – Compensação – Possibilidade – CPC, art. 21 – Incidência da Súmula 306/STJ – I. Multa aplicada pela Corte *a quo* afastada, por não se identificar propósito procrastinatório na oposição de embargos declaratórios perante a instância de origem. II. É devida pensão mensal vitalícia, de 01 (um) salário mínimo, à vítima que ficou incapacitada para o trabalho, mesmo que não exercesse, à época do acidente, atividade remunerada. III. Podem cumular-se danos estético e moral quando possível identificar claramente as condições justificadoras de cada espécie. IV. Importando a deformidade em lesão que afeta a estética do ser humano, há que ser valorada para fins de indenização. V. Pensão e

Faz-se mister esclarecer, na verdade, a natureza jurídica do dano estético para, então, se tratar da forma de sua reparação. Nesse sentido, destaca-se aqui que a caracterização do dano em patrimonial ou extrapatrimonial decorre do efeito que produz na vítima, e não da natureza do bem juridicamente tutelado. Assim, em vista do menoscabo na integridade física ou na imagem, passa-se a se perquirir os reflexos, os efeitos provocados na pessoa do ofendido: se houver reflexos patrimoniais, prejuízos experimentados em virtude da lesão, estes devem ser cabalmente indenizados, tanto naquilo que se efetivamente perdeu, como no que se razoavelmente deixou de ganhar (danos emergentes e lucros cessantes, respectivamente – art. 402 do CC); e, quanto ao dano extrapatrimonial, da lesão estética derivará de ordinário, pois não é razoável supor-se uma pessoa imune, via de regra,[20] a mutilações em seu próprio corpo.[21]

Para fins didáticos, portanto, preferível seria designar essa situação como lesão estética, pois estética é a lesão e não os efeitos do dano. Sob esse prisma, em face da lesão – estética – sofrida, é que se passaria a investigar seus efeitos para fins de se estabelecer o ressarcimento: diante da presença de efeitos patrimoniais, estes devem ser indenizados; e, quanto às repercussões morais, merecem igualmente reparação, em toda a sua extensão. Nada obstando que se acumulem as verbas pelos danos materiais e morais provenientes do mesmo fato, como já

---

dano estético devidos pela metade, em razão da culpa concorrente da vítima reconhecida na instância ordinária. VI. 'Os honorários advocatícios devem ser compensados quando houver sucumbência recíproca, assegurado o direito autônomo do advogado à execução do saldo sem excluir a legitimidade da própria parte' (Súmula 306/STJ). VII. Recurso especial conhecido e provido" (STJ, REsp nº 711.720, 4ª T., j. 24.11.2009, rel. Min. Aldir Passarinho Junior).

[20] Salvo situações patológicas, em que a própria pessoa deseja praticar atos de automutilação (como é o caso dos *wannabes*). Aliás, sobre a autodeterminação corpórea e seus reflexos no biodireito e na ética aplicada, cf. KONDER, Carlos Nelson. O consentimento no biodireito: os casos dos transexuais e *wannabes*. *Revista Trimestral de Direito Civil – RTDC*, Rio de Janeiro, v. 15, p. 41-71, jul./set. 2003. Em caráter mais abrangente, v. RODOTÀ, Stefano. Transformações do corpo. *Revista Trimestral de Direito Civil – RTDC*, Rio de Janeiro, v. 19, p. 91-107, jul./set. 2004.

[21] Exemplificando: se uma modelo profissional sofre lesões físicas em consequência de acidente de trânsito, ocorrido em razão de atitude imprudente de um dado motorista, a reparação terá de abarcar todos os efeitos do ilícito narrado, quer sejam materiais – que na hipótese vertente consistiriam no pagamento de todos os custos ligados diretamente ao acidente, tanto no aspecto dos danos emergentes (conserto do automóvel, despesas médico-hospitalares, etc.), como no dos lucros cessantes (prejuízos resultantes da incapacidade laborativa, pela qual a profissional deixaria de auferir seu sustento no período do tratamento) –, quer morais – verba para tentar compensar os efeitos da lesão experimentados pela vítima.

DESAFIOS À CONCRETIZAÇÃO DO PRINCÍPIO DA REPARAÇÃO INTEGRAL NO SUPERIOR TRIBUNAL DE JUSTIÇA | 147

enunciou o STJ em Súmula (37): "São cumuláveis as indenizações por dano material e dano moral, oriundos do mesmo fato".

Já no que tange à cumulação de verbas entre dano moral e dano estético, após longo período de divergências, como bem destacou o ministro relator, o tema, atualmente, segue "remansoso no sentido de que é cabível a cumulação dos danos morais com danos estéticos quando, ainda que decorrentes do mesmo fato, são passíveis de identificação em separado", a teor do Verbete nº 387 da Súmula do STJ.

Diante do exposto, percebe-se que todos os desencontros e controvérsias que caracterizam o assunto, e que acabam por contaminá-lo ao ponto de torná-lo objeto de decisões marcadas por iniquidades, vinculam-se a não compreensão do problema à luz de sua simplicidade técnica. Melhor seria que se reconhecesse, para que se pudesse pôr termo às infindáveis polêmicas que o circundam, que o dano estético nada mais é que a lesão à integridade física (em detrimento da imagem da pessoa, daí o adjetivo), que pode gerar na vítima dano moral e ou patrimonial. Eis a razão da terminologia ora adotada – lesão estética –, que evitaria confusões tais como *dano moral acrescido*.

O incremento da quantificação se justifica, de fato, no caso em tela, em função da gravidade e da extensão dos efeitos da lesão, e não de uma reparação autônoma de um dos efeitos extrapatrimoniais que decorrem do evento danoso. Evidente que, à luz do princípio da reparação integral, todos os efeitos danosos deverão ser contemplados na via reparatória, sob pena de contrariedade ao projeto constitucional que alçou a pessoa humana e sua dignidade ao topo do ordenamento jurídico. Mas o fato de serem contemplados na íntegra os efeitos patrimoniais e extrapatrimoniais da lesão não implica necessariamente o reconhecimento de novos danos a cada quadra.[22] O que se tem a combater, com rigor, são novas espécies ou novas formas de lesão à pessoa humana, fruto do desenvolvimento tecnológico.[23] E se assim é,

---

[22] Eneas de Oliveira Matos que, assim como Teresa Ancona Lopez (*O dano estético*. 2. ed. São Paulo: RT, 1999), sustenta em doutrina a autonomia da reparação do dano estético e sua cumulação com a dos danos morais, reconhece nada obstante que: "Com certeza, não será com uma multifacetária caixa de danos é que se reparará decentemente a pessoa humana no que tem de mais valioso: seu corpo, sua dignidade. Como o STJ vem julgando, basta a reparação dos danos extrapatrimoniais pelo *modelo binário moral-estético* (ao invés de uma enorme gama de danos que surgem a cada dia na doutrina) para reparação no sistema brasileiro de danos causados à pessoa humana" (*Dano moral e dano estético*. Rio de Janeiro: Renovar, 2008, p. 335).

[23] Sobre o tema, cf. RODOTÀ, Stefano. *A vida na sociedade da vigilância:* a privacidade hoje. Rio de Janeiro: Renovar, 2008.

o problema afinal se afigura mais de quantificação integral do que propriamente de acumulação de novas categorias de verbas reparatórias.

4 Danos morais em razão do atraso no pagamento da indenização por parte da seguradora

Eis mais um tema integrante do julgado que agita profundas controvérsias na doutrina da responsabilidade civil. A possibilidade de existência de danos extrapatrimoniais por descumprimento de contrato envolve em um primeiro passo o debate quanto à sua própria existência e configuração, pois que se trata de área demarcada pelas rigorosas fronteiras do patrimonialismo, infenso à penetração de temas da extrapatrimonialidade em um de seus domínios mais clássicos, como o é o direito dos contratos. Os efeitos dos descumprimentos limitar-se-iam, por esse prisma, aos clássicos remédios dos danos materiais, centrados predominantemente na concepção das perdas e danos.

Mas, se ao revés, se concede admitir a possibilidade de imbricação desses lindes, é de se ressaltar então a dificuldade precípua de distinção entre as situações em que se afigura devida a reparação extrapatrimonial daquelas em que isso não seria possível, como alerta Luiz Edson Fachin: "não se trata de cogitar de uma singela relação de antecedente-consequente entre todo e qualquer descumprimento e o dano".[24]

Em tentativa de estabelecer um rumo demarcatório, o Tribunal de Justiça do Estado do Rio de Janeiro, desde 2005, consolidou seu entendimento no sentido de considerar que "o simples descumprimento de dever legal ou contratual, por caracterizar mero aborrecimento, em princípio, não configura dano moral, salvo se da infração advém circunstância que atenta contra a dignidade da parte".[25] Ou seja, se, por si, o inadimplemento contratual não seria causa para a obrigação de reparar danos morais, quando desse inadimplemento decorresse repercussão moral apta a abalar a dignidade da vítima, o dano estaria configurado.

Na esteira de tal esforço conceitual, e atentando-se para as especificidades de cada caso concreto, realmente se percebe que, tanto do ponto de vista estrutural como do funcional, o princípio da reparabilidade plena do dano moral não pode sofrer constrição em face

---

[24] FACHIN, Luiz Edson. *Questões do direito civil brasileiro contemporâneo.* Rio de Janeiro: Renovar, 2008, p. 224.

[25] Enunciado nº 75 da Súmula do TJRJ.

do respeito ao princípio da autonomia privada. Assim, mercê da nova *tábua axiológica* de força constitucional, pode-se concluir que não mais existe fundamento lógico-jurídico para o afastamento da incidência da reparação de danos extrapatrimoniais decorrentes do descumprimento do contrato, na sua tríplice acepção (mora, violação positiva e inadimplemento absoluto), sob pena de se subverter a hierarquia do ordenamento, que reconduziu a pessoa humana ao seu vértice.

Logrado superar o obstáculo ideológico-valorativo, de se ponderar, na outra ponta, que, como visto aqui, não sendo todos os casos de descumprimento que causam dano extrapatrimonial, a perquirição de requisito (implícito no direito brasileiro) da gravidade do dano constitui-se em decisivo aspecto de discrímen. Para tanto, mister identificar o substrato em que se assenta a gravidade: natureza dos valores em jogo, irreversibilidade do fato danoso e conduta contrária à boa-fé. Presente, no descumprimento do contrato, um dentre os três fatores ora retratados, exsurgirá o dever de reparar o dano extrapatrimonial daí decorrente, conferindo-se assim eficácia ao comando constitucional de tutela prioritária da pessoa humana.[26]

Na trajetória do tema na jurisprudência do STJ, bem destacou o Min. Menezes Direito em voto que versava sobre a negativa de pagamento da indenização em contrato de seguro:

> (...) O autor sofreu severo acidente de trabalho que lhe ocasionou lesões irreversíveis com hemiplegia, o que lhe retirou do mercado de trabalho, e durante a terapia não conseguiu obter o pagamento do seguro que contratou e pagou, gerando mais sofrimento e angústia diante da situação em que se encontrava e necessitando de recurso para cobrir seu tratamento. Nessa circunstância, tenho como justificada a indenização por dano moral. Não se trata de mero rompimento do contrato, o que não ensejaria o dano moral. Mas da situação de fato encontrada nos autos, presente a fragilidade do autor e da repercussão na esfera íntima dele, a recusa injustificada no pagamento do seguro contratado para fazer frente aos custos do tratamento médico a que estava sendo submetido, já com as consequências definitivas que teria de suportar pelo resto da vida.[27]

---

[26] As conclusões elencadas nos parágrafos anteriores foram retiradas, com adaptações, do resumo da tese de doutoramento em direito civil no Programa de Pós-Graduação em Direito da Universidade do Estado do Rio de Janeiro, de autoria do subscritor do presente ensaio e ainda não publicada.

[27] STJ, REsp. nº 821.506, 3ª T., j. 07.12.2006, rel. Min. Carlos Alberto Menezes Direito.

O julgado em comento buscou fundamentos na decisão *supra* para estender o entendimento ao inadimplemento relativo da seguradora que pagou em atraso as verbas indenizatórias à mãe da criança. Destacou o Min. Carlos Fernando Mathias:

> (...) merece acolhida também a pretensão das recorrentes de ver imputado o pagamento de indenização por danos morais advindos dessa mora indenizatória. Isto porque, no caso dos autos, em que, sob qualquer aspecto, presume-se como gravíssima a situação de aflição psicológica e de angústia no espírito da mãe que teve sua filha menor vitimada no acidente, a demora no pagamento do seguro deu-se em momento de extrema fragilidade – face à necessidade de pagamento do tratamento em curso –, tudo isso configurando fatores de angústia, sofrimento e dor, a acrescer o padecimento da mãe da vítima em seu mais íntimo sentimento. Assim, deve ser reformado o acórdão recorrido para condenar a A. S/A ao pagamento dos acréscimos resultantes de sua mora indenizatória, bem como de indenização, por danos morais, em favor da primeira recorrente (M. O. S. S.), no valor de R$50.000,00 (cinquenta mil reais).

Com efeito, a mora, o atraso injustificado da seguradora no pagamento da indenização dificultou, conforme o relato, sobremaneira, o custeio do tratamento emergencial da criança acidentada, o que, no convencimento do Ministro, gerou efeitos extrapatrimoniais para a mãe, passíveis de reparação. Decisão precisa, pois, não obstante o conteúdo patrimonial do contrato de seguro, do seu inadimplemento verificaram-se efeitos extrapatrimoniais de natureza grave lesivos à pessoa humana, como explicitado *supra*.

5 Proposta de reflexão para concluir

Se a pauta dos temas que preocupam os estudiosos da responsabilidade civil contemporânea mostra-se extensa, e de impossível apreensão em lista taxativa, à guisa de conclusão, percebe-se que a tríade ora escolhida, objeto de desenvolvimento nas páginas anteriores, faz-se representativa do anseio incessante de reparação integral como primeiro passo rumo à prevenção da ocorrência dos danos. Mas este é o próximo problema, a gerar outros novos desafios.

DANO MORAL E *HOMO SACER*: O PROBLEMA DO ENUNCIADO Nº 385 DA SÚMULA DO SUPERIOR TRIBUNAL DE JUSTIÇA E SUA RECENTE AMPLIAÇÃO*

1 Contornos da matéria na jurisprudência do Superior Tribunal de Justiça

De acordo com o Enunciado nº 385 da Súmula da Jurisprudência Predominante do Superior Tribunal de Justiça: "Da anotação irregular em cadastro de proteção ao crédito, não cabe indenização por dano moral, quando preexistente legítima inscrição, ressalvado o direito ao cancelamento".

O enunciado sumular originou-se no julgamento do Recurso Especial nº 1.062.336/RS[1] pela 2ª Seção do Superior Tribunal de Justiça, vencida a Ministra Relatora Nancy Andrighi. O autor havia ajuizado ação de cancelamento de registro cumulada com reparação de danos

---

* Este artigo foi escrito em coautoria com Diana Loureiro Paiva de Castro no âmbito de grupo de pesquisa que tive a alegria de coordenar.

[1] A decisão restou assim ementada: "Direito processual civil e bancário. Recurso especial. Ação de compensação por danos morais. Inscrição em cadastro de proteção ao crédito sem prévia notificação. Dano moral reconhecido, salvo quando já existente inscrição desabonadora regularmente realizada, tal como ocorre na hipótese dos autos. I. Julgamento com efeitos do art. 543-C, §7º, do CPC. Orientação: A ausência de prévia comunicação ao consumidor da inscrição do seu nome em cadastros de proteção ao crédito, prevista no art. 43, §2º do CDC, enseja o direito à compensação por danos morais, salvo quando preexista inscrição desabonadora regularmente realizada. Vencida a Min. Relatora quanto ao ponto. II. Julgamento do recurso representativo. Não se conhece do recurso especial quando o entendimento firmado no acórdão recorrido se ajusta ao posicionamento do STJ quanto ao tema. Súmula nº 83/STJ. Recurso especial não conhecido" (STJ, 2ª S., REsp nº 1.062.336/RS, Rel. Min. Nancy Andrighi, j. em 10.12.2008).

em face da Câmara de Dirigentes Lojistas de Porto Alegre (CDL), alegando, em síntese, que houve a inclusão de seu nome em registros de inadimplentes sem prévia comunicação, o que violaria artigo 43, §2º, do Código de Defesa do Consumidor (CDC). No desenvolvimento do processo, restou provado que o autor possuía duas anotações prévias nos bancos de dados de proteção ao crédito.

Na primeira instância, o magistrado julgou improcedentes os pedidos de cancelamento e reparação, condenando o autor ao pagamento de despesas processuais e honorários advocatícios. Em sede de apelação, contudo, o Tribunal de Justiça do Rio Grande do Sul deu parcial provimento ao recurso para acolher o pedido de cancelamento dos registros e rejeitar a reparação por dano moral.

Houve, então, interposição de recurso especial ao Superior Tribunal de Justiça. No julgamento, a Ministra Relatora Nancy Andrighi analisou a divergência sobre o tema no âmbito do Superior Tribunal de Justiça. A Corte apresentava, até maio de 2008, entendimento no sentido de que a existência de outros registros desabonadores em nome do devedor não afastaria a caracterização do dano moral, sob o fundamento de que a inscrição sem prévia comunicação seria suficiente para a configuração de ilicitude do ato.[2] Entretanto, no julgamento do Recurso Especial nº 1.002.985/RS, a 2ª Seção se posicionou de forma diversa, ao considerar que a preexistência de inscrições afastaria o dever de indenizar.[3]

Retomando o primeiro posicionamento, alterado em 2008, a Relatora considerou que a existência de outras inscrições desabonadoras somente deveria ser levada em consideração pelo julgador no momento de fixar o *quantum* compensatório, em razão do caráter pedagógico da punição ao banco de dados que realiza a negativação indevida. Isso porque o segundo entendimento, esposado no Recurso Especial nº 1.002.985/RS, equipararia equivocadamente o devedor contumaz, que

---

[2] Nesse sentido, v. STJ, 4ª T., AgRg no Ag nº 845.875/RN, Rel. Min. Fernando Gonçalves, j. em 4.3.2008; STJ, 3ª T,. REsp nº 751.809/RS, Rel. Min. Sidnei Beneti, j. em 21.2.2008; STJ, 3ª T., STJ, REsp nº 437.234/PB, Rel. Min. Nancy Andrighi, j. em 19.8.2003.

[3] Na ementa: "Consumidor. Inscrição em cadastro de inadimplentes. Dano moral inexistente se o devedor já tem outras anotações, regulares, como mau pagador. Quem já é registrado como mau pagador não pode se sentir moralmente ofendido por mais uma inscrição do nome como inadimplente em cadastros de proteção ao crédito; dano moral, haverá se comprovado que as anotações anteriores foram realizadas sem a prévia notificação do interessado. Recurso especial não conhecido" (STJ, 2ª S., REsp nº 1.002.985/RS, Rel. Min. Ari Pargendler, j. em 14.5.2008)

porventura apresente dezenas de anotações regulares, ao consumidor que possui uma única anotação, mas que não obteve êxito, por circunstâncias diversas, em comprovar a ilegalidade do registro antecedente. Com fulcro em tais argumentos, a Ministra rechaçou o entendimento adotado no Recurso Especial nº 1.002.985/RS, segundo o qual "quem já é registrado como mau pagador não pode se sentir moralmente ofendido por mais uma inscrição do nome como inadimplente em cadastros de proteção ao crédito", configurando-se o dano moral apenas "se comprovado que as anotações anteriores foram realizadas sem a prévia notificação do interessado". Para refutar a assertiva, salientou que, de acordo com o artigo 6º, inciso VIII, do CDC,[4] não se admite a atribuição ao consumidor do ônus de provar a prática de atos ilícitos por terceiros como condição para a defesa de seus direitos

Tal posição, conforme dito, não prevaleceu. Baseando-se na equiparação do dano moral à dor, a Corte considerou que a segunda anotação, ainda que irregular, não se afigura capaz de aprofundar a dor do consumidor ou de produzir sentimento de injustiça.

Consolidou-se, assim, o entendimento então esposado no Enunciado nº 385. Mais recentemente, a questão foi novamente enfrentada pelo STJ. Discutiu-se, no Recurso Especial Repetitivo nº 1.386.424/MG,[5] acerca da aplicação do referido enunciado sumular aos casos em que o credor (e não a entidade cadastral) figura no polo passivo da ação. Mais uma vez, o relator do recurso especial foi vencido.

---

[4] Art. 6º do Código de Defesa do Consumidor. "São direitos básicos do consumidor: VIII – a facilitação da defesa de seus direitos, inclusive com a inversão do ônus da prova, a seu favor, no processo civil, quando, a critério do juiz, for verossímil a alegação ou quando for ele hipossuficiente, segundo as regras ordinárias de experiências".

[5] Confira-se a ementa do julgado: "Recurso especial. Omissão. Não ocorrência. Dano moral. Não caracterizado. Inscrição indevida comandada pelo suposto credor. Anotações anteriores. Enunciado nº 385 da Súmula da Jurisprudência Predominante do Superior Tribunal de Justiça/STJ. 1. O acórdão recorrido analisou todas as questões necessárias ao deslinde da controvérsia, não se configurando omissão alguma ou negativa de prestação jurisdicional. 2. 'Da anotação irregular em cadastro de proteção ao crédito, não cabe indenização por dano moral, quando preexistente legítima inscrição, ressalvado o direito ao cancelamento' (Enunciado nº 385 da Súmula da Jurisprudência Predominante do Superior Tribunal de Justiça/STJ). 3. Embora os precedentes da referida súmula tenham sido acórdãos em que a indenização era buscada contra cadastros restritivos de crédito, o seu fundamento – 'quem já é registrado como mau pagador não pode se sentir moralmente ofendido por mais uma inscrição do nome como inadimplente em cadastros de proteção ao crédito', cf. REsp 1.002.985-RS, rel. Ministro Ari Pargendler – aplica-se também às ações voltadas contra o suposto credor que efetivou a inscrição irregular. 4. Hipótese em que a inscrição indevida coexistiu com quatorze outras anotações que as instâncias ordinárias verificaram constar em nome do autor em cadastro de inadimplentes. 5. Recurso especial a que se nega provimento" (STJ, 2ª S., REsp nº 1.386.424/MG, Rel. Min. Paulo de Tarso Sanseverino, Rel. p/ acórdão Min. Maria Isabel Gallotti, j. em 27.4.2016).

No bojo do referido recurso, o Ministro Relator Paulo de Tarso Sanseverino argumentou que "a inscrição indevida em cadastro de inadimplentes sempre causa dano moral, pois a informação desabonadora atinge o consumidor em sua honra objetiva, que se insere nos direitos da personalidade". Assim, superando-se a associação de dano moral a dor, não há mais que se debater acerca da legitimidade ou não da primeira inscrição. Isso porque as inscrições seguintes causam lesão à honra objetiva, ainda que a primeira anotação se mantenha ativa. Eventual informação desabonadora deveria ser considerada apenas para fins de quantificação.

De acordo com o voto vencido, a reparação por dano moral, mesmo nos casos de preexistência de inscrição legítima no cadastro de inadimplentes, baseia-se no atributo de universalidade dos direitos da personalidade. Desse modo, uma vez que o devedor, assim como toda pessoa humana, titulariza direitos, a existência de registros negativos anteriores não se afigura apta a abalar a proteção de seu *status* jurídico em relação a atos ilícitos supervenientes.

Não obstante, prevaleceu a divergência, ancorada na identificação entre dor e dano moral, e ao argumento de que a segunda inscrição não causaria por si só dano moral se existente prévia anotação. Assim, embora extraído de ações indenizatórias contra entidades cadastrais, o fundamento do Enunciado nº 385 também se aplicaria às demandas em face dos credores que efetivaram inscrições indevidas.

Nesta esteira, o Recurso Especial Repetitivo nº 1.386.424/MG *ampliou o objeto do referido enunciado sumular para abarcar o credor responsável por fornecer dados falsos* à *entidade de proteção ao crédito*. O julgado deu origem à Tese nº 8 da *Jurisprudência em Teses do STJ* em sua Edição nº 59, segundo a qual "o entendimento da Súmula 385/STJ é aplicável às ações opostas em face do suposto credor que efetivou a inscrição irregular".[6]

Ponha-se entre parênteses que o artigo 6º, VI, do CDC[7] contempla como direito básico do consumidor[8] – e mais do que isso,

---

[6] Informação disponibilizada em: <http://www.stj.jus.br/SCON/jt/toc.jsp>. Acesso em: 20 jun. 2016.

[7] Art. 6º do Código de Defesa do Consumidor. "São direitos básicos do consumidor: VI – a efetiva prevenção e reparação de danos patrimoniais e morais, individuais, coletivos e difusos".

[8] "No art. 6º, está todo um rol de direitos básicos dos consumidores; são direitos previstos de maneira abstrata, como direitos de todos os consumidores e não apenas do consumidor X ou y individualizado. O rol desses direitos presta-se, em síntese, para definir o perfil de toda a proteção do consumidor, delimitando os princípios e regras gerais do Direito do Consumidor brasileiro" (BENJAMIN, Antonio Herman de Vasconcellos. O código

DANO MORAL E *HOMO SACER*: O PROBLEMA DO ENUNCIADO Nº 385 DA SÚMULA DO SUPERIOR TRIBUNAL DE JUSTIÇA... | 155

como direito fundamental da pessoa humana[9] – a efetiva[10] prevenção e reparação dos danos materiais e morais, individuais, coletivos e difusos, assegurando, para tanto, o acesso aos órgãos jurisdicionais e administrativos, a solidariedade entre os fornecedores e a dispensa da prova diabólica de culpa.[11-12] A responsabilidade civil solidária, no caso aqui analisado, abrange o banco de dados de proteção ao crédito que procedeu à inscrição indevida e o credor que forneceu o dado falso. Por essa razão, ambas as hipóteses deverão ser analisadas conjuntamente e comportarão idêntica solução prática, como se vê a seguir.

---

brasileiro de proteção do consumidor. *Revista de Direito do Consumidor*, v. 7, p. 269, 1993).

[9] OLIVA, Milena Donato. Dano moral e inadimplemento contratual nas relações de consumo. *Revista de Direito do Consumidor*, v. 93, p. 13, 2014.

[10] "Sublinhe-se a significativa alusão do legislador à efetividade da tutela, acentuando desse modo não somente a integralidade de eventual indenização – danos emergentes e lucros cessantes – mas, principalmente, a sobreposição conceitual do conteúdo sobre a forma, ou seja, o preceito refuta qualquer classificação formal – espécies de dano ou de ritos – que pudesse sacrificar o resultado reparatório pretendido" (TEPEDINO, Gustavo. A responsabilidade civil por acidentes de consumo na ótica civil-constitucional. *In*: TEPEDINO, Gustavo. *Temas de direito civil*. Rio de Janeiro: Renovar, 2008. t. I., p. 283).

[11] "Il sistema tradizionale della responsabilità civile non ha mai preteso di assicurare un risarcimento in tutte le ipotesi in cui si verifica un danno: a fondamento di esso, anzi, operavava il presupposto della risarcibilità dei soli danni provocati dal comportamento volontario di un soggetto (le previsioni diversamente fondate erano intese come mera eccezione). I nuovi casi di danneggiamento, dal canto loro, si rivelavano molto spesso irriducibili a questo schema" (RODOTÀ, Stefano. *Il problema della responsabilità civile*. Milano: Dott. A. Giuffrè Editore, 1967, p. 18). Tradução livre: O sistema tradicional da responsabilidade civil nunca pretendeu assegurar o ressarcimento em todas as hipóteses em que se verifica um dano: em fundamento a isso, operava o pressuposto da ressarcibilidade apenas dos danos provocados pelo comportamento voluntário do sujeito (as previsões diversamente fundadas se apresentavam como meras exceções). Os novos casos de dano, por sua vez, se revelavam muito frequentemente irredutíveis a este esquema.

[12] "O CDC (LGL\1990\40) mudou o paradigma dos contratos e da responsabilidade civil no Brasil. Sem dúvida nenhuma, as duas maiores mudanças dogmáticas realizadas no Direito Civil brasileiro têm origem no CDC (LGL\1990\40): a teoria da qualidade, que aproximou a responsabilidade extracontratual da contratual e pragmaticamente estabeleceu uma cadeia de responsáveis pela qualidade-adequação (vício do produto ou do serviço, nos art. 18 e ss.) e imputou a responsabilidade nominal pela qualidade segurança (defeito do produto ou do serviço, nos arts. 12 a 17), reforçando o dever de informar, de prevenir e ressarcir os danos individuais, homogêneos, coletivos e difusos, morais ou patrimoniais; e a nova teoria contratual, que aproximou o regime dos contratos de dar (fornecimento de produtos) e de fazer (fornecimento de serviços), preparando o Brasil para a nova economia dos serviços, da tecnologia e da informação, valorizou a boa-fé em todo o iter contratual e a proteção da confiança do consumidor, inovando a regular a publicidade e seus efeitos obrigacionais. A expressiva jurisprudência oriunda desta parte 'material' do CDC (LGL\1990\40) (arts. 8º a 54 do CDC (LGL\1990\40)) é testemunha do sucesso desta renovadora visão dogmática que impregna hoje mesmo, em diálogo, o próprio Código Civil de 2002" (MARQUES, Claudia Lima. 25 anos de Código de Defesa do Consumidor e as sugestões traçadas pela revisão de 2015 das diretrizes da ONU de proteção dos consumidores para a atualização. *Revista de Direito do Consumidor*, v. 103, p. 55, 2016).

2 Análise das premissas do entendimento cristalizado

A orientação consolidada no Enunciado nº 385 da Súmula do STJ e no Recurso Especial nº 1.386.424/MG decorre de três inadequadas premissas: (i) equiparação de dano moral a dor; (ii) caracterização do dever de ressarcir em abstrato; e (iii) o apego à subsunção. Analisar-se-á cada uma delas separadamente.

2.1 Equiparação de dano moral a dor

A concepção de que o dano moral equivaleria ao abalo psíquico sofrido pela vítima orientou o Enunciado nº 385 da Súmula da Jurisprudência Predominante do Superior Tribunal de Justiça e o Recurso Repetitivo nº 1.386.424/MG. De acordo com o raciocínio, a dor, o sofrimento e a humilhação do consumidor se esgotariam na primeira inscrição efetuada, de modo que o segundo registro, ainda que indevido, não seria capaz de produzir maior sofrimento. Nessa esteira, aduziu-se, no precedente que deu origem ao Enunciado nº 385, que o fato de existir registros anteriores por si só já configura o estado de inadimplemento, de modo que uma anotação a mais ou uma anotação a menos não poderia causar mais dor do que a dor causada com a primeira inscrição.[13] Apreciando-se, contudo, objetivamente os efeitos produzidos na esfera da vítima, a conclusão será, irremediavelmente, diversa.

Equiparar dano moral a dor, além de suscitar as contradições em tema de amentais e pessoas jurídicas, na prática, configura óbice intransponível no que tange à comprovação do dano. Em rigor, reconhecer o efeito extrapatrimonial na pessoa do ofendido é tarefa do intérprete, independentemente de comprovação de dor por parte da vítima – o que, de resto, constituiria disparatado entrave à plena reparabilidade, assegurada, não é demais ressaltar, constitucionalmente. Pode-se concluir, assim, que o efeito é objetivamente apreciável, perceptível de fora para dentro e não o inverso – este, o palco das controvertidas noções de subjetividade e dor.[14]

A bem da verdade, o desdobramento da lesão nas duas categorias genericamente inseridas no âmbito da responsabilidade civil, quais sejam, a dos danos materiais e a dos danos morais, depende da análise de

---

[13] STJ, 2ª S., REsp nº 1.062.336/RS, Rel. Min. Nancy Andrighi, j. em 10.12.2008.

[14] MONTEIRO FILHO, Carlos Edison do Rêgo. *Danos extrapatrimoniais da responsabilidade civil contratual*. Tese (Doutorado em Direito Civil) – Programa de Pós-Graduação da Faculdade de Direito da Universidade do Estado do Rio de Janeiro. Rio de Janeiro, 2005, p. 208-209.

DANO MORAL E *HOMO SACER*: O PROBLEMA DO ENUNCIADO Nº 385 DA SÚMULA DO SUPERIOR TRIBUNAL DE JUSTIÇA... | 157

seus efeitos. Desse modo, pode-se conceituar dano moral como o efeito extrapatrimonial da lesão a interesse juridicamente protegido,[15] que apresenta, como fundamento axiológico, a dignidade da pessoa humana. A Constituição Federal de 1988 ao alçar, no artigo 1º, III, CRFB/88,[16] a dignidade a fundamento da República, promoveu a superação do paradigma individualista e patrimonialista de outrora: do *pater familias* como sujeito de Direito[17] à tutela da livre realização da personalidade, da igualdade substancial e da solidariedade constitucional.[18]

Tal cláusula geral traz a unidade necessária à compreensão do sistema,[19] porquanto constitui o valor central do ordenamento jurídico. Os institutos de Direito Civil são funcionalizados[20] ao personalismo e solidarismo e as situações patrimoniais passam a estar instrumentalizadas à realização das situações existenciais.[21] Estabelece-se, assim, o

---

[15] MONTEIRO FILHO, Carlos Edison do Rêgo. *Elementos de responsabilidade civil por dano moral*. Rio de Janeiro: Renovar, 2000, p. 38-40.

[16] Art. 1º da Constituição Federal. "A República Federativa do Brasil, formada pela união indissolúvel dos Estados e Municípios e do Distrito Federal, constitui-se em Estado Democrático de Direito e tem como fundamentos: III – a dignidade da pessoa humana".

[17] "Tudo ainda se reduz: a ingressar nesse foro privilegiado do sujeito de Direito, aquele que tem bens, patrimônio sob si, compra, vende, pode testar, e até contrai núpcias. Para esses, o mundo do direito articulado sob as vestes da teoria do Direito Civil; para os demais, o limbo" (FACHIN, Luiz Edson. *Teoria crítica do direito civil*. Rio de Janeiro: Renovar, 2003, p. 116).

[18] A respeito da solidariedade constitucional, v. BODIN DE MORAES, Maria Celina. O princípio da solidariedade. *In*: MORAES, Maria Celina Bodin de. *Na medida da pessoa humana*: estudos de direito civil-constitucional. Rio de Janeiro: Renovar, 2010, p. 247.

[19] "A ciência do Direito (*jurisprudence*), por outro lado, revela o seu potencial quando se exige a formulação de princípios gerais: não apenas conceitos abstratos, mas também a crítica e a análise de tendências no pensamento jurídico e na judicatura são o seu domínio próprio. Não há dúvida de que os juristas podem esclarecer e explicar de uma maneira que não é como a do legislador nem como a do juiz" (CAENEGEM, R. C. van. *Juízes, legisladores e professores*. Rio de Janeiro: Elsevier, 2010, p. 91).

[20] Na síntese de Pietro Perlingieri: "O fato jurídico, como qualquer outra entidade, deve ser estudado nos dois perfis que concorrem para individuar sua natureza: a estrutura (como é) e a função (para que serve)" (PERLINGIERI, Pietro. *O direito civil na legalidade constitucional*. Rio de Janeiro: Renovar, 2008, p. 603). Conforme analisado em outra sede: "Nesse panorama, o intérprete que se vê diante de uma situação jurídica qualquer deve perquirir, para além de seus elementos constitutivos (o que ela é), a sua razão teleologicamente justificadora: para que serve? Ou seja, os institutos jurídicos, partes integrantes da vida de relação, passam a ser estudados não apenas em seus perfis estruturais (sua constituição e seus elementos essenciais), como também – e principalmente – em seus perfis funcionais (sua finalidade, seus objetivos)" (MONTEIRO FILHO, Carlos Edison do Rêgo. Usucapião imobiliária urbana independente de metragem mínima: uma concretização da função social da propriedade. *In*: MONTEIRO FILHO, Carlos Edison do Rêgo (Coord.). *Direito das relações patrimoniais*: estrutura e função na contemporaneidade. Curitiba: Juruá, 2014, p. 17).

[21] "é necessário reconstruir o Direito Civil não com uma redução ou um aumento de tutela das situações patrimoniais, mas com uma tutela qualitativamente diversa" (PERLINGIERI, Pietro. *O direito civil na legalidade constitucional*, p. 121-122).

controle de merecimento de tutela para além do paradigma do direito subjetivo.[22] Tutela-se, ademais, a igualdade por meio do direito à diferença, concebendo-se o ser humano como individual e plural a um só tempo.[23] É superada, ainda, a dicotomia entre Direito Público e Privado, em razão da força normativa dos princípios constitucionais, que servem como paradigmas interpretativos e são também aplicados diretamente às relações privadas.[24] O ordenamento jurídico assume importante função promocional, para além daquela repressiva-protetora.[25] Em suma, a tábua axiológica constituinte passa a assegurar a abertura do sistema à mutabilidade do Direito ao longo do processo histórico, denotando o caráter histórico-relativo de seus institutos.[26] Dá-se, assim, passo adiante no sentido da *tutela do consumidor como pessoa humana concretamente considerada*, não já como sujeito anônimo e abstrato.[27]

---

[22] "a personalidade humana mostra-se insuscetível de recondução a uma 'relação jurídica-tipo' ou a um 'novelo de direitos subjetivos típicos', sendo, ao contrário, valor jurídico a ser tutelado nas múltiplas e renovadas situações em que o homem possa se encontrar a cada dia. Daí resulta que o modelo do direito subjetivo tipificado será necessariamente para atender às possíveis situações subjetivas em que a personalidade humana reclame tutela jurídica" (TEPEDINO, Gustavo. A tutela da personalidade no ordenamento civil-constitucional brasileiro. *In*: TEPEDINO, Gustavo. *Temas de direito civil*. Rio de Janeiro: Renovar, 1999. t. I. p. 45). V. tb. "O conceito de direito subjetivo, em consequência, encerra importantes limitações em si mesmo, devendo o seu exercício estar em consonância com os objetivos, os fundamentos e os princípios estabelecidos pela normativa constitucional" (BODIN DE MORAES, Maria Celina. *O princípio da solidariedade*, p. 251).

[23] "No homem, a alteridade, que ele tem em comum com tudo o que existe, e a distinção, que ele partilha com tudo o que vive, tornam-se singularidade, e a pluralidade humana é a paradoxal pluralidade de seres singulares. Essa distinção singular vem à tona no discurso e na ação. Através deles, os homens podem-se distinguir-se, ao invés de permanecerem apenas diferentes; a ação e o discurso são os modos pelos quais os seres humanos se manifestam uns aos outros, não como meros objetos físicos, mas enquanto homens" (ARENDT, Hannah. *A condição humana*. Rio de Janeiro: Forense Universitária, 1993, p. 189).

[24] "Parece evidente que a distinção entre direito público e privado, mais que ser qualitativa, é quantitativa e determinável somente em relação a situações concretas" (PERLINGIERI, Pietro. *O direito civil na legalidade constitucional*, p. 140).

[25] "(...) no Estado contemporâneo, torna-se cada vez mais frequente o uso das técnicas de encorajamento. Tão logo comecemos a nos dar conta do uso dessas técnicas, seremos obrigados a abandonar a imagem tradicional do direito como ordenamento protetor-repressivo. Ao lado desta, uma nova imagem toma forma: a do ordenamento jurídico como ordenamento com função promocional" (BOBBIO, Norberto. A função promocional do direito. *In*: BOBBIO, Norberto. *Da estrutura à função*: novos estudos de teoria do direito. Rio de Janeiro: Manole, 2007, p. 13).

[26] "(...) o direito existe sempre 'em sociedade' (situado, localizado) e (...) as soluções jurídicas são sempre contingentes em relação a um dado envolvimento (ou ambiente). São, neste sentido, sempre locais" (HESPANHA, António Manuel. *A cultura jurídica europeia*: síntese de um milênio. Coimbra: Almedina, 2012, p. 13).

[27] "O princípio da dignidade da pessoa humana, como bem se pode observar, deve fazer referência à proteção da pessoa concreta, não se reduzindo ao 'sujeito virtual' abstratamente considerado, reputado como mero elemento da relação jurídica ou centro de imputação"

Decorre desse princípio constitucional, mais especificamente, a proteção do consumidor diante da inscrição indevida (lesão) que produza efeito moral na esfera da vítima. Na lição de Stefano Rodotà,[28] o desenvolvimento da personalidade na sociedade tecnológica se torna intrinsecamente vinculado à circulação de dados, de modo que a construção da identidade do sujeito passa a depender do modo como os bancos de dados o descrevem. O corpo se torna eletrônico e a percepção de si se opera de fora para dentro – a realidade é aquela definida nos perfis traçados pelos cadastros. Nesse cenário, a inscrição indevida em registros de proteção ao crédito atribui equivocadamente ao ser informacional a qualidade de "inadimplente", que, inicialmente desconhecida pelo próprio indivíduo,[29] passa a definir a percepção de si mesmo e seu tratamento no meio social.[30]

(FACHIN, Luiz Edson; PIANOVSKI, Carlos Eduardo. A dignidade da pessoa humana no direito contemporâneo: uma contribuição à crítica da raiz dogmática do neopositivismo constitucionalista. *Revista Trimestral de Direito Civil*, v. 35, p. 102, 2008). V. tb. KONDER, Carlos Nelson. O segundo passo: do consumidor à pessoa humana. *Revista Brasileira de Direito Civil*, v. 1, p. 294, 2014.

[28] "Il riconoscimento della rilevanza della persona, tuttavia, sarebbe incompleto se si limitasse a ribadire, e a collocare nel contesto determinato dall'innovazione scientifica e tecnologica, l'inscindibilità tra corpo e mente, trascurando la dimensione del 'corpo elettronico'. Se è certamente riduttivo, e pericoloso, affermare che 'noi siamo i nostri dati', è pur vero che la nostra vita sta ormai diventando uno scambio continuo di informazioni, che viviamo in un flusso ininterrotto di dati, sì che costruzione, identità, riconoscimento della persona dipendono in maniera sempre più inestricabile dal modo in cui viene considerato l'insieme dei dati che la riguardano. Ma qui non vi è astrazione dal reale, attrazione nella pura virtualità. Nella dinamica delle relazioni sociali, e pure nella percezione di sé, la vera realtà è quella definita dall'insieme delle informazioni che ci riguardano, organizzate elettronicamente. Questo è il corpo che ci colloca nel mondo" (RODOTÀ, Stefano. *Dal soggetto alla persona*. Napoli: Editoriale Scientifica, 2007, p. 35). Tradução livre: O reconhecimento da relevância da pessoa, contudo, seria incompleto se se limitasse a rebater, e a colocar no contexto determinado pela inovação científica e tecnológica, a indivisibilidade entre corpo e mente, negligenciando a dimensão do "corpo eletrônico". Se é certamente simplificador, e perigoso, afirmar que "nós somos os nossos dados", é mesmo verdade que a nossa vida está por fim se tornando uma troca contínua de informações, que vivemos um fluxo ininterrupto de dados, que a construção, identidade, reconhecimento da pessoa dependem de modo sempre mais inextricável da maneira pela qual é considerado o conjunto de dados que lhes dizem respeito. Mas não há aqui abstração do real, atração pela pura virtualidade. Na dinâmica das relações sociais, e mesmo na percepção de si, a verdadeira realidade é aquela definida pelo conjunto das informações que nos dizem respeito, organizadas eletronicamente. Esse é o corpo que nos coloca no mundo.

[29] "o mero fato de que informações sobre uma determinada pessoa são colhidas ou levadas em consideração pode passar inteiramente despercebido por ele próprio, por mais atento que ele esteja" (DONEDA, Danilo. *Da privacidade à proteção de dados pessoais*. Rio de Janeiro: Renovar, 2006, p. 175).

[30] "No nosso tema, o que importa é o dano-evento de quarto tipo, isto é, o que diz respeito à 'figura social', e, mais especificamente, à 'figura econômica' da pessoa. Se o nome de

Com efeito, ao atribuir fatos falsos à percepção que o indivíduo tem de si e à sua reputação (*rectius,* credibilidade) no meio social, a conduta do ofensor viola o direito à honra.[31] Ademais, dificulta que a pessoa humana obtenha livremente o crédito que poderá, em última análise, servir para a aquisição de bens essenciais à realização de seu projeto de vida. Vulnera, ainda, a solidariedade social, que impõe dever de colaboração no mercado de consumo. A identificação de tais efeitos, contudo, só poderá ser realizada na situação concreta.

No rigor dos princípios, ainda que se adotasse a concepção de dano moral como "dor, sofrimento e humilhação", não se identifica relação de causa e efeito entre a existência de prévia inscrição regular e a inocorrência desses mesmos sentimentos quando da posterior negativação indevida. Em outras palavras, o fato de o devedor conter em seu histórico um inadimplemento devidamente levado a registro não significa que se torne insensível à injustiça decorrente de injustificada inscrição. O acerto da primeira anotação não justifica, de modo algum, o equívoco da segunda. Trata-se de situações subjetivas juridicamente distintas.

Mais grave ainda se torna o problema, ao se atentar para a ideia geralmente aceita de que a verificação do dano moral se daria *in re ipsa.*

---

alguém é indevidamente incluído no Serasa, o prejuízo poderá ser patrimonial ou não-patrimonial" (AZEVEDO, Antônio Junqueira de. Cadastros de restrição ao crédito: dano moral. *Revista de Direito do Consumidor,* v. 36, p. 45, 2000).

[31] "Quanto ao dever de proteção da personalidade (econômica e moral) do consumidor, especialmente nas relações de crédito a proteção ao direito à imagem, ao direito de crédito, ao direito à dignidade, estão na ordem do dia. Face a organização de bancos de dados para os comerciantes e suas associações informarem-se sobre a situação de solvência dos consumidores que desejam crédito, a importância do tema levou o CDC (LGL\1990\40) a dispor de regras especiais sobre a proteção do consumidor contra informações a posteriori, isto é, após a conclusão e execução do contrato. O art. 43 do CDC (LGL\1990\40) tenta regular o fornecimento de informações sobre a situação econômica do consumidor, instituindo um direito do consumidor à informação dos dados contidos neste banco de dados (art. 43, caput), assim como um direito de modificação das informações incorretas (art. 43, §3º, do CDC (LGL\1990\40)). O Código introduz igualmente uma limitação temporal de no máximo 5 anos (art. 43, §1º, do CDC (LGL\1990\40)), para que tais dados negativos sejam mantidos nas centrais de informação; estando, porém, prescrita a dívida, nenhuma informação negativa pode mais ser fornecida, mesmo se não decorreram os referidos 5 anos (art. 43, §5º, do CDC (LGL\1990\40)). As informações errôneas destas centrais podem trazer graves prejuízos à dignidade do consumidor, sua capacidade de crédito, seu respeito no sociedade, constituindo verdadeiras ofensas aos direitos da personalidade do consumidor" (MARQUES, Claudia Lima. Os contratos de crédito na legislação brasileira de proteção do consumidor. *Revista de Direito do Consumidor,* v. 18, p. 53, 1996).

2.2 Caracterização do dever de ressarcir em abstrato

Conforme se extrai da Tese 1[32] da *Jurisprudência em Teses do STJ*, em sua Edição n. 59, o dano moral decorrente da inscrição indevida nos bancos de dados de restrição ao crédito é considerado *in re ipsa*: uma vez provada a negativação indevida, restaria *sempre* demonstrada a dor, sofrimento ou humilhação sofridos pelo lesado. Por outro lado, de acordo com o raciocínio esposado no Enunciado nº 385 da Súmula do STJ, a segunda anotação, ainda que indevida, não poderia *nunca* provocar dor, sofrimento e humilhação. Como se vê, resta perceptível a insuficiência da lógica do "tudo ou nada" na apreciação do caso em análise, bem como a aparente contradição entre os termos da Tese e do Enunciado – ou bem o dano moral decorre automaticamente de qualquer inscrição indevida (*in re ipsa*) ou bem serão apuradas as circunstâncias de cada caso, em linha de superação da presunção *in re ipsa*.[33]

Cabe ressaltar que, contrariamente ao *"all or nothing"*, não se defende aqui a reparação de dano moral em todos os casos de inscrição indevida, como se todas as situações de anotação pudessem ocasionar o menoscabo. Por outro lado, inegável a impossibilidade técnica de se excluir previamente tal ou qual lesão por incompatibilidade apriorística com os danos extrapatrimoniais – como se se pudesse impor peremptória negativa ao princípio da reparação integral.[34]

---

[32] Tese 1 da Jurisprudência em Teses do STJ: "A inscrição indevida em cadastro de inadimplentes configura dano moral *in re ipsa*". Informação disponibilizada em: <http://www.stj.jus.br/SCON/jt/toc.jsp>. Acesso em 20.6.2016. Nesse sentido, STJ, 4ª T., AgRg no AREsp nº 777.018/PR, Rel. Min. Marco Buzzi, j. em 17.12.2015; STJ, 3ª T., AgRg no AgRg no AREsp nº 727.829/SC, Rel. Min. Marco Aurélio Bellizze, j. em 3.12.2015; STJ, 4ª T., AgRg no AREsp nº 238.177/MG, Rel. Min. Raul Araújo, j. em 4.12.2014; STJ, 3ª T., AgRg no AREsp nº 538.092/SP, Rel. Min. Nancy Andrighi, j. em 21.8.2014.

[33] Nesse sentido, Ruy Pereira Camilo Jr. salienta a incoerência na equiparação de dano moral a dor: "O acórdão em análise presume que tal fato dê causa à dor íntima do devedor, que, nos termos do voto do Min. João Noronha, vê lançado contra si a pecha de inadimplente. E assim como se afirma tal dano, presume-se sua inocorrência se já existirem registros anteriores. Há aí uma contradição manifesta entre o subjetivismo do conceito de dano moral que se adota – dor íntima – e o formalismo e objetividade da técnica de presunção absoluta" (CAMILO JUNIOR, Ruy Pereira. Ação de compensação por danos morais por inscrição em cadastro de proteção ao crédito sem prévia notificação: comentários ao REsp 1.061.134/RS. *Revista de Direito Bancário e do Mercado de Capitais*, v. 48, p. 338, 2010).

[34] Seja consentido remeter a MONTEIRO FILHO, Carlos Edison do Rêgo. Artigo 944 do Código Civil: o problema da mitigação do princípio da reparação integral. *Revista de Direito da Procuradoria Geral do Estado do Rio de Janeiro*, v. 63, p. 69, 2008: "Hoje, portanto, após longo percurso, estabeleceu-se a reparação integral do dano como um valor importante no ordenamento. (...) Por outro prisma, consagrou-se a solidariedade como um valor da República (Constituição República, de 1988, art. 1º, III, e art. 3º, I), solidariedade que, em tema de responsabilidade civil, aponta no sentido da vítima, sempre buscando garantir-lhe uma reparação integral".

Deve-se, isso sim, impor ao ofendido (não já a comprovação da dor, mas) o ônus da prova dos fatos que propiciaram a ocorrência da lesão. Os fatos hão de ser bem demonstrados – inconcebível imaginar-se o contrário. Desta feita, o dano moral decorrente da negativação exige prova, como todo e qualquer dano moral, existente ou não prévia inscrição.[35]

A definição, não existe outro caminho, há de ser pronunciada em *cada caso*, de acordo com a prova da lesão concreta. É na busca dos pressupostos do dever de reparar que reside a pedra de toque apta a distinguir as hipóteses. Não há como impor uma solução generalizada: somente com a presença do dano (juridicamente qualificado como tal) e do nexo de causalidade é que se deflagra o mecanismo reparatório.[36]

Com efeito, a ilação *in re ipsa* é objeto de críticas doutrinárias,[37] porquanto desconsidera a pessoa humana em sua individualidade, impedindo a análise da situação fática. Ao presumir a ocorrência do dano, ou, em reverso, a impossibilidade de sua ocorrência, gera-se,

---

[35] "Em última análise, há de se ter cautela para que o expediente do dano *in re ipsa* não acabe por tipificar hipóteses de dano moral, suprimindo em parte o procedimento de qualificação do fato lesivo e reduzindo, mediante tabelamento quase automático, a liquidação. Com efeito, em matéria de reparação integral do consumidor, a tipificação pode acabar sendo prejudicial, por desprestigiar o exame das circunstâncias do caso concreto e, com isso, amesquinhar sua proteção. Dessa maneira, a construção do dano moral *in re ipsa* – embora louvável do ponto de vista prático, porque objetivou, em sua formulação, facilitar a reparação, além de consolidar orientações extraídas a partir de violações reiteradas – não pode suprimir a relevantíssima aferição em concreto do dano moral, que permite aquilatar a extensão do dano a ser liquidado, pois apenas assim se assegurará a plena reparação do consumidor, que atente para todas as suas condições pessoais, inclusive eventual hipervulnerabilidade, e para as especificidades das circunstâncias em que se dá a lesão" (OLIVA, Milena Donato. *Dano moral e inadimplemento contratual nas relações de consumo*, p. 13).

[36] "No direito brasileiro, em ambas as espécies de responsabilidade civil, objetiva ou subjetiva, o dever de reparar depende da presença do nexo causal entre o ato culposo ou a atividade objetivamente considerada, e o dano, a ser demonstrado, em princípio, por quem o alega (*onus probandi incumbit ei qui dicit, non qui negat*), salvo nas hipóteses de inversão do ônus da prova previstas expressamente na lei, para situações específicas" (TEPEDINO, Gustavo. Notas sobre o nexo de causalidade. *In*: TEPEDINO, Gustavo. *Temas de direito civil*. Rio de Janeiro: Renovar, 2006. t. II. p. 63).

[37] "Esta ilação [*in re ipsa*], porém, tem tido como consequência lógica, a ser oportunamente criticada, o entendimento subjacente de que o dano moral sofrido pela vítima seria idêntico a qualquer evento danoso semelhante sofrido por qualquer vítima, porque a medida, nesse caso, é unicamente, a da sensibilidade do juiz, que bem sabe, por fazer parte do gênero humano, quanto mal lhe causaria um dano daquela mesma natureza. Agindo desta forma, porém, ignora-se, em última análise, a individualidade *daquela* vítima, cujo dano, evidentemente, é diferente do dano sofrido por qualquer outra vítima, por mais que os eventos danosos sejam iguais, porque as condições pessoais de cada vítima diferem e, justamente porque diferem, devem ser levadas em conta" (MORAES, Maria Celina Bodin de. *Danos à pessoa humana*: uma leitura civil-constitucional dos danos morais. Rio de Janeiro: Renovar, 2003, p. 161).

DANO MORAL E *HOMO SACER*: O PROBLEMA DO ENUNCIADO Nº 385 DA SÚMULA DO SUPERIOR TRIBUNAL DE JUSTIÇA... | 163

como consequência, a tipificação de danos e o tabelamento do *quantum* indenizatório, em ofensa ao princípio da reparação integral.

Assim, a necessidade de demonstração do dano converge com a referida mudança fundamental de paradigma, do consumidor individual à pessoa humana concretamente considerada,[38] bem como se associa à superação do dogma da subsunção, conforme se verá a seguir.

2.3 Apego à subsunção

Extrai-se da prática jurisprudencial[39] a aplicação automática do Enunciado nº 385 da Súmula do STJ como mecanismo silogístico de adequação do fato concreto – premissa menor – ao enunciado sumular (que, aqui, faz as vezes da regra jurídica abstrata) – premissa maior, sobretudo diante do Enunciado nº 7 da Súmula do Superior Tribunal de Justiça,[40] que impede o reexame de provas em sede de recurso especial.[41] Desse modo, basta a alegação do réu de que o devedor possui

---

[38] Leciona Antonino Procida Mirabelli di Lauro: "Nei ripercorrere (...) gli itinerari dei danni alla persona si nota un sorprendente mutamento di metodo negli orientamenti della dotrrina e, soprattuto, della giurisprudenza. L'acquisita consapevolezza della posizione assunta dall'individuo – e dalla sua intregrità psico-fisica – nella gerarchia dei valori di ciascun ordinamento e l'individuazione dei nuovi fondamenti costituzionali e solidaristici delle responsabilità civili permettono di ravvisare un ribaltamento del rapporto 'tra danno al patrimonio (inteso come 'somma di proprietà)' e danni alla persona, di celebrare il primato di questi ultimi nella teoria generale dell'illecito (...)" (*La riparazione dei danni alla persona*, Napoli: Edizioni Scientifiche Italiane, 1993, p. 12-13). Em tradução livre: Ao revisitar os itinerários dos danos à pessoa se nota uma surpreendente mudança de método na orientação da doutrina e, sobretudo, da jurisprudência. A consciência adquirida a respeito da posição assumida pelo indivíduo – e por sua integridade psicofísica – na hierarquia de valores de cada ordenamento e a individuação de novos fundamentos constitucionais e solidarísticos das responsabilidades civis permitem vislumbrar uma derrubada da relação 'entre danos ao patrimônio (entendidos como 'soma de propriedade') e danos à pessoa, de celebrar o primado destes últimos na teoria geral do ilícito.

[39] Nos tribunais inferiores, v. "Conforme documento (…) juntado pelo apelante, pode ser observado que o mesmo possui mais de um registro de seu nome junto aos órgãos de proteção ao crédito, referente a outros débitos e realizado por outra empresa, portanto, no caso em tela não procede o pleito indenizatório, por mais que a inscrição anterior tenha sido ilícita, pois o nome da parte autora já constava como inadimplente antes mesmo de incluir no banco de dados a inscrição discutida nesta demanda" (TJRS, 17ª C.C., Ap. Cív. nº 70069645398, Rel. Des. Giovanni Conti, j. em 16.6.2016). Cf. ainda TJSP, 15ª C.D.Priv., Ap. Cív. nº 1022046-90.2015.8.26.0405, Rel. Des. Denise Andréa Martins Retamero, j. em 14.6.2016; TJRJ, 23ª C.C., Ap. Cív. nº 0032624-45.2014.8.19.0087, Rel. Des. Antonio Carlos Arrabida Paes, j. em 15.6.2016.

[40] Enunciado nº 7 da Súmula do STJ: "A pretensão de simples reexame de prova não enseja recurso especial".

[41] Confira-se: "'da anotação irregular em cadastro de proteção ao crédito, não cabe indenização por dano moral, quando preexistente legítima inscrição, ressalvado o direito ao cancelamento (Súmula 385 do STJ)'. Tendo a Corte de origem reconhecido a existência de

legítima anotação prévia para a conclusão imediata de improcedência do pedido de reparação dos danos morais, sem a adequada análise do caso. Consolida-se, assim, uma espécie de reverso da moeda *in re ipsa* com caráter de presunção absoluta: a negativação indevida do devedor que possui legítima inscrição preexistente não gera, em nenhuma hipótese, dano moral.

Trata-se, contudo, de equívoco hermenêutico. Conforme mencionado alhures, a Constituição Federal de 1988 inaugurou nova ordem jurídica orientada à tutela privilegiada das situações existenciais, erigindo, em seu artigo 1º, III, a dignidade da pessoa humana a fundamento de todo o sistema.[42] A axiologia constitucional impõe aos operadores do direito o desafio de examinar as situações fáticas e, a partir daí, construir o ordenamento do caso concreto,[43] a gerar, como consequência, o desejado ocaso da subsunção,[44] método hermenêutico que ignora a unidade entre a interpretação e a aplicação do Direito na relação entre praxe e normatividade.[45]

---

registros preexistentes regulares, a alteração das premissas fáticas adotadas demandaria o reexame do conjunto fático-probatório dos autos, providência incabível em sede de recurso especial, nos termos da Súmula 7/STJ" (STJ, 4ª T., AgRg no AREsp nº 178.449/SP, Rel. Min. Raul Araújo, j. em 17.5.2016). V. tb. STJ, 2ª T., AgRg no AREsp nº 779.661/RS, Rel. Min. Herman Benjamin, j. em 19.11.2015; STJ, 4ª T., AgRg no AREsp nº 677.463/SP, Rel. Min. Raul Araújo, j. em 23.06.2015; STJ, 4ª T., AgRg no AREsp nº 645.529/SP, Rel. Min. Maria Isabel Gallotti, j. em 5.3.2015).

[42] Sobre o tema, seja consentido remeter a MONTEIRO FILHO, Carlos Edison do Rêgo. Rumos cruzados do direito civil pós-1988 e do constitucionalismo de hoje. *In*: TEPEDINO, Gustavo (Org.). *Direito civil contemporâneo*: novos problemas à luz da legalidade constitucional. São Paulo: Atlas, 2008, p. 265.

[43] Na lição de Pietro Perlingieri: "L'ordinamento, tuttavia, non si esaurisce nella complessità della sua genesi legislativa e normativa; la complessità dell'ordinamento è data dall'impatto con il sistema socio-culturale di appartenenza, che non è aspetto fattuale privo di capacità condizionante. Ma à aspetto strutturale conformativo e adeguatore e, quindi, realmente contenutistico dello *ius. Societas* è cultura, e questa vive nel momento applicativo, creativo dell'ordinamento del caso concreto, attraverso anche la cultura degli operatori: giudici, avvocati, notai, funzionari. In tal modo l'esperienza arricchisce la norma, la plasma e la rende effettiva" (PERLINGIERI, Pietro. Complessità e unitarietà dell'ordinamento giuridico vigente. *Rassegna di Diritto Civile*, v. 1/05, Edizioni Scientifiche Italiane, p. 192). Tradução livre: O ordenamento, todavia, não se exaure na complexidade de sua gênese legislativa e normativa; a complexidade do ordenamento é dada pelo impacto com o sistema sociocultural de atribuição, que não é aspecto factual privado de capacidade condicionante. Mas é aspecto estrutural conformativo e adequador e, portanto, realmente conteudístico do *ius. Societas* é cultura, e esta vive no momento aplicativo, criativo do ordenamento do caso concreto, através também da cultura dos operadores, juízes, advogados, notários, funcionários. Desse modo, a experiência enrique a norma, plasmando-a e tornando-a efetiva.

[44] TEPEDINO, Gustavo. Liberdades, tecnologia e teoria da interpretação. *Revista Forense*, v. 419, p. 419, 2014.

[45] "Não se trata de questão meramente terminológica. A subsunção parte de duas premissas equivocadas: (i) a separação do mundo abstrato das normas e o mundo real dos fatos,

DANO MORAL E *HOMO SACER*: O PROBLEMA DO ENUNCIADO Nº 385 DA SÚMULA DO SUPERIOR TRIBUNAL DE JUSTIÇA... | 165

Dito diversamente, a hermenêutica tradicional, concebida para um sistema liberal-individualista baseado na técnica da subsunção do fato à disposição típica, não se coaduna com as necessidades normativas de um sistema estruturado sobre o princípio fundamental da solidariedade social, arejado pelas diretrizes de cartas constitucionais democráticas e comprometido com a efetiva aplicação dos valores eleitos pela sociedade na resolução dos conflitos individuais.[46]

Isso porque a subsunção desconsidera a textura aberta da linguagem, bem como a necessidade de individuação pelo intérprete da normativa do caso concreto. O sistema, como todo aberto e sistemático, em razão da mutabilidade dos anseios jurídicos e da transitoriedade da ciência,[47] não pode ser aplicado de forma mecânica e automática. Ao revés, exige a intercomunicação constante entre fato e direito, de modo que a interpretação e a aplicação do Direito revelem-se como momento indissociável e sincrônico.[48]

Nessa esteira, em cada decisão, o magistrado deverá considerar (não já o enunciado sumular isoladamente considerado, mas) o ordenamento jurídico em sua unidade, heterogeneidade e complexidade, de modo a individualizar a solução que melhor realize os

---

no qual aquelas devem incidir; (ii) a separação entre o momento da interpretação da norma abstrata (premissa maior) e o momento da aplicação ao suporte fático concreto (premissa menor). Como conseqüência, admite-se que, em tese e de antemão (em relação ao momento da incidência da norma), haveria valorações legítimas efetuadas pelo legislador, normas de conduta às quais deve se moldar, em abstrato, a sociedade. Com tal raciocínio: (i) reduz-se a aplicação do direito (rectius, a atividade do magistrado) a procedimento mecânico, especialmente se a etapa anterior – interpretação – concluir que a regra é clara, subtraindo do intérprete o poder-dever de utilização dos princípios e valores constitucionais no exame de cada preceito normativo a ser aplicado (no vetusto brocardo latino, *in claris non fit interpretatio*); (ii) a norma infraconstitucional se torna a protagonista principal do processo interpretativo, mediadora entre os princípios – por vezes de pouca clareza analítica – e o suporte fático no qual incide. A tarefa do intérprete acaba sendo a de adequar o conteúdo principiológico extraído de determinado princípio à regra, que será considerada legítima desde que não viole, escancarada e acintosamente, o Texto constitucional, esgotadas todas as possibilidades hermenêuticas" (TEPEDINO, Gustavo. O ocaso da subsunção. *In*: TEPEDINO, Gustavo. *Temas de direito civil*. Rio de Janeiro: Renovar, 2009. t. III. p. 444).

[46] MONTEIRO FILHO, Carlos Edison do Rêgo. Reflexões metodológicas: a construção do observatório de jurisprudência no âmbito da pesquisa jurídica. *Revista Brasileira de Direito Civil*, v. 9, 2016.

[47] CANARIS, Claus-Wilhem. *Pensamento sistemático e conceito de sistema na ciência do direito*. Lisboa: Fundação Calouste Gulbenkian, 1996, p. 281.

[48] "O momento da factualidade é absolutamente ineliminável do momento cognoscitivo do direito que, como ciência prática, caracteriza-se por moventes não historiográficos ou filosóficos, mas aplicativos" (PERLINGIERI, Pietro. *O direito civil na legalidade constitucional*, p. 132).

valores constitucionais, procedendo à acurada análise da situação concreta.[49] Impõe-se, assim, a interpretação unitária do ordenamento e o estudo por problemas,[50] considerando-se a hermenêutica em função aplicativa.[51] Isso não significa, porém, a concessão de salvo conduto para a arbitrariedade do julgador. O princípio da fundamentação das decisões, insculpido no artigo 93, IX, da Constituição Federal,[52] representa verdadeiro fator de limitação à discricionariedade judicial,[53] exigindo motivação racional à decisão com base no sistema.[54] Cada

---

[49] "O que quero dizer é que a interpretação jurídica é mais do que um exercício de simples compreensão ou conhecimento do que está escrito nas leis. Porque a interpretação do direito é sempre voltada à obtenção de uma decisão para problemas práticos. Por isto, interpretação e aplicação não se realizam autonomamente. (...) O que na verdade existe (...) é uma equação entre interpretação e aplicação. De modo que aí não há dois momentos distintos, mas uma só operação. Interpretação e aplicação se superpõem" (GRAU, Eros. Técnica legislativa e hermenêutica contemporânea. In: TEPEDINO, Gustavo (Org.). Direito civil contemporâneo: novos problemas à luz da legalidade constitucional. São Paulo: Atlas, 2008, p. 284).

[50] "o estudo do direito não pode ser feito por setores pré-constituídos, mas por problemas, com especial atenção às exigências emergentes" (PERLINGIERI, Pietro. Perfis do direito civil: introdução ao direito civil constitucional. Rio de Janeiro: Renovar, 1999, p. 55).

[51] "A norma age sobre a conduta por meio de uma operação intelectiva (interpretação), destinada a proporcionar sua correta compreensão e a determinar a apreciação do interessado: em outros termos, age mediante uma atividade destinada a fazer com que ele saiba, quer ele se encontre ou não na condição (hipótese de fato ou espécie) prevista pela própria norma. (...) Sendo assim, a interpretação jurídica é destinada a uma função normativa pela própria natureza do seu objeto e do seu problema, que a coloca em correlação com a aplicação da norma entendida no sentido que acabamos de explicitar" (BETTI, Emilio. Interpretação da lei e dos atos jurídicos. São Paulo: Martins Fontes, 2007, p. 11-12).

[52] Art. 93 da Constituição Federal. "Lei complementar, de iniciativa do Supremo Tribunal Federal, disporá sobre o Estatuto da Magistratura, observados os seguintes princípios: IX – todos os julgamentos dos órgãos do Poder Judiciário serão públicos, e fundamentadas todas as decisões, sob pena de nulidade, podendo a lei, se o interesse público o exigir, limitar a presença, em determinados atos, às próprias partes e a seus advogados, ou somente a estes".

[53] "Ao que parece, todavia, parte da jurisprudência não se deu conta de que a maleabilidade do limite externo, formal, que restringiu o intérprete – o dogma da subsunção – não representou a consagração da vontade do magistrado, mas foi substituído pela imposição de um limite interno, metodológico: a exigência de fundamentação argumentativa da decisão" (BODIN DE MORAES, Maria Celina. Danos à pessoa humana, p. IV).

[54] "Assim, chega-se à noção de ordenamento não como repositório de normas jurídicas, mas como conjunto de ordenamentos dos casos concretos, para cuja construção o intérprete levará em conta os elementos condicionantes dos fatos e das normas jurídicas conjuntamente interpretadas em cada conflito de interesses. Daí a importância atual da argumentação jurídica, a qual não se repete, por isso mesmo, entre dois casos concretos (sendo sempre singular e indispensável para a legitimidade desta fusão de culturas e de compreensões de mundo operada pelo magistrado na decisão judicial). E tendo em vista a unidade indispensável à própria existência do ordenamento, a interpretação deste processo complexo há de ser feita, necessariamente – convém insistir –, à luz dos princípios emanados pela Constituição da República, que centraliza hierarquicamente os valores prevalentes no sistema jurídico, devendo suas normas, por isso mesmo, incidir

interpretação representará, assim, a individuação do ordenamento jurídico do caso concreto.[55]

A aplicação automática do Enunciado nº 385 da Súmula do STJ, que exclui *a priori* a possibilidade de verificação do dano moral, vai de encontro, portanto, a tais paradigmas, gerando como consequência o desamparo da pessoa humana, que restará irressarcida de plano, sem que o magistrado proceda ao exame do caso prático. Em outras palavras, a existência de enunciado sumular do Superior Tribunal de Justiça não constitui razão suficiente para a criação de gueto normativo impenetrável às cláusulas gerais imperativamente fixadas em lei, e imune à incidência do ordenamento civil-constitucional. Mercê da tábua axiológica constitucional, não há fundamento lógico-jurídico para o afastamento apriorístico da incidência da reparação de danos extrapatrimoniais em razão de legítima anotação preexistente, sob pena de se subverter a hierarquia do ordenamento, que reconduziu a pessoa humana ao seu vértice.[56]

3 Notas conclusivas: releitura do caso sob a metodologia civil-constitucional

Superadas, portanto, as premissas inadequadas, passa-se ao exame do tema sob novos paradigmas, à luz da metodologia civil-constitucional: (i) conceito de dano moral como efeito extrapatrimonial da lesão a interesse juridicamente protegido; (ii) exigência de prova da lesão e (iii) análise acurada da situação concreta.

Tomando-se o dano como efeito da lesão, a segunda inscrição no denominado cadastro de inadimplentes pode ocasionar dano tanto quanto a primeira. Isso porque não há que se analisar dor, sofrimento

---

diretamente nas relações privadas" (TEPEDINO, Gustavo. Normas constitucionais e direito civil na construção unitária do ordenamento. *In*: TEPEDINO, Gustavo. *Temas de direito civil*. Rio de Janeiro: Renovar, 2006. t. III, p. 6).

[55] "Individuar a normativa a ser aplicada no caso concreto, ou seja, individuar o ordenamento jurídico do caso concreto, é obra do intérprete, que se vale dos princípios e das regras que se encontram na totalidade da experiência e da realidade histórica. A sua tarefa, portanto, não é uma operação mecânica, mas sim, cultural, muito absorvente, socialmente relevante e controlável" (PERLINGIERI, Pietro. *O direito civil na legalidade constitucional*, p. 130).

[56] "A pessoa humana foi, com justa causa, elevada ao patamar de epicentros dos epicentros. Como consequência, na responsabilidade civil, o dano à pessoa humana se objetiva em relação ao resultado, emergindo o direito de danos como governo jurídico de proteção à vítima" (FACHIN, Luiz Edson. Responsabilidade civil contemporânea no Brasil: notas para uma aproximação. *Revista Jurídica*, v. 58, p. 1, 2010).

ou humilhação, mas o efeito gerado na esfera da vítima, ou seja, se da lesão decorreram efeitos extrapatrimoniais. Tal exame só poderá ser feito, portanto, na hipótese fática.

Além disso, não se pode conceber que eventual inscrição regular do consumidor gere a perda de sua honra![57] A proteção da pessoa humana – adimplente ou não – deverá ser realizada sempre de modo pleno, como fim em si mesma. Será titular do direito à honra toda e qualquer pessoa, independentemente do cumprimento de suas obrigações patrimoniais.[58] Caso contrário, correr-se-ia o risco de promover nítida subversão do ordenamento jurídico, subjugando-se a tutela dos interesses existenciais aos patrimoniais.[59]

De outra parte, não colhe o argumento de que, em todo caso, a primeira inscrição necessariamente leva à recusa do crédito. Segundo o raciocínio, o consumidor que foi inscrito regularmente no banco de dados, não poderia ser vítima de dano moral por registro indevido posterior, pois necessariamente a primeira anotação devida seria suficiente para que lhe fosse recusado o crédito. Em síntese, afastar-se-ia a reparação enquanto a primeira negativação se mantivesse ativa.

Tal concepção descura, contudo, do caráter *relativo* das informações contidas nos bancos de dados de restrição ao crédito. O fornecedor poderá optar por conceder o crédito mesmo que haja anterior inadimplência, em razão do pequeno valor da dívida ou por conveniência na gestão do negócio. Por outro lado, poderá recusar a vantagem, posto

---

[57] "Não é porque o nome de determinada pessoa já conste, devida ou indevidamente, em arquivos de proteção ao crédito que estão autorizadas novas inscrições, como se o negativado houvesse perdido sua honra e privacidade em virtude da primeira inscrição" (BESSA, Leonardo. *O consumidor e os limites dos bancos de dados de restrição ao crédito*. São Paulo: Revista dos Tribunais, 2003, p. 256).

[58] "Parece-me, particularmente, que esta orientação sumular não foi a melhor interpretação do sistema do CDC, que impõe ao fornecedor o dever de regularidade de todos os seus cadastros, frente a todos os consumidores. A Súmula 385 acabou por criar excludente para o fornecedor que efetivamente erra e ainda uma escusa de antemão de todos os erros dos fornecedores e da abertura de cadastros irregulares [...]. O foco do CDC é na regularidade do cadastro e pressupõe – parece-me – que mesmo o consumidor superendividado ou com anteriores e preexistentes problemas de cadastro negativo tem honra (ou 'quid') e sofre dano moral (o 'quantum' é que poderia ter sido diminuído)" (MARQUES, Claudia Lima; BENJAMIN, Antonio Herman V.; MIRAGEM, Bruno. *Comentários ao código de defesa do consumidor*. São Paulo: Revista dos Tribunais, 2013, p. 833).

[59] "A primazia atribuída a emoções de impossível investigação acaba por chancelar a indevida violação de situação jurídica extrapatrimonial merecedora de proteção. Independentemente dos sentimentos nutridos pela pessoa que tem injustamente seu nome negativado, o registro irregular atinge a credibilidade da vítima" (OLIVA, Milena Donato. *Dano moral e inadimplemento contratual nas relações de consumo*, p. 15).

que o consumidor não tenha qualquer negativação, em razão da análise conjunta de seu histórico de contratações.[60] Desse modo, afigura-se possível que a primeira anotação por si só não seja suficiente para a recusa do crédito. No entanto, em razão da segunda inscrição (indevida), a análise conjunta de ambas conduza à negativa. Em outras palavras, quanto maior o número de informações desabonadoras, maior dificuldade terá o consumidor na obtenção da vantagem.[61]

Configurando-se o dano moral, o critério a ser utilizado para a quantificação será a sua extensão, devendo-se atentar, em especial, para as condições pessoais da vítima concretamente considerada, que tornam a extensão do dano sofrido por aquela pessoa humana distinto de qualquer outro, ainda que em situação aparentemente idêntica.[62] Além disso, eventuais informações desabonadoras prévias poderão ser consideradas na apuração do *quantum* compensatório, a depender das circunstâncias peculiares do caso.[63]

Deve-se valorizar, portanto, o exame das especificidades da situação fática. É evidente que a hipótese do indivíduo que apresenta histórico de inadimplementos voluntários – devedor contumaz – afigura-se distinta do caso do devedor que detém apontamentos involuntários (que não resultam de seu querer), derivados de problemas pontuais do passado (como desemprego, doença, questões familiares). Tais fatos deverão ser considerados pelo intérprete na individuação da normativa

---

[60] BESSA, Leonardo. *Cadastro positivo*. São Paulo: Revista dos Tribunais, 2011, p. 37.

[61] "A legítima inscrição anterior não pode servir de salvo conduto para ulteriores violações à honra, mesmo porque quanto mais registros contra si o consumidor tiver, maior sua dificuldade de obtenção de determinadas vantagens no mercado de consumo e maior a agressão impingida à sua honra. Fosse assim, aquele que autoriza a divulgação de determinada imagem perderia seu direito existencial a vedar novas publicações desta mesma imagem" (OLIVA, Milena Donato. *Dano moral e inadimplemento contratual nas relações de consumo*, p. 15).

[62] "Esta [a avaliação equitativa] tem a vantagem da flexibilidade e da maior adequação às exigências e às circunstâncias da *fattispecie* concreta, mas, para evitar aplicações distorcidas, tem de ser especificada. Ela não pode consistir em uma operação arbitrária, mas em uma avaliação discricionária que leve em consideração as particularidades existenciais da pessoa, isto é, aquelas exigências conaturais à sua personalidade e atinentes ao seu livre desenvolvimento e às suas intrínsecas manifestações. Desse modo, a avaliação equitativa (art. 1.226 Cód. Civ.) é fortemente personalizada, individualizada, superando-se qualquer critério rígido e mecânico de avaliação em contraste com o art. 3, §2, Const. que postula tratamentos diferentes em presença de condições iguais. (...) A avaliação equitativa prescinde do rendimento individual ou *pro capite* e concentra-se nas consequências que o dano produz nas manifestações da pessoa como mundo de costumes da vida, de equilíbrios e de realizações interiores" (PERLINGIERI, Pietro. *Perfis do direito civil*, p. 174).

[63] BESSA, Leonardo. *O consumidor e os limites dos bancos de dados de restrição ao crédito*. São Paulo: Revista dos Tribunais, 2003, p. 256.

do caso concreto, sob pena de violação à isonomia substancial ao se transpor solução idêntica a caso distinto.[64]

Para além do juízo quantitativo – que distinguirá a situação do devedor que possui dezenas de registros de inadimplemento daquele que apresenta pontual anotação devida – faz-se mister a análise qualitativa das circunstâncias que conduziram ao estado de inadimplência, tais como vulnerabilidades, idade, condições de saúde, potencialidades existenciais, realidades específicas e expectativas concretas. Afasta-se, por completo, a lógica do "tudo ou nada" esposada no Enunciado nº 385 da Súmula do STJ, exigindo-se do magistrado a aplicação dos instrumentos hermenêuticos da razoabilidade – para a ponderação de interesses em juízo qualitativo[65] – e da proporcionalidade – para a apreciação ulterior quantitativa da hipótese.[66]

Caso contrário, deixar irreparada a lesão em razão da inscrição indevida no banco de dados de restrição ao crédito geraria o efeito perverso de se atribuir salvo-conduto ao ofensor para atuar de modo ilícito.[67] O outro lado da moeda, ainda mais grave, consistiria em tolher a dignidade humana da pessoa que eventualmente tenha algum

---

[64] "A subsunção propicia a falsa impressão de garantia de igualdade na aplicação da lei. Entretanto, não há respeito à isonomia quando o magistrado deixa de perceber a singularidade de cada caso concreto e, mediante procedimento mecânico, faz prevalecer o texto abstrato da regra" (TEPEDINO, Gustavo. *Liberdades, tecnologia e teoria da interpretação*, p. 419).

[65] "Mediante a razoabilidade, o intérprete poderá aferir em que medida a disciplina individuada para certa hipótese fática, mesmo diante de regras aparentemente claras, se encontra consentânea com os princípios e valores do ordenamento, tendo-se em conta as especificidades dos interesses em questão. É papel do intérprete, portanto, em nome da razoabilidade, entrever as consequências da sua atividade interpretativa no caso concreto, em busca da solução razoável que, ao mesmo tempo, seja rigorosamente fiel aos valores do ordenamento jurídico" (TEPEDINO, Gustavo. A razoabilidade e a sua adoção à moda do jeitão. *Revista Brasileira de Direito Civil*, v. 8, p. 6, 2016).

[66] "a proporcionalidade consiste na justa proporção ou quantificação e configura, portanto, um parâmetro ulterior e sucessivo em relação àquele de razoabilidade vista como justificação abstrata" (PERLINGIERI, Pietro. *O direito civil na legalidade constitucional*, p. 406-407).

[67] Para Bruno Miragem, o equívoco no Enunciado nº 385 da Súmula do STJ consiste na injustiça decorrente da ausência de punição ao ofensor: "(...) note-se aqui o fundamento preciso do entendimento que sustenta – no sentido oposto ao da Súmula 385 – a imposição do dever de indenizar lesão decorrente de inscrição indevida, mesmo nos casos da preexistência de inscrições regulares em relação ao mesmo consumidor: a necessidade de punição do ilícito civil, e seu caráter exemplar, pedagógico, no sentido de desestimular a repetição do ilícito" (MIRAGEM, Bruno. Inscrição indevida em banco de dados restritivo de crédito e dano moral: comentários à Súmula 385 do STJ. *Revista de Direito do Consumidor*, v. 81, p. 323, 2012). No mesmo sentido: "(...) permitir que os responsáveis pelo cometimento de um ato ilícito se escondam sob a alegação de que o devedor já possuía outras anotações implica cobrir-lhes com o 'manto da impunidade' e estimular a prática de novas ilegalidades" (Trecho do voto da Ministra Nancy Andrighi no REsp nº 1.062.336/RS).

apontamento legítimo no seu histórico de crédito, reduzindo-a a espécie de cidadão de segunda classe ou "subpessoa", suscetível de ser vítima de qualquer novo registro ilegítimo, como se o ordenamento chancelasse a conduta antijurídica do ofensor com base em uma eventualidade do passado.[68]

Abrir-se-ia espaço para a reflexão de Giorgio Agamben acerca do *homo sacer*, figura presente no direito romano que equivalia à "vida matável".[69] Abandonado pelo direito, o *homo sacer* poderia ser morto impunemente por qualquer um. Em outras palavras, aquele que assassinasse o *homo sacer* não seria responsabilizado juridicamente por homicídio. No efeito perverso que aqui se analisa, o inadimplente se tornaria o equivalente moderno (*rectius,* a reinvenção) do *homo sacer*, pessoa desprovida de dignidade que poderia sofrer violações à sua honra impunemente por qualquer entidade cadastral ou credor.[70] Resta evidenciada, portanto, exegese de punição ao devedor inadimplente de todo estranha aos valores constitucionalmente assegurados.

Além disso, sublinhe-se que a ampliação do alcance da súmula para abarcar o credor que forneceu a informação inverídica afigura-se ainda mais inadequada, vez que este é o responsável imediato pelo repasse dos dados falsos. Na sociedade de consumo, as cobranças indevidas têm como origem as práticas mercadológicas que colocam em primazia mecanismos de cortes de custos em busca de eficiência.[71] Na contramão de tais práticas, deve-se fortalecer a harmonia nas relações consumeristas (art. 4º, III, CDC[72]), de modo a estimular a

---

[68] "(...) em cada processo discute-se um específico ato de inscrição e não o histórico do consumidor como bom ou mau pagador". Com efeito, "não há sentido em condicionar a análise da existência ou não de dano moral à comprovação de que o consumidor é ou não honesto", pois "o que se discute é a licitude da inscrição, o que está em análise é a conduta do órgão mantenedor do cadastro e não do consumidor". (Trecho do voto da Ministra Nancy Andrighi no REsp 1.062.336/RS).

[69] AGAMBEN, Giorgio. *Homo sacer*: o poder soberano e a vida nua. Belo Horizonte: Editora UFMG, 2007, p. 143.

[70] "Esses fatos evidenciam que não se pode negar ao devedor com registros negativos anteriores a aptidão para sofrer danos morais por questões relacionadas ao crédito, pois isso equivaleria a sujeitá-lo a uma *capitis diminutio*, sem amparo no ordenamento jurídico vigente" (Trecho do voto do Ministro Paulo de Tarso Sanseverino no REsp nº 1.386.424/MG)

[71] MONTEIRO FILHO, Carlos Edison do Rêgo. O problema da massificação das demandas consumeristas: atuação do Procon e proposta de solução à luz do direito contemporâneo. *Revista de Direito do Consumidor* [no prelo].

[72] Art. 4º do Código de Defesa do Consumidor. "A Política Nacional das Relações de Consumo tem por objetivo o atendimento das necessidades dos consumidores, o respeito à sua dignidade, saúde e segurança, a proteção de seus interesses econômicos, a melhoria da sua qualidade de vida, bem como a transparência e harmonia das relações de consumo,

criação de ambiente de negócios lastreado na aproximação solidária consumidor-fornecedor.[73]

Espera-se uma transformação. Os primeiros passos do caminho a ser trilhado já foram dados pelo próprio Superior Tribunal de Justiça, que, em elogiáveis precedentes (embora minoritários), concedeu a reparação por danos morais em face do banco de dados[74] e do credor,[75] ainda que preexistente legítima anotação. O percurso não é fácil – nele, há diversos obstáculos a atravessar –, mas no panorama atual já se consegue entrever seu ponto de chegada: a efetividade do princípio da reparação integral dos danos morais no Brasil.

---

atendidos os seguintes princípios: III – harmonização dos interesses dos participantes das relações de consumo e compatibilização da proteção do consumidor com a necessidade de desenvolvimento econômico e tecnológico, de modo a viabilizar os princípios nos quais se funda a ordem econômica (art. 170, da Constituição Federal), sempre com base na boa-fé e equilíbrio nas relações entre consumidores e fornecedores".

[73] "la buena fe pone a plena luz la idea de cooperación que constituye el fundamento último de las relaciones de obligación y es la clave indispensable para entender su funcionamiento. La buena fe es, esencialmente, una actitud de cooperación". Em tradução livre: A boa-fé põe à plena luz a ideia de cooperação que constitui o fundamento último das relações obrigacionais e é a chave indispensável para entender o seu funcionamento. A boa-fé é, essencialmente, uma atitude de cooperação (BETTI, Emilio. *Teoría general de las obligaciones*. Madrid: Editorial Revista de Derecho Privado, 1969, p. 117-118).

[74] "A existência de outras inscrições anteriores em cadastros de proteção ao crédito em nome do postulante dos danos morais não exclui a indenização" (STJ, 4ª T., AgRg no Ag nº 1.003.036/RS, Rel. Min. João Otávio de Noronha, j. em 26.8.2008). V. tb. REsp nº 437.234/PB, Rel. Min. Nancy Andrighi, j. em 19.8.2003; STJ, 4ª T., AgRg no Ag nº 845.875/RN, Rel. Min. Fernando Gonçalves, j. em 4.3.2008.

[75] STJ, 3ª T., AgRg no REsp nº 1.507.707/RS, Rel. Min. Paulo de Tarso Sanseverino, j. em 25.8.2015; STJ, 4ª T., AgRg no AREsp nº 521.997/SP, Rel. Min. Raul Araújo, j. em 5.8.2014; STJ, 3ª T., AgRg no REsp nº 1.432.568/MG, Rel. Min. Sidnei Beneti, j. em 27.3.2013.

PROBLEMAS DE RESPONSABILIDADE CIVIL DO ESTADO*

1 À guisa de introdução: a evolução do direito civil e a responsabilidade objetiva

O tema objeto do presente artigo reveste-se de enorme importância atual. Há um sem-número de vivas controvérsias presentes no bojo de seu estudo, como se verá adiante, a desafiar tratamento sistemático, particularmente à luz dos ensinamentos da doutrina civil-constitucional. Os estreitos lindes da proposta deste trabalho comportam, no entanto, a investigação de três aspectos eleitos dentre os mais relevantes: o desenvolvimento jurídico da responsabilidade estatal, como premissa; a divergência acerca do regime a ser adotado nas hipóteses de responsabilidade por omissão: subjetivo ou objetivo; e, por **último,** o debate quanto ao cabimento da denunciação da lide nos pleitos indenizatórios deduzidos em face do Estado.

A matéria da responsabilidade do Estado tem merecido, no Brasil, particular atenção dos autores de direito administrativo, em cujos manuais se encontram seus delineamentos doutrinários.[1]

---

* O trabalho foi originalmente publicado na *Revista Trimestral de Direito Civil*, vol. 11, ano 3, jul./set. 2002. O estudo originou-se de conferência proferida em Seminário de Responsabilidade Civil, promovido pela Escola da Magistratura do Estado do Rio de Janeiro (EMERJ).

[1] Dentre as obras de direito administrativo, cf.: BANDEIRA DE MELLO, Celso Antônio. *Curso de direito administrativo*, p. 775 a 820; DI PIETRO, Maria Sylvia Zanella. *Direito administrativo*, p. 408 a 421; CARVALHO FILHO, José dos Santos *Manual de direito administrativo*, p. 357 a 391; MEIRELLES, Hely Lopes. *Direito administrativo brasileiro*, p. 555 a 568; GASPARINI, Diogenes. *Direito administrativo*, p. 586 a 600; MOREIRA NETO, Diogo de Figueiredo. *Curso de direito administrativo*, p. 457 a 460; FIGUEIREDO, Lúcia Valle. *Curso de direito administrativo*, etc.

O fato de um instituto de responsabilidade civil (*rectius*, de direito civil) encontrar sede de investigação científica nas searas publicistas, posto que incuta alguma perplexidade no leitor, prende-se, em certo grau, à concepção que identifica o direito privado à responsabilidade subjetiva, e o direito público à responsabilidade objetiva. Tal correlação, além de incompatível com o estado atual do ordenamento jurídico (como se pretende detalhar a seguir), resta como fruto de uma ideologia que preserva "incólume, no campo do direito civil, o predomínio do individualismo".[2]

Observa-se, com efeito, que dita ordem de ideias remete a uma fase (que se pretende) superada no direito civil pátrio, que se ocupava, sob a ótica do liberalismo, da disciplina das relações entre particulares e que, de forma paulatina, vem cedendo espaço ao surgimento de um direito civil cada vez mais calcado nos preceitos constitucionais, com um perfil inteiramente social, pois comprometido com os valores máximos do ordenamento jurídico, os extrapatrimoniais.[3] Desta feita, no panorama atual da evolução do Direito Civil, já não mais se pode admitir a concepção ultrapassada que associava a responsabilidade civil inevitavelmente à responsabilidade subjetiva, fundada na culpa, e que justifica o descuido dos civilistas com o tema de que trata o presente estudo. Muito ao contrário, no direito civil de hoje, o mais frequente passa a ser a responsabilidade civil objetiva, e se constata, ao menos em termos quantitativos, a predominância de ações judiciais que têm como causa de pedir a responsabilidade independente da culpa.

Assim, já não satisfaz a afirmação tantas vezes repetida pela doutrina tradicional de que, em regra, a responsabilidade civil é subjetiva, sendo a responsabilidade objetiva a exceção. Atenta doutrina já declara mesmo superado o sistema que identifica as responsabilidades por culpa e objetiva respectivamente à regra e à exceção, sendo inegável

---

[2] Gustavo Tepedino, "A evolução da responsabilidade civil no direito brasileiro e suas controvérsias na atividade estatal", *in Temas de direito civil*, p. 177.

[3] A prevalência dos valores extrapatrimoniais sobre todos os demais, fazendo a aplicação direta dos valores e princípios constitucionais nas relações privadas, é preconizada por Gustavo Tepedino – cf. os estudos desenvolvidos pelo Professor, a abordar assuntos de diferentes setores do direito civil, em seu *Temas de direito civil*. Indispensável, outrossim, a referência à doutrina de Maria Celina Bodin de Moraes, na construção dos alicerces teóricos de tal corrente no Brasil, em seu artigo "A caminho de um direito civil constitucional", *in Direito, Estado e Sociedade*, nº 1, jul./dez. 1991, p. 59-73. No direito italiano, no mesmo sentido, cf. o clássico de Pietro Perlingieri, *Perfis de direito civil*, edição em português, Rio de Janeiro, Renovar, 1997.

a constatação da coexistência de ambas as fontes, sem que se possa estabelecer hierarquia entre as mesmas.[4] Em rigor, a responsabilidade por culpa no contexto atual perde o *status* de centro do sistema e passa a se revestir de cunho nitidamente subsidiário, a atuar somente na ausência de disposição impondo a responsabilidade objetiva, em um campo cujos confins mostram-se mais estreitos que outrora, eis que o número de normas dispondo sobre a responsabilidade objetiva encontrou franca progressão – tomem-se por exemplos, o Código de Defesa do Consumidor, o Código Brasileiro de Aeronáutica, a legislação ambiental, o Decreto-Lei nº 2.681/1912 (sobre o transporte ferroviário, que é interpretado como instituidor de responsabilidade objetiva), dentre outras tantas que proliferaram no sentido da objetivação da responsabilidade.

O Código Civil de 2002, inclusive, estabelece cláusula geral de responsabilidade objetiva, em inovação de relevo, a vigorar como *regra* nos casos em que a "atividade normalmente desenvolvida pelo autor do dano implicar, por sua natureza, risco para os direitos de outrem" (parágrafo único do art. 927).

O direito civil atual, repita-se, já não se limita a regular de forma neutra as relações jurídicas entre particulares, tendo adquirido um cunho eminentemente social, fulcrado na nova ordem constitucional, a qual se erige em fonte maior da matéria.[5] As normas constitucionais, principalmente os artigos que estabelecem os valores e princípios fundamentais da Constituição de 1988, não se constituem em princípios gerais do direito, cujo papel de integração do ordenamento depende da inexistência de lei ou costume; antes, são direito positivo, no vértice

---

[4] Tepedino, cit., p. 177, faz alusão, argutamente, a uma *dualidade de fontes*: "Delineia-se, assim, um modelo dualista, convivendo lado a lado a norma geral de responsabilidade civil subjetiva, do artigo 159, que tem como fonte o ato ilícito, e as normas reguladoras da responsabilidade objetiva para determinadas atividades, informadas por fonte legislativa que, a cada dia, se torna mais volumosa".
Como corolário, o eminente Civilista destaca ainda que: "é de se ter presente que o sistema dualista de responsabilidade atende a um incindível dever de solidariedade social determinado pelo constituinte, que não se restringe à relação entre o cidadão e o Estado e para cuja efetividade se revela indispensável sua incidência, em igual medida, sobre as relações de direito público e de direito privado".

[5] Norberto Bobbio – citado por Heloisa Helena Barboza, no artigo "Perspectivas do direito civil brasileiro para o próximo século", publicado na *Revista da Faculdade de Direito da UERJ*, n. 6 e 7, p. 27 a 39 (especificamente p. 34), e Gustavo Tepedino *in Temas*, p. 9 e 10 – refere-se à expressão "função promocional do direito", a significar o objetivo da norma jurídica de alterar a realidade social, intervindo positivamente nos fatos desenvolvidos sob seu espectro.

do ordenamento, e se aplicam diretamente a todas as relações havidas no seio da coletividade.[6]

O direito civil hoje está potencializado, revitalizado diante das novas normas constitucionais. Não sofreu qualquer diminuição em seu espectro; ao contrário, ampliou-se com as novas conquistas e deve refleti-las sempre, porque esse foi o objetivo do projeto constitucional levado a cabo em 1988.[7-8]

2 Síntese do desenvolvimento da responsabilidade do Estado em quatro etapas

Cumpre destacar, nesta sede, os principais traços da abordagem histórica do tema, tratando das sucessivas fases que marcaram

---

[6] Cf. Gustavo Tepedino, no artigo "Código Civil, os chamados microssistemas e a Constituição: premissas para uma reforma legislativa" *in Revista da Faculdade de Direito da UERJ*, n. 6 e 7, p. 13 a 25, onde o autor classifica como "subversão hermenêutica" o fenômeno de se considerar os princípios constitucionais como meros princípios gerais de direito, apontando didaticamente o "equívoco de tal concepção, ainda hoje difusamente adotada, que acaba por relegar a norma constitucional, situada no vértice do sistema a elemento de integração subsidiário, aplicável apenas na ausência de norma ordinária específica após terem sido frustradas as tentativas, pelo intérprete, de fazer uso de analogia e de regra consuetudinária" (p. 15).

[7] Para uma abordagem notável da evolução dos limites do direito civil, cf. Michele Giorgianni, em artigo histórico intitulado "O Direito Privado e suas Atuais Fronteiras", recentemente publicado na *Revista dos Tribunais*, 747/35, traduzido por Maria Cristina de Cicco. O Professor italiano leciona que: "Ora, esse 'individualismo' do Direito Privado tinha como reflexo – muito importante para compreender o significado e as fronteiras do Direito Privado de então – uma qualificação acentuadamente subjetivista. Em outros termos, a função do Direito Privado não era aquela de disciplinar algumas atividades da vida econômica e familiar da sociedade, mas a vida dos indivíduos (ou dos *particuliers*) no seio da sociedade. O Direito Privado era verdadeiramente – como evidenciado pela célebre definição savigniana, supra citada – a esfera de ação do indivíduo. São conhecidas as tintas tipicamente subjetivistas assumidas pelos instrumentos dogmáticos construídos pelos juristas, e principalmente pela pandectística alemã: o direito subjetivo como senhoria da vontade, a propriedade como senhoria sobre a coisa, o negócio jurídico como declaração de vontade".

[8] A Professora Heloisa Helena Barboza, *op. cit.*, aborda com maestria a necessidade de uma passagem, de uma transformação de um direito civil patrimonialista e individualista para um existencialista e solidário, e conclui (p. 38): "Indispensável, portanto, que todos aqueles que lidam com o Direito Civil, a qualquer título, tratando de velhos ou novos conflitos, estejam atentos e impeçam, a todo custo, que se mantenha, ainda que de forma velada, tal situação. Impõe-se imediata consciência da realidade social e a busca de soluções jurídicas que simplifiquem os processos de aquisição, transmissão e defesa de direito, adotando-se modalidades efetivamente viáveis dentro dessa realidade". "Não há, nem deve haver, em resumo, outra perspectiva para o Direito Civil, senão a de se tornar – de fato, o direito que permita – a todos, indistintamente, se tornarem verdadeiros cidadãos. Esta a meta a ser alcançada".

a responsabilidade civil do Estado, desde o século XVIII aos dias atuais, a fim de se tentar buscar uma melhor compreensão do assunto por meio de tal observação evolutiva: partindo-se, de início, da irresponsabilidade total do Estado, até se chegar, nos dias de hoje, à teoria da responsabilidade objetiva com suas gradações intermediárias.

Pretende-se tratar, pois, da evolução histórica dentro do contexto do sistema europeu continental, que o direito pátrio herdou por tradição (sobretudo do Direito Francês). Pode-se delimitar, com certa clareza, nesse diapasão, *quatro fases* da evolução histórica da responsabilidade civil do Estado, desde o século passado.

Inicialmente, a primeira fase que se identifica é a da *irresponsabilidade* do Estado, que por nada respondia. Em um segundo momento, exsurgiu a responsabilidade civil do Estado por *culpa subjetiva*. Em uma terceira etapa, evolvendo na sequência do assunto, chegou-se à responsabilidade do Estado por *culpa anônima*, já não sendo necessária a identificação precisa do causador do dano, do agente que violou o direito – a culpa seria do serviço indistintamente considerado. E, finalmente, a quarta fase: a da *responsabilidade objetiva*, que vigora atualmente. No Brasil, desde o Texto de 1946, as Constituições têm repetido a regra da responsabilidade objetiva, conforme se apontará a seguir.

A noção de que o Estado por nada responde relaciona-se a uma fase histórica bastante clara e acentuada do absolutismo, principalmente ao início do século XIX (período oitocentista), e mais ainda ao século XVIII (setecentista). O Estado caracterizava-se, em primeiro lugar, por sua soberania e, não por outro motivo, encontrava-se formal e hierarquicamente acima dos seus súditos. Era o que fazia o Direito e, por fazer o Direito, por dizer o Direito e por estar soberanamente acima dos súditos – insista-se –, seria uma contradição vir a ser considerado culpado e ter de indenizar o particular por um ato contrário ao Direito, porque por ser o Direito, tudo que fazia era, e tinha de ser, de Direito.

Marcava, igualmente, aquela época, contexto econômico caracterizado pelo liberalismo, fenômeno pelo qual o Estado pouco intervinha nas relações entre particulares. As intervenções eram eventuais, setoriais – não como hoje, em que se tem um Estado significativamente participativo. Naquele ambiente, o Estado pouco participava, em última análise, das relações privadas, fazendo-o apenas para solucionar eventuais conflitos. A bem caracterizar o período, destacam-se lemas como *"The King can do no wrong"*, ou *"Le Roi ne peut mal faire"*.

Com o avançar da história e com o incremento do Estado de Direito, foi suprimida essa teoria da irresponsabilidade.[9] Ocorreram avanços na concepção estatal, inclusive pelo aperfeiçoamento de um sistema de direito positivo organizado, com a percepção de que o Estado, possuidor de direitos e deveres como as demais pessoas jurídicas, na medida em que causasse danos a terceiros, também deveria indenizá-los. Lançavam-se, assim, as bases para uma próxima etapa.

Na esteira dessa evolução ideológica, surge, com o passar do tempo, a distinção doutrinária entre os atos de império e os atos de gestão. Nessa ordem de ideias, o Estado não responderia pelos danos que causasse na prática de atos de império – havia, ainda, nessa concepção, um resquício da teoria da irresponsabilidade, quando o Estado estivesse no exercício de sua soberania, em condição hierarquicamente superior aos demais. Uma vez incorporadas ao ordenamento jurídico, tais regras de distinção protegiam, portanto, a atividade estatal decorrente de atos de império.

Os atos de gestão, por seu turno, eram aqueles que se aproximavam e se identificavam com os atos do direito comum, do chamado direito privado. Percebeu-se que o Estado agia, também, em muitas situações, à semelhança dos particulares, das pessoas jurídicas de direito privado e, justamente nessas hipóteses, caberia a sua responsabilização por danos eventualmente causados a terceiros.

Essa bipartição entre atos de império e atos de gestão teve, à época, o mérito de abrandar, temperar a teoria da irresponsabilidade que vigorava então. O Estado passa realmente a não ser mais visto como um ente supremo, acima do bem e do mal, que diz o Direito e por nada responde. Houve essa evolução e, pelo menos, já se reconhecia, no Estado, a prática de alguns atos pelos quais teria de responder. Mas, por outro lado – e daí o demérito dessa distinção, dessa bipartição – foi-se constatando ser muito difícil, se não impossível, *distinguir os atos de império dos atos de gestão do Estado.* Frequentemente, esses atos se mesclavam; às vezes, um mesmo ato apresentava aspectos de gestão e de império, tornando, na prática, tormentosa a sua diferenciação.

Note-se que, no direito positivo brasileiro, a teoria da irresponsabilidade do Estado jamais foi adotada. Se tratássemos da evolução histórica tão somente no Brasil, não passaríamos jamais por essa fase, porque as nossas Constituições do século XIX – tanto a de 1824, quanto

---

[9] Como bem salientado por CARVALHO FILHO, José dos Santos. *Manual de direito administrativo,* p. 360.

a de 1891 – não continham a isenção de responsabilidade do Estado. Ao revés, previam, de modo expresso, a responsabilidade do funcionário e empregado públicos.[10] Havia, apenas, leis ordinárias assinalando a responsabilidade solidária do Estado com o agente causador do dano. Depois disso, passa-se, enfim, à segunda fase já assinalada no decorrer desse contexto histórico – a fase da responsabilidade subjetiva, da *culpa subjetiva*.

Nessa etapa, adota-se uma regra basicamente do direito privado de então: a responsabilidade subjetiva do agente. A responsabilidade do Estado surgiria, sempre, em decorrência da conduta culposa identificada de agente seu. A vítima, na ação de reparação de danos, teria, portanto, o ônus de demonstrar a culpa de um determinado agente do Estado: precisaria apontar o causador do dano e, isso demonstrado, o Estado responderia pela atitude culposa do seu agente.

Surgiu, nessa linha, ainda dentro da responsabilidade por *culpa subjetiva*, a noção de que o Estado deveria responder, na forma do direito privado, tal qual o patrão respondia pelos atos de seus empregados – seria mais um passo na evolução da responsabilidade estatal, ainda dentro da teoria subjetiva. E essa teoria deu ensejo, sem dúvida alguma, ao surgimento do artigo 15 do Código Civil de 1916, que disciplinava a responsabilidade do Estado fixando a regra subjetiva, ou seja, a exigir, na sua interpretação literal, pelo menos, a identificação da culpa do funcionário.

Embora tal dispositivo (art. 15, CC 1916) tenha sido, posteriormente, através da evolução histórica, interpretado no sentido de traçar uma responsabilidade que decorreria de mera *culpa anônima*, a interpretação literal e a forma como foi redigido realmente deixam claríssima a intenção de exigir do prejudicado o apontamento do agente culposo,

---

[10] Na Constituição de 1824:
"Art. 179. A inviolabilidade dos Direitos Civis, e Politicos dos Cidadãos Brazileiros, que tem por base a liberdade, a segurança individual, e a propriedade, é garantida pela Constituição do Imperio, pela maneira seguinte.
XXIX. Os Empregados Publicos são estrictamente responsaveis pelo abusos, e omissões praticadas no exercicio das suas funcções, e por não fazerem effectivamente responsaveis aos seus subalternos".
Na Constituição de 1891:
"Art. 82. Os funccionarios publicos são estrictamente responsaveis pelos abusos e omissões em que incorrerem no exercicio de seus cargos, assim como pela indulgencia, ou negligencia em não responsabilisarem effectivamente os seus subalternos.
Paragrapho único. O funccionario publico obrigar-se-ha por compromisso formal, no acto da posse, ao desempenho dos seus deveres legaes".

para daí fazer nascer a responsabilidade estatal correspondente.[11] Diz o referido artigo:

> Art. 15. As pessoas jurídicas de direito público são civilmente responsáveis por atos dos seus representantes que nessa qualidade causem danos a terceiros, procedendo de modo contrário ao direito ou faltando a dever prescrito por lei, salvo o direito regressivo contra os causadores do dano.

Ao exigir que o agente esteja "... procedendo de modo contrário ao direito ou faltando a dever prescrito por lei ...", está o dispositivo condicionando o dever de indenizar à perquirição da culpa do representante. Resta, assim, consagrada a responsabilidade subjetiva do Estado. Cabe mencionar que a ressalva "... salvo o direito regressivo contra os causadores do dano" se repete na Constituição atual, acrescida, no entanto, dos requisitos de dolo ou culpa, como se verá a seguir.

Ocorre que o artigo 15 foi concebido estritamente no sentido da *culpa subjetiva*. Observa-se, inclusive, que, em razão da expressão "civilmente" referida no mencionado artigo, os autores de direito administrativo costumam identificar a presente fase como a da *culpa civil*, como se toda noção de responsabilidade no direito civil estivesse calcada nessa noção liberal e individualista, da culpa.[12]

A crítica se impõe, vez que o traço individualista, em cujo bojo projetava-se a culpa (ato ilícito) como fundamento absoluto da responsabilidade, já não mais caracteriza o direito civil de hoje, ultrapassado

---

[11] O Professor Ricardo Pereira Lira, em artigo intitulado "A aplicação do direito e a lei injusta", publicado na *Revista da Faculdade de Direito da UERJ*, n. 5, p. 85 a 97, apresenta exemplo ainda mais significativo do contraste, retratado acima, entre a interpretação e a literalidade do dispositivo legal, denominando de *direito insurgente* o estado de conflito frontal entre o direito aplicado e a previsão do ordenamento, em nome da justiça social. Põe em tela a hipótese da responsabilidade civil do patrão por ato do preposto, e após citar os artigos 1.521 e 1.523 do Código Civil, leciona: "No direito legislado, por conseguinte, a responsabilidade do amo, patrão ou comitente é desenganadamente subjetiva. Não basta que a vítima prove a culpa do preposto, serviçal ou empregado. Para surgir a responsabilidade do preponente seria necessário, em face do texto da lei, que a vítima provasse a culpa *in vigilando* ou *in eligendo* do preponente, ou seu procedimento doloso. (...) Os operadores do direito criaram, insurgentemente, a responsabilidade sem culpa do preponente, por força da qual provada a culpa ou dolo do preposto é responsável o preponente" (p. 93).

[12] MEIRELLES, Hely Lopes, *op. cit.*, p. 556, mostra-se incisivo na abordagem do tema sob tal concepção: "A *doutrina civilística* ou *da culpa civil comum*, por sua vez, vem perdendo terreno a cada momento, com o predomínio das normas de Direito Público sobre as regras de Direito Privado na regência das relações entre a Administração e os administrados. Resta, portanto, a *teoria da responsabilidade sem culpa* como a única compatível com a posição do Poder Público perante os cidadãos".

que foi tal perfil pela dualidade de fontes constatada no ordenamento atual, como visto anteriormente. Preferível, portanto, denominar a fase em questão de *culpa subjetiva*.

Além do mais, o fato de o legislador ter se utilizado da expressão "civilmente responsável" significa simplesmente que o ente responde por meio do dever de reparar o dano, geralmente via pagamento de indenização pecuniária – a responsabilidade civil, como se sabe, é aquela que consiste na reparação, direta ou indireta, do dano.

A teoria da *culpa anônima*,[13] que ao depois inspirou a interpretação do mencionado dispositivo legal do Código Civil de 1916 e que se pode dizer a terceira fase na evolução da responsabilidade do Estado no tempo, surgiu na França, quando, a partir do final do século XIX, se evoluiu no sentido de se suprimir aquela distinção entre atos de império e atos de gestão e, sobretudo, no de se prescindir da demonstração da culpa específica do agente; vale dizer, não mais seria preciso identificar o agente estatal causador do dano, para se obter a indenização devida. A culpa passou, assim, a ser anônima, o que quer dizer da generalidade da Administração, da generalidade do serviço – bastando, portanto, comprovar o mau funcionamento do serviço, ainda que fosse impossível indicar o agente causador do dano. E essa culpa do serviço ocorreria em três situações:[14]

1ª) quando o serviço não funcionasse, ou seja, no caso da omissão do Estado;

2ª) quando o serviço funcionasse mal – funcionamento defeituoso, inadequado;

3ª) ou quando o serviço funcionasse extemporaneamente, atrasado, causando dano.

Essa teoria, como já salientado, norteou a interpretação do artigo 15 do Código Civil de 1916 e foi, para muitos doutrinadores e aplicadores do direito, a regra adotada para casos de responsabilidade civil do Estado em razão de atos omissivos, conforme se verá mais adiante.

A teoria *objetiva*, quarta fase na evolução histórica do tema em apreço, surgiu inicialmente – mesmo sem que se abandonasse a etapa

---

[13] Preferiu-se, no particular, por identidade de razões, a denominação culpa anônima à consagrada expressão "culpa administrativa"; utilizada, esta última, pela doutrina publicista, no intuito de se contrapor à culpa civil.

[14] A tripartição mencionada no texto encontra-se presente, aliás, em todos os manuais de Direito Administrativo, e parece ter se originado, segundo Hely Lopes Meirelles, *op. cit.*, p. 557, em obra de Paul Duez, de 1927 (*La responsabilité de la puissance publique*).

anterior da culpa anônima – detendo-se apenas em determinadas hipóteses, sobretudo naquelas decorrentes de atividades de risco.

Essa teoria, que se contenta tão somente com a prova do dano e do nexo de causalidade (são dois apenas os pressupostos necessários), tem como fundamento o princípio da igualdade dos ônus e encargos sociais. Significa que se dividem, por todos, os prejuízos causados pelo Estado, porque, da mesma forma, por toda a população é repartido o benefício que o Estado proporciona. Esse princípio pode ser também apontado como o princípio da isonomia ou da solidariedade social. A responsabilidade objetiva é assim denominada porque prescinde de qualquer verificação de índole subjetiva, vale dizer, afasta-se a perquirição da culpa.

Consolida-se, então, a responsabilidade objetiva, estando toda a sua evolução histórica marcada por um processo de tutela da vítima à vista de que, frequentemente, nas ações judiciais, reveste-se de um enorme grau de dificuldade a constatação da culpa.

Foi sob essa ótica que se elaboraram as Constituições brasileiras de 1946, 1967, 1969 e, finalmente, a de 1988, a qual apresentou, em relação às anteriores, duas importantes evoluções, ora postas em realce.[15]

A primeira delas diz respeito ao reconhecimento daquilo que a doutrina e a jurisprudência majoritariamente já admitiam, a saber, que a pessoa jurídica de direito privado, prestadora de serviço público, respondesse por responsabilidade objetiva, sob a mesma forma da pessoa jurídica de direito público. A incorporação desse comando na regra claríssima do artigo 37, §6º, da Constituição de 1988 representa, pois, a consagração de antiga luta da doutrina pátria.

A outra grande evolução da mencionada norma foi a amplitude interpretativa permitida pelo uso do termo "agente". A Constituição

---

[15] A virada da responsabilidade civil subjetiva do Código para a objetiva da Constituição insere-se na trilha evolutiva do direito civil, e retrata, neste particular, amplo fenômeno das transformações por que vem passando a matéria. Para uma abordagem aprofundada da evolução dos paradigmas civilísticos, do individualismo das codificações à consagração da dignidade da pessoa humana nas constituições, faz-se indispensável a referência ao artigo intitulado "Constituição e direito civil: tendências", da Professora Maria Celina Bodin de Moraes, *in Direito, Estado e Sociedade*, nº 15, p. 95 a 113. Com efeito, expõe com maestria a autora: "Que mudanças, então, poderiam, resumidamente, ser apontadas entre a época das luzes e a época atual, entre o direito moderno e o direito que vem sendo chamado de pós-moderno? Em primeiro lugar, como foi ressaltado, o "mundo da segurança" do séc. XVIII deu lugar a um mundo de inseguranças e incertezas; em segundo lugar, a ética da autonomia ou da liberdade foi substituída por uma ética da responsabilidade ou da solidariedade; enfim, e como conseqüência das duas assertivas anteriores, a tutela da liberdade (autonomia) do indivíduo foi substituída pela noção de proteção à dignidade da pessoa humana" (p. 106).

de 1967 valia-se do vocábulo "funcionário",[16] o qual abrange uma gama bem específica dos personagens envolvidos na Administração Pública. Em contraposição, o atual "agente" denota uma abrangência significativamente maior, a contemplar todas as categorias possíveis – agentes políticos, agentes administrativos e, até, particulares em colaboração com a Administração. Atendeu-se, aqui, a uma recomendação da doutrina (feita especialmente à Assembleia Constituinte por Miguel Seabra Fagundes[17]), pacificando-se as divergências que ainda grassavam na jurisprudência.

3 A responsabilidade por omissão: histórico da controvérsia acerca da natureza do dever de reparar o dano

Uma das mais tormentosas e duradouras discussões em tema de responsabilidade civil do Estado dizia respeito em saber se o artigo 15 do Código Civil de 1916 permaneceu em vigor mesmo após a Constituição de 1946, ou se o artigo 194 da Carta em questão cuidou de disciplinar inteiramente o tema, ab-rogando aquele primeiro dispositivo.[18]

Doutrina e jurisprudência mostravam-se um tanto divididas a este respeito, havendo uma forte e tradicional corrente (majoritária), em que se destaca Celso Antônio Bandeira de Mello, segundo a qual o referido artigo 15 prevaleceu para as hipóteses de responsabilidade do Estado por ato omissivo, aplicando-se a regra constitucional apenas para os atos comissivos. Em outras palavras, isso quer dizer que nos chamados atos comissivos, ou seja, naqueles em que o Estado atue de forma positiva, aplica-se o artigo 37, §6º, da atual Constituição, que prevê a teoria objetiva da responsabilização. Para a configuração do dever de indenizar em tais hipóteses, seriam exigidos apenas dois pressupostos, a

---

[16] "Art. 107. As pessoas jurídicas de direito público responderão pelos danos que seus funcionários, nessa qualidade, causarem a terceiros.
Parágrafo único. Caberá ação regressiva contra o funcionário responsável, nos casos de culpa ou dolo."

[17] A informação é bem desenvolvida por GONÇALVES, Carlos Roberto. *Responsabilidade civil*, p. 145 e 146.

[18] "Art. 194. As pessoas jurídicas de direito público interno são civilmente responsáveis pelos danos que os seus funcionários, nessa qualidade, causem a terceiros.
Parágrafo Único. Caber-lhes-á ação regressiva contra os funcionários causadores do dano, quando tiver havido culpa dêstes."

saber, *dano* – efeito da lesão a interesse juridicamente tutelado[19] – e *nexo causal* – liame entre o ato (no caso, conduta comissiva) e efeito danoso.[20] Por outro lado, em casos em que o dano tenha sido ocasionado por uma omissão estatal, aplicar-se-ia a regra da responsabilidade subjetiva, sob a ótica em que é atualmente interpretada, vale dizer, a despeito de serem aqui exigidos os três tradicionais pressupostos da responsabilidade civil, dano, nexo causal e culpa, *esta última revela-se mitigada, vez que não precisa estar personificada em um ou mais funcionários determinados, bastando que se comprove a ineficiência culposa do serviço público em geral*, vale dizer, *a culpa anônima*.

Para o Professor Celso Antônio, portanto, a responsabilidade estatal por atos omissivos será necessariamente subjetiva. Se o Estado não agiu, conclui que *não pode ser autor do dano*; e, não tendo sido seu autor, só caberia responsabilizá-lo na hipótese de estar obrigado a impedi-lo. A responsabilidade, em suma, decorreria do descumprimento do dever legal de obstar o evento lesivo. Na síntese do próprio autor: "se o Estado, devendo agir, por imposição legal, não agiu ou o fez deficientemente, comportando-se abaixo dos padrões legais que normalmente deveriam caracterizá-lo, responde por esta incúria, negligência ou deficiência, que traduzem um ilícito ensejador do dano não evitado quando, de direito devia sê-lo".[21]

Esse posicionamento foi elaborado ainda sob a égide da Constituição de 1946 por Oswaldo Aranha Bandeira de Mello, mas ainda hoje é o que congrega o maior número de seguidores em doutrina e jurisprudência, talvez mesmo porque tenha como tônica o expressivo e convincente argumento de que o Estado não pode ser responsável por tudo o que aconteça, o grande segurador de todas as desgraças e infortúnios, argumento este que, na prática, sensibiliza sobremaneira os aplicadores do Direito.[22]

---

[19] Para as definições de dano moral e material com base nos efeitos da lesão de direito, bem como das respectivas técnicas de reparação de acordo com a nova ordem constitucional, seja consentido remeter a MONTEIRO FILHO, Carlos Edison do Rêgo. *Elementos de responsabilidade civil por dano moral*, p. 35 a 40 e 123 a 166.

[20] Imprescindível, em tema de nexo causal, é o estudo do Professor Gustavo Tepedino, "Notas sobre o nexo de causalidade", publicado na *RTDC*, v. 6, p. 3 a 19, com abordagem atual sobre as teorias do vínculo de causalidade e sua aplicação no direito brasileiro.

[21] BANDEIRA DE MELLO, Celso Antônio. *Curso de direito administrativo*, p. 795.

[22] Com efeito, não é de se estranhar que a maioria dos doutrinadores que defendem tal corrente seja, não raro, "constituída por conceituados advogados de Estado", conforme argutamente observado por Gustavo Tepedino em "A evolução da responsabilidade civil no direito brasileiro e suas controvérsias na atividade estatal" *in Temas de direito civil*, p. 190 (nota de rodapé nº 22, *in fine*).

A outra corrente que se coloca, de feições bastante distintas, e que tem dentre seus maiores adeptos Gustavo Tepedino, defende a total superação da regra infraconstitucional e, consequentemente, a adoção exclusiva da teoria objetiva para a responsabilidade civil do Estado, quer seja em hipóteses de atos omissivos ou comissivos.

Para o Professor Gustavo Tepedino, pois, "não é dado ao intérprete restringir onde o legislador não restringiu, sobretudo em se tratando de legislador constituinte – *ubi lex non distinguit nec nos distinguere debemus*. A Constituição Federal, ao introduzir a responsabilidade objetiva para os atos da administração pública, altera inteiramente a dogmática da responsabilidade neste campo, com base em outros princípios axiológicos e normativos (dos quais se destaca o da isonomia e o da justiça distributiva), perdendo imediatamente base de validade o art. 15 do Código Civil, que se torna, assim, revogado ou, mais tecnicamente, não foi recepcionado pelo sistema constitucional".[23]

A questão se reveste de enorme interesse prático, pois, com frequência, os tribunais se deparam com ações judiciais em que se discute a responsabilização do Estado em hipóteses de *atos omissivos*, tais como assaltos, morte de presidiários, danos ocasionados por buracos em vias públicas, ou pela presença de animais na mesma, bala perdida, etc.[24]

Desenvolveu-se, mais recentemente, em um ponto intermediário entre as duas concepções *supra*, a acepção que diferencia a omissão estatal em genérica ou específica, a acarretar, respectivamente, o regime de responsabilidade subjetiva ou objetiva, conforme o caso.

Não parece justo o receio de que, ao se dispensar a prova do elemento culpa, o Estado se tornaria, *ipso facto*, o segurador universal de todos os danos. Em rigor, a necessidade de comprovação do nexo de causalidade funciona como elemento de contenção. As causas excludentes de responsabilidade, em hipóteses de fato exclusivo da vítima, fato de terceiro, força maior ou caso fortuito, estabelecem o ponto de equilíbrio que afasta o risco de o Estado se transformar em um garante de tudo e de todos.

---

[23] Cf. "A evolução da responsabilidade civil no direito brasileiro e suas controvérsias na atividade estatal", cit., p. 191.

[24] Não é preciso ressaltar que a opção por uma ou outra tese terá efeito determinante no desfecho de cada feito: *à luz das dificuldades probatórias que a experiência demonstra, a adoção da responsabilidade objetiva conduzirá geralmente à procedência do pedido de reparação, ao passo que a exigência da demonstração da culpa remeterá à improcedência.*

3.1 O debate no âmbito do Supremo Tribunal Federal

A essa altura, cabe o registro de que o STF não apresenta solução uniforme para o problema, apresentando acórdãos em ambos os sentidos, podendo-se delinear uma franca divergência entre suas Turmas.

Turma do Pretório Excelso ostenta decisões no sentido da adoção irrestrita da responsabilidade objetiva do Estado, em casos de omissão, conforme se pode observar nos Recursos Extraordinários nºs 109.615-2/RJ (Rel. Min. Celso de Mello, julgado em 28.05.1996, votação unânime) e 170.014-9/SP (Rel. Min. Ilmar Galvão, julgado em 31.10.1997, votação unânime).

Por ilustrativa do entendimento esposado pela Colenda Turma, convém reproduzir excerto da ementa do RE nº 109.615-2/RJ:

> RESPONSABILIDADE CIVIL OBJETIVA DO PODER PÚBLICO – PRINCÍPIO CONSTITUCIONAL.
>
> - A teoria do risco administrativo, consagrada em sucessivos documentos constitucionais brasileiros desde a Carta Política de 1946, confere fundamento doutrinário à responsabilidade civil objetiva do Poder Público pelos danos a que os agentes públicos houverem dado causa, por ação ou omissão. Essa concepção teórica, que informa o princípio constitucional da responsabilidade civil objetiva do Poder Público, faz emergir, da mera ocorrência de ato lesivo causado à vítima pelo Estado, o dever de indenizá-la pelo dano pessoal e/ou patrimonial sofrido, independentemente de caracterização de culpa dos agentes estatais ou de demonstração de falta do serviço público.
>
> - Os elementos que compõem a estrutura e delineiam o perfil da responsabilidade civil objetiva pelo Poder Público compreendem (a) a alteridade do dano, (b) a causalidade material entre o *eventus damni* e o comportamento positivo (ação) ou negativo (omissão) do agente público, (c) a oficialidade da atividade causal e lesiva, imputável a agente do Poder Público, que tenha, nessa condição funcional, incidido em conduta comissiva ou omissiva, independentemente da licitude, ou não, do comportamento funcional (RTJ 140/636) e (d) a ausência de causa excludente da responsabilidade estatal (RTJ 55/503 – RTJ 71/99 – RTJ 91/377 – RTJ 99/1155 – RTJ 131/417).
>
> - O princípio da responsabilidade objetiva não se reveste de caráter absoluto, eis que admite o abrandamento e, até mesmo, a exclusão da própria responsabilidade civil do Estado, nas hipóteses excepcionais configuradoras de situações liberatórias – como o caso fortuito e a força maior – ou evidenciadoras de ocorrência de culpa atribuível à própria vítima (RDA 137/233 – RTJ 55/50).

Por outro lado, a Segunda Turma do Egrégio Tribunal apresenta acórdãos nos quais se percebem, à primeira vista, argumentos que se inclinam na direção da tese objetivista, mas que, ao cabo da análise, dão guarida à teoria subjetivista em sua plenitude. Nesse sentido, é oportuno mencionar os Recursos Extraordinários n°s 180.602-8/SP (Rel. Min. Marco Aurélio, julgado em 15.12.1998, votação unânime) e 179.147-1/SP (Rel. Min. Carlos Velloso, julgado em 12.12.1997, votação unânime).

O primeiro acórdão (RE n° 180.602-8/SP), de lavra do Ministro Marco Aurélio, está assim ementado:

> RESPONSABILIDADE CIVIL DO ESTADO – NATUREZA – ANIMAIS EM VIA PÚBLICA – COLISÃO.
>
> A responsabilidade do Estado (gênero), prevista no §6° do artigo 37 da Constituição Federal, é objetiva. O dolo e a culpa nele previstos dizem respeito à ação de regresso. Responde o Município pelos danos causados a terceiro em virtude da insuficiência de serviço de fiscalização visando à retirada, de vias urbanas, de animais.

Em que pese a peremptória afirmação de que a responsabilidade estatal é objetiva, posta logo após a cabeça da ementa, em sua parte final já se delineia que o acórdão não consegue resistir à sedução da doutrina da culpa administrativa (*rectius*: culpa anônima), especialmente na expressão "insuficiência de serviço".

E a leitura do voto do Ministro Relator confirma a impressão inicial, confira-se:

> De início, depreende-se do preceito constitucional que os vícios na manifestação de vontade, revelados por dolo ou culpa, dizem respeito apenas ao direito de regresso. Em si, o Estado responde de forma objetiva. Daí a impropriedade do acórdão recorrido na parte em que se consignou: 'não ficou demonstrada a existência de culpa por parte do poder público...' (folha 182). Na espécie, o Recorrente, trafegando pela via pública, chocou-se com um semovente. (...) **A hipótese é, iniludivelmente, reveladora da deficiência de um serviço público**, valendo notar que a responsabilidade não foca restrita a certo espaço do dia, a certo horário de funcionamento burocrático da entidade pública. (original sem grifos)

Aliás, o Ministro Marco Aurélio não deixa dúvidas de que esposa a doutrina da culpa anônima em outro julgado, no qual, a despeito de se tratar de ato comissivo, averbou, de passagem:

Realmente, em se tratando de procedimento omissivo atribuído ao Estado, a doutrina reclama a demonstração de dolo ou culpa. Todavia, na hipótese dos autos não se cuida de ato omissivo, mas de comissivo. (Recurso Extraordinário nº 140.270-9/MG, Segunda Turma, julgado em 15/04/1996, votação unânime).

Mais taxativo do que o voto, nesse particular, foi a ementa, sendo pertinente trazer à colação breve excerto desta:

RESPONSABILIDADE CIVIL – ESTADO – MORTE DE POLICIAL MILITAR – ATO OMISSIVO VERSUS ATO COMISSIVO. Se de um lado, e se tratando de ato omissivo do Estado, deve o prejudicado demonstrar a culpa ou dolo, de outro, versando a controvérsia sobre ato comissivo – liberação, via laudo médico, do servidor militar, para a feitura de curso e prestação de serviços – incide a responsabilidade objetiva.

Mais explícito, o Ministro Carlos Velloso não deixa dúvidas quanto ao acolhimento da doutrina da culpa administrativa – ou da responsabilidade pela falta do serviço, desenvolvida pelo Conselho de Estado, na França –, conforme se verifica na ementa do RE nº 179.147-1/SP, de que vale reproduzir breve trecho:

III. Tratando-se de ato omissivo do poder público, a responsabilidade civil por tal ato é subjetiva, pelo que exige dolo ou culpa, numa de suas três vertentes, negligência, imperícia ou imprudência, não sendo, entretanto, necessário individualizá-la, dado que atribuída ao serviço público, de forma genérica, a *faute de service* dos franceses.

O acórdão em comento debruça-se sobre fato, lamentavelmente, não raro no cotidiano brasileiro: a morte de detento por seus companheiros. Na espécie, temendo por sua incolumidade, a vítima solicitou sua transferência para uma "cela segura", destinada a detentos que corriam risco de vida ou de agressões graves. E, conforme o *decisum* então recorrido dá notícia: "A Administração atendeu o pedido da vítima. Mas a cela nada tinha de segura, como os fatos logo vieram a demonstrar".

O voto do Ministro Relator concluiu que o Estado de São Paulo "no caso, deve responder pelo preso em 'cela segura', diante da ameaça que existia contra a vítima e que lhe foi transmitida. O poder público foi, portanto, negligente, modalidade de culpa, a faute de service dos franceses" (grifo no original).

PROBLEMAS DE RESPONSABILIDADE CIVIL DO ESTADO | 189

A adoção da doutrina da responsabilidade pela falta do serviço é fundamentada pela transcrição de voto do Eminente Ministro no Recurso Extraordinário nº 204.037-1/RJ (Rel. Min. Maurício Corrêa)[25] e encontra lastro na postura de diversos administrativistas, entre eles: Celso Antônio Bandeira de Mello, Lúcia Valle Figueiredo e Maria Sylvia Zanella Di Pietro.[26]

Registre-se que os acórdãos mais antigos no Supremo Tribunal Federal, em geral, destacavam apenas a exclusão da necessidade de aferição de culpa na conduta do agente. Nesse sentido, por todos, vale a referência à ementa do Recurso Extraordinário nº 84.072/BA (Primeira Turma, Rel. Min. Cunha Peixoto, julgado em 19.11.1976, votação unânime):[27]

RESPONSABILIDADE CIVIL DO ESTADO. ATO OMISSIVO. DETENTO MORTO POR COMPANHEIRO DE CELA.

A teoria hoje dominante é a que baseia a responsabilidade do Estado, objetivamente, no mau funcionamento do serviço, independente de culpa do agente administrativo. Culpa provada dos agentes da Administração por omissão concorrente para a consumação do evento danoso. Recurso Extraordinário do Estado não conhecido.

Acórdãos recentes do Supremo Tribunal Federal inclinaram-se para a tese segundo a qual a omissão estatal pode ser dividida em "genérica" e "específica", atribuindo-lhes consequências diversas.

---

[25] Não foi lavrado acórdão no RE nº 204.037-1/RJ, em que foi Recorrente Eliane Conceição Manso de Souza e Recorrido Transportes Campo Grande, tendo em vista a homologação da desistência do recurso, em decisão publicada no *Diário da Justiça* em 15/04/1998. Caso houvesse a competente lavratura, o Relator para acórdão seria precisamente o Ministro Carlos Velloso que, juntamente com o Ministro Marco Aurélio, não conheceram o recurso, ficando vencido o Relator original, que conhecia e dava provimento ao recurso (cf. informações extraídas em www.stf.gov.br).

[26] Acrescente-se que, no mesmo sentido, é o magistério de Diogenes Gasparini (*Direito administrativo*. 6. ed. São Paulo: Saraiva, 2001, p. 836), José dos Santos Carvalho Filho (*Manual de direito administrativo*. 8. ed., 2001, p. 427) e Maria Helena Diniz (*Curso de direito civil brasileiro*. 15. ed. 2001, Saraiva, p. 530. v. 7 – Responsabilidade Civil). Favoráveis à adoção da responsabilidade objetiva para atos omissivos são as posições de Sergio Cavalieri Filho (*Programa de responsabilidade civil*, 2. ed. Malheiros, 2001, p. 169) e Guilherme Couto de Castro (*A responsabilidade civil objetiva no direito brasileiro*, 1997, Forense, p. 37), além, da indispensável referência a Gustavo Tepedino, cujo magistério apontamos, mais detalhadamente, ao longo do texto.

[27] Em idêntico sentido: RE nº 17.803, Primeira Turma, Rel. Min. Barros Barreto, julgado em 11.10.1951, RE nº 81.602/MG, Primeira Turma, Rel. Min. Bilac Pinto, julgado em 05.12.1975, votação unânime e RE nº 100762/PR, Segunda Turma, Rel. Min. Moreira Alves, julgado em 04.10.1983, votação unânime.

Àquela aplicar-se-ia o regime da responsabilidade subjetiva, enquanto, a esta, o da responsabilidade objetiva. É o que se extrai do exemplo do acórdão ora citado:

> Agravo regimental nos embargos de divergência do agravo regimental no recurso extraordinário. 2. Direito Administrativo. 3. Responsabilidade civil do Estado por omissão. Teoria do Risco Administrativo. Art. 37, §6º, da Constituição. Pressupostos necessários à sua configuração. Demonstração da conduta, do dano e do nexo causal entre eles. 4. Omissão específica não demonstrada. Ausência de nexo de causalidade entre a suposta falta do serviço e o dano sofrido. Necessidade do revolvimento do conjunto fático probatório dos autos. Incidência da Súmula 279/STF. 5. Agravo regimental a que se nega provimento.[28]

3.2 Conclusão do ponto

Analisando-se a redação do artigo 194 da Constituição de 1946,[29] observa-se que o texto constitucional pretendeu efetivamente disciplinar por completo a matéria, não recepcionando, assim, a anterior norma infraconstitucional prevista no artigo 15 do Código Civil de 1916, o que se extrai da regra de hermenêutica constante do artigo 2º, §1º, parte final, da Lei de Introdução ao Código Civil, segundo a qual a lei posterior revoga a anterior se houver cuidado inteiramente da matéria, e principalmente do princípio da supremacia da Constituição, por força do qual, no dizer do ilustre Professor Luís Roberto Barroso, "nenhum ato jurídico, nenhuma manifestação de vontade pode subsistir validamente se for incompatível com a Lei Fundamental".[30]

E, uma vez revogada a regra do artigo 15 do Código Civil quando do advento da Constituição de 1946, não há que se indagar de sua vigência em confronto com o artigo 37, §6º, da Constituição de 1988, pois que não existindo em regra efeito repristinatório no ordenamento jurídico brasileiro, não houve ressuscitação da regra infraconstitucional após sua irremediável revogação. Ainda que assim não fosse, cumpre observar que as Constituições que se sucederam à de 1946 ostentaram essencialmente a mesma regra sobre responsabilidade do Estado.

---

[28] STF, RE nº 677139 AgR-EDv-AgR, Pleno, rel. min. Gilmar Mendes, julg. 22.10.2015.

[29] "Art. 194. As pessoas jurídicas de direito público interno são civilmente responsáveis pelos danos que os seus funcionários, nessa qualidade, causem a terceiros.
Parágrafo Único. Caber-lhes-á ação regressiva contra os funcionários causadores do dano, quando tiver havido culpa dêstes."

[30] *Interpretação e aplicação da constituição*, p. 150.

PROBLEMAS DE RESPONSABILIDADE CIVIL DO ESTADO | 191

Com efeito, esta parece ter sido a real intenção do legislador constituinte de 1946, no que se seguiram os de 1967,[31] 1969[32] e 1988,[33] vale dizer, eliminar, de vez, a teoria subjetiva da responsabilidade do Estado, simplificando sobremaneira a lide a ser enfrentada pela vítima, a qual já não mais precisa demonstrar a ocorrência de culpa, ainda que anônima, na atuação omissiva ou comissiva do Estado. O elemento culpa só irá interessar na relação Administração *versus* agente, para efeito de eventual direito de regresso.

A prescindibilidade da comprovação da culpa privilegia de forma expressiva a posição da vítima na contenda, para cujo êxito só se exige a constatação do dano e do nexo causal. A adoção da teoria objetiva não só influencia (a) o modo de solução da lide, aumentando as chances de procedência do pedido; como também (b) a celeridade de seu trâmite, dada a maior simplicidade instrutória, eis que dos três tradicionais pressupostos do dever de indenizar, a culpa é, sem dúvida alguma, a que traz maiores problemas àquele que tenha o ônus de comprová-la. Corrobora-se, por via dos dois aspectos facilitadores invocados, a *ratio* dos dispositivos constitucionais mencionados.

Diante de tal panorama, parece estar em xeque a fundamentação teórica daqueles que defendem a subsistência da regra subjetiva (originária do preceito normativo constante do artigo 15 do Código Civil de 1916) baseada na diferenciação entre causa e condição. Sustentam os defensores da tese, como visto, que o teor da literalidade constitucional, ao se valer da expressão "danos causados a terceiros", abrangeria unicamente os danos oriundos de atos comissivos, eis que só a ação dá causa à produção de efeitos, não, assim, a omissão.[34] Celso Antônio explica:

---

[31] "Art. 105. As pessoas jurídicas de direito público respondem pelos danos que os seus funcionários, nessa qualidade, causem a terceiros.
Parágrafo Único. Caberá ação regressiva contra o funcionário responsável, nos casos de culpa ou dolo."

[32] "Art. 107. As pessoas jurídicas de direito público responderão pelos danos que seus funcionários, nessa qualidade, causarem a terceiros.
Parágrafo Único. Caberá ação regressiva contra o funcionário responsável, nos casos de culpa ou dolo."

[33] "Art. 37, §6º. As pessoas jurídicas de direito público e as de direito privado prestadoras de serviços públicos responderão pelos danos que seus agentes, nessa qualidade, causarem a terceiros, assegurado o direito de regresso contra o responsável nos casos de dolo ou culpa."

[34] Essa sutil e intrincada diferenciação mais parece uma forçosa tentativa de assegurar a permanência da teoria subjetiva ao menos para os atos omissivos, resguardando assim o Estado de ter de arcar com muitos prejuízos causados aos seus administrados. Sendo que o sucesso obtido na aplicação desta tese mais se deve aos fins que assegura, do que ao conteúdo jurídico que contempla.

"na hipótese cogitada [responsabilidade por omissão] o Estado não é o autor do dano. Em rigor, não se pode dizer que o causou. Sua omissão ou deficiência haveria sido *condição* do dano, e não *causa*. Causa é o fator que positivamente gera um resultado. Condição é o evento que não ocorreu, mas que, se houvera ocorrido, teria impedido o resultado".[35]

Sublinhe-se, outrossim, que o Código Civil de 2002 retirou um dos principais pilares de sustentação da tese subjetiva da responsabilidade por omissão. É que no lugar da regra anterior, consagrada no indigitado artigo 15 (CC, 1916), ganhou corpo o novel artigo 43, que reproduz, literalmente, o comando constitucional de 1988.[36]

Demais disso, mesmo o receio de que, ao se descartar a necessidade de prova da culpa na omissão, o Estado possa se tornar o segurador universal de todos os danos advindos aos administrados, fundamento último em que se busca amparo para o argumento da natureza subjetiva da responsabilidade, não torna a vetusta culpa indispensável. Isso porque, mesmo em tema de responsabilidade objetiva, admite-se a eficácia das chamadas excludentes, que atuam na verdade sobre o nexo causal, rompendo-o em hipóteses de culpa exclusiva da vítima, culpa de terceiro, força maior ou caso fortuito. Essas clássicas excludentes de responsabilidade acabam por funcionar como o ponto de equilíbrio que afasta o risco de se transformar o Estado em um garante de tudo e de todos.

Nesse sentido, leciona o Professor Gustavo Tepedino, ao defender a adoção indiscriminada da responsabilidade objetiva do Estado: "nem se objete que tal entendimento levaria ao absurdo, configurando-se uma espécie de *panresponsabilização* do Estado diante de todos os danos sofridos pelos cidadãos, o que oneraria excessivamente o erário e suscitaria uma ruptura no sistema da responsabilização civil. A rigor, a teoria da responsabilidade objetiva do Estado comporta causas excludentes, que atuam, como acima já aludido, sobre o nexo causal entre o fato danoso (a ação administrativa) e o dano, de tal sorte a mitigar a responsabilização, sem que, para isso, seja preciso violar o texto constitucional e recorrer à responsabilidade aquiliana".[37]

---

[35] Celso Antônio, *op. cit.*, p. 796.

[36] "Art. 43. as pessoas jurídicas de direito público interno são civilmente responsáveis por atos dos seus agentes que nessa qualidade causem danos a terceiros, ressalvado direito regressivo contra os causadores do dano, se houver, por parte destes, culpa ou dolo."

[37] TEPEDINO, Gustavo. *Op. cit.*, p. 191 e 192.

4 A via de exercício do direito de regresso: debate sobre a denunciação da lide

Outra questão de expressivo interesse prático e acerca da qual doutrina e jurisprudência muito debatem diz respeito à via de exercício do direito de regresso do ente público contra o agente responsável pelo dano, nos casos de dolo ou culpa; vale dizer, se é possível ao Estado se valer da denunciação da lide prevista no artigo 125, II, do CPC/2015[38] para o exercício de tal direito, ou se está o mesmo compelido a pleiteá-lo apenas por meio de ação direta de regresso.

A resposta a tal indagação não se apresenta uníssona, seja nos Tribunais, seja nos livros.[39]

Sobre a matéria, em rigor, podiam-se conceber três entendimentos possíveis, ao tempo da vigência do CPC/1973: que a denunciação da lide é obrigatória, sob pena de perda do direito de regresso; que ela é facultativa, de toda forma resguardado o eventual direito de regresso; ou que é vedada, devendo o eventual direito de regresso ser buscado em processo autônomo. Hoje, após a edição do CPC/2015, a tese da obrigatoriedade perdeu sua base de sustentação, tendo em vista os novos termos em que o assunto foi tratado. Superando a literalidade do dispositivo correspondente na codificação anterior, a lei processual vigente disciplinou a denunciação da lide como instrumento ao qual *podem* acorrer as partes. O contraste entre a dicção legislativa anterior e atual indica a absorção pelo legislador da evolução do tema no curso dos últimos quarenta anos. Dizer-se "é obrigatória" difere bastante de estabelecer "é admissível".

De fato, no sentido da facultatividade sempre se orientou boa parte da doutrina processualista, assim como, com larga predominância, as Turmas de Direito Público do Superior Tribunal de Justiça, conforme se verifica no elucidativo trecho de acórdão a seguir:

---

[38] CPC: "Art. 125. É admissível a denunciação da lide, promovida por qualquer das partes: II – àquele que estiver obrigado, por lei ou pelo contrato, a indenizar, em ação regressiva, o prejuízo de quem for vencido no processo".

[39] O Professor Gustavo Tepedino aponta divergência entre as várias turmas do próprio Superior Tribunal de Justiça, anotando que a 1ª e a 2ª Turmas admitem a denunciação da lide, contrariamente ao entendimento das 3ª e 4ª Turmas, cf.: "A Evolução da Responsabilidade Civil no Direito Brasileiro e suas Controvérsias na Atividade Estatal", *in Temas de direito civil*, cit., p. 191 e 192. O autor indica, em notas de rodapé, acórdãos favoráveis à admissão (*RSTJ*, 77/101 e 62/216) e contrários (*RSTJ* 84/202 e 14/440).

A obrigatoriedade da denunciação da lide deve ser mitigada em ações indenizatórias propostas em face do poder público pela matriz da responsabilidade objetiva (art. 37, §6º – CF). O incidente quase sempre milita na contramão da celeridade processual, em detrimento do agente vitimado. Isso, todavia, não inibe eventuais ações posteriores fundadas em direito de regresso, a tempo e modo.[40]

O posicionamento atual do STJ, em avaliação feita pelo administrativista José dos Santos Carvalho Filho, é no sentido de, apesar de bem dividida, admitir a denunciação da lide por opção do Estado, não tendo caráter obrigatório.[41] O entendimento pode ser demonstrado exemplificativamente em trecho de acórdão exposto:

> Ainda que fosse superado tal óbice, é firme a jurisprudência do Superior Tribunal de Justiça no sentido de que, em se tratando de **responsabilidade civil do Estado**, "a denunciação à lide do art. *70, inc. III, do CPC, em razão dos princípios da economia e da celeridade processual, não é obrigatória.* (STJ, AgRg no REsp 1.406.741/RJ, Rel. Ministro MAURO CAMPBELL MARQUES SEGUNDA TURMA, DJe de 04/12/2013)[42]

E também:

> ADMINISTRATIVO. RESPONSABILIDADE CIVIL DO ESTADO. ERRO MÉDICO. DENUNCIAÇÃO DA LIDE. FACULDADE. Nas demandas em que se discute *a responsabilidade civil do Estado, a denunciação da lide ao agente causador do suposto dano é facultativa, cabendo ao magistrado avaliar se o ingresso do terceiro ocasionará prejuízo à economia e celeridade processuais.*[43]

No sentido da inadmissibilidade, que adiante se defenderá neste artigo, é a posição de Gustavo Tepedino, bem como de alguns julgados do Supremo Tribunal Federal[44] e alguns precedentes do Superior Tribunal de Justiça.[45]

---

[40] STJ, REsp nº 1501216/SC, 1ª T., rel. min. Olindo Menezes, julg. 16.2.2016.

[41] CARVALHO FILHO, José dos Santos. *Manual de direito administrativo*. 20. ed. Rio de Janeiro: Lumen Juris, 2008, p. 545.

[42] Em igual sentido: STJ, AgRg no AREsp nº 139.358/SP, 1ª T., rel. min. Ari Pargendler, julg. 4.12.2013.

[43] STJ, AgRg no AREsp nº 139358/SP, 1ª T., rel. min. Ari Pargendler, julg. 26.11.2013.

[44] Cf. FERNANDES, José Ricardo de Arruda. *Questões importantes de processo civil*: teoria geral do processo. DP&A Editora, 1999, p. 321 e 322.

[45] Neste sentido: REsp nº 228.964/RS, Segunda Turma, Rel. Min. Eliana Calmon, julgado em 21.08.2001, votação unânime; REsp nº 235.182/RJ, Primeira Turma, Rel. Min. José Delgado, julgado em 23.11.1999, votação por maioria (vencido o Ministro Humberto Gomes de

De pronto, averbe-se que, mesmo sob a ótica dos interesses da Administração Pública, também se argumenta não ser devida a denunciação, porque a Administração acabaria por confessar a própria culpa, ao ter de demonstrar a do funcionário, dando armas e fornecendo argumentos contra seu próprio interesse. De inegável perplexidade a situação em que se encontrará a Administração, tendo de provar a culpa do agente e negar a sua própria.[46]

A Lei nº 8.112/90, o Estatuto dos Funcionários Públicos Civis da União, suprimiu exigência anterior e admite a propositura da ação de regresso mesmo antes do trânsito em julgado da ação indenizatória do particular em face do Estado, tendo em vista a redação do artigo 122, §2º:

> Art. 122. A responsabilidade civil decorre de ato omissivo ou comissivo, doloso ou culposo, que resulte em prejuízo ao erário ou a terceiros.
>
> (...)
>
> §2º Tratando-se de dano causado a terceiros, responderá o servidor perante a Fazenda Pública, em ação regressiva.

4.1 Jurisprudência

Partindo da facultatividade da denunciação da lide, convém apresentar, desde logo, a posição ainda vigente no Egrégio Superior Tribunal de Justiça, bem espelhada no acórdão do Agravo Interno no Agravo em Recurso Especial nº 913670/BA, Segunda Turma, Rel. Min. Mauro Campbell, julgado em 1º.9.2016:[47]

Barros) e REsp nº 226.093/RJ, Primeira Turma, Relator para acórdão: Min. José Delgado, acompanhado pelos Ministros Francisco Falcão e Garcia Vieira, vencido o Relator originário, Ministro Humberto Gomes de Barros.

[46] Decisão recente do Superior Tribunal de Justiça busca contornar a crítica levantada no texto, e o faz baseada no princípio da eventualidade, como se depreende da ementa ora transcrita: "RESPONSABILIDADE CIVIL DO ESTADO – DENUNCIAÇÃO DA LIDE DO PREPOSTO – ATRIBUIÇÃO DE CULPA – DESNECESSIDADE. Na ação de reparação de danos fundada em responsabilidade objetiva, o Estado pode denunciar à lide o preposto sem necessidade de atribuir-lhe desde logo a culpa pelo acidente; a exigência de que faça isso expressamente, sob pena de inépcia da respectiva petição, desnatura o instituto da denunciação da lide, inspirado pelo princípio da eventualidade" (STJ – Ac. da 2ª T. publ. no DJ de 20.10.97 – Rel. Min. Ari Pargendler – in ADCOAS 8158416). O acórdão refere-se ao seguinte ensinamento de José Carlos Barbosa Moreira: "Por isso frisei, há pouco, que a ação de regresso é proposta em caráter eventual, quase se poderia dizer em caráter condicional. É como se o denunciante formulasse este pedido: Se eu, afinal, acabar vencido, peço desde já que o denunciado seja condenado a pagar-me a indenização a que eu porventura tenha direito".

[47] No mesmo diapasão: REsp nº 170.318/SP, Segunda Turma, Rel. Min. Ari Pargendler, julgado em 06/10/1998, votação unânime; REsp nº 130.192/RJ, Segunda Turma, Rel. Min.

CARLOS EDISON DO RÊGO MONTEIRO FILHO
RUMOS CONTEMPORÂNEOS DO DIREITO CIVIL – ESTUDOS EM PERSPECTIVA CIVIL-CONSTITUCIONAL

> Processual civil e administrativo. Agravo interno no agravo em recurso especial. Enunciado administrativo 3/stj. Responsabilidade civil do estado. Violação ao art. 535 do cpc/1973. Inocorrência. Ausência de prequestionamento. Súmulas 282/stf e 211/stj. Análise de dispositivo constitucional. Impossibilidade. Fundamentação deficiente. Súmula 284/stf. Fundamento autônomo não atacado. Súmula 283/stf. Reexame do conjunto fático-probatório dos autos. Impossibilidade. Súmula 7/stj. Denunciação da lide. Não obrigatoriedade. Precedentes do stj.
>
> Esta Corte Superior possui entendimento consolidado no sentido de que, nas ações indenizatórias fundadas na responsabilidade civil objetiva do Estado, não é obrigatória a denunciação da lide ao agente causador do suposto dano. Precedentes do STJ.

Anote-se, contudo, contrário à admissibilidade da denunciação da lide pelo Estado ao agente administrativo, o aresto conduzido pela Ministra Eliana Calmon, assim ementado:

> PROCESSO CIVIL – DENUNCIAÇÃO DA LIDE E PRESCRIÇÃO – ATO ADMINISTRATIVO – RESPONSABILIDADE OBJETIVA.
>
> 1. A jurisprudência tem entendido ser dispensável a denunciação da lide dos prepostos das pessoas jurídicas.
>
> 2. A inadmissão da litisdenunciação, além de harmonizar-se com o princípio da celeridade processual, não impede que exerça o denunciante o direito de regresso.
>
> 3. Obrigatoriedade prevista no art. 70 do CPC, que se dirige ao denunciado, impedido de recusar, se chamado a juízo.
>
> 4. Prescrição cujo prazo somente teve início após as tratativas administrativas, não havendo interrupção que enseja aplicação do art. 9º do decreto 20.910/32.
>
> 5. Recurso especial improvido.

Mais clara ainda é a perspectiva apontada no cotejo do voto da Ministra Relatora:

> De referência ao instituto da denunciação da lide, não admitido pelo julgador de primeiro grau, a jurisprudência majoritária tem entendido que, sendo objetiva a responsabilidade civil, a denunciação da lide para

---

Hélio Mosimann, julgado em 25/08/1997, votação unânime; REsp nº 13.419/RJ, Segunda Turma, Rel. Min. Adhemar Maciel, julgado em 15/08/1996, votação unânime; REsp nº 156.284/SP, Segunda Turma, Rel. Min. Francisco Peçanha Martins, julgado em 16/08/2001, votação unânime.

apurar-se responsabilidade subjetiva só enseja a procrastinação probatória em detrimento do autor – daí a inadmissibilidade.

Ademais, assentado o entendimento de que a obrigatoriedade da denunciação é exigência que se dirige ao litisdenunciado, que não pode recusar tal posição se chamado a juízo. Não se questiona quanto à possibilidade de, posteriormente, se condenada a pessoa jurídica por ato de seu preposto, ingressar com ação de regresso contra o causador do dano, se com culpa se houve.

No particular, comungo da posição esposada e assim louvo a sentença que se pautou exatamente pela linha dominante nos Tribunais.

Quanto à jurisprudência do Supremo Tribunal Federal, analisando o artigo 107 da Constituição de 1969 – dispositivo congênere ao artigo 37, §6º, da atual Constituição da República, como já consignado linhas acima –, merece registro o interessante precedente consubstanciado no Recurso Extraordinário nº 93.860-0/RJ, Segunda Turma, Rel. Min. Décio Miranda, julgado em 1º de dezembro de 1981, votação unânime, cuja ementa se transcreve:

1) CONSTITUCIONAL. Responsabilidade civil do Estado. Seus pressupostos. 2) PROCESSUAL CIVIL. A ação de indenização, fundada em responsabilidade objetiva do Estado, por ato de funcionário (Constituição, art. 107 e parág. Único), não comporta obrigatória denunciação a este, na forma do art. 70, III, do Cód. Proc. Civil, para apuração da culpa, desnecessária à satisfação do prejudicado.

Assim dispõe o voto do Ministro Relator, em seus aspectos mais relevantes:

Quanto ao art. 70, III, do Cód. Proc. Civil, a dizer que 'a denunciação da lide é obrigatória (...) 'aquele que estiver obrigado, pela lei ou pelo contrato, a indenizar, em ação regressiva, o prejuízo do que perder a demanda', não parece aplicável à hipótese de que ora se cuida.

Denunciar a lide ao funcionário, para que a conteste apenas alegando a inexistência do dano, ou negando a falha do serviço público que o tenha acarretado, será exigir-lhe tarefa superior a suas possibilidades. Fazê-lo, para que se defenda com a ausência de culpa, será embaraçar inutilmente a pretensão do autor, que para o êxito do pedido independe da prova de culpa do funcionário, bastando a culpa impessoal do serviço público.

Diversos os fundamentos da responsabilidade, num caso, do Estado em relação ao particular, a simples causação do dano; no outro caso, do funcionário em relação ao Estado, a culpa subjetiva, trata-se de duas atuações processuais distintas, que se atropelam reciprocamente, não devendo conviver no mesmo processo, sob pena de contrariar-se a finalidade específica da denunciação da lide, que é a de encurtar caminho à solução global das relações litigiosas interdependentes.

O Tribunal de Justiça do Estado do Rio de Janeiro, em agosto de 2001, trouxe a público o resultado do I Encontro de Desembargadores do TJERJ, destacando-se um dos Enunciados Cíveis, precisamente sobre o assunto: "21) Em ação de indenização ajuizada em face de pessoa jurídica de Direito Público, não se admite a denunciação da lide ao seu agente ou a terceiro (art. 37, §6º, CF/88). (maioria)". No ano de 2002, o enunciado transcreveu-se no Verbete nº 50 da Súmula do indigitado Tribunal.

4.2 Doutrina

Em doutrina, Tepedino robustece a corrente contrária à denúncia, fulcrando-se nos fundamentos seguintes: (a) a diferença de fundamento entre as ações (objetiva da administração *versus* subjetiva do agente) impede a cumulação; (b) a denunciação desvirtuaria o objetivo de facilitar a tutela jurisdicional da vítima, por meio da responsabilidade objetiva constitucional; (c) a defesa da administração pública teria que assumir a culpa do agente, "quase que reconhecendo o pedido, para efetivar a litisdenunciação".[48]

Há uma outra corrente, representada por Yussef Sahid Cahali e Maria Sylvia Zanella Di Pietro, que vai diferenciar a possibilidade ou não da denunciação da lide em função do fundamento da ação proposta pela vítima do dano. Se o autor da ação reparatória alegar subsidiariamente, na sua petição inicial, a culpa do funcionário, ainda que a responsabilidade seja objetiva, essa alegação permitirá à Fazenda Pública a denunciação da lide ao agente causador do dano. Se, ao contrário, o autor da ação, vítima do dano, não fizer essa menção, o Estado já não se vê autorizado a denunciar a lide ao funcionário.[49]

Sob tal prisma, estabelece-se uma profunda diferença de efeitos, a partir de uma menção à conduta culposa que, em muitas ocasiões, a vítima faz constar da inicial visando a melhor sustentar seu direito;

---

[48] Cf. TEPEDINO, Gustavo. *Op. cit.*, p. 194 e 195.

[49] CAHALI, Yussef Said. *Responsabilidade civil do estado*, p. 186 a 228 e DI PIETRO, Maria Sylvia Zanella. *Direito administrativo*, p. 421.

e o autor pode desconhecer o risco que corre, ao querer reforçar sua tese, pois a denunciação acaba por servir, justamente, contra os seus interesses, já que torna a entrega da prestação jurisdicional muito mais lenta, havendo necessidade de uma quantidade imprevisível de provas para a comprovação da culpa.

Contudo, o sistema proposto, apesar das justificativas técnicas e da autoridade de seus defensores, parece se distanciar dos objetivos constitucionais atinentes à facilitação da tutela dos interesses da vítima.

Por outro lado, passa-se a se destacar os argumentos oferecidos pela parcela da doutrina processualista que prega a admissibilidade da denunciação (seja facultativa ou obrigatória).

Neste particular, importante trazer à colação o magistério de José Carlos Barbosa Moreira:[50-51]

> Não colhe o argumento em contrário, às vezes suscitado, de que a denunciação da lide ao funcionário introduz no feito novo *thema decidendum*, por depender da ocorrência de culpa ou dolo daquele o reconhecimento do direito regressivo da pessoa jurídica de direito público. Tal argumento prova demais, porque com a denunciação, em *qualquer* caso, se introduz novo *thema decidendum*: questioná-lo equivaleria a pensar que *algum* denunciado fique impedido de defender-se negando a obrigação de reembolsar o denunciante, isto é, contestando direito regressivo deste. Na verdade, a *nenhum* denunciado se recusa a possibilidade de contestá-lo. Pouco importa que ela se relacione com a exigência de dolo ou culpa ou com qualquer outra circunstância: a situação é sempre, substancialmente, a mesma.
>
> (...)
>
> Que a eventualidade de admitir-se a denunciação – e, pois, estender a discussão ao novo *thema decidendum* – pode gerar alguma complicação e retardar o encerramento do processo, disso não há dúvida. Essa, porém, é apenas uma das faces da moeda. Em perspectiva global, a permissão de denunciar a lide atua também como fator de simplificação, na medida em que, com evidente vantagem ao ângulo da economia processual, abre oportunidade ao julgamento de duas lides em um único feito. Ao legislador terá parecido que tal vantagem compensa os possíveis inconvenientes. Seja como for, a opção cabia a ele, e está feita; ultrapassa os poderes do juiz, ante a clareza e a univocidade do texto, sobrepor-lhe sua própria valoração, eventualmente diversa, mas aí irrelevante.

---

[50] Cf. *Direito aplicado:* acórdãos e votos, Forense, 1987 p. 159 a 163, citado por Sérgio Ricardo de Arruda Fernandes, *op. cit.,* p. 317 e 318.

[51] No mesmo sentido, THEODORO JÚNIOR, Humberto. *Curso de direito processual civil*, 37. ed. Editora Forense, 2001, p. 112 e FUX, Luiz. *Curso de direito processual civil.* Forense, 2001, p. 274.

Na esteira da admissibilidade da denunciação da lide pelo Estado, Cândido Rangel Dinamarco[52] procura temperar o rigor dos efeitos da tese acolhida com a observação de que, uma vez realizada a denunciação da lide ao agente administrativo cuja conduta foi dolosa ou culposa, na prática, o Estado estaria reconhecendo a sua responsabilidade, em face do que o autor da ação de reparação de danos poderia requerer a antecipação da tutela. Em suas palavras:

> Na prática, porém, será muito difícil o ente público sustentar essa culpa sem confessar a *causalidade* entre a conduta do funcionário e o dano lamentado na demanda inicial; e essa confissão produzirá na certa a probabilidade suficiente para, nos termos do art. 273, antecipar a tutela em benefício do autor, sem necessidade e sem a menor conveniência de privar o réu da efetividade do regresso que a Constituição lhe assegura (art. 37, §6º, parte final).

Mas a vantagem com que acena o ilustre processualista não se mostra imune a críticas, como expressa Sérgio Ricardo de Arruda Fernandes:[53]

> Em primeiro lugar, discordamos do entendimento de que aquele que denuncia esteja confessando fatos contrários a si próprio. A denunciação envolve o exercício antecipado e condicional do direito regressivo. (...) Em segundo lugar, acreditamos que a aplicação do art. 273, CPC, não resolve por completo a questão. Tratando-se de ação indenizatória, ainda que se admitisse a denunciação da lide feita pelo Estado como confissão, a antecipação de tutela não teria o condão de autorizar o levantamento de dinheiro sem caução idônea (art. 273, §3º, CPC), sem embargo da necessidade de observar o procedimento executório típico imposto no art. 100, CF/88 (precatório).

4.3 Conclusões

Com efeito, a solução do problema em tela não está no Código de Processo Civil, seja na ponderação entre a economia processual – extraída da possibilidade de evitar-se um processo autônomo – e a celeridade processual – ao rejeitar-se que se amplie o objeto de conhecimento do juízo –, seja na discussão da denunciação da lide nas

---

[52] Cf. *Intervenção de terceiros*. Malheiros, 1997, p. 191 e 192.

[53] *Op. cit.*, p. 320 e 321.

PROBLEMAS DE RESPONSABILIDADE CIVIL DO ESTADO | 201

hipóteses abarcadas pelo inciso II do artigo 125 do Código de Processo Civil, tampouco em princípios gerais de Direito Processual.

A resposta encontra-se na Constituição da República, a partir da qual deve ser feita uma releitura do artigo 125, II, do CPC – como revelado pela sólida doutrina de Gustavo Tepedino. Sob pena de considerar-se letra morta o mandamento constitucional, mero coadjuvante em tema de que ele é a matriz normativa, é preciso que se confira efetividade ao artigo 37, §6º, da Constituição de 1988.

Segundo a sempre clara e precisa lição de Luís Roberto Barroso:[54]

> A efetividade significa (...) a realização do Direito, o desempenho concreto de sua função social. Ela representa a materialização, no mundo dos fatos, dos preceitos legais e simboliza a aproximação, tão íntima quanto possível, entre o *dever-ser* normativo e o *ser* da realidade social.

Evidentemente, só pode haver efetividade na reparação de danos assegurada pela Constituição da República em seu artigo 37, §6º, se for afastado todo empecilho que, na prática, obsta o acesso do cidadão não só ao processo, como ainda ao resultado de que ele é mero meio de obtenção.

Em uma palavra, lançando mão do princípio da efetividade e do princípio da supremacia da Constituição, resta evidente que o artigo 125, II, do Código de Processo Civil não encontra qualquer campo de aplicação sobre a relação entre o Estado-réu (pretenso denunciante) e o agente administrativo (pretenso denunciado), pelo que resta incabível a denunciação da lide, devendo o dispositivo constitucional, portanto, ser interpretado nos seguintes termos: "As pessoas jurídicas de direito público e as de direito privado prestadoras de serviços públicos responderão objetivamente pelos danos que seus agentes, nessa qualidade, causarem, por conduta comissiva ou omissiva, a terceiros, assegurado, em processo autônomo, o direito de regresso contra o responsável nos casos de dolo ou culpa".

Em suma, ocorrendo um ato lesivo imputável ao Estado, com base no princípio da solidariedade social, da divisão igualitária dos ônus e encargos por toda população, a vítima terá de demonstrar tão somente o dano e o nexo causal, o que lhe poupará tempo e esforços na busca de sua indenização – esse o modelo de responsabilidade previsto

---

[54] Cf. O *direito constitucional e a efetividade de suas normas*: limites e possibilidades da CONSTITUIÇÃO brasileira. 5. ed. Renovar, 2001, p. 85.

no Texto Maior (objetiva). Mas se se admite a denunciação da lide no curso do processo, na realidade o objetivo de celeridade da prestação jurisdicional cairá por terra, já que a solução do litígio demoraria consideravelmente mais, na medida em que haveria duas lides em um só processo, e, fato relevante, em uma das quais se discutiria acerca da culpa do agente, com abertura para ampla produção de prova.[55]

Em rigor, a admissão da denunciação da lide implicará a perquirição da culpa, nos autos da ação indenizatória, que foi exatamente o que o texto constitucional quis evitar ao consagrar a regra da responsabilidade objetiva.

5 Consideração final

A tônica do presente trabalho, revelado na proposta de uma abordagem crítica do instituto da responsabilidade civil estatal, reside na concepção do estudo do direito, não por setores pré-constituídos, mas por problemas, tendo como premissa básica a superação das divisões estanques entre as disciplinas jurídicas envolvidas (direito civil, administrativo, constitucional e processo civil), ou seja, uma visão unitária do ordenamento, e, especialmente, o rompimento dos lindes entre o

---

[55] Em igual sentido, decidiram os Tribunais de Justiça do Rio de Janeiro e do Paraná, cujos relatores, os Desembargadores Luiz Roldão de Freitas Gomes e Sydney Zappa, respectivamente, sublinharam o argumento: "RESPONSABILIDADE CIVIL DO ESTADO – DENUNCIAÇÃO À LIDE DE SERVIDOR – DESCABIMENTO. Sendo de natureza objetiva a responsabilidade do ente público, não é de ser o servidor denunciado à lide por diverso fundamento – culpa –, a frustrar a finalidade do instituto, associada à célere e efetiva prestação jurisdicional. A denunciação também se justifica pelo direito de regresso que, desde suas remotas origens, promana da sub-rogação em favor de quem solve prestação alheia. Não é a hipótese em que busca o Estado a responsabilização do servidor por ato daquele – culpa lato sensu" (TJ-RJ – Ac. da 7ª Câm. Cív. julg. em 8.5.97 – Rel. Des. Luiz Roldão de Freitas Gomes; in ADCOAS 8156766).
"RESPONSABILIDADE CIVIL DO PODER PÚBLICO – DENUNCIAÇÃO DA LIDE – DESCABIMENTO. Se diversos os fundamentos da demanda entre particulares e entre estes e as pessoas jurídicas de direito público ou assemelhados, descabe a denunciação da lide, eis que no primeiro caso o sucesso da ação depende de prova da culpa e neste basta o nexo de causalidade entre a ação e a omissão e o evento danoso, ex-vi da CF, art. 37, §6º, e CPC, art. 70, III" (TJ-PR – Ac. unân. da 2ª Câm. Cív. julg. em 24.4.91 – Rel. Des. Sydney Zappa in ADCOAS 136958). Extrai-se do voto ainda a seguinte observação: "À primeira vista parece que nas ações de indenização propostas contra a Administração e assemelhados cabível é a denunciação da lide da mesma forma que naquelas demandas promovidas contra particulares. Contudo, não é bem assim. Isso porque inexiste litisconsórcio necessário, e diversos são os fundamentos da responsabilidade, eis que, figurando particular no pólo passivo, incumbe ao autor a prova da culpa, enquanto que tratando-se de pessoa jurídica de direito público ou de direito privado prestadora de serviço público, basta o reconhecimento do nexo de causalidade entre a ação ou a omissão e o evento danoso".

PROBLEMAS DE RESPONSABILIDADE CIVIL DO ESTADO | 203

público e o privado. Por ora, foram investigadas, além da evolução do instituto, apenas duas de suas questões mais polêmicas.[56] Na lição de Perlingieri: "existem pontos de confluência tão precisos entre o privado e o público que seria mais correto falar de Direito Civil do que de Direito Privado. Não é somente uma mudança de etiqueta. O Direito Civil não se apresenta em antítese ao Direito Público, mas é apenas um ramo que se justifica por razões didáticas e sistemáticas, e que recolhe e evidencia os institutos atinentes com a estrutura da sociedade, com a vida dos cidadãos como titulares de direitos civis. Retorna-se às origens do direito civil como direito dos cidadãos, titulares de direitos frente ao Estado. Neste enfoque, não existe contraposição entre privado e público, na medida em que o próprio direito civil faz parte de um ordenamento unitário".[57]

---

[56] Dentre tantas outras indagações pertinentes à espécie, tais como: Quanto à legitimação passiva, pode responder diretamente, perante a vítima, o agente causador do dano? Cabe indenização por dano moral em responsabilidade por ato lícito? Quais as relações entre caráter punitivo da reparação do dano moral e a responsabilidade objetiva? Parqueamento em via pública – furto de veículo: em alguma hipótese responde o Estado? Que regra vige, no direito comparado, para a responsabilização do Estado? Quais as implicações dos atos de integração (formação de blocos regionais) na responsabilidade do Estado no âmbito internacional? A responsabilidade da pessoa jurídica de direito público em relação à entidade privada é solidária ou subsidiária? Quais as dimensões da responsabilidade do Estado por atos legislativos, acaso existente? E por atos jurisdicionais? Após a privatização de serviços públicos e atividades econômicas, como fica a responsabilidade civil do Estado? Responde o Estado pela reparação do dano causado ao particular, em decorrência do mau exercício do poder discricionário? Como se procede à responsabilização do Estado por atos dos serviços notariais e de registro, em face do disposto no artigo 236 da Constituição Federal e seus parágrafos? Qual a eficácia das excludentes em tema de responsabilidade estatal?

[57] PERLINGIERI, Pietro. Op. cit., p. 54 e 55. No âmbito da passagem ora referida, o jurista italiano observa que alguns direitos civis não encontram tutela no Código da disciplina mas sim na própria Constituição, e, na sequência, quanto ao estudo do direito por problemas, à luz da unidade dos valores de referência, explica: "O fracionamento da matéria jurídica e do ordenamento em ramos tem um sentido porque divide por competências e por necessidade de exposição uma matéria única em si mesma, mas não deve significar que a realidade do ordenamento é divisível em diversos setores, dos quais um é totalmente autônomo em relação ao outro, de tal modo que possa ser proclamada a sua independência. Os problemas concernentes às relações civilísticas devem ser colocados recuperando os valores publicísticos ao Direito Privado e os valores privatísticos ao Direito Público. Resta a ser individuada uma nova sistematização do direito. Há de se superar, de qualquer modo, a mentalidade pela qual o Direito Privado é liberdade de cada um de cuidar, por vezes arbitrariamente, dos próprios interesses, enquanto que o Direito Público, manifestação de autoridade e de soberania, dispõe de estruturas e serviços sociais para permitir ao interesse privado a sua livre e efetiva atuação".

LESÃO AO TEMPO: CONFIGURAÇÃO E REPARAÇÃO NAS RELAÇÕES DE CONSUMO*

1 Introdução

A concepção científica de *tempo* originou-se a partir de associações com o conceito de *espaço*. O tempo referia-se à grandeza física necessária para percorrer certo espaço; este último, por sua vez, era o que se podia percorrer em determinado intervalo de tempo.[1] E, no decorrer da história, tempo e espaço, entrecruzados, assemelhavam-se como categorias rígidas e impassíveis de controle artificial pelo homem. As distâncias ligavam-se à capacidade física da vida biológica.

Com o advento da modernidade, contudo, meios artificiais criados pelo ser humano pouco a pouco desconstruíram essa estanque relação. Produto da revolução industrial, máquinas mais velozes a cada geração, encurtando distâncias, atuam de modo relevante no processo de diminuição do espaço-tempo. Afora isso, a evolução contínua dos meios de comunicação reduziu o espaço entre as pessoas a tal medida que hoje, ao menos virtualmente, as fronteiras sejam eliminadas por completo. A tecnologia, assim, permitiu que se esteja em qualquer local, sem que se faça necessário deslocar-se até ele.[2]

---

* O presente trabalho foi publicado originalmente na edição 141 da *Revista Ajuris*.

[1] BAUMAN, Zygmunt. *Modernidade líquida*. Rio de Janeiro: Jorge Zahar Ed., 2001, p. 128

[2] Cunha-se a ideia de onipresença virtual, e dentro dessa ordem, então, Zygmunt Bauman, indicando que o *espaço já se encontra conquistado*, propõe renovada relação entre tempo e espaço – processual, mutável e dinâmica (BAUMAN, Zygmunt. *Modernidade líquida*. Rio de Janeiro: Jorge Zahar Ed., 2001, p. 131): "A relação entre tempo e espaço deveria ser de agora em diante processual, mutável e dinâmica, não predeterminada e estagnada. A 'conquista do espaço' veio a significar máquinas mais velozes. O movimento acelerado significava maior espaço. Nessa corrida, a expansão espacial era o nome do jogo e o espaço, seu objetivo; o espaço era valor; o tempo, a ferramenta".

CARLOS EDISON DO RÊGO MONTEIRO FILHO
RUMOS CONTEMPORÂNEOS DO DIREITO CIVIL – ESTUDOS EM PERSPECTIVA CIVIL-CONSTITUCIONAL

Em cenário em que o fluxo de dados se intensifica e agiganta, em inimagináveis velocidade e volume de informações trocadas, a concepção de tempo na atualidade parece modificar-se de todo. Paradoxalmente, cria-se uma proporção inversa: *quanto mais rápida a sociedade é, menos tempo tem*. A pós-modernidade assiste à renovação de valores outrora considerados fundamentais.[3] No trato social, a linguagem direta e objetiva prevalece em era de hipercomplexidade. Às reflexões lentas e elaboradas prefere-se o raciocínio dito em tempo real, na constante busca de soluções pragmáticas e imediatas, a fim de se poupar cada segundo. Na percepção sensorial do indivíduo, os ponteiros do relógio passam a correr cada vez mais céleres. Está-se diante de sociedade que enxerga no tempo um *bem inestimável e, cada vez mais, escasso, a ser fruído a partir das escolhas próprias de cada pessoa humana*.[4]

2 O tempo como bem juridicamente tutelado

Na ciência jurídica, o tempo apresenta diversas perspectivas. Ora se afigura requisito de eficácia de direitos potestativos, os quais, sob pena de perecerem, somente podem ser exercidos dentro de certo prazo (*decadência*). Outras vezes, pode ser concebido como fato jurídico condutor da conversão da posse em propriedade (*usucapião*), ou como pressuposto para a extinção de eventual pretensão, dada a inércia, por seu titular, do exercício de determinada situação jurídica subjetiva (*prescrição extintiva*).[5] Pode também determinar o nascimento

---

[3] Para uma análise aprofundada a respeito da cultura na sociedade pós-moderna, cf. LLOSA, Mario Vargas. *A civilização do espetáculo*: uma radiografia do nosso tempo e da nossa cultura. Rio de Janeiro: Objetiva, 2013, p. 27. "a diferença essencial entre a cultura do passado e o entretenimento de hoje é que os produtos daquela pretendiam transcender o tempo presente, durar, continuar vivos nas gerações futuras, ao passo que os produtos deste são fabricados para serem consumidos no momento e desaparecer, tal como biscoitos ou pipoca. Tolstoi, Thomas Mann e ainda Joyce e Faulkner escreviam livros que pretendiam derrotar a morte, sobreviver a seus autores, continuar atraindo e fascinando leitores nos tempos futuros. As telenovelas brasileiras e os filmes de Hollywood, assim como os shows de Shakira, não pretendem durar mais que o tempo da apresentação, desaparecendo para dar espaço a outros produtos igualmente bem-sucedidos e efêmeros".

[4] Sobre o valor do tempo livre, remete-se à valiosa passagem de MASI, Domenico de. *O ócio criativo*. Rio de Janeiro: Sextante, 2000, p. 299-300: "Tempo livre significa viagem, cultura, erotismo, estética, repouso, esporte, ginástica, meditação e reflexão. (...) Em suma, [significa] dar sentido às coisas de todo dia, em geral lindas, sempre iguais e divertidas, e que infelizmente ficam depreciadas pelo uso cotidiano".

[5] Essa tentativa de promover uma unidade conceitual aos termos é objeto de críticas pela doutrina. Confiram-se as críticas de Pontes de Miranda: "Por haver regras jurídicas comuns à prescrição e à usucapião, tentaram a unidade conceptual; mas essa unidade

ou extinção de determinada situação jurídica subjetiva (como nos casos de aposição de *condição* ou *termo* nos negócios jurídicos).[6] Mais recentemente, o tempo passa a se compreender como bem jurídico inerente à pessoa humana, passível, portanto, de tutela pelo ordenamento jurídico. Na pós-modernidade, descrita por Stefano Rodotà como período próprio da sociedade de massa, da vigilância e da classificação, proliferam situações patológicas diante do advento de novas tecnologias,[7] pondo em xeque, nesse contexto, a teoria clássica da responsabilidade civil.

2.1 Dignidade e tempo da pessoa humana: liberdade e solidariedade

A Constituição de 88, como se sabe, elevou os valores existenciais ao ápice de tutela do ordenamento. Isso porque a lei maior, no seu art. 1º, III, elegeu a dignidade da pessoa humana como o fundamento que sustenta a República, atribuindo-lhe o papel de alicerce da ordem democrática. Significa dizer que, a partir dessa lógica de cunho eminentemente humanista, toda e qualquer relação jurídica, seja pública ou privada, patrimonial ou extrapatrimonial, terá como norte o fim

---

falhou sempre. Também falha, a olhos vistos, a artificial e forçada simetrização dos dois institutos" (MIRANDA, Pontes de. *Tratado de direito privado*. t. VI. Campinas: Bookseller, 2000, p. 139). E, nesta esteira, Orlando Gomes arremata: "Uma vez que a prescrição aquisitiva é conhecida e regulada pelo nome de Usucapião, usa-se, sem qualificativo, a que extingue ou libera direitos. Toda vez que se faz referência à prescrição, pura e simplesmente, designa-se a prescrição extintiva ou liberatória" (GOMES, Orlando. *Introdução ao direito civil*. Rio de Janeiro: Forense, 2010, p. 384). Assim, à luz das conclusões do saudoso autor baiano, usar-se-á no presente trabalho o termo *prescrição* para designar a hipótese de *prescrição extintiva* ou *liberatória*.

6 "A influência que o tempo tem sobre as relações jurídicas é bastante grande, bem como a que tem sobre todas as coisas humanas. E além de grande é também bastante variada. Direitos que não podem surgir senão em dadas contingências de tempo; direitos que não podem ter senão uma duração preestabelecida, quer fixada pela lei, quer pela vontade privada; direitos que não podem exercer-se fora de certo prazo; direitos que se adquirem e direitos que se perdem em conseqüência do decurso de um certo período de tempo – destes e de outros modos o elemento tempo manifesta a sua importância, posto que frequentemente ele não seja apenas o único fator que produz tais efeitos, mas com ele concorram outros, como o comportamento de uma pessoa, a sua abstenção ao exercício de um poder, a condição subjetiva de boa-fé, a existência ou inexistência de um fato, de uma obra, de um sinal, etc. Não é possível constituir uma regra geral com o modo como a lei trata este importantíssimo elemento, dada a disparidade da sua função de caso para caso. Há, no entanto, alguns princípios de caráter geral que se referem à sua determinação e ao seu cômputo" (RUGGIERO, Roberto. *Instituições de direito civil*. São Paulo: Saraiva, 1971. v. I. p. 281-282).

7 RODOTÀ, Stefano. *A vida na sociedade da vigilância*. Rio de Janeiro: Renovar, 2008, p. 23-232.

único e exclusivo de proteção da pessoa humana, sob os consectários lógicos de liberdade, solidariedade, igualdade e integridade psicofísica.[8] E, diante dessa nova ordem, percebeu-se, então, a expansão de diversos novos interesses, não previstos (e, muitas vezes, não previsíveis) pelo legislador, mas certamente merecedores de tutela à luz do sistema, porquanto intimamente entrelaçados às potencialidades emanadas do princípio da dignidade da pessoa humana.[9]

A título de ilustração, pode-se citar a profusão da tutela de direitos difusos e coletivos. A proteção de interesses transindividuais, sem dúvida, sobretudo após as evoluções científicas e industriais do último século, as quais majoraram o potencial danoso das atividades econômicas sobre a sociedade, se liga de forma direta à tutela da dignidade da pessoa humana. A partir do substrato da solidariedade, estabelece-se não só o direito de respeito à coletividade, como também o dever de cooperação entre as gerações presentes para com as gerações futuras. O cuidado com o meio ambiente, entendido como bem jurídico coletivo intergeracional, ou com o consumidor, o idoso, a comunidade indígena, entre outros, passa a ser um importante instrumento para a tutela da dignidade da pessoa humana.

Igualmente, o princípio promoveu a ampliação de tutela dos direitos da personalidade.[10] Entendida a personalidade como valor

---

[8] "O substrato material da dignidade deste modo entendido se desdobra em quatro postulados: i) o sujeito moral (ético) reconhece a existência dos outros como sujeitos iguais a ele; ii) merecedores do mesmo respeito à integridade psicofísica de que é titular; iii) é dotado da vontade livre, de autodeterminação; iv) é parte do grupo social, em relação ao qual tem garantia de não vir a ser marginalizado. São corolários desta elaboração os princípios jurídicos da igualdade, da integridade física e moral – psicofísica –, da liberdade e da solidariedade" (MORAES, Maria Celina Bodin de. *Danos à pessoa humana*: uma leitura civil-constitucional dos danos morais. Rio de Janeiro: Renovar, 2003, p. 85).

[9] "Desse modo, as novas possibilidades tecnológicas transformam a teoria dos bens, a partir dos novos centros de interesse que suscitam a incidência jurídica nos espaços de liberdade privada. Tal constatação exige que o intérprete não se atenha a paradigmas ultrapassados, e que, a despeito de eventual identidade estrutural ou material de antigas e novas determinadas situações jurídicas, há de compreender qual a função efetivamente desempenhada pelo bem jurídico a partir dos interesses tutelados" (TEPEDINO, Gustavo. Liberdades, tecnologia e teoria da interpretação. *Revista Forense*, v. 419, 2014, p. 419).

[10] Confira-se, ao propósito, a síntese de Ingo Sarlet acerca da importância da relação direitos fundamentais – dignidade humana: "Com efeito, sendo correta a premissa de que os direitos fundamentais constituem – ainda que com intensidade variável – explicitações da dignidade da pessoa, por via de conseqüência e, ao menos em princípio (já que exceções são admissíveis, consoante já frisado), em cada direito fundamental se faz presente um conteúdo ou, pelo menos, alguma projeção da dignidade da pessoa". E, mais adiante, arremata: "Em suma, o que se pretende sustentar de modo mais enfático é que a dignidade da pessoa humana, na condição de valor (e princípio normativo) fundamental que 'atrai o conteúdo de todos os direitos fundamentais', exige e pressupõe o reconhecimento e proteção dos direitos fundamentais de todas as dimensões (ou gerações, se assim

unitário, cuja cláusula geral de tutela é a dignidade da pessoa humana, torna-se assente que os direitos inerentes ao sujeito de direito, decerto vinculados aos substratos axiológicos da dignidade humana, não se resumem às rígidas disposições do Código Civil nem se apresentam tão somente como direitos subjetivos. Em verdade, dada a abertura promovida pelo princípio, os direitos da personalidade tornaram-se um conceito elástico, os quais se realizam, em concreto, por meio de uma complexidade de situações jurídicas subjetivas e cujo rol legal é apenas exemplificativo.[11]

Além dos exemplos anteriormente citados, *o direito ao tempo livre*, objeto de discussões mais recentes, também se mostra interesse merecedor de tutela à luz da dignidade da pessoa humana. Imagine-se, por exemplo, o fornecedor que descumpre seus deveres contratuais e impõe ao consumidor passar horas a fio no SAC da empresa, sendo muitas vezes transferido para uma infinidade de atendentes, que, além de não lhe apresentar a solução adequada para o problema, muitas vezes o tratam sem a urbanidade adequada. Cuida-se, sem dúvida, de uma *lesão ao tempo*, que priva o consumidor de realizar a atividade que melhor lhe aprouver por ter que resolver um problema causado pelo vício ou fato do produto adquirido, ou do serviço prestado pelo fornecedor.

É ver-se, portanto, que tal interesse representa uma *concretização da liberdade*, no tocante ao ofendido, e um dever de respeito ao consumidor, imposto pela *solidariedade social*, em relação ao ofensor.

Em razão da sua "intangibilidade, ininterrompibilidade e irreversibilidade",[12] a lesão ao tempo pode gerar, como se verá adiante, dano de natureza patrimonial ou extrapatrimonial, a depender dos efeitos gerados *in concreto* sobre a vítima. Expressões como *perda do tempo livre*, *perda do tempo útil*, *desvio produtivo* e *dano temporal* ou *cronológico* cunharam-se em doutrina e jurisprudência para designar essa nova manifestação lesiva.[13]

---

preferimos). Assim, sem que se reconheçam à pessoa humana os direitos fundamentais que lhe são inerentes, em verdade estar-se-á negando-lhe a própria dignidade". (SARLET, Ingo. *Dignidade da pessoa humana e direitos fundamentais na Constituição Federal de 1988*. 4. ed. rev. atual. Porto Alegre: Livraria do Advogado Ed., 2006. p. 84-85).

[11] Sobre o tema, v. PERLINGIERI, Pietro. *Perfis de direito civil*: introdução ao direito civil-constitucional. 2. ed. Rio de Janeiro: Renovar, 2009, p. 154-155 e BODIN DE MORAES, Maria Celina. Ampliando os direitos da personalidade. *In*: *Na medida da pessoa humana*. Rio de Janeiro: Renovar, 2010, p. 121-149.

[12] MAIA. Maurilio Casas. O dano temporal indenizável e o mero dissabor cronológico no mercado de consumo: quando o tempo é mais que dinheiro: é dignidade e liberdade. *Revista de Direito do Consumidor*, v. 92, p. 162, 2014.

[13] Dentre outras dimensões do fator tempo, a doutrina especializada identifica uma perspectiva dinâmica, na qual "o tempo é um 'fato jurídico em sentido estrito ordinário', ou

2.2 Manifestações do tempo nas relações jurídicas: prestação principal e deveres anexos da boa-fé objetiva

Uma vez compreendido como bem juridicamente tutelável, como visto, o tempo passa, de noção de cunho sociológico e filosófico, a objeto de relações jurídicas contemporâneas, em especial das relações de consumo. A celeridade proposta por prestadores de serviços destaca-se reiteradamente em propagandas na mídia. Vende-se o tempo, se não como um produto em si mesmo, como um *plus* conferido ao serviço bem prestado.

Ontologicamente, o tempo, no cenário contratual contemporâneo, apresenta-se ora associado à prestação principal, ora como manifestação do princípio da boa-fé objetiva, a partir dos deveres anexos dele emanados.

Como exemplo da primeira vertente, imagine-se a contratação do serviço de entrega expressa. A rapidez integra-se à essência do negócio pactuado, de tal forma que o descumprimento do prazo estipulado configura inadimplemento da prestação principal. Trata-se do que se pode denominar *tempo-produto*.

De outro turno, pode-se entrever, ínsita ao dever de colaboração presente em toda e qualquer relação de consumo, a obrigação de o fornecedor de produtos e serviços não fazer seu cliente perder tempo. Em outras palavras, cuida-se da necessidade da adoção de medidas, dentro de parâmetros mínimos de razoabilidade, para que não haja lesão ao tempo do consumidor, em homenagem ao princípio da boa-fé objetiva.

O princípio da boa-fé objetiva constitui uma cláusula geral de fundamental importância para a abertura e mobilidade do sistema[14] à análise da conduta das partes nas relações obrigacionais.[15] Dos artigos 113, 187 e 422 do Código Civil extraem-se suas três funções principais:

---

seja, um acontecimento natural, apto a deflagrar efeitos na órbita do Direito". E uma perspectiva estática, segundo a qual "o tempo é um valor, um relevante bem, passível de proteção jurídica" (GAGLIANO. Pablo Stolze. Responsabilidade civil pela perda do tempo. *Revista Jurisvox.* Patos de Minas. v. 14, 2013. Disponível em: <http://jurisvox.unipam.edu. br/documents/48188/345400/Responsabilidade+civil+pela+perda+++do+tempo.pdf>. Acesso em: 6 nov. 2016). V. tb. MAIA. Maurilio Casas. O dano temporal indenizável e o mero dissabor cronológico no mercado de consumo: quando o tempo é mais que dinheiro; é dignidade e liberdade. *Revista de Direito do Consumidor*, v. 92, p. 161-176, 2014.

[14] A esse respeito, cf. CANARIS, Claus-Wilhem. *Pensamento sistemático e conceito de sistema na ciência do direito.* 2. ed. Lisboa: Fundação Calouste Gulbenkian, 1996, p. 279-289.

[15] "O comportamento das pessoas deve respeitar um conjunto de deveres reconduzidos, num prisma juspositivo e numa óptica histórico-cultural, a uma regra de actuação de boa-fé (...) no período pré-negocial, na constância de contratos válidos, em situações de nulidades contratuais e na fase posterior à extinção de obrigações" (CORDEIRO, Antônio Menezes. *Da boa fé no direito civil.* Coimbra: Almedina, 1997, p. 632).

a interpretação dos negócios jurídicos, a criação de deveres anexos e a limitação ao exercício disfuncional dos direitos.[16] Com efeito, ao lado dos interesses individuais de cada contratante, deve-se atentar para a finalidade objetivamente perseguida pelas partes, com a criação de *standards* jurídicos de conduta.[17] Os deveres anexos – como os de lealdade, informação, proteção – impõem um dever geral de colaboração, tanto na fase pré-contratual, quanto na execução do contrato e, ainda, mesmo após a sua conclusão.[18]

Trata-se de relevante realização do princípio constitucional da solidariedade social, sobretudo diante de relações de consumo em que a massificação dos contratos gera a imputação de efeitos potencialmente lesivos a um sem-número de pessoas.[19] Por meio da criação de deveres anexos, faz-se prevalecer a cooperação à concorrência,[20] o solidarismo ao voluntarismo e a tutela das vulnerabilidades à proteção de um sujeito abstrato e anônimo.[21]

---

[16] "São tradicionalmente imputadas à boa-fé objetiva três distintas funções, quais sejam a de cânone hermenêutico-integrativo do contrato, a de norma de criação de deveres jurídicos e a de norma de limitação ao exercício de direitos subjetivos (...)" (MARTINS-COSTA, Judith. *A boa-fé no direito privado*: sistemática e tópica no processo obrigacional. São Paulo: Revista dos Tribunais, 2000, p. 427-428).

[17] MARTINS-COSTA, Judith. *A boa-fé no direito privado*: sistemática e tópica no processo obrigacional. São Paulo: Revista dos Tribunais, 2000, p. 411.

[18] "La 'buena fe' exige de cada uno de los contratantes el considerar como declarado por ambos y vigente como contenido del contrato y, por tanto, como conforme a su sentido, y como pactado objetivamente, de igual forma que si resultase exigido en el contrato mismo, todo aquello derivado no sólo de su tenor literal, sino de la finalidad objetiva recognoscible del contrato, de la conexión con su sentido y de su idea fundamental; atendiendo, en el caso concreto, a los usos del tráfico existentes y a los intereses de los contratantes" (LARENZ, Karl. *Derecho de obligaciones*. Madrid: Revista de Derecho Privado, 1958. t. I, p. 118-119). Em tradução livre: "A boa-fé exige de cada um dos contratantes considerar como declarado por ambos e vigente como conteúdo do contrato e, portanto, como conforme ao seu sentido, e como pactuado objetivamente, como se fosse exigido pelo próprio contrato, tudo que deriva não só do teor literal, mas da finalidade objetiva reconhecível do contrato, da conexão com seu sentido e sua ideia fundamental; atendendo, no caso concreto, aos usos do tráfico existentes e aos interesses dos contratantes".

[19] LÔBO NETTO, Paulo Luiz. Contratante vulnerável e autonomia privada. *In*: NEVES, Thiago (Coord.). *Direito & justiça social*: por uma sociedade mais justa, livre e solidária: estudos em homenagem ao Professor Sylvio Capanema de Souza. São Paulo: Atlas, 2013, p. 160. A respeito da massificação dos contratos nas relações de consumo, seja consentido remeter a MONTEIRO FILHO, Carlos Edison do Rêgo. O problema da massificação das demandas consumeristas: atuação do Procon e proposta de solução à luz do direito contemporâneo. *Revista de Direito do Consumidor* [no prelo].

[20] FACHIN, Luiz Edson. Transições do direito civil. *Direito civil*: sentidos, transformações e fim. Rio de Janeiro: Renovar, 2014, p. 61.

[21] "Justifica-se por mais essa razão, plenamente, a *tutela geral* (abstrata) da pessoa humana, ontologicamente vulnerável, não só nas relações econômicas, como as de consumo, mas em todas as suas relações, especialmente as de natureza existencial, e a *tutela específica*

Como *concretização do princípio da boa-fé objetiva*, leis estaduais e municipais do país vêm reconhecendo que a perda de tempo útil gera lesão à pessoa humana. Mais do que isso, na complexidade do ordenamento, tais previsões legislativas *fornecem conteúdo ao princípio da razoabilidade*[22] ao quantificar limites de tolerância aceitáveis no que tange ao tempo de espera em determinados atendimentos. A título exemplificativo, a Lei Estadual nº 4.223/2003, do Rio de Janeiro, alterada pela Lei Estadual nº 6.085/2011, estabelece uma espera máxima de 20 (vinte) minutos, em dias normais, e de 30 (trinta) minutos, em véspera e depois de feriados, nas agências bancárias do Estado, sob pena de multas que podem chegar ao valor de R$120.000,00 (cento e vinte mil reais), na quinta autuação.[23] No mesmo sentido, a Lei Municipal nº 13.948/2015, de São Paulo, determina como prazos máximos de espera até 15 minutos em dias normais, 25 minutos às vésperas e após os feriados prolongados e 30 (trinta) minutos nos dias de pagamento dos funcionários públicos municipais, estaduais e federais, pena de multa

---

(concreta), de todos os que se encontrem em situação de desigualdade, por força de circunstâncias que potencializem sua vulnerabilidade, ou que já os tenham vulnerado, como forma de assegurar a igualdade e a liberdade, expressões por excelência da dignidade humana" (BARBOZA, Heloisa Helena. Proteção dos vulneráveis na Constituição de 1988: uma questão de igualdade. *In*: NEVES, Thiago (Coord.). *Direito & justiça social*: por uma sociedade mais justa, livre e solidária: estudos em homenagem ao Professor Sylvio Capanema de Souza. São Paulo: Atlas, 2013, p. 109).

[22] "Mediante a razoabilidade, o intérprete poderá aferir em que medida a disciplina individuada para certa hipótese fática, mesmo diante de regras aparentemente claras, se encontra consentânea com os princípios e valores do ordenamento, tendo-se em conta as especificidades dos interesses em questão. É papel do intérprete, portanto, em nome da razoabilidade, entrever as consequências da sua atividade interpretativa no caso concreto, em busca da solução razoável que, ao mesmo tempo, seja rigorosamente fiel aos valores do ordenamento jurídico" (TEPEDINO, Gustavo. A razoabilidade e a sua adoção à moda do jeitão. *Revista Brasileira de Direito Civil*, v. 8, p. 6, 2016).

[23] Art. 1º Lei Estadual 4.223/2003 do Rio de Janeiro. "Fica determinado que agências bancárias, situadas no âmbito do Estado do Rio de Janeiro, deverão colocar, à disposição dos seus usuários, pessoal suficiente e necessário, no setor de caixas e na gerência, para que o atendimento seja efetivado no prazo máximo de 20 (vinte) minutos, em dias normais, e de 30 (trinta) minutos, em véspera e depois de feriados. Parágrafo único. As agências bancárias deverão informar, aos seus usuários, em cartaz fixado na sua entrada, a escala de trabalho do setor de caixas e da gerência colocados à disposição. Art. 4º – O não cumprimento do disposto nesta Lei sujeitará o infrator às seguintes sanções, não prejudicando outras ações penais: I – advertência, com prazo de 30 (trinta) dias para regularização; II – multa de R$10.000 (dez mil reais) na primeira autuação; IV – multa de R$20.000 (vinte mil reais) na segunda autuação; V – multa de R$40.000 (quarenta mil reais) na terceira autuação; VI – multa de R$80.000 (oitenta mil reais) na quarta autuação; VII – multa de R$120.000 (cento e vinte mil reais) na quinta autuação". Com a mesma finalidade, confira-se a lei estadual nº 7.806/2002, do Maranhão, a lei estadual nº 13.400/01, do Paraná, a lei municipal 12.330/2005, de Campinas, a lei municipal nº 8.192/1998, de Porto Alegre, e o seu respectivo decreto regulamentar nº 16.780/2010".

no valor de R$564,00 (quinhentos e sessenta e quatro reais), dobrado em caso de reincidência.[24] Ademais, interessante notar que o próprio Decreto n° 6.523/2008, que regulamenta o Código de Defesa do Consumidor e fixa normas gerais sobre o serviço de atendimento ao consumidor (SAC), dedica algumas disposições à tutela do tempo do consumidor. Estabelece o indigitado comando normativo desde previsões principiológicas, a impor obediência do SAC aos princípios da dignidade, boa-fé e celeridade,[25] como regras específicas, tais como as que dispõem (i) que a transferência da ligação ao setor competente deverá ser efetivada em até sessenta segundos; (ii) que, nos casos de reclamação e cancelamento de serviço, não será admitida a transferência da ligação, devendo todos os atendentes possuir atribuições para executar essas funções; e (iii) que o SAC receberá e processará imediatamente o pedido de cancelamento de serviço feito pelo consumidor.[26]

Mais recentemente, a Resolução n° 632/2014 da ANATEL regulamentou o tempo do consumidor nos serviços de telecomunicação. À semelhança do Decreto n° 6.523/2008, a resolução fixa o tempo máximo de 60 (sessenta) segundos para o contato direto com o atendente, quando essa opção for selecionada ou quando houver transferência entre setores (artigo 27, §3°[27]). Além disso, no caso de atendimento

---

[24] Art. 2º da Lei Municipal 13.948/2015 de São Paulo. "Para os efeitos desta lei, entende-se como tempo hábil para o atendimento o prazo de até: I – 15 (quinze) minutos em dias normais; II – 25 (vinte e cinco) minutos às vésperas e após os feriados prolongados; III – 30 (trinta) minutos nos dias de pagamento dos funcionários públicos municipais, estaduais e federais, não podendo ultrapassar esse prazo, em hipótese alguma. Art. 4º O descumprimento das disposições contidas nesta lei acarretará ao infrator a imposição de multa no valor de R$564,00 (quinhentos e sessenta e quatro reais), dobrado em caso de reincidência. Ver tópico Parágrafo único. O valor da multa de que trata este artigo será atualizado, anualmente, pela variação do Índice de Preços ao Consumidor Amplo – IPCA, apurado pelo Instituto Brasileiro de Geografia e Estatística – IBGE, acumulada no exercício anterior, sendo que, no caso de extinção desse índice, será adotado outro índice criado por legislação federal e que reflita a perda do poder aquisitivo da moeda".

[25] Art. 8º. "O SAC obedecerá aos princípios da dignidade, boa-fé, transparência, eficiência, eficácia, celeridade e cordialidade".

[26] Art. 10. "Ressalvados os casos de reclamação e de cancelamento de serviços, o SAC garantirá a transferência imediata ao setor competente para atendimento definitivo da demanda, caso o primeiro atendente não tenha essa atribuição. §1º A transferência dessa ligação será efetivada em até sessenta segundos. §2º Nos casos de reclamação e cancelamento de serviço, não será admitida a transferência da ligação, devendo todos os atendentes possuir atribuições para executar essas funções. Art. 18. O SAC receberá e processará imediatamente o pedido de cancelamento de serviço feito pelo consumidor".

[27] Art. 27, §3º da Resolução nº 632/2014. "O tempo máximo para o contato direto com o atendente, quando essa opção for selecionada ou quando da transferência entre atendentes, deve ser de até 60 (sessenta) segundos".

presencial, o artigo 36[28] fixa a espera em não mais do que 30 (trinta) minutos. A meta será exigível diariamente, sem prejuízo de avaliação e verificação mensal de observância em 95% (noventa e cinco por cento) dos casos.[29]

O fornecedor deve, ainda, disponibilizar sistema de controle eletrônico por senha para que o consumidor possa acompanhar o tempo de aguardo. Os dados deverão também ser apresentados à ANATEL para controle e fiscalização. Por fim, de acordo com o artigo 32,[30] todas as solicitações de serviços ou pedidos de informações, em qualquer dos canais de atendimento, deverão ser respondidas em até 5 (cinco) dias úteis, em 95% (noventa e cinco por cento) dos casos, no mês, se não puderem ser efetivados de imediato.

2.3 A reparabilidade da lesão ao tempo

Em doutrina, colhem-se fundamentos diversos para justificar a reparação por perda indevida de tempo.[31]

---

[28] Art. 36 da Resolução nº 632/2014. "O Setor de Atendimento Presencial deve ser dimensionado de forma a atender o Consumidor em até 30 (trinta) minutos. Parágrafo único. A Prestadora deve disponibilizar sistema de controle eletrônico por senha para acompanhamento do tempo de espera de cada Consumidor".

[29] Art. 33 da Resolução nº 632/2014. "O usuário, ao comparecer a qualquer Setor de Atendimento Presencial, deve ser atendido em até 30 (trinta) minutos, em 95% (noventa e cinco por cento) dos casos, no mês. §1º A meta estabelecida no caput é exigível diariamente para cada Setor de Atendimento Presencial, isoladamente, sem prejuízo da avaliação e exigência mensal".

[30] Art. 32 da Resolução nº 632/2014. "Todas as solicitações de serviços ou pedidos de informação recebidos em qualquer dos canais de atendimento da prestadora, e que não possam ser respondidos ou efetivados de imediato, devem ser respondidos em até 5 (cinco) dias úteis, em 95% (noventa e cinco por cento) dos casos, no mês".

[31] Milena Donato Oliva aduz que o inadimplemento pode gerar "lesão moral subsequente, decorrente dos desdobramentos da perpetuação da falta contratual", no que se refere aos interesses existenciais merecedores de tutela, como no caso do direito ao tempo livre (OLIVA, Milena Donato. Dano moral e inadimplemento contratual nas relações de consumo. *Revista de Direito do Consumidor*, v. 93, p. 13, 2014). Para Aline de Miranda Valverde Terra, trata-se "de novo suporte fático de dano, vale dizer, de nova situação lesiva de interesse merecedor de tutela: ao violar seu dever contratual e impor ao consumidor dedicação de tempo extra à solução do problema, o fornecedor causa lesão à sua liberdade. A proteção jurídica do consumidor deve atender, sobretudo, à promoção da dignidade da pessoa humana, proclamada pela Constituição entre seus princípios fundamentais e reconhecida como valor supremo e absoluto da ordem jurídica democrática, razão pela qual a lesão perpetrada há de ser integralmente indenizada" (TERRA, Aline de Miranda Valverde. Danos autônomos ou novos suportes fáticos de danos?: considerações acerca da privação do uso e da perda do tempo nas relações de consumo. *In*: KNOERR, Viviane Coêlho de Séllos; FERREIRA, Keila Pacheco; STELZER, Joana (Org.). *Direito, globalização e responsabilidade nas relações de consumo*. Disponível em: <http://www.conpedi.org.

LESÃO AO TEMPO: CONFIGURAÇÃO E REPARAÇÃO NAS RELAÇÕES DE CONSUMO | 215

Ponha-se entre parênteses que a análise da ressarcibilidade em razão da perda de tempo não deve ser associada à ilicitude do comportamento lesivo. Em outras palavras, ainda que não haja norma expressa prevendo a reparação dos danos decorrentes da perda de tempo, a contrariedade ao ordenamento é evidenciada na tutela dada pelo sistema ao tempo como valor jurídico, como visto anteriormente. Dessa forma, independentemente de se tratar de conduta lícita, ilícita ou abusiva,[32] poderá haver dano indenizável se a conduta do ofensor atingir de modo indevido a esfera jurídica da vítima, ocasionando-lhe danos patrimoniais ou extrapatrimoniais.

À verificação do dano reparável não se procede em abstrato, aprioristicamente. Depende-se, a bem da verdade, *da ponderação entre os interesses, circunstâncias, condutas, expectativas, enfim, dos inúmeros fatores verificáveis apenas em concreto.* Será, então, por meio do balanceamento desses diversos vetores, na construção do ordenamento do caso concreto, que o intérprete aferirá a ressarcibilidade do dano.

Admitir-se a reparabilidade da lesão ao tempo, em seus reflexos patrimoniais e morais, não significa, portanto, que todos os casos em que haja algum dispêndio de tempo do consumidor a fim de solucionar determinada pendência ensejem, só por esse fator, dano a

---

br/publicacoes/c178h0tg/i9jl1a02/35mAX814coubd1nt.pdf>. Acesso em: 6 nov. 2016). Maurílio Casas Maia se baseia na violação à dignidade da pessoa humana e à liberdade (MAIA, Maurilio Casas. O dano temporal indenizável e o mero dissabor cronológico no mercado de consumo: quando o tempo é mais que dinheiro – é dignidade e liberdade. *Revista de Direito do Consumidor*, v. 92, 2014, p. 162). Já para Pablo Stolze Gagliano "uma indevida interferência de terceiro, que resulte no desperdício intolerável do nosso tempo livre, é situação geradora de potencial dano, na perspectiva do princípio da função social" (GAGLIANO, Pablo Stolze. Responsabilidade civil pela perda do tempo. *Revista Jurisvox*, v. 14, 2013. Disponível em: <http://jurisvox.unipam.edu.br/documents/48188/345400/Res ponsabilidade+civil+pela+perda+++do+tempo.pdf>. Acesso em: 6 nov. 2016, p. 25). André Gustavo Corrêa Andrade, por sua vez, sustenta que o dano se verificará em função da "desídia, desatenção ou despreocupação de obrigados morosos, na grande maioria das pessoas jurídicas, fornecedoras de produtos ou serviços, que não investem como deveriam no atendimento aos consumidores" (ANDRADE, André Gustavo Corrêa. Dano moral em caso de descumprimento de obrigação contratual. *Revista da EMERJ*, v. 8, n. 29, p. 134-148, 2005).

[32] Antunes Varela, ao vincular o abuso de direito à boa fé objetiva, declara que o fator subjetivo, até mesmo no ato abusivo, poderá ser relevante: "Se, para determinar os limites impostos pela boa-fé e pelos bons costumes, há que atender de modo especial às concepções ético-jurídicas dominantes na coletividade, a consideração do fim econômico ou social do direito apela de preferência para os juízos de valor positivamente consagrados na lei. Não pode, em qualquer dos casos, afirmar-se a exclusão dos factores subjetivos, nem o afastamento da intenção com que o titular tenha agido, visto esta poder interessar, quer à boa fé ou aos bons costumes, quer ao próprio fim do direito" (VARELA, Antunes. *Das obrigações em geral*. Coimbra: Almedina, 2000. v. I, p. 546).

ser indenizado.[33] Convém insistir, a verificação do resultado danoso depende do balanceamento de todas as circunstâncias fáticas presentes na situação em debate.

Em contraste, registre-se que o ordenamento italiano faz depender a reparação do dano não patrimonial de expressa previsão legislativa nesse sentido. Assim, a Corte de Cassação Italiana, julgando caso em que a indenização pleiteada pela perda do tempo relacionava-se à consequência do mau serviço prestado pelo fornecedor – o qual obriga o consumidor a desviar seu tempo livre para sanar os defeitos da prestação do serviço contratado – em decisão de 2011, acabou por negar indenização por danos morais na espécie. No caso, o autor da demanda alegava que havia perdido horas de seu tempo livre ao tentar resolver um problema com sua linha telefônica. Entendeu-se, além do mais, que o tempo livre não constituiria um direito fundamental da pessoa, não sendo, portanto, um direito constitucionalmente protegido, uma vez que o seu exercício dependeria da escolha individual de como empregar o tempo livre.[34] Embora reflita em alguma medida o quadro

---

[33] "Não há que se falar em indenização por dano moral em situação em que a conduta bancária foi praticada como medida de segurança contra fraude e não por falha na prestação de serviço. Ademais, houve desbloqueio do cartão logo após a notícia do ocorrido, o que corrobora que o banco apelado apenas agiu com a diligência usual em casos como o descrito nos autos, ficando afastada, por conseguinte, a incidência da teoria da indenização pela perda do tempo livre ('a ocorrência de sucessivo e contumaz mau atendimento ao consumidor, gerando a perda de tempo útil, enseja a reparação civil' – Acórdão: 633.653, 6ª Turma Cível, Rel.: Des. Vera Andrighi, DJe: 22/11/2012)" (TJ/DF, Ap. Cív. nº 20130111357400, Rel. Des. Romulo de Araujo Mendes, julg. 5.11.2014).

[34] "Non ha diritto al risarcimento del danno non patrimoniale conseguente alla perdita del próprio tempo libero l'avvocato che 'perde' quattro ore per farsi riattivare la línea adsl a causa delle informazioni sbagliate fornite dall'operatore telefonico. Nella specie, va riconosciuto solo Il diritto al risarcimento dei danni subiti per l'illegittima sospensione delle linee telefoniche urbane e per le errate informazioni ricevute. Il diritto al tempo libero, infatti, non costituisce un diritto fondamentale dell'umo e, nella sola prospettiva costituzionale, non integra um diritto costituzionalmente protetto, e ciò per la semplice ragione che Il suo esercizio è rimesso alla esclusiva autodeterminazione della persona, che è libera di scegliere tra l'impegno instancabile nel lavoro e il dedicarsi, invece, a realizzare il suo tempo libero da lavoro e da ogni occupazione" (Cass. Civ., Sez. III, 27, abril 2011, n. 9422). Em tradução livre: "Não possui direito ao ressarcimento do dano extrapatrimonial e, consequentemente, da perda do próprio tempo livre, o advogado que 'perde' quatro horas para reativar a linha adsl, em razão das informações equivocadas fornecidas pelo operador de telefonia. No caso, só pode ser reconhecido o ressarcimento dos danos súbitos por ilegítima suspensão da linha telefônica urbana e pelas informações equivocadas recebidas. O direito ao tempo livre, de fato, não constitui um direito fundamental do homem e, apenas na perspectiva constitucional, não integra um direito constitucionalmente protegido, e isto pela simples razão que o seu exercício depende da exclusiva determinação da pessoa que é livre para escolher entre o empenho incessante no trabalho e o dedicar-se, ao contrário, a desfrutar de seu tempo livre fora do trabalho e de qualquer ocupação".

normativo de seu país, o entendimento exposto no julgado não pode ser transposto acriticamente para o Brasil, em face da diferença essencial entre a experiência normativa brasileira e a italiana. Nesta última, à luz do artigo 2.059 do *Codice Civile*,[35] a ressarcibilidade do dano moral se restringe aos casos previstos em lei, enquanto, no Brasil, o assunto espraia-se por força do conteúdo aberto das cláusulas gerais.

Ademais, há determinadas hipóteses em que leis estaduais e municipais preveem tempo máximo de espera em filas bancárias ou no serviço de atendimento ao consumidor (SAC). Em outras circunstâncias, no entanto, não há estipulação normativa expressa a disciplinar a perda indevida de tempo. Em todo e qualquer caso, a ressarcibilidade decorrerá não da exigência de previsão legal expressa,[36] mas da *tutela jurídica do tempo*, seja como prestação principal da obrigação, seja como resultado do dever geral de colaboração imposto pelo princípio da boa-fé objetiva, como visto anteriormente.

Em rigor, fazer a indenização do dano depender de previsão legislativa específica no Brasil, nos moldes da técnica da subsunção,[37] da literalidade do código civil italiano e dos modelos normativos oitocentistas, seria retrocesso incompatível com o quadro atual da ciência do Direito pátria, além de se mostrar injustificável apego formalista.[38] Faz décadas que o intérprete passou a assumir, como se sabe, papel fundamental na aplicação do Direito, permitindo a boa

---

[35] "Art. 2059, Codice Civile. Il danno non patrimoniale deve essere risarcito solo ei casi determinati dalla legge". Em tradução livre: O dano não patrimonial deve ser ressarcido apenas nos casos determinados pela lei.

[36] Como leciona Pietro Perlingieri, "a individuação de um interesse merecedor de tutela – elevado portanto a situação subjetiva, com um correspondente bem – é realizada pelo ordenamento não apenas com base em regras, mas também com base em princípios". Dessa forma, para que "seja possível dizer que o ordenamento reconheceu um bem jurídico, não é necessário que exista uma norma regulamentar (os bens jurídicos não o são em número taxativo)". A qualificação do bem pode ser feita exclusivamente por meio de "princípios (não em abstrato, mas se, na hipótese concreta, o princípio ou uma combinação de princípios fizer emergir um bem)" (PERLINGIERI, Pietro. *Perfis do direito civil*: introdução ao direito civil constitucional. Rio de Janeiro: Renovar, 1999, p. 237).

[37] Sobre o tema, cf. TEPEDINO, Gustavo. O ocaso da subsunção. *In*: TEPEDINO, Gustavo. *Temas de direito civil*. Rio de Janeiro: Renovar, 2009. t. III, p. 444.

[38] "No filão formalista coloca-se quem relega a praxe fora da própria reflexão, considerando-a um acidente e privilegiando a norma como objeto da interpretação: afirma-se ora o primado da lei, ora aquele dos conceitos e das definições, reduzindo ao mínimo a confrontação com o fato e a história, ou considerando os perfis fenomenológicos distintos e separados do direito. Ficam assim garantidas a unidade e a coerência do sistema, mas com a perda do contato com o dinamismo social externo, com a dimensão diacrônica do direito" (PERLINGIERI, Pietro. *O direito civil na legalidade constitucional*. Rio de Janeiro: Renovar, 2008, p. 94).

comunicação entre lei e práxis.[39] Na teoria da responsabilidade civil contemporânea, atenta ao contexto de multiplicação de novos centros de interesse e da celeridade das inovações tecnológicas, o dano tornou-se um *conceito aberto*.

Nessa esteira, passou a ser função do intérprete suprir as insuficiências da literalidade da norma codificada. Aliás, o cenário hodierno dos ordenamentos jurídicos, lastreados em previsões legais incompletas ou de cunho mais generalistas, com o incremento quantitativo e qualitativo das chamadas cláusulas gerais, contribuiu sobremaneira para o ocaso da subsunção.[40] Compreendido o ordenamento como todo unitário, exige-se do julgador papel criativo na individuação da normativa aplicável.[41] Significa dizer que o intérprete realizará a ponderação de interesses, afastando ou integrando diversas regras e princípios do sistema, para que possa, ao final, construir a norma do caso concreto que melhor realize os pilares fundamentais da ordem jurídica.[42]

---

[39] "O momento da factualidade é absolutamente ineliminável do momento cognoscitivo do direito que, como ciência prática, caracteriza-se por moventes não historiográficos ou filosóficos, mas aplicativos" (PERLINGIERI, Pietro. *O direito civil na legalidade constitucional*. Rio de Janeiro: Renovar, 2008, p. 132).

[40] Seja consentido remeter a MONTEIRO FILHO, Carlos Edison do Rêgo. Reflexões metodológicas: a construção do observatório de jurisprudência no âmbito da pesquisa jurídica. *Revista Brasileira de Direito Civil*, v. 9, p. 13, 2016: "Por efeito de tal imperativo, a subsunção — mecanismo silogístico de aplicação da lei ao fato da vida — resta superada. Nas nuances do caso concreto, cabe ao intérprete superar a análise meramente estrutural (o que é?), para privilegiar a funcionalização dos interesses irradiados (para que servem?), por meio de interpretação aplicativa dos comandos infraconstitucionais à luz da Carta Magna ou pela aplicação direta dos princípios e valores constitucionais. A aplicação e a interpretação do Direito constituem, como já assentado, operação unitária e sobreposta".

[41] "Individuar a normativa a ser aplicada no caso concreto, ou seja, individuar o ordenamento jurídico do caso concreto, é obra do intérprete, que se vale dos princípios e das regras que se encontram na totalidade da experiência e da realidade histórica. A sua tarefa, portanto, não é uma operação mecânica, mas sim, cultural, muito absorvente, socialmente relevante e controlável" (PERLINGIERI, Pietro. *O direito civil na legalidade constitucional*. Rio de Janeiro: Renovar, 2008, p. 130).

[42] "A norma age sobre a conduta por meio de uma operação intelectiva (interpretação), destinada a proporcionar sua correta compreensão e a determinar a apreciação do interessado: em outros termos, age mediante uma atividade destinada a fazer com que ele saiba, quer ele se encontre ou não na condição (hipótese de fato ou espécie) prevista pela própria norma. (...) Sendo assim, a interpretação jurídica é destinada a uma função normativa pela própria natureza do seu objeto e do seu problema, que a coloca em correlação com a aplicação da norma entendida no sentido que acabamos de explicitar" (BETTI, Emilio. *Interpretação da lei e dos atos jurídicos*. São Paulo: Martins Fontes, 2007, p. 11-12).

3 Problemas de lesão temporal: reparação autônoma ou incidental

Na jurisprudência brasileira, a lesão ao tempo é abordada de duas maneiras: (i) como objeto específico da demanda (autônoma) – casos em que o consumidor busca ressarcir-se exatamente por conta da perda do tempo; e (ii) como um adicional indenizatório (incidental) – hipótese em que o magistrado concede a indenização por algum motivo e agrava o *quantum* reparatório em virtude da lesão temporal. No que concerne às hipóteses do primeiro grupo, o Superior Tribunal de Justiça já concedeu indenização de R$10.000,00 (dez mil reais) de danos morais, por atraso em voo, uma vez que a "empresa, sem nenhuma justificativa", havia obrigado "os passageiros a permanecerem dentro da aeronave após o pouso por cerca de quatro horas".[43] Em outro caso, a espera por mais de uma hora para atendimento em agência bancária fez a Corte Superior reconhecer fato gerador de dano moral ao consumidor e arbitrar, consequentemente, o *quantum* indenizatório em três mil reais, com fins de desestimular a conduta do fornecedor.[44] Importante mencionar, ainda, os casos de perda de tempo em fila de banco – que parecem constituir maioria dentre os assuntos debatidos em juízo. O Tribunal de Justiça do Rio de Janeiro concedeu indenização de R$2.000,00 (dois mil reais) por danos morais a um cliente que, após 40 (quarenta) minutos de espera, foi informado de que o sistema não estava funcionando. A decisão expressamente qualifica a lesão sofrida como "desvio produtivo do consumidor" e ressalta ainda a natureza irrecuperável do tempo perdido.[45]

---

[43] STJ, AgRg no AREsp nº 742.860, 4ª T., Rel. Min. Raul Araújo, julg. 1.9.2015.

[44] STJ, REsp nº 1218497, 3ª T., Rel. Min. Sidnei Beneti, julg. 11.9.2012.

[45] "Apelação cível. Ação indenizatória. Tempo de espera em fila de banco. Revelia do réu. Sentença de procedência parcial. Demora na fila do banco fazendo o consumidor perder tempo produtivo. Consumidor que depois de quarenta minutos na fila foi informada de que o sistema ficou inoperante. Consumidor que somente conseguiu efetivar o pagamento do boleto bancário na Casa Lotérica. Pretensão da autora não ilidida. Risco do empreendimento. Descumprimento da Lei Estadual nº 4.223/03. Dano moral configurado. Desvio produtivo do consumidor. Precedentes jurisprudenciais. Manutenção da sentença que fixou a quantia de R$ 2.000,00 (dois mil reais) a título de danos morais, corrigidos monetariamente a contar da presente e acrescidos de juros de mora a contar da citação. Nego seguimento ao recurso, na forma do artigo 557, caput, do CPC" (TJRJ, 27ª CC, Ap. Cív. nº 0378790-34.2011.8.19.0001, Rel. Des. Sebastião Rugier Bolelli, julg. 26.8.2014). V. tb. "Apelação cível. Relação de consumo. Ação indenizatória por danos morais. Tempo máximo de espera em fila de banco. Lei municipal 5254/2011 e estadual nº 4223/2003, ambas do rio de janeiro. Descumprimento dos prazos máximos de 20 minutos para dias normais e de 30 minutos para véspera e após feriados. Irresignação autoral contra sentença de

Ilustrações do segundo grupo acham-se nas espécies a seguir descritas. O Tribunal de Justiça do Rio de Janeiro concedeu indenização por danos morais a um consumidor que teve seu cartão de crédito fraudado e, mesmo após perda de valioso tempo, não conseguiu resolver o problema administrativamente. Dadas as reiteradas cobranças indevidas e a perda de tempo do consumidor, decidiu o Tribunal condenar a instituição financeira.[46] Outro interessante julgado diz respeito a consumidor que, em razão do defeito apresentado por recém-adquirido automóvel, buscou a concessionária para realizar o devido reparo. Após dirigir-se diversas vezes ao estabelecimento sem obter o conserto desejado, ingressou com ação judicial pleiteando, além da imposição da realização do reparo, indenização por dano moral causada pelo tempo que teve de gastar ao comparecer por diversas vezes à concessionária.[47] No mesmo sentido, o Tribunal de Justiça de

---

improcedência. Recurso que merece prosperar. Apelante que ficou mais de cinco horas aguardando atendimento no interior da agência bancária. Situação de espera excessiva, que cotejada com os elementos dos autos não pode ser considerada aborrecimento do cotidiano, pois atinge a esfera da dignidade humana. Nexo causal entre serviço bancário inadequado e dano. Falha na prestação do serviço. Responsabilidade civil objetiva. Art. 14, caput, CDC. Dano moral in re ipsa. Indenização que deve atentar para as peculiaridades do caso concreto, para o inegável abalo psíquico e físico que sofre quem fica em pé por tantas horas, e, principalmente, visando estimular a adoção de medidas administrativas para prevenir a formação de filas de espera que ultrapassem os limites estipulados em lei. Quantum indenizatório que ora se arbitra em r$4.000,00 (quatro mil reais), em atenção aos parâmetros adotados para hipóteses congêneres. Reversão da sucumbência. Reforma integral do julgado. Precedentes do STF, do STJ e do TJRJULG. Recurso a que se dá provimento, na forma do art. 557, §1º-a, do CPC" (TJRJ, 26ª CC, Ap. Cív. nº 0162456-69.2012.8.19.0001, Rel. Des. Sandra Santarém Cardinali, julg. 9.9.2014).

46 "Apelação Cível. Rito Sumário. Ação Declaratória c/c Obrigação de Fazer e Indenização por Danos Morais. Consumidor por Equiparação. Competência da Câmara Especializada. Instituição financeira. Cartão de Crédito. Celebração do contrato com terceiro fraudador em nome da Autora. Emissão e cobrança de faturas indevidas. Desconsideração de pedido administrativo para cancelamento do débito. Teoria da Perda do Tempo Útil. Violação aos Deveres de Transparência, Cooperação e Informação Precisa, também aplicáveis ao consumidor por equiparação. Em que pese a ausência de inscrição de seu nome em cadastros restritivos, a Demandante experimentou desgastes e aborrecimentos desnecessários. Postura refratária e injustificada da Ré que determinou o ajuizamento da ação. Hipótese que refoge ao campo normativo da Súmula nº 230 do TJRJULG. Fato do serviço configurado. Dano moral caracterizado. Arbitramento em R$ 2.000,00 (dois mil reais), em observância aos Princípios da Razoabilidade e Proporcionalidade. Reforma em parte da sentença. Provimento ao recurso, na forma do art. 557, §1º-A, do CPC" (TJRJ, Ap. Civ. nº 0063727-62.2013.8.19.0004, 24ª C.C, Rel. Des. Sergio Nogueira de Azeredo, julg. 20.7.2015).

47 "Apelações cíveis. Ação de obrigação de fazer c/c indenizatória. Relação de consumo. Automóvel que apresenta defeito, somente sanado quando da realização da perícia. Consumidor que se dirige diversas vezes à concessionária e não logra solucionar a questão. Veículo zero quilômetros, ainda na garantia. Acerto na sentença quanto a extinção pela perda do interesse do pedido de substituição do veículo, diante do vício sanado. Dano

São Paulo condenou empresa de telefonia a indenizar o consumidor lesado em virtude da lesão cronológica sofrida. No caso, o autor teve de esperar horas para ser atendido quando precisou acionar o serviço de *call center* e ainda foi ofendido pela atendente telefônica. O *quantum* indenizatório dos danos morais foi estipulado em R$12.000,00 (doze mil reais), como forma de "impingir à fornecedora o dever de aprimorar a prestação de seus serviços".[48]

4 Repensando a dogmática: qualificação, limites da lesão ao tempo e suas possibilidades reparatórias

Desenham-se, no sistema jurídico brasileiro, expressivas controvérsias acerca da lesão ao tempo. A primeira diz respeito à qualificação do dano decorrente da lesão, vale dizer, se possui natureza de dano moral, material ou categoria autônoma. Os autores mostram-se divergentes quanto à natureza do "dano cronológico". Para alguns, trata-se de uma categoria autônoma relativamente aos danos material e moral.[49] Outros, em posição dissonante, sustentam que a perda de tempo útil possui, na verdade, natureza jurídica de dano moral.[50]

---

moral claro. Perda do tempo útil. Indenização bem fixada – R$10.000,00. Manutenção da sentença. Desprovimento dos recursos por unanimidade" (TJRJ, Ap. Civ. nº 0003175-11.2011.8.19.0002, 25ª C.C, des. rel. Tula Barbosa, julg. 15.7.2015).

[48] "Reparação de dano moral serviço de telefonia móvel atendimento pelo call center ofensa ao consumidor. Deve ser reconhecido o dano moral em favor do cliente de telefonia móvel que, depois de longa espera no atendimento do call center, é ofendido pela atendente, que o chama de "chato" e ainda não resolve seu problema. Dever da fornecedora de serviço de prestar um serviço sério e seguro, com respeito a seus clientes, com base nos princípios da boa-fé objetiva e probidade, não se verificando um mero aborrecimento; 2 Considerando o porte da ré, prestadora de serviços de telefonia móvel em todo o Brasil, que investe altas quantias em publicidade para arregimentação de novos clientes (inclusive mediante a contratação de renomado grupo internacional), a indenização deve ser arbitrada de modo que a TIM se dê conta de que a má prestação de seu serviço é generalizada e precisa de urgente modificação e melhora, sendo reiterados os casos de problemas no atendimento pelo sistema de "call center". De outra banda, não é possível fixar a indenização em quantia extremamente elevada e desproporcional, premiando o consumidor por ter sido ofendido, estimulando posturas inadequadas a fim de testar os "limites" dos funcionários e com isso obter indenização por eventual ofensa; 3 É o caso de arbitrar a indenização em quantia equivalente a R$12.000,00 (doze mil reais), quantia que se mostra suficiente a impingir à fornecedora o dever de aprimorar a prestação de seus serviços e reparar o dano causado ao consumidor. Recurso provido" (TJSP, 30ª Câmara de Direito Privado, Rel. Maria Lúcia Pizzotti, julg. 8.4.2015).

[49] MAIA, Maurilio Casas. O dano temporal indenizável e o mero dissabor cronológico no mercado de consumo: quando o tempo é mais que dinheiro: é dignidade e liberdade. *Revista de Direito do Consumidor*, v. 92, p. 162, 2014.

[50] DESSAUNE, Marcos. *Desvio produtivo do consumidor*: o prejuízo do tempo desperdiçado. São Paulo: Revista dos Tribunais, 2011, p. 134.

Em termos práticos, a jurisprudência, a bem da verdade, acha-se vacilante quanto à qualificação da situação problema, como dito aqui: se a lesão ao tempo configura espécie de dano moral ou categoria autônoma. Percebe-se certa inclinação a favor da tese de que a perda de tempo útil gera, única e exclusivamente, dano moral.[51] Os acórdãos do TJRJ têm adotado majoritariamente essa corrente. As mais das vezes, as demandas que deságuam no judiciário apresentam como pressuposto fático a espera exorbitante do consumidor em filas de bancos, como visto anteriormente. Nesses casos, parece que se evidenciam com mais nitidez os contornos do dano moral, mesmo porque em certas situações o tempo de espera foge a qualquer expectativa do cliente – vale conferir, sob tal prisma, recente decisão do TJRS que condenou instituição financeira a indenizar o consumidor no montante de R$4.400,00 (quatro mil e quatrocentos reais), a título de danos morais, em razão da sua espera de *mais de três horas na fila*.[52]

Por outro lado, adotando tese oposta à corrente majoritária, colha-se sentença que considerou ser o desvio produtivo de tempo um dano autônomo. Segundo o magistrado "(...) o direito à proteção do tempo útil ou produtivo do consumidor revela-se como verdadeiro direito fundamental implícito", possuindo nítida autonomia em relação aos danos morais. "Dano moral é aquele que ofende direitos extrapatrimoniais, voltados à personalidade humana, como honra, imagem, privacidade, liberdade", prossegue o *decisum*. Já o desperdício do tempo produtivo, para o sentenciante, configuraria violação aos interesses do consumidor "na sua essência imutável, de carregar consigo a possibilidade de sentir e viver as mudanças da vida, que só o desfrute do tempo poderá propiciar-lhe". E, nessa trilha, seguiu o magistrado:

---

[51] V. STJ, 3ª T., Rel. Min. Sidnei Beneti, AgRg no AREsp nº 39.789, julg. 20.10.2010; TJSP, 5ª CDPriv., Rel. Des. Fábio Podestá, Ap. Civ. nº 0007852-15.2010.8.26.0038, julg. 13.11.2013; TJRJ, 27ª CC, Rel. Des. Fernando Antônio de Almeida, Ap. Civ., nº 0460569-74.2012.8.19.0001, julg. 27.01.2014.

[52] "Responsabilidade civil. Ação de indenização por danos morais decorrentes de largo tempo de espera em Fila no banco e da negativa de atendimento. Dano configurado. Dever de indenizar. Quantum mantido. I. Caso dos autos em que a autora postula a condenação do réu no ressarcimento dos danos morais experimentados em decorrência da negativa de atendimento pelo caixa depois de mais de três horas na fila, sofrendo vergonha e humilhação. II. A ré responde objetivamente pelos danos sofridos, em virtude do fornecimento de serviço defeituoso no mercado de consumo, nos termos do art. 14, do cdc. In casu, a prova dos autos indica a presença de falha na prestação do serviço e dano à autora. III. O fato narrado ultrapassou o mero dissabor, uma vez que as adversidades sofridas pela autora, a aflição e o desequilíbrio em seu bem estar, fugiram à normalidade. Manutenção do montante indenizatório. Apelação cível e recurso adesivo desprovidos" (TJRS, Ap. Cív. nº70070938816, 10ª C.C., Rel. Des. Túlio de Oliveira Martins, julg. 29.9.2016.

LESÃO AO TEMPO: CONFIGURAÇÃO E REPARAÇÃO NAS RELAÇÕES DE CONSUMO | 223

É por isso que, ao contrário do que se passa na reparação dos danos morais, a reparação pelo desperdício de tempo produtivo envolverá, sempre, a conjugação de vários direitos da personalidade, indevidamente violados: liberdade, trabalho, lazer, às vezes saúde, convivência familiar, estudos. Assim, enquanto na reparação dos danos morais a violação de vários direitos da personalidade é contingente, pode ou não ocorrer, na reparação pelo tempo desperdiçado, ao contrário, é imanente, pois sempre envolverá o menoscabo a vários direitos da personalidade.[53]

Em doutrina, compartilhando da mesma concepção teórica, há quem sustente que o reconhecimento da autonomia da lesão temporal conferiria maior eficácia à "repercussão pedagógica" das indenizações.[54]

Cumpre registrar que neste ensaio se defende que a perda de tempo não é nem um *tertium genus* de dano, ao lado do material e do moral, nem tampouco uma espécie, ou hipótese de dano moral. Na esteira do que, em outra sede, já se disse acerca do chamado dano estético,[55] a caracterização do dano decorre do efeito que ele produz na vítima, e não da natureza do interesse juridicamente tutelado. Ou seja, a sua real qualificação variará conforme os reflexos da lesão ao interesse juridicamente protegido, os quais, no sistema brasileiro, podem ser de duas ordens: patrimonial ou moral.

Firma-se, mais uma vez assim, o posicionamento de que a *lesão* é a indevida interferência em bem jurídico tutelado, enquanto o *dano* são os efeitos decorrentes dessa invasão ilegítima na esfera jurídica da vítima.

Nesse sentido, caso se verifique que a vítima, em razão da perda do seu tempo livre (*i. e.*, devido à lesão ao bem jurídico tempo), sofreu uma efetiva diminuição patrimonial (dano emergente) ou uma concreta privação do que poderia ganhar (lucros cessantes), configurado estará o dano

---

[53] TJSP, Comarca de Jales, Vara do Juizado Cível e Criminal, Juiz de Direito Dr. Fernando Antonio de Lima, Processo nº 0005804-43.2014.8.26.0297, julg. 28.8.2014.

[54] Assim como o referido magistrado, Maurilio Maia Casas sustenta que "o reconhecimento da autonomia do dano temporal ensejará maior *repercussão pedagógica* entre os fornecedores na seara da responsabilização civil por perda indevida de tempo, uma vez que *o tempo humano passará a ter valor em si mesmo* considerado *e não por eventuais consequências econômicas ou morais* de sua violação – as quais poderão ser reparadas conjuntamente, afirme-se *en passant*" (MAIA, Maurilio Casas. O dano temporal indenizável e o mero dissabor cronológico no mercado de consumo: quando o tempo é mais que dinheiro: é dignidade e liberdade. *Revista de Direito do Consumidor*, v. 92, p. 162, 2014).

[55] Confira-se: "Do mesmo modo, a lesão estética não é uma terceira espécie de dano, autônoma em relação aos danos morais e materiais. Deve-se entender por tal a lesão aos bens jurídicos integridade física e imagem, as quais podem gerar efeitos patrimoniais (dano patrimonial), ou efeitos extrapatrimoniais (dano moral)" (MONTEIRO FILHO, Carlos Edison do Rêgo. *Elementos de responsabilidade civil por dano moral*. Rio de Janeiro: Renovar, 2000, p. 49-62).

material. Se, sob outro aspecto, a lesão gerar efeitos extrapatrimoniais objetivamente apreciáveis, estar-se-á diante de um dano moral.[56] Sob essa perspectiva, portanto, que considera o dano como efeito da lesão, mostram-se insuficientes a criação de categoria autônoma sob a alcunha de "dano temporal" ou análogos e a afirmação que o restringe a dano moral. No exemplo genérico da injustificada perda do tempo na fila de agência bancária, é bem crível que, para além da questão extrapatrimonial, decorram do inesperado atraso efeitos de ordem patrimonial na vítima, como a perda de compromissos profissionais e, em última análise, do tempo produtivo que se esvai na longa espera (exemplos do representante comercial e do taxista parados).

E, para fins didáticos, tendo em vista que o menoscabo incide sobre o bem jurídico *tempo*, parece mais adequado designar-se a situação objeto da presente análise como *lesão ao tempo*, evitando-se a confusão entre a lesão e seus efeitos, os prejuízos patrimoniais e/ou morais dela decorrentes, quer dizer, *os danos*.

De igual modo, as denominações "desvio produtivo do consumo" ou, tão somente, "perda do tempo útil", revelam-se, no rigor técnico, inapropriadas, pois parecem conter carga predominantemente patrimonialista e utilitarista. Associar a lesão ao tempo do consumidor

---

[56] O professor argentino Sergio Sebastián Barocelli, em consonância com o aqui se defende, indica que a perda de tempo útil pode gerar efeitos patrimoniais (danos emergentes e lucros cessantes) e morais. O autor indica, ainda, que a perda de tempo útil implica uma lesão ao que ele chama de "direito ao tratamento digno". Confira-se: "En primer término, la pérdida de tiempo puede vislumbrase en un daño emergente: un daño a la salud o integridad física ante la tardanza en la atención sanitaria, la pérdida de un servicio de transporte (aéreo, terrestre, marítimo etc.). Dichos caso creemos que no genera demasiada dificultad, por lo que no profundizaremos al respecto. Pero también en los supuestos que analizamos en este trabajo (defectos de producto, deficiencias en la prestación de servicios etc.) pueden generar gastos que configuran un daño emergente: llamadas telefónicas, procuración de copias para denuncias y reclamaciones, traslado y viáticos, entre otros, que merecen ser compensados. (...) En segundo término, la pérdida de tiempo puede encuadrarse en un supuesto de lucro cesante. Tiempo que, por ser escaso, el consumidor le resta a sus actividades económicas, caso que implicaría un lucro cesante (actividad laboral, productiva, profesional etc.) o, en sentido más técnico, al desarrollo de actividades esenciales para la vida (descanso, ocio, vida familiar y de relación) o de su personalidad (actividades educativas, culturales, deportivas, espirituales, recreativas etc.) (...) La pérdida de tiempo implica también un desgaste moral y un trastorno espiritual para el consumidor, quien debe desatender sus para enfrascarse en una lucha en al que está casi siempre en clara desigualdad de condiciones frente al proveedor, en razón de la debilidad y vulnerabilidad estructural en que se sitúan los consumidores en las relaciones de consumo. (...) En el ámbito del derecho del consumidor, de conformidad con las previsiones de los artículo 42 de la Constitución Nacional y 8 bis de la LDC, constituye un supuesto particular indemnizable el incumplimiento del derecho al trato digno y equitativo por parte de los proveedores de bienes y servicios" (BAROCELLI, Sergio Sebastián. Cuantificación de daños al consumidor por tiempo perdido. *Revista de Direito do Consumidor*, v. 90, p. 119, 2013).

às expressões "desvio produtivo do consumo" ou de "perda de tempo útil" pode fazer transparecer a ideia de que só estaria configurada a lesão quando o ofendido perdesse tempo considerado produtivo aos olhos externos. Em outras palavras, a lesão estaria não no desperdício do tempo em si, entendido como objeto de tutela do ordenamento, mas na perda da oportunidade de geração de riquezas causadas pela lesão temporal.

Vê-se, assim, que as duas denominações parecem traduzir concepção que enxerga a pessoa humana como meio de produção de bens materiais úteis à coletividade. Igualmente grave, tais linhas de conceituação revelam-se insuficientes pois privilegiam os reflexos de ordem patrimonial da lesão, em detrimento dos efeitos extrapatrimoniais que podem advir da perda do tempo, caminhando na contramão da escala de valores constitucionais, que confere preeminência aos valores existenciais.

Por se tratar de problema de origem recente, a questão terminológica torna-se importante se se atentar, com apoio na semiótica, que a denominação de determinada situação pode condicionar a atividade do intérprete, em meio à complexidade de seus conhecimentos e pré-compreensões. Prefira-se, portanto, a expressão "lesão ao tempo" às tão citadas expressões do "desvio produtivo do consumo" ou da "perda do tempo útil". Em definitivo, o *tempo, como exposto, é bem jurídico independente, merecedor de tutela pelo ordenamento, quer seja aproveitado utilitariamente (para gerar riquezas), quer não.*

Por fim, saliente-se que, malgrado o acentuado cunho patrimonial-utilitarista das expressões aqui criticadas, a jurisprudência, posto que indistintamente as empregue, tem-se revelado afinada com os valores cardeais do ordenamento ao *não exigir prova da utilidade do tempo perdido* pelo consumidor.[57]

---

[57] "Há que se considerar que houve perda do tempo útil da apelante, impondo-se a contatos telefônicos demorados, irritantes e infrutíferos, retirando o consumidor de seus deveres e obrigações, *e da parcela de seu tempo que poderia ter direcionado ao lazer ou para qualquer outro fim.* Uma vez que não tomou a devida cautela, na condução da relação jurídica e na observância das determinações legais, o dano decorre *in re ipsa,* ensejando o pagamento de compensação a título de danos morais" (TJRJ, Ap. Cív. nº 0099632-11.2011.8.19.0001, Rel. Des. Marcelo Lima, julg. 19.11.2013). V. tb. "A perda de tempo da vida do consumidor em razão do mau atendimento de um fornecedor não é mero aborrecimento do cotidiano, mas verdadeiro impacto negativo em sua vida, que é obrigado a perder tempo de trabalho, *tempo com sua família, tempo de lazer,* em razão de problemas gerados pelas empresas" (TJRJ, Ap. Cív. nº 0460569-74.2012.8.19.0001, 27ª C.C., Rel. Des. Fernando de Almeida, julg. 27.1.2014).

Outra controvérsia relevante diz com o debate em torno da admissibilidade de se reparar dano extrapatrimonial por descumprimento de contrato. Sabe-se que a maior parte dos casos de violação do direito ao tempo livre tem por base justamente uma relação contratual. Decorre daí o reenvio do assunto à temática mais ampla da reparabilidade do dano moral contratual. Figurem-se os efeitos danosos nas hipóteses de (i) retorno do consumidor à loja para reclamar de produto defeituoso; (ii) telefonemas insistentes para o SAC de uma empresa sem a resolução do problema; (iii) tentativas repetitivas de conserto do bem e (iv) longas horas de espera por voos atrasados.[58] Trata-se de situações em cuja base existe um negócio jurídico travado entre as partes. Nesse ponto, deve ser superada a presunção – corrente ainda na jurisprudência – de que o inadimplemento contratual não gera, em regra, dano moral.[59] A compreensão apriorística de inocorrência do dano moral no ambiente de relações negociais amesquinha a proteção integral da vítima, violando, em última análise, os valores existenciais privilegiados pelo ordenamento jurídico brasileiro, notadamente a dignidade da pessoa humana.[60] A natureza do dano – moral ou material – não se confunde com a relação jurídica do qual este decorre – contratual ou extracontratual.

Tal panorama reflete as transformações sofridas ao longo do século XX. Do individualismo à solidariedade social,[61] da estrutura à função,[62] da liberdade à tutela privilegiada da pessoa humana[63] e

---

[58] Os exemplos são trazidos por DESSAUNE, Marcos. *Desvio produtivo do consumidor*: o prejuízo do tempo desperdiçado. São Paulo: RT, 2011. p. 134.

[59] A título exemplificativo, confira-se a redação da Súmula nº 75 do Tribunal de Justiça do Estado do Rio de Janeiro: "O simples descumprimento de dever legal ou contratual, por caracterizar mero aborrecimento, em princípio, não configura dano moral, salvo se da infração advém circunstância que atenta contra a dignidade da parte".

[60] "O substrato material da dignidade assim entendida se desdobra em quatro postulados: i) o sujeito moral (ético) reconhece a existência dos outros como sujeitos iguais a ele; ii) merecedores do mesmo respeito à integridade psicofísica de que é titular; iii) é dotado da vontade livre, de autodeterminação; iv) é parte do grupo social, em relação ao qual tem garantia de não vir a ser marginalizado. São corolários desta elaboração os princípios jurídicos da igualdade, da integridade física e moral – psicofísica –, da liberdade e da solidariedade" (BODIN DE MORAES, Maria Celina. *Danos à pessoa humana*: uma leitura civil-constitucional dos danos morais. Rio de Janeiro: Renovar, 2003, p. 84).

[61] A respeito da solidariedade social, v. BODIN DE MORAES, Maria Celina. O princípio da solidariedade. *In*: MORAES, Maria Celina Bodin de. *Na medida da pessoa humana*: estudos de direito civil-constitucional. Rio de Janeiro: Renovar, 2010, p. 247.

[62] "O fato jurídico, como qualquer outra entidade, deve ser estudado nos dois perfis que concorrem para individuar sua natureza: a estrutura (como é) e a função (para que serve)" (PERLINGIERI, Pietro. *O direito civil na legalidade constitucional*. Rio de Janeiro: Renovar, 2008, p. 603).

[63] "O ordenamento não pode formalisticamente igualar a manifestação da liberdade através da qual se assinala, profundamente, a identidade do indivíduo com a liberdade de tentar

do contrato em si mesmo ao contrato como processo,[64] foi superada a dualidade entre os regimes. Mercê da nova tábua axiológica de força constitucional, que concebe a dignidade da pessoa humana como seu vértice, não há mais fundamento lógico-jurídico para afastar a reparação do dano moral contratual,[65] que pode ser causado por inadimplemento absoluto ou por mora. A reparação há de ser, assim, integral, reparando-se o dano moral sofrido, independentemente da origem do fato que lhe deu causa.[66]

Deve-se, portanto, *investigar se há, no caso concreto, repercussão extrapatrimonial na esfera da vítima, alterando-se a perspectiva valorativa da origem da violação para os seus efeitos*. Para tanto, como auxiliar na tarefa de identificação de situações de dano moral contratual, desenvolveu-se em outra sede a enumeração de três parâmetros: (i) análise dos interesses e valores em jogo; (ii) verificação da irreversibilidade da lesão e (iii) caracterização de conduta contrária à boa-fé objetiva.[67]

---

perseguir o máximo lucro possível: à intuitiva diferença entre a venda de mercadorias – seja ou não especulação profissional – e o consentimento a um transplante corresponde a uma diversidade de avaliações no interno da hierarquia dos valores colocados pela Constituição. A prevalência do valor da pessoa impõe a interpretação de cada ato ou atividade dos particulares à luz desse princípio fundamental" (PERLINGIERI, Pietro. *Perfis de direito civil*: introdução ao direito civil-constitucional. Rio de Janeiro: Renovar, 2002, p. 276).

[64] "Cada instituto jurídico está sujeito a esse tipo de relatividade histórica. O contrato é um processo de direito material, inserido num sistema cuja unidade não afeta a presença de vasos comunicantes com outros sistemas, especialmente com *inputs* e *outputs* entre Direito e sociedade. Não mais, por conseguinte, reduz-se o contrato a um negócio jurídico conceitual e abstrato, tomando-o em seus desafios tópicos e sistemáticos. Forma-se, pois, por etapas distintas e intercomplementares, conjugando declaração, autonomia e comportamento no plano da força construtiva dos fatos sociais. O contrato, assim, *se faz* contrato como processo e não apenas como instrumento, cujo efeito vinculante não se coloca aqui em dúvida" (FACHIN, Luiz Edson. *Transições do direito civil*: Direito civil: sentidos, transformações e fim. Rio de Janeiro: Renovar, 2010, p. 51).

[65] "A identidade de natureza entre a responsabilidade contratual e a aquiliana também não é posta em causa pela questão da indenização dos danos morais. Para além de a jurisprudência e uma boa parte da doutrina admitirem o ressarcimento de danos morais no domínio da responsabilidade contratual (...), o fato de a questão se colocar mais frequentemente no domínio da responsabilidade aquiliana – basta atentar que a tutela dos direitos de personalidade ocorre, em regra ou fundamentalmente, no âmbito desta – não significa qualquer negação do princípio: os danos morais, conquanto existam, são danos, e como tal, só há que aplicar o princípio de que todo dano – qualquer que seja a sua natureza – deve ser reparado" (SANTOS JÚNIOR, E. *Da responsabilidade civil de terceiro por lesão do direito de crédito*. Coimbra: Almedina, 2003, p. 210).

[66] MONTEIRO FILHO, Carlos Edison do Rêgo. *Responsabilidade contratual e extracontratual*: contrastes e convergências no direito civil contemporâneo. Rio de Janeiro: Processo, 2016.

[67] MONTEIRO FILHO, Carlos Edison do Rêgo. *Responsabilidade contratual e extracontratual*: contrastes e convergências no direito civil contemporâneo. Rio de Janeiro: Processo, 2016.

A omissão do dano moral na disciplina contratual codificada e a patrimonialidade da prestação como requisito clássico da relação obrigacional revelam tão somente o reflexo de um tempo passado de centralidade nos valores patrimoniais,[68] e que não se coaduna com a funcionalização dos institutos jurídicos à tábua axiológica da Constituição da República.[69]

Em síntese estreita, em virtude do reconhecimento do tempo como bem juridicamente tutelado na sociedade contemporânea (conectado aos substratos da liberdade individual e da solidariedade social), que se irradia diretamente da dignidade da pessoa humana, epicentro do ordenamento brasileiro, tem-se que de sua lesão podem decorrer efeitos patrimoniais e morais, reconhecíveis como resultado do balanceamento das circunstâncias que, em concreto, o intérprete irá aferir, em demandas que procurem a reparação autônoma ou incidental do tempo injustamente desperdiçado, seja por descumprimento da prestação principal, seja por violação dos deveres laterais da boa-fé objetiva.

---

[68] "Tudo ainda se reduz: a ingressar nesse foro privilegiado do sujeito de Direito, aquele que tem bens, patrimônio sob si, compra, vende, pode testar, e até contrai núpcias. Para esses, o mundo do direito articulado sob as vestes da teoria do Direito Civil; para os demais, o limbo" (FACHIN, Luiz Edson. *Teoria crítica do direito civil*. 2. ed. Rio de Janeiro: Renovar, 2003, p. 116).

[69] MONTEIRO FILHO, Carlos Edison do Rêgo. Rumos cruzados do direito civil pós-1988 e do constitucionalismo de hoje. *In: Direito civil contemporâneo*: novos problemas à luz da legalidade constitucional. São Paulo: Atlas, 2008, p. 265.

O PROBLEMA DA MASSIFICAÇÃO DAS DEMANDAS CONSUMERISTAS: ATUAÇÃO DO PROCON E PROPOSTA DE SOLUÇÃO À LUZ DO DIREITO CONTEMPORÂNEO*

1 Introdução: crise, contrato, responsabilidade civil e relações de consumo

Ao longo do século XX, o mundo contemporâneo experimentou transformações radicais nas relações sociais e jurídicas. Em razão disso, institutos como o contrato e a responsabilidade civil passaram por crises que acabaram por impelir uma completa releitura dos seus perfis.[1] De negócios artesanalmente celebrados, que tomavam por pano de fundo uma sociedade essencialmente agrária (no Brasil), ou de urbanização recente (na Europa), passou-se a um modelo contratual completamente distinto.[2] Cunhou-se em sede doutrinária a expressão

---

* O artigo foi originalmente publicado em *Revista de Direito do Consumidor*, 2016.

[1] ROPPO, Enzo. *O contrato*. Tradução de Ana Coimbra e M. Januário C. Gomes. Coimbra: Almedina, 1988.

[2] "O CDC (LGL\1990\40) mudou o paradigma dos contratos e da responsabilidade civil no Brasil. Sem dúvida nenhuma, as duas maiores mudanças dogmáticas realizadas no Direito Civil brasileiro têm origem no CDC (LGL\1990\40): a teoria da qualidade, que aproximou a responsabilidade extracontratual da contratual e pragmaticamente estabeleceu uma cadeia de responsáveis pela qualidade-adequação (vício do produto ou do serviço, nos art. 18 e ss.) e imputou a responsabilidade nominal pela qualidade segurança (defeito do produto ou do serviço, nos arts. 12 a 17), reforçando o dever de informar, de prevenir e ressarcir os danos individuais, homogêneos, coletivos e difusos, morais ou patrimoniais; e a nova teoria contratual, que aproximou o regime dos contratos de dar (fornecimento de produtos) e de fazer (fornecimento de serviços), preparando o Brasil para a nova economia dos serviços, da tecnologia e da informação, valorizou a boa-fé em todo o iter contratual e a proteção da confiança do consumidor, inovando a regular a publicidade e seus efeitos obrigacionais. A expressiva jurisprudência oriunda desta parte "material" do CDC

"crise do contrato"[3] para assinalar a revisão da sistemática contratual tradicional, alicerçada, como se sabe, nos princípios da autonomia privada, da relatividade e da obrigatoriedade.[4]

Atualmente, a formação do vínculo contratual – sobretudo dentro das relações de consumo – se dá, em regra, por meio da assinatura de minutas padrão, cujas cláusulas não são objeto de prévia deliberação das partes. Trata-se de verdadeiros negócios de adesão que, não raro, são celebrados via internet, com o mero clique de um botão, muitas vezes sem que o aderente tenha nem ao menos lido as cláusulas do instrumento celebrado. Nesse âmbito, o princípio da boa-fé objetiva ganha contornos de imperativo fundamental,[5] assim como o da função social do contrato[6] (o contrato passa a interessar a terceiros, a toda a

---

(LGL\1990\40) (arts. 8.º a 54 do CDC (LGL\1990\40)) é testemunha do sucesso desta renovadora visão dogmática que impregna hoje mesmo, em diálogo, o próprio Código Civil de 2002" (MARQUES, Cláudia Lima. 25 anos de Código de Defesa do Consumidor e as sugestões traçadas pela revisão de 2015 das diretrizes da ONU de proteção dos consumidores para a atualização. *Revista de Direito do Consumidor*, v. 103, p. 55, 2016).

[3] GILMORE, Grant. *The death of contract*. Columbus: Ohio State University Press, 1974.

[4] AZEVEDO, Antônio Junqueira. *Negócio jurídico*: existência, validade e eficácia. São Paulo: Saraiva, 2007.

[5] MARTINS-COSTA, Judith. *A boa-fé no direito privado*: sistema e tópica no processo obrigacional. São Paulo: Revista dos Tribunais, 1999. Em especial, sobre a relevância do princípio da boa-fé objetiva nas contratações eletrônicas, confira-se: "Como se verifica aqui, o meio virtual, sua instantaneidade e interatividade, influencia o regime da oferta e aceitação. Sejam consideradas oferta de consumo ou não, há que se considerar que estas práticas comerciais dos fornecedores fazem nascer deveres de boa-fé geral, como o de informação, identificação do ofertante, identificação de oferta comercial, cuidado com os dados do consumidor (dever de preservação da privacidade do consumidor, de protegê-lo contra invasões no site ou na rede) e deveres de boa-fé específicos do meio virtual, como o de confirmação individual, de perenização da oferta e do contrato e de cooperação na comunicação (o silêncio do fornecedor pode ser usual no comércio, mas é fonte de insegurança e quebra da confiança diante do consumidor), na execução a distância (geralmente por correio e outros meios de execução da prestação característica, que é a do fornecedor) e no pagamento a distância (cuidados ao retirar a quantia do cartão de crédito, com o número do cartão de crédito etc.), somados a cuidados específicos com os perigos do meio virtual (criptografia, combate aos hackers, arquivamento múltiplo para evitar perdas etc.). Nestes deveres específicos de uma boa-fé atualizada às práticas (e perigos) do meio eletrônico ou virtual, destaque-se o dever de possibilitar ao consumidor "perenizar" a informação ou dado eletrônico, a fim de evitar que a expectativa despertada por uma oferta, publicidade ou contrato seja frustrada com a mudança no tempo (imediata, muito fácil e sem custos no mundo virtual) das "regras do jogo", da oferta, do leilão, do contrato etc." (MARQUES, Cláudia Lima. A proteção do consumidor de produtos e serviços estrangeiros no Brasil: primeiras observações sobre os contratos a distância no comércio eletrônico. *Revista de Direito do Consumidor*, v. 41, p. 39, 2002).

[6] TEPEDINO, Gustavo. Notas sobre a função social dos contratos. *In*: TEPEDINO, Gustavo; FACHIN, Luiz Edson (Coord.). *O direito e o tempo*: embates jurídicos e utopias contemporâneas: estudos em homenagem ao professor Ricardo Pereira Lira. Rio de Janeiro: Renovar, p. 398-399, 2008.

coletividade) e o princípio do equilíbrio econômico, por meio do qual se possibilita a resolução do contrato ou a revisão de sua equação econômico-financeira, quando desequilibrado.

Por outro ângulo, quando se fala da "crise da responsabilidade civil", quer-se referir à flexibilização de seus dogmas, e aos contratempos enfrentados ao curso da trajetória em busca da reparação integral.[7] Eis uma transformação exponencial, marcada por mudanças radicais na essência da responsabilidade civil, em todos os seus pressupostos. Com relação à culpa, elemento essencial da responsabilidade subjetiva clássica, percebe-se trajetória evolutiva que parte das bases da chamada "culpa psicológica" para a lógica de "culpa normativa". Ademais, a revelar seu aspecto residual no sistema, avolumam-se hipóteses de responsabilidade objetiva. De outro ângulo, tema polêmico, ainda não consolidado, diz com a flexibilização do nexo de causalidade. Discute-se, até mesmo, a possibilidade de se poder presumir o nexo de causalidade em algumas circunstâncias,[8] com apoio em estatísticas e em estudos de ciências atuariais. O dano, por sua vez, que era compreendido sob a ótica exclusivamente patrimonial, deduzido por meio do emprego da chamada teoria da diferença (cálculo matemático da subtração do patrimônio antes e depois da ocorrência da lesão)[9], expandiu-se e ganhou novas configurações. Com o advento de novos interesses dignos de tutela, passam a ser contemplados pelo ordenamento a reparação de lesões extrapatrimoniais diversas,[10] a perda da chance,[11] e os chamados danos transindividuais. Nessa esteira, a criação dos Juizados Especiais ocasionou verdadeira explosão do demandismo reparatório de danos morais, assumindo o problema dimensões gigantescas.[12]

E, dessa forma, com a transformação dos conflitos, surge a correspondente necessidade de modificação dos meios para sua resolução. Dito de outro modo, deve-se fortalecer a via da prevenção por meio da educação do consumo, estimular a aproximação solidária

---

[7] MONTEIRO FILHO, Carlos Edison do Rêgo. Art. 944 do Código Civil: o problema da mitigação do princípio da reparação integral. *In*: TEPEDINO, Gustavo; FACHIN, Luiz Edson (Coord.). O direito e o tempo: embates jurídicos e utopias contemporâneas: estudos em homenagem ao Professor Ricardo Pereira Lira. Rio de Janeiro: Renovar, 2008, p. 757-796.

[8] Tese de doutoramento de MULHOLLAND, Caitlin Sampaio. *A responsabilidade civil por presunção de causalidade*. Rio de Janeiro: GZ, 2009.

[9] DIAS, José de Aguiar. *Da responsabilidade civil*. Rio de Janeiro: Renovar, 2006.

[10] BODIN DE MORAES, Maria Celina. *Danos à pessoa humana*. Rio de Janeiro: Renovar, 2003.

[11] SAVI, Sérgio. *Responsabilidade civil por perda de uma chance*. Rio de Janeiro: Atlas, 2012.

[12] BAUMAN, Zygmunt. *44 cartas do mundo moderno líquido*. Tradução de Vera Pereira. Rio de Janeiro: Zahar, 2011.

consumidor-fornecedor, a facilitar o acesso à justiça no sentido material. Torna-se necessário, outrossim, promover mecanismos de autocomposição, como a conciliação e a mediação. Precisa-se, em suma, desenvolver instrumentos adequados à sociedade de informação,[13] como se verá ao longo do presente texto.

Como se sabe, desde o ato jurídico simples, artesanal, individual, até a relação de consumo, mudanças drásticas ocorreram. A sociedade atual se caracteriza pelo número crescente de produtos e serviços que são oferecidos, pela facilitação das linhas de crédito, com o gravíssimo problema do superendividamento,[14] e pelo papel essencial do *marketing*, que infantiliza cidadãos como ferramenta para o incremento e o ganho de espaço no mercado de consumo.[15]

Como expressão do início de uma nova era, no seio da transição, destaca-se o histórico discurso do Presidente Kennedy no Congresso dos Estados Unidos da América.[16] A mensagem ficou conhecida como "Declaração dos Direitos Essenciais do Consumidor" e foi levada ao Congresso em 15 de março de 1962, mesma data em que se passou a comemorar o Dia Mundial de Defesa do Consumidor. A partir daí, mercê da intervenção do Estado na economia, diversos atos normativos foram produzidos tendo em vista a necessidade de proteção da parte mais fraca na relação de consumo em diferentes países, o que culminou, em 1985, com a Resolução nº 39/248 da ONU, que estabeleceu diretrizes para a proteção e defesa do consumidor.[17]

No Brasil, particularmente, a promulgação da Constituição da República de 1988 deu o passo inicial em direção à proteção ao consumidor, que ganhou patamar de direito fundamental[18] e princípio da

---

[13] BAUMAN, Zygmunt. *Globalização:* as conseqüências humanas. Rio de Janeiro: Jorge Zahar Editor, 1999.

[14] Sobre o tema, v. MARQUES, Cláudia Lima. Mulheres, idosos e o superendividamento dos consumidores: cinco anos de dados empíricos do projeto-piloto em Porto Alegre. *Revista de Direito do Consumidor*, v. 100, p. 393, 2015. V. tb. SCHMITT, Cristiano Heineck. *Consumidores hipervulneráveis:* a proteção do idoso no mercado de consumo. Porto Alegre: Atlas, 2014.

[15] BARBER, Benjamin R. *Consumido:* como o mercado corrompe crianças, infantiliza adultos e engole cidadãos. Tradução de Bruno Casotti. Rio de Janeiro/São Paulo: Record, 2013.

[16] O discurso do Presidente Kennedy está disponível em: <http://www.jfklibrary.org/JFK/Historic-Speeches.aspx>. Acesso em: 3 ago. 2016.

[17] Em 1985, a Assembleia Geral da ONU editou a Resolução nº 39/248 de 10/04/1985 sobre a proteção ao consumidor, positivando o princípio da vulnerabilidade no plano internacional.

[18] "Art. 5º Todos são iguais perante a lei, sem distinção de qualquer natureza, garantindo-se aos brasileiros e aos estrangeiros residentes no País a inviolabilidade do direito à vida, à

O PROBLEMA DA MASSIFICAÇÃO DAS DEMANDAS CONSUMERISTAS: ATUAÇÃO DO PROCON E PROPOSTA DE SOLUÇÃO... | 233

ordem econômica.[19] A partir da década de 1990, os incríveis avanços no campo da tecnologia da informação alteram os contornos das relações de consumo, a desafiar a ordem jurídica a produzir respostas compatíveis com os novos tempos[20] e adequadas à escala dos valores consagrados na legalidade constitucional.[21]

Diante da intensificação do fenômeno do consumo, os Procons ganham a cada dia maior relevância social. Em um cenário de massificação das relações consumeristas e, em conseguinte, das demandas judiciais a elas referentes, a instituição surge como importante mediador no debate público de ideias acerca da qualidade das relações de consumo no país. Atuando no âmbito administrativo ou mesmo em conjunto com o Poder Judiciário, pode promover padrões éticos de conduta por parte dos consumidores e, principalmente, dos fornecedores de produtos e prestadores de serviços, a bem da harmonia em suas relações.

2 O problema da massificação das demandas

O desenvolvimento tecnológico, que gerou maior liquidez e dinamismo na sociedade, contribuiu sobremaneira para mudanças na compreensão das relações de consumo. O contrato, por exemplo, antes celebrado presencialmente e entre partes equipolentes passa a ser firmado de forma virtual e, no mais das vezes, entre partes econômica e tecnicamente desiguais.

Na análise de Gilles Lipovetsky, a sociedade ocidental – desde o século XIX até os dias atuais – percorreu três fases distintas do capitalismo de consumo, quais sejam: i) a formação da sociedade de consumo no principiar do século XX; ii) sua transformação em sociedade de consumo de massa logo em seguida à segunda Guerra Mundial; e, por fim, iii) a sociedade de hiperconsumo da contemporaneidade.[22]

---

liberdade, à igualdade, à segurança e à propriedade, nos termos seguintes: (...) XXXII – o Estado promoverá, na forma da lei, a defesa do consumidor;"

[19] "Art. 170. A ordem econômica, fundada na valorização do trabalho humano e na livre iniciativa, tem por fim assegurar a todos existência digna, conforme os ditames da justiça social, observados os seguintes princípios: (...) V – defesa do consumidor."

[20] SANDEL, Michael. *Justiça*: o que é fazer a coisa certa. Rio de Janeiro: Civilização Brasileira, 2013.

[21] PERLINGIERI, Pietro. *O direito civil na legalidade constitucional*. Rio de Janeiro: Renovar, 2008.

[22] LIPOVETSKY, Gilles. *A felicidade paradoxal*: ensaio sobre a sociedade de hiperconsumo. São Paulo: Companhia das Letras, 2007.

De acordo com o referido estudo, o nascimento da sociedade de consumo propriamente dita se deu ao final do século XIX, com o aumento da quantidade de bens duráveis e não duráveis colocados à venda, o que reduziu seus custos, possibilitando a uma parcela maior da sociedade o acesso a estes. Essa fase também se caracterizou pelo nascimento das marcas, pelo incremento da publicidade nas relações de consumo e pelo surgimento dos grandes magazines.

A segunda fase do capitalismo de consumo, chamada "sociedade de consumo de massa", foi impulsionada pela expansão econômica do pós-guerra e marcada pelo surgimento dos super e hipermercados, pelo aumento na qualidade de vida, dos lazeres, do conforto e do desejo pelo bem-estar. Também foi uma fase marcada pelo aumento de crédito e pelo excesso em todas as ambiências de vida.

A terceira fase denomina-se, segundo Lipovetsky, sociedade de hiperconsumo, em que o indivíduo busca a satisfação pessoal e a compensação pelas frustrações da vida no ato de consumir. Trata-se de verdadeiro consumo emocional, desenvolvido diante do caráter individualista e hedonista da modernidade.[23]

Na esteira do panorama descrito por Lipovetski, Zygmunt Bauman,[24] por sua vez, retrata o consumidor dos dias atuais como uma pessoa em movimento circular contínuo, eterno, quadro em que os consumidores permanecem sempre ávidos por novas atrações e logo entediados com as já obtidas. O número crescente de produtos e serviços marca a sociedade contemporânea.[25] Vive-se o predomínio do crédito fácil, que faz surgir o gravíssimo problema do superendividamento.[26]

---

[23] Em análise mais aprofundada acerca do tema, Zygmunt Bauman compreende a busca do prazer como apenas uma das razões para a intensificação do consumo. "Há, em suma, razões mais que suficientes para "ir às compras". Qualquer explicação da obsessão de comprar que se reduza a uma causa única está arriscada a ser um erro. As interpretações comuns do comprar compulsivo como manifestação aberta de instintos materialistas e hedonistas adormecidos, ou como produto de uma 'conspiração comercial' que é uma incitação artificial (e cheia de arte) à busca do prazer como propósito máximo da vida, capturam na melhor das hipóteses apenas parte da verdade. Outra parte, e necessário complemento de todas essas explicações, é que a compulsão-transformada-em-vício de comprar é uma luta morro acima contra a incerteza aguda e enervante e contra um sentimento de insegurança incômodo e estupidificante". BAUMAN, Zygmunt. *Modernidade líquida*. Rio de Janeiro: Jorge Zahar Editor, 2001, p. 95.

[24] BAUMAN, Zygmunt. *Op. cit.*, p. 82.

[25] Sobre o fenômeno da massificação das demandas na sociedade contemporânea, cf. VARGAS LLOSA, Mario, *A civilização do espetáculo*. Rio de Janeiro: Objetiva, 2013, p. 35: "Massificação é outra característica, aliada à frivolidade, da cultura de nosso tempo".

[26] SCHMITT, Cristiano Heineck. *Consumidores hipervulneráveis*. a proteção do idoso no mercado de consumo. Porto Alegre: Atlas, 2014.

Ademais, evidencia-se o papel essencial do *marketing*, que induz o consumo em ritmo frenético por todas as camadas da sociedade e por todas as faixas etárias.[27]

No contexto de consumo desenfreado e de novidades instantâneas, multiplicam-se as patologias decorrentes do descumprimento das relações de consumo e dos abusos perpetrados contra o consumidor. A problemática da massificação de demandas surge, nesse diapasão, em virtude do incremento das operações de consumo e das consequências do descumprimento dos deveres impostos aos fornecedores pelo Código de Defesa do Consumidor.

Tudo somado, acaba por desaguar enorme número de demandas reparatórias no Poder Judiciário, tornando a eficaz prestação jurisdicional e a tutela integral do consumidor grande desafio para os juristas do nosso tempo.

Ciclicamente, *produz-se em massa, consome-se em massa e demanda-se em massa*.

3 Três graus para a solução dos conflitos nas relações de consumo: fornecedor, Procon e Judiciário

O processo de solução dos conflitos nas relações de consumo deve dar primazia a medidas de conciliação e de autocomposição, promovendo-se o estreitamento do contato entre as partes. O domínio das circunstâncias fáticas, o limite de elasticidade de cada sacrifício e a fidedigna expectativa de sua reciprocidade são fatores que tocam diretamente aos envolvidos. A consumidores e fornecedores, a partir da valoração global da complexidade da relação travada, cabe construir as pontes que permitirão pôr fim às incompreensões e ao agastamento de seus relacionamentos.

Nessa lógica, a composição do conflito deve-se exaurir no âmbito da empresa fornecedora. Caso não haja solução nesta sede, parte-se para o órgão administrativo e, somente se não resolvida a questão em tal instância, recorre-se ao Poder Judiciário. Desvelam-se, pois, três diferentes níveis ou graus, em ordem sucessiva, para a solução dos problemas: (i) diretamente, na própria empresa; (ii) administrativamente, por meio do Procon (e análogos); ou, (iii) residualmente e em

---

[27] Sobre a utilização do público infantil como ferramenta para o incremento e o ganho de espaço no mercado de consumo, cf. BARBER, Benjamin R. *Consumido:* como o mercado corrompe crianças, infantiliza adultos e engole cidadãos. Tradução de Bruno Casotti. Rio de Janeiro/São Paulo: Record, 2013.

definitivo, via Poder Judiciário. Enfatiza-se, por meio da tripartição apresentada, o implemento de medidas que facilitem a comunicação entre cidadãos, empresas e Poder Público (órgãos de proteção e defesa do consumidor e Judiciário)[28].

Em conformidade com a sequência estabelecida *supra*, portanto, o primeiro passo há de ser dado na sede em que, em regra, deve ser solucionado o conflito consumerista: o fornecedor. Sabe-se que as principais lides de consumo têm como origem práticas mercadológicas que, ao colocar em primazia mecanismos de corte de custos em busca de eficiência, acabam por gerar, em conseguinte, o descumprimento das normas do Código de Defesa do Consumidor,[29] subvertendo a escala de valores do ordenamento. Dentre as principais causas de controvérsias que abarrotam os sistemas administrativo e jurisdicional de solução de conflitos, destacam-se: cobranças indevidas, produtos com vícios redibitórios, serviços mal prestados, inobservância das garantias contratual e legal, e falhas na logística de entrega de mercadorias em domicílio. Diante desse quadro de déficit de qualidade nos produtos e serviços oferecidos no mercado de consumo, deve-se enfrentar o desafio permanente de otimizar os ditos canais de atendimento ao cliente, os quais ainda pecam por falta de transparência e inúmeras deficiências no atendimento ao consumidor.[30]

De acordo com a legislação em vigor, é direito do consumidor ter meios eficazes de comunicação direta com o fornecedor e de notificação da empresa em caso de defeito no produto adquirido ou na prestação

---

[28] A posição adotada encontra-se de acordo com as estratégias do Ministério da Justiça para promover alternativas à judicialização que ofereçam uma solução mais rápida para o consumidor, as empresas e o governo, diminuindo os gastos públicos. Tal ação encontra-se consubstanciada, principalmente, na Estratégia Nacional de Não Judicialização (Enajud), lançada dia 02 de julho de 2014, em Brasília. Disponível em: <http://www.justica.gov.br/noticias/ministerio-da-justica-lanca-estrategia-para-diminuir-numero-de-processos-judiciais>. Acesso em: 12 jul. 2014.

[29] Pietro Perlingieri entende que a análise econômica do Direito "é criticável em si como metodologia, pela sua unilateralidade e pela sua substancial função individualista, materialista e conservadora certamente em contraste com a legalidade constitucional: o mercado não é critério autônomo de legitimidade". Ainda que o autor não negue que o emprego de esquemas e critérios microeconômicos seja útil, antes de tudo na elaboração das leis, afirma que "se é verdade que a análise custo-benefício contribui para realizar a eficiência, esta sozinha não é capaz de representar a especificidade e a complexidade da ciência jurídica" (PERLINGIERI, Pietro. *O direito civil na legalidade constitucional*. Rio de Janeiro: Renovar, 2008. p. 106-107.)

[30] Informações coletadas em entrevista realizada com Juliana Pereira da Silva, da Secretaria Nacional do Consumidor (Senacon), pelo Jornal do Brasil, em 12 de janeiro de 2014. Disponível em: <http://www.jb.com.br/economia/noticias/2014/01/12/empresas-nao-estao-preparadas-para-atender-consumidor-do-seculo-21/>. Acesso em: 12 jul. 2014.

do serviço. No Brasil, o Decreto nº 6.523/2008 fixa normas gerais sobre o Serviço de Atendimento ao Consumidor (SAC) por telefone, no âmbito dos fornecedores de serviços regulados pelo Poder Público Federal. A teor do decreto, o fornecedor tem o dever legal de proporcionar canal próprio de comunicação com o consumidor, que deverá estar disponível, ininterruptamente, durante vinte e quatro horas por dia e sete dias por semana, ressalvado o disposto em normas específicas. Ademais, o atendimento deve se dar antes do tempo máximo de espera, de forma acessível e com qualidade. Destaca-se ainda que a norma legal assegura ao consumidor o direito de acompanhar suas demandas por meio de registro numérico, bem como prevê o dever do fornecedor de manter a gravação das chamadas efetuadas para o SAC pelo prazo mínimo de noventa dias. No entanto, em que pese a positivação de tais deveres, a prática revela seu frequente descumprimento pelos fornecedores.

Na regulação de cada setor da economia, a intervenção estatal pode se dar de forma repressiva, preventiva ou promocional. No Estado contemporâneo, torna-se frequente o uso de técnicas de encorajamento, em complementação à tradicional concepção do Direito como ordenamento protetor-repressivo. Uma nova imagem toma forma: a de um ordenamento jurídico em função promocional, ao qual interessam os comportamentos socialmente desejáveis, de modo que se visa não apenas a tutelar, mas também a provocar o exercício dos atos conformes, tornando os atos obrigatórios particularmente atraentes e os atos proibidos especialmente repugnantes.[31]

Torna-se fundamental, portanto, que as empresas ofereçam atendimento adequado, transparente e de qualidade ao consumidor, como modo de prevenção de litígios e de solução ágil dos problemas.[32] Nesse

---

[31] BOBBIO, Norberto. *Da estrutura à função*: novos estudos de teoria do direito. Rio de Janeiro: Manole, 2007. Como adverte Bobbio, é preciso adequar a teoria geral do Direito às transformações da sociedade contemporânea e ao crescimento do Estado Social, a fim de descrever com exatidão a passagem do Estado garantista para o Estado dirigista, e, consequentemente, a transformação do Direito de mero instrumento de controle social em instrumento de direção social. Nesse sentido, ensina que a análise meramente estrutural do ordenamento jurídico não mais se mostra suficiente para explicar os fenômenos atuais, devendo a teoria do Direito ser complementada por uma análise funcional, com destaque para a função promocional, a qual enfatiza a importância do desenvolvimento de sanções positivas, destinadas a promover a realização de atos socialmente desejáveis.

[32] "A informação é, pois, uma conduta de boa-fé do fornecedor e como direito do consumidor (Art. 6, III) conduz a um dever (anexo de boa-fé) de informar do fornecedor de produtos e serviços" (MARQUES, Claudia Lima; BENJAMIN, Antonio Herman; MIRAGEM, Bruno. *Comentários ao Código de Defesa do Consumidor*. São Paulo: Revista dos Tribunais, 2013, p. 283).

quadro, fala-se hoje na tutela do direito ao tempo livre,[33] porquanto seu desperdício em razão da ineficiência no atendimento pode acarretar danos materiais e morais à pessoa do consumidor,[34] a serem reparados integralmente.[35] A garantia do acesso à justiça, no rigor dos princípios, impõe-se no contato com o fornecedor. Todavia, se o relacionamento empresa-cliente se mostra precário, ineficiente ou, até mesmo, inviável, o consumidor necessariamente terá de buscar outros meios de solução do conflito, via órgãos administrativos ou Poder Judiciário.

O segundo grau para a solução dos conflitos acha-se na atuação administrativa dos Procons.[36] Caso a empresa permaneça inerte ou não confira resposta adequada ao problema que lhe fora submetido, o consumidor deve efetuar reclamação no Procon de seu domicílio. O consumidor receberá, assim, o atendimento oportuno, sendo adequadamente informado e assistido na defesa de seus direitos. Se o agente de proteção ao consumidor entender necessário, pode instaurar procedimento administrativo no âmbito de sua competência, o qual, após a devida tramitação, assegurada a ampla defesa, terá possibilidade de engendrar punições ao fornecedor incauto.

Com relação à experiência particular do Estado do Rio de Janeiro, o Procon estadual tornou-se, em 2010, autarquia da administração

---

[33] Sobre o valor do tempo livre, remete-se à valiosa passagem de DE MASI, Domenico. *O ócio criativo*. Rio de Janeiro: Sextante, 2000, p. 299-300 "Tempo livre significa viagem, cultura, erotismo, estética, repouso, esporte, ginástica, meditação e reflexão. (...) Em suma, [significa] dar sentido às coisas de todo dia, em geral lindas, sempre iguais e divertidas, e que infelizmente ficam depreciadas pelo uso cotidiano".

[34] Dentre outras dimensões do fator tempo, a doutrina especializada identifica uma perspectiva dinâmica, na qual "o tempo é um 'fato jurídico em sentido estrito ordinário', ou seja, um acontecimento natural, apto a deflagrar efeitos na órbita do Direito". E uma perspectiva estática, segundo a qual "o tempo é um valor, um relevante bem, passível de proteção jurídica" (GAGLIANO, Pablo Stolze. Responsabilidade civil pela perda do tempo. *Revista Seleções Jurídicas*, Rio de Janeiro, p. 2 29, COAD, maio 2013). V. tb. MAIA. Maurilio Casas. O dano temporal indenizável e o mero dissabor cronológico no mercado de consumo: quando o tempo é mais que dinheiro: é dignidade e liberdade. *Revista de Direito do Consumidor*, v. 92, p. 161-176, mar./abr. 2014.

[35] DESSAUNE, Marcos. *Desvio produtivo do consumidor*. São Paulo: Revista Editora dos Tribunais, 2011. "Acrescenta-se que o tempo, além de ser um bem econômico, representa principalmente um valor existencial, pois interfere diretamente na liberdade e na integridade psicofísica da pessoa humana".

[36] Os Procons são concebidos como entidades ou órgãos estaduais ou municipais de proteção ao consumidor, criados no âmbito das respectivas legislações competentes e segundo o artigo 105 do CDC. São parte integrante do Sistema Nacional de Defesa do Consumidor. O Procon exerce uma atividade de polícia administrativa, diferida conjuntamente a diversos órgãos das esferas da Federação, sujeitando os infratores às sanções previstas no art. 56 do CDC.

O PROBLEMA DA MASSIFICAÇÃO DAS DEMANDAS CONSUMERISTAS: ATUAÇÃO DO PROCON E PROPOSTA DE SOLUÇÃO... | 239

pública estadual, ganhando *status* administrativo e autonomia.[37] Desde então, a entidade passou por processo de reestruturação e aumento de pessoal, sendo realizado em 2011 o primeiro concurso público para ingresso de 181 novos servidores, entre eles, 30 agentes fiscais, 10 advogados e 80 analistas. Buscou-se implementar medidas que estreitassem os laços do Procon tanto para com a sociedade – melhorando-se a estrutura para o recebimento das reclamações – quanto em relação ao Poder Judiciário – sobretudo no que se refere a temas como mediação e conciliação, visando a contribuir efetivamente para a solução dos problemas decorrentes da massificação das demandas judiciais. Partiu-se da premissa de que a troca de experiências com a esfera administrativa poderia representar um ponto intermediário fundamental no relacionamento entre as empresas e o Poder Judiciário, além de o processo administrativo constituir relevante filtro à entrada de novos feitos judiciais.

Na maior parte das queixas que recebe, o Procon logra satisfazer os interesses do consumidor, pondo fim ao problema que lhe é apresentado. Com os registros das reclamações e seus desfechos, elabora estatísticas que se constituem em instrumento de informação ao consumidor e, por outro lado, de conformação de conduta das empresas, pois que desejosas de não figurar nas relações das mais demandadas no segmento em que atuam – projeta-se, assim, importante função preventiva de seus cadastros.

Em geral, a atividade administrativa nas relações consumeristas envolve intermediação entre as partes, em atuação típica de conciliação. Além disso, a atuação do Procon promove a educação no consumo,[38] espraiando os valores do Código de Defesa do Consumidor.

---

[37] Em 07 de junho de 2010, foi promulgada a Lei Estadual nº 5.738, que dispõe sobre a criação da autarquia de proteção e defesa do consumidor. Este diploma legal disciplinou as finalidades da autarquia, fixou as competências, criou a estrutura, estabeleceu plano de carreira para os servidores autárquicos, dentre outros.

[38] Vale ressaltar que o movimento da educação para o consumo não deve visar apenas às empresas. Em pesquisa realizada, verificou-se que quando se trata de práticas de prevenção o brasileiro só é mais cuidadoso quando o assunto é alimentação e, mesmo assim, apenas 55% afirmaram que conferem a data de validade dos alimentos e produtos perecíveis ao comprá-los. Dentre eles, as mulheres e os consumidores de escolaridade e renda mais elevadas mostraram-se os mais precavidos. Em relação a outros cuidados, como a leitura de contratos, a verificação da taxa de juros mensais e a busca por informações sobre assistência técnica e informações sobre a empresa ou marca que o consumidor ainda não conhece, percebeu-se que eles ainda são muito pouco praticados, sendo os percentuais de quem sempre se previne inferiores a 40%, aproximadamente. OLIVEIRA, Fabiana Luci de. Percepção, hábitos e atitudes dos brasileiros com relação aos Direitos do Consumidor. *In*: WADA, Ricardo Morishita; OLIVEIRA, Fabiana Luci de (Coord). *Direito do consumidor*: os 22 anos de vigência do CDC. Rio de Janeiro: Elsevier/FGV, 2012, p. 1-29.

Ao Procon, em última análise, cabe atuar a bem da harmonia nas relações de consumo: autuar, multar e punir não são fins em si mesmos, mas meios excepcionais voltados à efetivação do papel da autarquia como reguladora do mercado,[39] mercê do exercício do poder de polícia, da normatização de questões e da decisão de controvérsias.[40]

---

[39] O Código de Defesa do Consumidor prevê como medidas sancionatórias a serem aplicadas pelos órgãos administrativos de defesa do consumidor: a imposição de multa pecuniária (art. 56, I), a apreensão de produto (art. 56, II), a inutilização do produto (art. 56, III), a suspensão de fornecimento de produto ou serviço (art. 56, VI), a suspensão temporária de atividade (art. 56, VII) e a interdição de estabelecimento, obra ou atividade (art. 56, X). Observa-se que as penalidades previstas nos incisos III a XI, do artigo 56 sujeitam-se a posterior confirmação pelo órgão normativo ou regulador da atividade, nos limites de sua competência, conforme dispõe o artigo 18, §3º, do Dec. nº 2.181/1997, que dispõe sobre a organização do Sistema Nacional de Defesa do Consumidor – SNDC, estabelece as normas gerais de aplicação das sanções administrativas previstas na Lei nº 8.078, de 11 de setembro de 1990.

[40] A título exemplificativo, mencione-se o convênio celebrado com a Defensoria Pública do Estado, que previa o encaminhamento do processo administrativo, caso não fosse obtido acordo, diretamente para a DPERJ, por meio de seu Núcleo de Defesa do Consumidor, de modo que o consumidor hipossuficiente tivesse a representação processual adequada (Os projetos desenvolvidos com a Defensoria Pública tiveram um importante apoio de Larissa Davidovich, coordenadora do NUDECON no Rio de Janeiro) Ressalte-se, ainda, os diversos projetos sociais levados a cabo pela autarquia. O projeto "Procon Comunidade" permitiu a composição imediata de conflitos entre consumidores locais e fornecedores em comunidades carentes, como a Babilônia e o Chapéu Mangueira (Este projeto, realizado pelo Procon-RJ, foi coordenado pelo professor Ricardo Morishita com o apoio do Núcleo de Defesa do Consumidor da Defensoria Pública do Estado do Rio de Janeiro). Foi realizado também o projeto "De Olho na Validade", resultado de uma parceria dos Procons e do Núcleo de Defesa do Consumidor da Defensoria Pública com a Associação Brasileira de Supermercados, por meio do qual foi acordado que o consumidor que encontrasse algum produto fora da validade deveria receber a substituição gratuita do produto por idêntico, similar ou de preço análogo da mesma seção. No projeto "Procon móvel", por sua vez, os veículos da autarquia percorreram locais de difícil acesso, como Rocinha, Complexo do Alemão, Cidade de Deus, Preventório, Terreirão, Santa Marta, Rio das Pedras e Cantagalo, com o objetivo de solucionar conflitos consumeristas nos locais. (O Procon Móvel, programa criado em novembro de 2009 para orientar moradores de locais onde não há postos de defesa do consumidor, comemorou dois anos de atividades com a marca de 25 mil atendimentos no Estado. Além de esclarecer dúvidas, as equipes itinerantes trabalharam para educar, informar e pressionar as reclamações dos consumidores. Desde o seu início, 12 comunidades com UPPs ou que não têm postos fixos do Procon já receberam o projeto, além do piscinão de Ramos, dos municípios de Búzios e Nova Friburgo, Teresópolis e Petrópolis. De novembro de 2009 até 30 de novembro de 2010, foram realizadas pesquisas com 14.343 consumidores. Entre eles, apenas 6.507 conheciam o Procon (45%) e somente 2.832 (20%) conheciam o Código de Defesa do Consumidor. Durante o projeto, percebeu-se que a presença de um órgão do Estado mostra-se de grande importância para os moradores dessas comunidades. Disponível em: <http://www.procon.rj.gov.br/index.php/publicacao/detalhar/92>. Acesso em: 3 ago. 2016. Ademais, destaque-se a celebração dos convênios de municipalização, que permitiram o fortalecimento dos Procons Municipais, por meio da transferência da tecnologia do Sistema Nacional de Defesa do Consumidor, bem como as ações de fiscalização, com a celebração de convênios com universidades, em datas importantes para o comércio, como o Natal, o Dia das Mães e o Dia das Crianças.

O PROBLEMA DA MASSIFICAÇÃO DAS DEMANDAS CONSUMERISTAS: ATUAÇÃO DO PROCON E PROPOSTA DE SOLUÇÃO... | 241

A caminho do fortalecimento dos Procons, vale mencionar que o PL nº 5.196/2013 (i) acresce o Capítulo VIII ao Título I do Código de Defesa do Consumidor, (ii) introduz o parágrafo único ao art. 16 da Lei nº 9.099/95 e (iii) estabelece medidas corretivas em caso de infração às normas de defesa do consumidor.[41] Conforme alardeado, o projeto tem como objetivo ampliar as competências legais dos órgãos administrativos de defesa do consumidor, integrantes do Sistema Nacional de Defesa do Consumidor (art. 105 do CDC), visando ao seu engrandecimento como estratégia de prevenção e de redução dos conflitos consumeristas. Por intermédio das propostas, quer-se introduzir rol de novas competências conferidas aos órgãos administrativos.[42]

Verifica-se, portanto, que o projeto tem como destinatários os Procons, visto que, do modo como foram concebidos pelo Código de Defesa do Consumidor, esses órgãos não teriam força coercitiva para obrigar os fornecedores a repararem os danos causados. Ao outorgar coercibilidade à atuação do Procon, concedendo às suas decisões a eficácia de títulos executivos extrajudiciais, o projeto visa a corrigir tal distorção, garantindo aos consumidores um canal eficiente de solução de conflitos e tornando ainda mais residual a atuação do Poder Judiciário.[43]

---

[41] MIRAGEM, Bruno. Aperfeiçoamento das competências dos órgãos administrativos de defesa do consumidor: procons: comentários ao PL 5.196/2013 do poder executivo. *Revista de Direito do Consumidor*, ano 22, v. 86, p. 275-286, mar./abr. 2013.

[42] Texto do PL nº 5.196/2013: "Art. 60-A. Sem prejuízo das sanções previstas no Capítulo VII, a autoridade administrativa, em sua respectiva área de atuação e competência, poderá aplicar, em caso de infração às normas de defesa do consumidor, cumulativa ou isoladamente, as seguintes medidas corretivas, fixando prazo para seu cumprimento: I – substituição ou reparação do produto; II – devolução da contraprestação paga pelo consumidor mediante cobrança indevida; III – cumprimento da oferta pelo fornecedor, sempre que esta conste por escrito e de forma expressa; IV – devolução ou estorno, pelo fornecedor, da quantia paga pelo consumidor quando o produto entregue ou serviço prestado não corresponda ao que expressamente se acordou pelas partes; e V – prestação adequada das informações requeridas pelo consumidor, sempre que tal requerimento guarde relação com o produto adquirido ou serviço contratado. §1º No caso de descumprimento do prazo fixado pela autoridade administrativa para a medida corretiva imposta, será imputada multa diária, graduada de acordo com a gravidade da infração, a vantagem auferida e a condição econômica do fornecedor. §2º A multa diária de que trata o §1º será revertida, conforme o caso, ao Fundo de Defesa dos Direitos Difusos ou aos fundos estaduais ou municipais de proteção ao consumidor. Art. 60-B. As decisões administrativas que apliquem medidas corretivas em favor do consumidor constituem título executivo extrajudicial. Parágrafo único. Quando as medidas corretivas se dirigirem a um consumidor específico, é deste a legitimidade para postular sua execução, sem prejuízo das competências atribuídas por lei ao Ministério Público".

[43] PASQUALOTTO, Adalberto. Sobre o plano nacional de consumo e cidadania e a vulnerabilidade política dos consumidores. *Revista de Direito do Consumidor*, ano 22, v. 87, p. 249-269, maio/jun. 2013.

No entanto, cabe observar que, em nível nacional, o aumento do número de reclamações de consumidores junto aos órgãos administrativos, posto que revele um maior grau de conscientização do grupo social, cria a dificuldade prática de que cada demanda provoque efetivamente a criação de um processo administrativo para a imposição de sanção ao fornecedor infrator. Se, de um lado, debate-se o aumento da estrutura física e pessoal dos Procons, por outro, há a preocupação de que esses órgãos tornem-se substitutos exclusivos, custeados pelo erário, do serviço de atendimento ao consumidor, incumbência, em primeiro plano, do fornecedor. Outra questão a ser enfrentada consiste na lógica econômica que orienta as estratégias de muitos fornecedores, que preferem responder a sanções e a processos judiciais, a implantar medidas efetivas que busquem a prevenção de danos e o acesso facilitado do consumidor à empresa.[44]

Por fim, o último grau para a solução dos conflitos reserva-se ao Poder Judiciário, caso as etapas anteriores não se revelem suficientes.[45] O princípio do acesso à justiça, consagrado no art. 5º, XXXV, da Constituição Federal de 1988, reza que "a lei não excluirá da apreciação do Poder Judiciário lesão ou ameaça a direito". Um dos exemplos de mecanismos para a efetivação desse direito é a criação dos Juizados Especiais Cíveis.

A sociedade da informação, descrita por Stefano Rodotà como sociedade de massa, da vigilância e da classificação,[46] impõe novos

---

[44] O governo federal colocou no ar, em junho de 2014, a página *consumidor.gov.br*. Trata-se de um novo serviço público que tem como objetivos a solução alternativa de conflitos de consumo por meio da internet, permitir a interlocução direta entre consumidores e empresas, fornecer ao Estado informações essenciais à elaboração e implementação de políticas públicas de defesa dos consumidores e incentivar a competitividade no mercado pela melhoria da qualidade e do atendimento ao consumidor. Esta página é monitorada pelos Procons e pela Secretaria Nacional do Consumidor do Ministério da Justiça, com o apoio da sociedade. A participação de empresas apenas é permitida se elas aderirem formalmente ao serviço, mediante assinatura de termo no qual se comprometem em conhecer, analisar e investir todos os esforços disponíveis para a solução dos problemas apresentados. O consumidor, por sua vez, deve se identificar adequadamente e comprometer-se a apresentar todos os dados e informações relativas à reclamação relatada.

[45] "Não há dúvida que a preocupação com a questão do acesso à justiça não deve levar ao estímulo à litigância. Descabe confundir acesso à justiça com facilidade de litigar. A propositura de uma ação tem profundas implicações de ordem pessoal e econômica, devendo constituir uma opção feita a partir de um processo de reflexão, em que sejam considerados, de modo racional, os prós e contras que podem advir da instauração do processo judicial" (MARINONI, Luiz Guilherme. *Precedentes obrigatórios*. São Paulo: RT, 2010, p. 180).

[46] RODOTÀ, Stefano. *A vida na sociedade da vigilância*. Rio de Janeiro: Renovar, 2008, p. 23-232.

O PROBLEMA DA MASSIFICAÇÃO DAS DEMANDAS CONSUMERISTAS: ATUAÇÃO DO PROCON E PROPOSTA DE SOLUÇÃO... | 243

desafios à resolução dos litígios.[47] A tendência atual é a de privilegiar soluções de autocomposição entre as partes, de conciliação e de mediação, sendo estas compreendidas como etapas necessárias e anteriores à decisão do magistrado.[48] Sobretudo em face do alto dispêndio de recursos financeiros pela estrutura do Poder Judiciário, os meios alternativos de solução de controvérsias representam instrumentos de pacificação social e de afirmação da cidadania.

No Rio de Janeiro, um estudo revelou que as relações consumeristas representavam 92,89% das demandas judiciais nos Juizados Especiais. Destas, 32,29% referiam-se ao sistema financeiro, 24,36% ao varejo, 20,96% às telecomunicações e 10,48% à energia elétrica.[49] Diante desse cenário, o Tribunal de Justiça tem investido na criação e na ampliação dos Juizados Especiais, bem como na realização de projetos e eventos, como mutirões de conciliação e conciliações pré-processuais,[50] através do Centro Permanente de Conciliação dos Juizados Especiais Cíveis. Busca-se, dessa forma, soluções mais céleres e independentes de sentença judicial,[51] por meio da prevenção de conflitos, da educação para o consumo e do estímulo à autocomposição.

Como nota final deste estudo, alerta-se para a necessidade premente da composição definitiva dos conflitos ainda nas próprias empresas. É tempo de ampliar o sentido do acesso à Justiça para além

---

[47] A Resolução nº 125 do CNJ institui a Política Pública de Tratamento Adequado de Conflitos. Esta destaca entre os seus princípios informadores a qualidade dos serviços como garantia de acesso à ordem jurídica justa.

[48] Especialistas vêm elaborando uma proposta de marco regulatório para a mediação e a conciliação no Brasil. Esta foi entregue ao presidente do Senado em 1º de setembro de 2013. O texto completo para consulta encontra-se disponível em: <http://www.migalhas. com.br/arquivos/2013/10/Mediacao.pdf>. Acesso em: 3 ago. 2016.

[49] Disponível em: <http://www.idec.org.br/em-acao/noticia-consumidor/aces-de-consumo-somam-quase-a-metade-dos-90-milhes-de-processos-no-judiciario>. Acesso em: 3 ago. 2016.

[50] Desde 2010, o Tribunal vem desenvolvendo um interessante projeto de solução alternativa de conflitos: a Conciliação Pré-Processual. Em síntese, disponibiliza-se para os consumidores um e-mail específico do fornecedor para que as partes tentem solucionar o conflito por meio da conciliação. Este meio prescinde da contratação de advogado, dispensa a elaboração de peças processuais e, consequentemente, antecipa a solução negociada que não será alvo de ação judicial, sendo formalizado o acordo como título executivo extrajudicial. Disponível em: <http://www.tjrj.jus.br/web/guest/institucional/conciliacao-pre-processual>. Acesso em: 3 ago. 2016.

[51] Entre os dias 21 e 23 de setembro de 2012, a Associação dos Magistrados do Estado do Rio de Janeiro e o Núcleo Permanente de Métodos Consensuais de Solução de Conflitos da Presidência do Tribunal de Justiça do Estado do Rio de Janeiro realizaram o evento "Mediação e Conciliação: aspectos jurídicos, econômicos e sociais". O autor deste trabalho participou deste evento, em que proferiu a seguinte palestra "Novos perfis da relação de consumo".

dos feitos judiciais ou mesmo administrativos, conferindo-lhe sentido material no acolhimento do pleito do consumidor pelo fornecedor.

Hipertrofiar os canais de comunicação com os consumidores constitui estratégia eficaz para debelar ou ao menos filtrar eventuais demandas, para se evitar a eclosão, na outra ponta, de um volume impressionante de problemas não solucionados. Nesse passo, permite-se atacar a causa dos problemas, ao se transformar a cultura das relações de consumo no Brasil, privilegiando a cooperação em detrimento da concorrência[52] e fomentando ambiente negocial permeado por respeito mútuo, solidariedade e boa-fé[53]

---

[52] "O homem na sua vida social entra em relação com os seus semelhantes e essas relações podem ser de dois tipos: ou relações de cooperação ou relações de concorrência. Os homens estão em relações de concorrência quando cada um deles persegue o mesmo objetivo do outro, cada um se propõe a fazer exatamente a mesma coisa que o outro e não colaboram entre si. E podem as relações ser de cooperação quando os seus esforços se combinam na obtenção de um resultado comum. Numerosos atos da vida social podem ser classificados como atos de cooperação, e outros como atos de concorrência. A compra e venda, por exemplo, é um ato de cooperação, um colabora com um objeto e outro paga o preço. A relação entre vizinhos é uma relação de concorrência, porque um não ajuda em nada o outro; cada um quer gozar plenamente os direitos de propriedade, os dois direitos de propriedade florescem paralelos e a situação entre eles é, portanto, de concorrência" (DANTAS, San Tiago. *Programa de direito civil*: teoria geral. Rio de Janeiro: Forense, 2001, p. 111).

[53] "A grande contribuição do Código de Defesa do Consumidor (Lei 8.078/90) ao regime das relações contratuais no Brasil foi ter positivado normas específicas impondo o respeito à boa-fé na formação e na execução dos contratos de consumo, confirmando o princípio da boa-fé como um princípio geral do direito brasileiro, como linha teleológica para a interpretação das normas de defesa do consumidor (artigo 4º, III, do CDC), como cláusula geral para a definição do que é abuso contratual (artigo 51, IV do CDC), como instrumento legal para a realização da harmonia e equidade das relações entre consumidores e fornecedores no mercado brasileiro (artigo 4º, I e II, do CDC) e como novo paradigma objetivo limitador da livre iniciativa e da autonomia da vontade (artigo 4º, III, do CDC combinado com artigo 5º, XXXII, e artigo 170, caput e inc. V, da Constituição Federal" (MARQUES, Cláudia Lima. Planos privados de assistência à saúde: desnecessidade de opção do consumidor pelo novo sistema: opção a depender da conveniência do consumidor: abusividade de cláusula contratual que permite a resolução do contrato coletivo por escolha do fornecedor: parecer. *Revista de Direito do Consumidor*, v. 31, p. 134, 1999).

USUCAPIÃO IMOBILIÁRIA URBANA INDEPENDENTE DE METRAGEM MÍNIMA: UMA CONCRETIZAÇÃO DA FUNÇÃO SOCIAL DA PROPRIEDADE*

1 Contornos introdutórios do caso em análise e o digladiar de correntes antagônicas

Imagine-se que determinada pessoa exerça posse mansa e pacífica, contínua e ininterrupta sobre uma área devidamente caracterizada de um imóvel, por período de tempo longo o suficiente a assegurar-lhe a conversão de sua posse em propriedade. Posto que preenchidos os requisitos para a aquisição da propriedade imóvel por usucapião, há na hipótese, todavia, uma circunstância peculiar consistente no seguinte fator. É que, tendo em vista que a posse se exerce sobre parte da unidade imobiliária formalmente constituída no registro, o possuidor não logra alcançar a metragem mínima do módulo proprietário urbano, estabelecida na legislação municipal competente.

Esse aspecto, por assim dizer, quantitativo, suscita verdadeiro nó de interpretação na busca da melhor solução dos múltiplos casos concretos que deságuam no Judiciário assiduamente, e tem ensejado duas possibilidades de definição antagônicas do problema: (i) improcedência do pedido na ação de usucapião, tendo em vista a impossibilidade de fracionamento do terreno para criação de lote com área abaixo da metragem mínima municipal; (ii) procedência do pedido,

---

* O trabalho foi originalmente publicado em *Direito das relações patrimoniais: estrutura e função na contemporaneidade.* Carlos Edison do Rêgo Monteiro Filho (Org.). Curitiba: Juruá, 2014.

com a expedição de ordem judicial para criação do lote a menor, à luz do preenchimento dos requisitos normativos constantes do Código Civil e da Constituição.

O presente estudo pretende cuidar desse assunto, situando-o no plano funcional do direito de propriedade, à luz de renovada teoria da interpretação, como se verá nas próximas linhas. Entre os objetivos do artigo inclui-se, igualmente, a identificação da atual crise no tratamento jurisprudencial da matéria, marcada pela contraposição das duas correntes descritas no parágrafo anterior, e protagonizada pelo Superior Tribunal de Justiça, em que prevalece a improcedência do pedido aquisitivo, e os Tribunais de Justiça estaduais, favoráveis majoritariamente à tese da aquisição independentemente de metragem mínima.

2 Funcionalização: para que servem os direitos

Conquanto se revele a funcionalização fenômeno permanente ao longo da história do Direito, a aceitação da ideia de que a ordem jurídica tem e sempre teve um papel de instrumento predisposto à satisfação de determinado interesse espraiou-se recentemente.

Ora explícito ora escamoteado, esse papel instrumental tem assumido diversos perfis no curso do tempo, em diferentes sociedades: de manutenção da ordem e da paz social;[1] de garantia das situações estabelecidas (ou do *status quo*);[2] de garantia da vontade livremente pactuada,[3]

---

[1] A destacar o uso da força, em nome da segurança coletiva, para garantia da paz, leciona Kelsen: "Quando a ordem jurídica determina os pressupostos sob os quais a coação, como força física, deve ser exercida, e os indivíduos pelos quais deve ser exercida, protege os indivíduos que lhe estão submetidos contra o emprego da força por parte dos outros indivíduos. Quando esta proteção alcança um determinado mínimo, fala-se de segurança coletiva – no sentido de que é garantida pela ordem jurídica enquanto ordem social. (...) A segurança coletiva visa a paz, pois a paz é a ausência do emprego da força física". KELSEN, Hans. *Teoria pura do direito*. Tradução de João Baptista Machado. 6. ed. São Paulo: Martins Fontes, 1998. p. 40-41.

[2] Norberto Bobbio apresenta a evolução do aspecto funcional no Direito: "Nas constituições liberais clássicas, a principal função do Estado parece ser a de tutelar (ou garantir). Nas constituições pós-liberais, ao lado da função de tutela ou garantia, aparece, cada vez com maior frequência, a função de promover. (...) o prêmio atribuído ao produtor ou ao trabalhador que supera a norma é um típico ato de encorajamento de um comportamento superconforme, prêmio este que tem a função de promover uma inovação, enquanto qualquer medida destinada a desencorajar a transgressão de uma dada norma serve para manter o status quo". BOBBIO, Norberto. *Da estrutura à função*: novos estudos de teoria do direito. Tradução de Daniela Beccaccia Versiani; revisão técnica de Orlando Seixas Bechara e Renata Nagamine. Barueri-SP: Manole, 2007. p. 13-21.

[3] Explicando a evolução dessa liberdade ilimitada para uma liberdade funcionalizada, Lorenzetti pondera: "O direito clássico pensou no indivíduo auto-suficiente. Partia

da propriedade (privada);[4] da preservação da justiça e da segurança jurídica;[5] de promoção de valores sociais, solidários e igualitários;[6] de

---

da suposição de que todos os indivíduos têm similar capacidade de decisão e por isso podem optar; nada há que fazer o Direito diante disso. O Direito moderno pensa, ademais, no indivíduo hipossuficiente, em que há uma série de condicionamentos externos que devam se desmontar para melhorar a capacidade de decisão". LORENZETTI, Ricardo Luis. *Fundamentos do direito privado*. São Paulo: RT, 1998, p. 504. Para Pietro Perlingieri, a garantia da vontade não pode ser absoluta, mas necessariamente deve atender a fins sociais. "A autonomia não é livre arbítrio: os atos e as atividades não somente não podem perseguir fins anti-sociais ou não-sociais, mas, para terem reconhecimento jurídico, devem ser avaliáveis como conformes à razão pela qual o direito de propriedade foi garantido e reconhecido". PERLINGIERI, Pietro. *Perfis do direito civil*: introdução ao direito civil constitucional. 2. ed. Tradução de Maria Cristina de Cicco. Rio de Janeiro: Renovar, 2002. p. 228.

[4] Sobre a propriedade nos códigos oitocentistas, destaca Luiz Edson Fachin: "A propriedade para a Declaração dos Direitos do Homem e do Cidadão consistiu em direito inviolável e sagrado. Tanto o Código francês quanto o Código italiano de 1865 estatuíam que a propriedade é o direito de gozar e dispor do bem absoluto". FACHIN, Luiz Edson. *A função social da posse e a propriedade contemporânea*: uma perspectiva da usucapião imobiliária rural. Porto Alegre: Sergio Antonio Fabris, 1988. p. 16. No campo da economia, Ludwig Von Mises expõe a noção de propriedade segundo a ótica liberal: "A propriedade privada gera para o indivíduo um universo no qual ele se vê livre do estado. Ela põe limites à operação da vontade autoritária. Permite o surgimento de outras forças, que se colocam lado a lado e em oposição ao poder político. (...) É no solo em que as sementes da liberdade se nutrem e em que se enraízam a autonomia do indivíduo e, em última análise, todo progresso intelectual e material". MISES, Ludwig Von. *Liberalismo*. São Paulo: Instituto Ludwig Von Mises Brasil, 2010, p. 9. Em sentido diverso, confira-se o contraponto de Eduardo Espínola ao conceito liberal de propriedade: "O pressuposto de confiança recíproca e boa-fé, que se integra no moderno conceito de obrigação, encontra correspondência na função social, implícita no direito de propriedade, no sentido de consideração à solidariedade social, compreendendo os direitos do proprietário e os deveres que lhe são impostos pela política legislativa". ESPÍNOLA, Eduardo. Posse, propriedade/compropriedade ou condomínio/direitos autorais. Atualizado por Ricardo R. Gama. Campinas: Bookseller, 2002. p. 190.

[5] Nas palavras de San Tiago Dantas: "(...) o direito de propriedade, tal como se concebe, não pode ser retirado pelo Estado a ninguém. É condição essencial que preceda a esse ato a indenização, depois de ter sido exarado, normalmente, mediante um decreto especial, que aquela desapropriação se impõe por motivo de utilidade pública. Todo ato administrativo, portanto, e até mesmo toda lei ordinária, que tolha a alguém a propriedade particular sem fazer indenização correspondente, está inquinado do vício de inconstitucionalidade. (...) o direito de propriedade figura entre aqueles que a Constituição protege por considerá-lo uma das instituições civis básicas dentro da estrutura social". DANTAS, Francisco Clementino de San Tiago. *Programa de direito civil III*: direito das coisas. Rio de Janeiro: Rio, 1979, p. 115, 116.

[6] Vale destacar a lição de Gustavo Tepedino sobre a superação de uma lógica meramente patrimonialista em benefício de outra, qualitativamente diversa, de precedência dos valores existenciais: "Revisitou-se, pouco a pouco, a partir de então, a metodologia do direito privado, mediante a reconstrução de seus conceitos fundamentais, e procurou-se fazer do compromisso para com a pessoa humana e a justiça social a fonte de inspiração para a produção intelectual, preocupação esta que se refletiria inevitavelmente na jurisprudência. O direito civil, então, procurou superar a perspectiva patrimonialista que o distinguia, e voltou-se para a promoção dos valores constitucionais, especialmente no que concerne à dignidade da pessoa humana, à solidariedade social, à igualdade substancial e ao valor social da livre iniciativa (...)". TEPEDINO, Gustavo. O direito civil-constitucional e suas perspectivas atuais. *In: Temas de direito civil*. Rio de Janeiro: Renovar, 2009. t. III, p. 22.

tutela privilegiada da pessoa humana e demais valores existenciais que gravitam ao seu redor;[7] entre diversos outros.

A noção geral de funcionalização, pode-se afirmar, parte da distinção, tão querida aos filósofos, entre fins e meios.[8] Tudo o que se diz meio para a realização de alguma coisa, se diz instrumento e, na esteira, se diz funcionalizado àquela noção que representa o seu fim. Se assim é, como parece, numa concepção hierárquica, os meios estão abaixo dos fins, uma vez que se curvam aos seus ditames, servem àquelas finalidades.[9]

Nesse panorama, o intérprete que se vê diante de uma situação jurídica qualquer deve perquirir, para além de seus elementos constitutivos (o que ela é), a sua razão teleologicamente justificadora: para que serve?[10] Ou seja, os institutos jurídicos, partes integrantes da vida de relação, passam a ser estudados não apenas em seus perfis estruturais (sua constituição e seus elementos essenciais), como também – e principalmente – em seus perfis funcionais (sua finalidade, seus objetivos). Perlingieri exemplifica em tema do direito de propriedade: *"a propriedade, de dois pontos de vista distintos, é situação subjetiva e é*

---

[7] Maria Celina Bodin de Moraes pontua o advento da tutela da dignidade da pessoa humana como o cerne do Direito: "Os objetivos constitucionais de construção de uma sociedade livre justa e solidária e de erradicação da pobreza colocaram a pessoa humana – isto é, os valores existenciais – no vértice do ordenamento jurídico, de modo que é este o valor que conforma todos os ramos do direito". MORAES, Maria Celina Bodin de. *A caminho de um direito civil-constitucional:* na medida da pessoa humana: estudos de direito civil-constitucional. Rio de Janeiro: Renovar, 2010, p. 11.

[8] Na lição de Aristóteles: "Digamos que a sabedoria filosófica e o discernimento devem ser dignos de escolha porque são a excelência das duas partes respectivas da alma, ainda que nenhuma delas produza qualquer efeito. Ademais, elas produzem algum efeito, não como a arte da medicina produz a saúde, mas como as condições saudáveis são a causa da saúde; é assim que a sabedoria filosófica produz a felicidade, pois, sendo uma parte da excelência como um todo, por ser possuída, ou melhor, por ser usada a sabedoria filosófica faz o homem feliz. Além disso, a função de uma pessoa se realiza somente de acordo com o discernimento e com a excelência moral, porquanto a excelência moral nos faz perseguir o objetivo certo e o discernimento nos leva a recorrer aos meios certos". ARISTÓTELES. Ética a Nicômaco. 3. ed. Tradução de Mário da Gama Kury. Brasília: Universidade de Brasília, 1985, 1992, p. 125.

[9] Para Aristóteles, os fins são objetivos que possam ser apreciados por si mesmos – Ética a Nicômaco, p. 20.

[10] PERLINGIERI, Pietro. *Perfis do direito civil:* introdução ao direito civil constitucional. 2. ed. Tradução de Maria Cristina De Cicco. Rio de Janeiro: Renovar, 2002, p. 94. Norberto Bobbio também faz referência a essa importante ideia: "Em poucas palavras, aqueles que se dedicaram à teoria geral do direito se preocuparam muito mais em saber 'como o direito é feito' do que 'para que o direito serve'". BOBBIO, Norberto. *Da estrutura à função:* novos estudos de teoria do direito. Tradução de Daniela Beccaccia Versiani; revisão técnica de Orlando Seixas Bechara e Renata Nagamine. Barueri-SP: Manole, 2007, p. 53.

relação". E o aspecto funcional prevalece quando se compreende a propriedade como relação jurídica.[11]

O presente trabalho encontra na função social da propriedade a um só tempo o seu foco e ponto de partida, tendo em vista as múltiplas acepções que hoje assume o fenômeno da funcionalização. No presente estudo, em particular, cuidar-se-á da função social na aquisição por usucapião de imóvel urbano, enfrentando o problema das dimensões mínimas da propriedade previstas nas diretrizes normativas de cada cidade.

3 Propriedade funcionalizada

Atribui-se a Leon Duguit, como se sabe, nas primeiras décadas do século XX, o desenvolvimento da tarefa de incorporar ao direito de propriedade um conceito jurídico de função social. Duguit acreditava que a propriedade, tal como os direitos em geral, devia se adequar à evolução da sociedade e evoluir no ritmo das necessidades econômicas. A partir do momento em que tais necessidades econômicas se transformassem de individuais em sociais, a propriedade individual se transformaria em função social. A imagem de um direito subjetivo absoluto, egocêntrico, é substituída pela figura da "propriedade-função" – uma situação funcionalizada a razões de ser específicas, que atendessem aos interesses não só individuais, mas sobretudo de toda a coletividade.[12]

Dada sua relevância histórica e de seu papel cambiável no tempo, o direito de propriedade constituiu o terreno fértil em que os influxos funcionalistas deitaram suas primeiras sementes. De fato, a propriedade já cumpriu a missão paradoxal de servir desde *fundamento de regime escravocrata*, até servir de *dogma associado* à *liberdade* do ser humano.

---

[11] PERLINGIERI, Pietro. *O direito civil na legalidade constitucional*. Tradução de Maria Cristina de Cicco. Rio de Janeiro: Renovar, 2008, p. 937-954. Perlingieri explica que a transformação do entendimento da propriedade, que de mera situação subjetiva passa a ser compreendida como relação jurídica, significou não apenas uma metamorfose estrutural, mas principalmente funcional: é a passagem de uma postura individualista para uma postura relacional. "(...) De modo que esta [a função social] concerne ao conteúdo complexo da disciplina proprietária, não somente aos limites" (p. 240). E aduz antes que "mudados os parâmetros, os valores de fundo do ordenamento, interpretações redutivas como estas não se justificam mais: a produção, a empresa e seu incremento não representam os fins, mas os meios para realizar interesses não avaliáveis economicamente" (p. 939).

[12] DUGUIT, Leon. *Las transformaciones del derecho público y privado*. Buenos Aires: Heliasta S.R.L., 1975. p. 178 e ss. Ver, também, MORAES, José Diniz de. A função social da propriedade e a Constituição Federal de 1988. São Paulo: Malheiros, 1999. p. 94-97.

Em outro ângulo, por exemplo, a propriedade já foi apontada até mesmo como fundamento do chamado *"pacto social"*.[13]

Se a propriedade pode servir de meio a tamanha diversidade de fins, parecem superados os mitos de sua pretensa neutralidade ou de sua concepção inata, ensimesmada, decorrente de um direito natural ou plasmada na religião,[14] a representar um fim em si mesma. Já se revelou que por trás de aparente neutralidade alojavam-se concepções que remetem às raízes do movimento liberal-patrimonialista.

Hoje, à luz dos fundamentos do direito contemporâneo, os quais alçam a pessoa humana e a sua plena realização existencial a valor supremo, estrutura e função do direito de propriedade devem ser relidas nas múltiplas situações em que se apresentam. Configura-se, assim, linha de ruptura com os moldes do patrimonialismo e do individualismo e se inicia a construção de um direito de propriedade em harmonia com princípios e valores não patrimoniais.[15] A questão ora estudada representa uma face dessa temática maior.

No plano normativo pátrio, enquanto o *caput* do art. 1.228 do Código Civil trata dos aspectos estruturais ou estáticos da propriedade, seus parágrafos, mais precisamente o 1º, 4º e 5º cuidam de seu aspecto dinâmico, correspondente à sua função social.[16]

---

[13] "Fundando-se todos os direitos civis sobre o de propriedade, assim que este último é abolido nenhum outro pode subsistir. A justiça seria mera quimera, o governo uma tirania, e deixando a autoridade pública de possuir um fundamento legítimo, ninguém seria obrigado a reconhecê-la, a não ser constrangido pela força". ROUSSEAU, Jean-Jacques. O contrato social. Tradução de Antonio de Padua Danesi. São Paulo: Martins Fontes, 1989.

[14] "A ideia de propriedade privada, em Roma ou nas cidades gregas da antiguidade, sempre foi intimamente ligada à religião, à adoração do deus-lar, que tomava posse de um solo e não podia ser, desde então, desalojado. A casa, o campo que a circundava e a sepultura nela localizada eram bens próprios de uma gens ou de uma família, no sentido mais íntimo, ou seja, como algo ligado aos laços de sangue que unem um grupo humano". COMPARATO, Fabio Konder. Direitos e deveres fundamentais em matéria de propriedade. p. 1. Disponível em: <http://academico.direitorio.fgv.br/ccmw/images/5/55/Compa rato.pdf>. Acesso em: 20 jun. 2014.

[15] Este é o magistério de Gustavo Tepedino: "novos parâmetros para a definição da ordem pública, relendo o direito civil à luz da Constituição, de maneira a privilegiar, insista-se ainda uma vez, os valores não patrimoniais e, em particular, a dignidade da pessoa humana, o desenvolvimento da sua personalidade, os direitos sociais e a justiça distributiva, para cujo atendimento deve se voltar a iniciativa econômica privada e as situações jurídicas patrimoniais". TEPEDINO, Gustavo. Premissas metodológicas para a constitucionalização do direito civil. *In: Temas de direito civil*. Rio de Janeiro: Renovar, 2004, p. 22.

[16] "Art. 1.228. O proprietário tem a faculdade de usar, gozar e dispor da coisa, e o direito de reavê-la do poder de quem quer que injustamente a possua ou detenha. §1º O direito de propriedade deve ser exercido em consonância com as suas finalidades econômicas e sociais e de modo que sejam preservados, de conformidade com o estabelecido em lei especial, a flora, a fauna, as

O conteúdo estrutural do direito de propriedade abrange os aspectos interno (econômico) e externo (jurídico) do direito subjetivo. O aspecto interno, igualmente conhecido como senhoria, constitui-se de todas as espécies de aproveitamento econômico do objeto por parte de seu titular, que se traduzem nas chamadas faculdades de usar, fruir e dispor – também conhecidas como poderes do titular do domínio.

Já o aspecto externo ou jurídico[17] disciplina o momento patológico da situação proprietária, com as ações de defesa da propriedade, bem como o direito de reaver a coisa para si, quando o titular sofre os efeitos da lesão (ou ameaça de lesão) de direito.[18]

O ponto de vista funcional põe em jogo o controle de legitimidade da propriedade, a justificativa finalística dos poderes do titular em razão das exigências suscitadas por outros centros de interesse antagônicos – tais como vizinhos, entes públicos, enfim, terceiros proprietários ou não proprietários. Dessa compatibilidade entre interesses proprietários e extraproprietários resulta o conceito da função social, que atua sobre a senhoria da propriedade e remodela, em sua essência, os poderes do titular. Assim sendo, diversos interesses dignos de tutela passam a compor o núcleo do direito de propriedade, permeando seu aspecto interno. São exemplos disso os interesses ambientais, trabalhistas, culturais, entre outros, que se tonam relevantes e oponíveis ao proprietário.

Com efeito, a função social parece exercer papel de controle de merecimento de tutela, garantindo e promovendo os valores cardeais do elenco axiológico do ordenamento. Segundo Perlingieri:

---

belezas naturais, o equilíbrio ecológico e o patrimônio histórico e artístico, bem como evitada a poluição do ar e das águas; (...) §4º O proprietário também pode ser privado da coisa se o imóvel reivindicado consistir em extensa área, na posse ininterrupta e de boa-fé, por mais de cinco anos, de considerável número de pessoas, e estas nela houverem realizado, em conjunto ou separadamente, obras e serviços considerados pelo juiz de interesse social e econômico relevante; §5º No caso do parágrafo antecedente, o juiz fixará a justa indenização devida ao proprietário; pago o preço, valerá a sentença como título para o registro do imóvel em nome dos possuidores."

[17] Desenvolve Ricardo Lira: "No seu aspecto externo – o jurídico –, a propriedade, como ensinava Bernardo Windscheid, nada mais é que o direito de exclusão que tem o titular de afastar todos e qualquer um do campo em que se exercita a sua senhoria, manifestando-se inclusive no direito de reaver a coisa de quem injustamente a possua ou detenha". LIRA, Ricardo Pereira. *Elementos de direito urbanístico*. Rio de Janeiro: Renovar, 1997. p. 156.

[18] "O direito romano dá ao proprietário o meio de recuperar a posse de todo indivíduo em cujas mãos acha a sua coisa, seja qual for o modo por que este adquirisse a posse. Esse meio, que antigamente consistia num ato solene de recorrer-se à força privada, e que não conduzia a uma instância judiciária senão no caso de resistência, é a reivindicatio". Em outro momento de sua obra, Ihering aborda a ação possessória: "A ação possessória mostra-nos a propriedade na defensiva, e a reivindicação na ofensiva". IHERING, Rudolf Von. *Teoria simplificada da posse*. Apresentação de Orlando Gomes; edição cuidada por Alcides Tomasetti Jr. São Paulo: Saraiva, 1986. p. 70 e 86, respectivamente.

Em um sistema inspirado na solidariedade política, econômica e social e ao pleno desenvolvimento da pessoa, o conteúdo da função social assume um papel do tipo promocional, no sentido de que a disciplina das formas de propriedade e as suas interpretações deveriam ser atuadas para garantir e para promover os valores sobre os quais se funda o ordenamento.[19]

De mais a mais, tecnicamente a propriedade deixa de ser estudada como mero direito subjetivo, tendencialmente pleno, a respeitar apenas certos limites externos, de feitio negativo, tornando-se, isso sim, situação jurídica subjetiva complexa, a abranger também deveres (positivos) ao titular, além de ônus, sujeições, etc.[20]

Não deve, igualmente, ser referida como gênero, formal e abstrato. Cabe aqui o alerta fundamental de Salvatore Pugliatti, no sentido de não mais ser desejável se referir à propriedade no singular, mas sim no plural, haja vista a enorme diferenciação entre os diversos estatutos proprietários existentes nas distintas situações subjetivas que se revelem em concreto.[21]

---

[19] PERLINGIERI, Pietro. *O direito civil na legalidade constitucional*. Tradução de Maria Cristina De Cicco. Rio de Janeiro: Renovar, 2008. p. 940.

[20] "Não se pode sustentar que os limites e as obrigações não fazem parte do direito de propriedade; fatos externos são o ônus real, a servidão, o peso imposto pelo exterior e que, portanto, não fazem parte da estrutura da situação subjetiva-propriedade. (...) A propriedade é, ao revés, uma situação subjetiva complexa". PERLINGIERI, Pietro. *Perfis do direito civil*: introdução ao direito civil constitucional. 2. ed. Tradução de Maria Cristina de Cicco. Rio de Janeiro: Renovar, 2002. p. 224. Compartilhando do mesmo ponto de vista, Ricardo Lira: "(...) contemporaneamente, a propriedade não sofre apenas as limitações exteriores decorrentes do poder de polícia, consubstanciando a função social da propriedade, mas ela própria é uma função social, sobretudo quando cria poderes inerentes a um bem de produção". LIRA, Ricardo Pereira. *Elementos de direito urbanístico*. Rio de Janeiro: Renovar, 1997. p. 313. Anota ainda Anderson Schreiber que "na concepção individualista do direito de propriedade, definido como o direito de usar e dispor das coisas 'de la manière plus absolute', parece evidente que a função do domínio correspondia unicamente à proteção dos interesses do proprietário. O titular do direito de propriedade era dotado de um direito quase absoluto, cuja amplitude esbarrava apenas em limitações de caráter negativo, obrigações de não fazer que lhe eram impostas pelo poder Público. E mesmo essas obrigações negativas eram consideradas excepcionais e estranhas ao instituto da propriedade". SCHREIBER, Anderson. Função Social da Propriedade na Prática Jurisprudencial Brasileira. Disponível em: <http://www.anderson schreiber.com. br/downloads/Funcao_Social_da_Propriedade_na_Pratica_Jurisprudencial_Brasileira.pdf p. 4-6>. Acesso em: 18 jun. 2014.

[21] PUGLIATTI, Salvatore. La proprietà e le proprietà. *In*: *La proprietà nel nuovo diritto*. Milano: Giuffrè, 1954. p. 148, 149. Gustavo Tepedino, em sentido análogo, registra a passagem da noção abstrata do instituto para sua concretização: "De fato, a variedade e relatividade da noção de propriedade (...) corroboram a rejeição (...) da propriedade como noção abstrata. (...). Chega-se, por este caminho, à configuração da noção pluralista do instituto, de acordo com a disciplina jurídica que regula, no ordenamento positivo, cada

Em termos constitucionais, a função social da propriedade no Brasil passou por processo de evolução e amadurecimento. A Constituição Federal de 1946, em seu art. 147, já tratava a função social da propriedade como princípio da ordem econômica.[22] Na Carta Magna de 1988, além de alicerce da ordem econômica, a função social da propriedade ganha ainda mais prestígio, passando à categoria de direito fundamental, com implicações hermenêuticas evidentes.[23] Hoje se pode afirmar que a perspectiva funcionalizada decorre mesmo da força dos princípios constitucionais da solidariedade social e da dignidade da pessoa humana (Constituição, arts. 1º, III, e 3º, I e III)[24], situando-se

---

estatuto proprietário. (...). A construção, fundamental para a compreensão das inúmeras modalidades contemporâneas de propriedade, reflete, na realidade, a superação da própria concepção tradicional de direito subjetivo, entendido como o poder reconhecido pelo ordenamento ao sujeito para realização de interesse próprio, finalizado em si mesmo. (...) Referida construção aplicada à propriedade permite concebê-la não mais uma situação de poder, por si só e abstratamente considerada (...), mas como 'uma situação giuridica soggettiva tipica e complessa', necessariamente em conflito ou coligada com outras, que encontra a sua legitimidade na concreta relação jurídica na qual se insere". TEPEDINO, Gustavo; AZEVEDO, Antônio Junqueira de (Coord.). *Comentários ao código civil*: direito das coisas. São Paulo: Saraiva, 2011. p. 241-243. v. 14. No mesmo sentido, Ricardo Lira disserta: "Consequentemente, a rigor, não há que falar só em redefinição da propriedade, mas em diversificação do direito de propriedade, no seu conteúdo, conforme o bem de vida que esteja em jogo, visando à função social da propriedade, como um dos instrumentos da Justiça Social. Assim, o direito de propriedade, assegurado na Constituição da República pode variar, como verdadeira função social, nos termos e limites fixados pela lei, como expressão da vontade coletiva, desde que não seja ele esvaziado no seu conteúdo essencial mínimo". LIRA, Ricardo Pereira. *Elementos de direito urbanístico*. Rio de Janeiro: Renovar, 1997. p. 161.

22 "Art. 147 – O uso da propriedade será condicionado ao bem-estar social. A lei poderá, com observância do disposto no art. 141, §16, promover a justa distribuição da propriedade, com igual oportunidade para todos."

23 Ao analisar o sentido e o alcance da função social da propriedade, Luiz Edson Fachin defende que não devem ser atendidas as pretensões possessórias do proprietário não cumpridor da função social de sua propriedade, mesmo que em tese tais pretensões sejam garantidas pelo Código Civil. Confira-se: "(...) é defensável concluir que é incongruente com a norma constitucional e a mens legis deferir proteção possessória ao titular de domínio cuja propriedade não cumpre integralmente sua função social, inclusive (e especialmente) no tocante ao requisito da exploração racional. A liminar que seja deferida concedendo a reintegração de posse de imóvel nessa condição pode até atender a dogmática do Código Civil, mas se choca de frente com o novo texto constitucional. (§) Com base neste ponto de vista, torna-se possível não atender às pretensões de defesa possessória do proprietário que deixa de imprimir à sua propriedade uma função social, não obstante possua título de domínio. É aqui valorizado, acima do direito abstrato da propriedade, um fato concreto que se baseia na posse agrária legitimando a propriedade". FACHIN, Luiz Edson. A justiça dos conflitos no Brasil. *In*: STROZAKE, Juvelino José (Org.). *A questão agrária e a justiça*. São Paulo: RT, 2000, p. 285.

24 "Art. 1º A República Federativa do Brasil, formada pela união indissolúvel dos Estados e Municípios e do Distrito Federal, constitui-se em Estado Democrático de Direito e tem como fundamentos: III – a dignidade da pessoa humana; Art. 3º Constituem objetivos

o núcleo do conceito de função (social) da propriedade no condicionamento da tutela do direito do proprietário à realização dos valores constitucionais, e ao atendimento de interesses não proprietários considerados socialmente relevantes.[25]

Conclui-se, com Gustavo Tepedino, que a propriedade constitucional "não se traduz numa redução quantitativa dos poderes do proprietário", mas, "ao reverso, revela uma determinação conceitual qualitativamente diversa".[26] Em definitivo:

> A disciplina da propriedade constitucional, a rigor, apresenta-se dirigida precisamente *à* compatibilidade da situação jurídica de propriedade com situações não-proprietárias. De tal compatibilidade deriva (não já o conteúdo mínimo mas) o preciso conteúdo da (situação jurídica de) propriedade, inserida na relação concreta.[27]

A função remodela a estrutura e o conteúdo do direito.[28] Não há espaço, hoje, à luz do projeto constitucional, para o exercício do domínio em moldes apartados do elenco axiológico do ordenamento jurídico.

4 Aquisição funcionalizada: hipóteses congêneres

Se é verdadeiro que a funcionalização projeta suas luzes sobre a situação proprietária e as relações jurídicas a ela subjacentes, como visto anteriormente, parece lógico que o momento aquisitivo não escapa de tal espectro, muito especialmente quando o processo se mostra permeado por valores especialmente socializantes.

---

fundamentais da República Federativa do Brasil: I – construir uma sociedade livre, justa e solidária; III – erradicar a pobreza e a marginalização e reduzir as desigualdades sociais e regionais."

[25] "Art. 5º – (...), XXII – é garantido o direito de propriedade; XXIII – a propriedade atenderá a sua função social; XXIV – a lei estabelecerá o procedimento para desapropriação por necessidade ou utilidade pública, ou por interesse social, mediante justa e prévia indenização em dinheiro, ressalvados os casos previstos nesta Constituição; XXV – no caso de iminente perigo público, a autoridade competente poderá usar de propriedade particular, assegurada ao proprietário indenização ulterior, se houver dano; XXVI – a pequena propriedade rural, assim definida em lei, desde que trabalhada pela família, não será objeto de penhora para pagamento de débitos decorrentes de sua atividade produtiva, dispondo a lei sobre os meios de financiar o seu desenvolvimento."

[26] TEPEDINO, Gustavo. *Temas de direito civil*. 3. ed. Rio de Janeiro: Renovar, 2004, p. 323.

[27] *Op. cit.*, p. 323.

[28] Neste rumo, Pietro Perlingieri, ao afirmar ter se tornado a função social "a própria razão pela qual o direito de propriedade foi atribuído a determinado sujeito". PERLINGIERI, Pietro. *Perfis do direito civil*: introdução ao direito civil constitucional. 2. ed. Tradução de Maria Cristina de Cicco. Rio de Janeiro: Renovar, 2002, p. 226.

Por outras palavras, quando entram em cena situações tais como a usucapião especialíssima (CC, art. 1.240-A)[29] ou a aquisição onerosa decorrente do exercício da exceção de posse socialmente qualificada (CC, art. 1.228, §§4º e 5º),[30] o elenco de valores supremos do ordenamento incide diretamente e de modo privilegiado sobre o caso concreto, permitindo o acesso dos mais vulneráveis ao uso e fruição dos bens jurídicos que a ordem constitucional fez tutelar. Assim, devem ser repelidas todas as tentativas de interpretação que causem embaraços ou que criem obstáculos à eficácia desses dispositivos.

Afinal, impedir o exercício do direito previsto no §4º do art. 1.228, por exemplo, por conta da ausência de recursos, do estado de miserabilidade dos possuidores ou por exigência de legislação urbanística municipal quanto à metragem mínima é verdadeiramente atentar contra os valores constitucionais que conferem precedência da pessoa sobre o patrimônio. Essa precedência é justamente o que identifica o marco axiológico do ordenamento jurídico na dignidade humana e na solidariedade,[31] bem como a constatação da prevalência, nas situações de conflito, dos valores não patrimoniais sobre os patrimoniais, do interesse da coletividade sobre o individual, por opção (democrática) do Poder Constituinte.[32]

Quadro semelhante se verifica quando se enfoca a usucapião especialíssima, no que tange ao percentual de frações ideais que detém

---

[29] "Art. 1.240-A. Aquele que exercer, por 2 (dois) anos ininterruptamente e sem oposição, posse direta, com exclusividade, sobre imóvel urbano de até 250m² (duzentos e cinquenta metros quadrados) cuja propriedade divida com ex-cônjuge ou ex-companheiro que abandonou o lar, utilizando-o para sua moradia ou de sua família, adquirir-lhe-á o domínio integral, desde que não seja proprietário de outro imóvel urbano ou rural". (Incluído pela Lei nº 12.424, de 2011)

[30] "§4º O proprietário também pode ser privado da coisa se o imóvel reivindicado consistir em extensa área, na posse ininterrupta e de boa-fé, por mais de cinco anos, de considerável número de pessoas, e estas nela houverem realizado, em conjunto ou separadamente, obras e serviços considerados pelo juiz de interesse social e econômico relevante. §5º No caso do parágrafo antecedente, o juiz fixará a justa indenização devida ao proprietário; pago o preço, valerá a sentença como título para o registro do imóvel em nome dos possuidores".

[31] Gustavo Tepedino esclarece a profunda transformação do direito de propriedade: "Desse modo, (não já o conteúdo mínimo, mas) o preciso conteúdo da situação jurídica de propriedade, inserida na relação concreta, deriva da compatibilidade da (situação jurídica de) propriedade com situações não proprietárias. Assim considerada, a propriedade (deixa de ser uma ameaça e) se transforma em instrumento para a realização do projeto constitucional (acesso a garantias fundamentais)". TEPEDINO, Gustavo; AZEVEDO, Antônio Junqueira de (Coord.). *Comentários ao código civil*: direito das coisas. São Paulo: Saraiva, 2011. v. 14, p. 249.

[32] Ricardo Lira compactua desse espírito: "Nesse caso a riqueza social aumenta, a distribuição da riqueza se faz mais justamente, na medida em que, visando ao bem de todos, o interesse protegido do dominus definha diante do interesse subordinado da comunidade". LIRA, Ricardo Pereira. *Elementos de direito urbanístico*. Rio de Janeiro: Renovar, 1997, p. 313.

o condômino beneficiário do expediente, e que remanesce no imóvel. Basta a situação da comunhão para que seja deflagrado o mecanismo *ad usucapionem* em relação à fração remanescente, ainda que a razão original de divisão entre as cotas seja desfavorável ao adquirente. O raciocínio, tal como apresentado, para além da aparente consagração do antigo brocardo interpretativo – onde o legislador não distinguiu não cabe ao intérprete fazê-lo –, encontra justificativa última nos valores constitucionais da tutela da pessoa humana no ambiente familiar. Simplifica o acesso ao domínio pleno do bem, reunindo as frações sob a titularidade do responsável que permanece na residência, em benefício da segurança jurídica do núcleo.[33]

Para além de corresponder à noção de garantia,[34] o direito de propriedade, hoje, representa igualmente a ideia de acesso. Valoriza-se, funcionalmente, o dito *direito à propriedade* – nas palavras de Luiz Edson Fachin: "passa-se a entender que esse direito subjetivo tem destinatários no conjunto da sociedade, de modo que o direito de propriedade também começa a ser um direito *à* propriedade. Gera, por conseguinte, um duplo estatuto: um de garantia, vinculado aos ditames sociais, e outro, de acesso".[35]

O acesso, por seu turno, no quadro social de escassez em que vive a sociedade brasileira, vincula-se a alguns dos valores fundamentais do ordenamento, ilustrados nos incs. I e III do art. 3º da Constituição, segundo os quais constitui objetivo fundamental da República Federativa do Brasil construir uma sociedade justa e solidária, erradicar a pobreza e reduzir as desigualdades sociais, em nome da tutela privilegiada da dignidade da pessoa humana, fundamento da República, a teor do art. 1º, III, da Constituição. Por isso mesmo a posse cumpridora de sua função social goza de autonomia em relação à garantia do direito de propriedade, podendo prevalecer mesmo contra o domínio.[36] E a prioridade axiológica dos valores existenciais em jogo (moradia, trabalho) aponta para a *prioridade finalística da acessibilidade ao estatuto*

---

[33] Seja consentido remeter a MONTEIRO FILHO, Carlos Edison do Rêgo. Usucapião especialíssima: um olhar sobre o novo instituto. *Revista Trimestral de Direito Civil*, Rio de Janeiro, Padma, v. 49, p. 242, jan./mar. 2012, 2000.

[34] Constituição da República, art. 5º, *caput* e incs. XXII e XXIII.

[35] FACHIN, Luiz Edson. *Teoria crítica do direito civil*. 3. ed. Rio de Janeiro: Renovar, 2012, p. 289.

[36] Permita-se a referência a MONTEIRO FILHO, Carlos Edison do Rêgo. Rumos cruzados do direito civil pós-1988 e do constitucionalismo de hoje. *In*: TEPEDINO, Gustavo (Org.). *Direito civil contemporâneo*: novos problemas à luz da legalidade constitucional. São Paulo: Atlas, 2008, p. 275 a 277.

dominial por via da usucapião especial independente da restrição de metragem, oriunda da legislação municipal, tema mais bem desenvolvido a seguir.

5 Usucapião imobiliária urbana independente de metragem, os valores em jogo e o aceso debate na jurisprudência

Ao retornar-se à questão, objeto específico deste ensaio,[37] verifica-se a ocorrência de uma (apenas aparente) colisão entre princípios e valores, protegidos pelo ordenamento.

Se, por um lado, mostra-se coerente com o interesse público geral de ordenação urbana a solução que preconiza a inviabilidade da usucapião sobre área menor que a metragem mínima das posturas municipais, a fim de atender ao princípio da função social da cidade, evitando-se a degradação do tecido urbano e a consequente favelização, por outro, não se pode negar que o acesso à propriedade imóvel, por meio da usucapião, constitui mecanismo de relevância social de impacto, a bem do acesso à moradia, do princípio da isonomia e da garantia da segurança jurídica.

As decisões dos conflitos pelo Judiciário refletem uma divisão de cenário, em oscilações entre as duas orientações enfocadas.

Em meio a torrencial aplicação do Enunciado nº 7 de sua Súmula de Jurisprudência,[38] parece prevalecer, no âmbito do Superior Tribunal de Justiça, a exigência de metragem mínima para aquisição da propriedade imobiliária urbana por usucapião. Em recente julgado, o Ministro Paulo de Tarso Sanseverino retratou a posição do STJ no tema: "o entendimento desta Corte é no sentido de que não é possível a usucapião de terreno com dimensões inferiores ao módulo urbano (ou rural)".[39] Há precedente da Corte em igual sentido: REsp nº 402.792/SP, Rel. Min. Jorge Scartezzini, Quarta Turma, j. 26.10.2004.[40]

---

[37] Cf. item 1, *supra*, em especial os parágrafos iniciais.

[38] O apontado enunciado, publicado em 3.7.1990, impede sejam conhecidos pelo STJ um sem-número de recursos especiais, filtrando a multidão de feitos que assola a Corte. Veja-se seu inteiro teor: *"A pretensão de simples reexame de prova não enseja recurso especial".*

[39] "Agravo regimental. Agravo. Recurso especial. Usucapião especial. Legislação municipal. Recurso especial. Não cabimento. Prequestionamento. Ausente. Súmula 211 do STJ. Usucapião. Área menor que módulo urbano. Impossibilidade. Agravo regimental desprovido" (STJ, 3ª T., AgRg nos EDcl no Ag nº 1407458/RJ, Rel. Min. Paulo de Tarso Sanseverino, j. em 07.05.2013).

[40] "Civil. Recurso especial. Usucapião extraordinário. Área inferior ao módulo urbano. Lei municipal. Vedação. Alegação de violação aos arts. 550 e 552 do cc/16. Inocorrência.

Entretanto, em outro acórdão, o STJ houve por bem manter decisão de Tribunal estadual que acolheu a tese da possibilidade de usucapião: REsp nº 150.241/SP, Rel. Min. Sálvio de Figueiredo Teixeira, Quarta Turma, j. 02.12.1999, DJ 08.03.2000.[41]

A consideração da existência de uma metragem mínima para constituir o denominado módulo urbano da propriedade imobiliária, imposta por legislação municipal, tem impressionado muitos intérpretes. Apegados à subsunção e acostumados a técnicas legislativas regulamentares, não conseguem superar o óbice urbanístico. Afinal, se há uma dimensão mínima para a concepção da propriedade imobiliária no interior da cidade, qualquer tentativa, seja de que natureza for, de se instituir lote com área inferior àquela do módulo mínimo deve ser, de plano, refutada.

Mais forte se torna o argumento, supõem seus adeptos, diante da ausência, na outra ponta, de metragem mínima para efeito de aquisição por usucapião. A "aplicação" da lei municipal à hipótese, assim,

---

1 – *In casu*, como bem ressaltado no acórdão impugnado, "o imóvel que se pretende usucapir não atende às normas municipais que estabelecem o módulo mínimo local, para parcelamento do solo urbano." (fls. 168/169), não constituindo o referido imóvel, portanto, objeto legalizável, nos termos da lei municipal. Conforme evidenciado pela Prefeitura Municipal de Socorro, no Ofício de fls. 135, o módulo mínimo para o parcelamento do solo urbano daquele município é de 250m², e o imóvel em questão possui apenas 126m². Ora, caso se admitisse o usucapião de tal área, estar-se-ia viabilizando, de forma direta, o registro de área inferior àquela permitida pela lei daquele município. Há, portanto, vício na própria relação jurídica que se pretende modificar com a aquisição definitiva do imóvel. 2 – Destarte, incensurável o v. acórdão recorrido (fls. 169) quando afirmou que "*o entendimento do pedido implicaria em ofensa a norma municipal relativa ao parcelamento do solo urbano, pela via reflexa do usucapião. Seria, com isso, legalizado o que a Lei não permite. Anotou, a propósito, o DD. Promotor de Justiça que, na Comarca de Socorro, isso vem ocorrendo "como meio de buscar a legitimação de parcelamento de imóveis realizados irregularmente e clandestinamente*". 3 – Recurso não conhecido" (STJ, 4ª T., REsp nº 402.792/SP, Rel. Ministro Jorge Scartezzini, j. 26.10.2004).

41 "Civil e processual civil. Usucapião. Propriedade rural. Área inferior a um módulo rural. Sociedade de fato. Posterior registro. Contagem do prazo de usucapião. Doutrina. Recurso especial enunciado 283 da súmula/STF. Recurso desacolhido. I – Nos termos do art. 18 do Código Civil, "*começa a existência legal das pessoas jurídicas de direito privado com a inscrição dos seus contratos, atos constitutivos, estatutos ou compromissos no seu registro peculiar, regulado por lei especial, ou com a autorização ou aprovação do Governo, quando precisa*". Por outro lado, nada impede que a sociedade de fato, que venha a registrar-se posteriormente, procure valer-se, após a sua constituição legal, de direitos adquiridos anteriormente ao seu registro. II – O legislador de 1973 inovou ao atribuir, no art. 12-VII, CPC, capacidade para ser parte às sociedades sem personalidade jurídica. Assim, mesmo antes de sua constituição legal, é permitido à sociedade de fato postular em juízo os seus direitos. III – Assentando-se o tribunal de origem em mais de um fundamento para ter como possível a aquisição por usucapião de imóvel rural, cada um deles suficiente, por si só, para manter o acórdão, e não havendo impugnação de todos eles, não há como conhecer do recurso especial" (STJ, 4ª T., REsp nº 150.241/SP, Rel. Min. Sálvio de Figueiredo Teixeira, j. 02.12.1999).

não encontraria opositor e preencheria o vácuo normativo federal, desempenhando papel de integração do ordenamento. Chega a chamar a atenção o apego exasperado à subsunção, a procura de um regulamento legal, de uma solução específica na letra da lei, a servir de "moldura" para "encaixar" o caso concreto.

E não é só. A tal quadro soma-se ainda a motivação da tese. Inspirada no firme propósito de garantir a função social da cidade, em que se inclui a qualidade de vida de seus moradores, e para evitar o risco de favelização, considerada uma chaga oriunda da ausência de regulação dos espaços urbanos, o raciocínio culmina na decisão de impossibilidade jurídica do pedido. Vale dizer, inexistindo respaldo no ordenamento, amparo legal para a pretensão aquisitiva em relação àquela porção de terra que se deduz em juízo, outro caminho não resta ao magistrado senão a extinção do feito sem julgamento do mérito, na forma do art. 267, inc. VI, do Código de Processo Civil.[42]

As posturas municipais, em nítida subversão hermenêutica, são elevadas a patamares superiores à legalidade constitucional, inclusive ao ponto de engendrar a carência das condições da ação de usucapião do possuidor.

No entanto, se o texto da Constituição da República não especificou a dimensão mínima da área em que as espécies de usucapião constitucionais deveriam se dar, ao contrário, restringiu apenas o limite máximo nessas hipóteses – assim como o Estatuto da Cidade e o Código Civil procederam da mesma forma nos modelos de que cuidam –, certamente não faria sentido que o legislador municipal pudesse incluir tal dimensão em regras normativas de aquisição da propriedade imobiliária. Mesmo porque não têm os Municípios competência para legislar sobre direito civil – parcela que se inclui no rol privativo da União, nos termos do art. 22, inc. I, da Constituição de 1988.[43] Parodiando antigo brocardo interpretativo, poder-se-ia sustentar que onde o constituinte não distinguiu, não cabe ao legislador municipal fazê-lo.

E, pior: eventual aplicação combinada dos dispositivos da Constituição com as posturas municipais, em exercício interpretativo que estendesse as fronteiras da norma municipal para além de suas possibilidades finalísticas, ensejaria modelo absurdamente estreito de eficácia

---

[42] "Art. 267. Extingue-se o processo, sem resolução de mérito: (...) VI – quando não concorrer qualquer das condições da ação, como a possibilidade jurídica, a legitimidade das partes e o interesse processual."

[43] "Art. 22. Compete privativamente à União legislar sobre: I – direito civil, (...)."

social da usucapião especial no Brasil, restrito a espaço confinado entre a metragem mínima municipal e a máxima constitucional. No caso do Município do Rio de Janeiro, como as regras de zoneamento exigem a metragem mínima de 225 metros quadrados e a Constituição impõe o limite máximo de 250 metros quadrados, conclui-se que o espaço quantitativo para a aquisição por usucapião especial residiria nesse intervalo estreito entre um limite e outro, afastando-se todas as demais dimensões. Mais grave ainda: se, como ocorre em muitas cidades no país, o limite mínimo municipal for igual ou superior à metragem máxima constitucional, pronto: estaria inviabilizada, e sem condição de produzir qualquer efeito, a previsão constitucional de aquisição por usucapião, por força da regra de zoneamento municipal.[44]

Com efeito, em atenção à hierarquia das leis e à supremacia da Constituição, há diversas decisões, em segunda instância, descartando a tese da impossibilidade jurídica do pedido, em face de um *status* inferior das leis municipais em contraposição às normas federais – sejam de termos constitucionais ou infra.[45]

Em rigor, no entanto, não parece haver propriamente conflito entre a norma constitucional e a municipal, a desafiar a tábua hierárquica que constitui o ordenamento. Trata-se, isso sim, de normas com vocações e funções bastante diferentes.

---

[44] Existe previsão na Lei nº 6.766/79 de metragem mínima do lote urbano em 125 m² e indicação à legislação municipal, em termos vinculantes e cogentes, para que defina as áreas mínima e máxima dos lotes que sejam criados em seu território. Vejam-se as disposições a seguir: "Art. 4º. Os loteamentos deverão atender, pelo menos, aos seguintes requisitos: (...) II – os lotes terão área mínima de 125m² (cento e vinte e cinco metros quadrados) e frente mínima de 5 (cinco) metros, salvo quando o loteamento se destinar a urbanização específica ou edificação de conjuntos habitacionais de interesse social, previamente aprovados pelos órgãos públicos competentes; (...) §1º A legislação municipal definirá, para cada zona em que se divida o território do Município, os usos permitidos e os índices urbanísticos de parcelamento e ocupação do solo, que incluirão, obrigatoriamente, as áreas mínimas e máximas de lotes e os coeficientes máximos de aproveitamento". A decisão do STJ mencionada na nota de rodapé nº 41, *supra*, infelizmente consagra a metragem mínima para a usucapião em cidade que adota o módulo mínimo urbano de 250 m², fazendo tábua rasa da previsão constitucional da usucapião especial – Município de Socorro, Estado de São Paulo.

[45] TJRJ, 10ª C.C., Ap. Cív nº 00051742520048190202, Rel. Des. José Carlos Varanda dos Santos, j. 19.03.2014. Da fundamentação, extrai-se: "Neste sentido, ainda que o art. 30, VIII da Constituição Federal e demais normas infraconstitucionais tenham possibilitado aos entes municipais legislar sobre o ordenamento do solo urbano, não se pode perder de vista que estas normas jurídicas não podem, e jamais poderiam inviabilizar a eficácia do art. 183 da Constituição Federal, hierarquicamente superior (...) Por certo, o comando constitucional, de eficácia plena, apenas delimita o tamanho máximo do imóvel, e não o mínimo, justamente porque qualquer outra ressalva poderia obstar o acesso ao direito à moradia, princípio fundamental decorrente da proteção à dignidade da pessoa humana".

As posturas municipais que determinam o zoneamento urbano destinam-se ao bem-estar coletivo, à ordenação do território da cidade, ao fiel cumprimento de sua função social, com implicações e impactos na rede de transportes, nas relações de vizinhança, na segurança pública, no meio ambiente, etc. Daí decorrem a legitimidade e a competência da municipalidade para legislar e administrar, mediante o exercício de seu poder de polícia, o território urbano, por outorga do sistema jurídico constitucional, a bem da eficácia de suas leis e ações administrativas – na regularização de empreendimentos urbanísticos e de parcelamentos urbanos submetidos à aprovação das autoridades públicas da prefeitura. Tais poderes decorrem diretamente do pacto federativo absorvido nas normas constitucionais (art. 30, incs. I e VIII, e art. 182 da CF[46]), e são regulamentados nos termos do Estatuto da Cidade (Lei nº 10.257, de 10.07.2001).

Por outro lado, à normatização da situação específica da aquisição da propriedade imobiliária por conversão da posse, cumpridos os requisitos para tanto, destina-se o comando do art. 183 da Constituição,[47] do art. 9º do Estatuto da Cidade e dos arts. 1.238 a 1.244 do Código Civil.

A função, aqui, é eminentemente distinta, a promover a conversão da posse em propriedade e permitir o acesso ao domínio por parte do possuidor, fortalecendo o estatuto de sua moradia. Representa a consagração dos anseios por justiça social, além de eloquente exemplo da prevalência dos interesses extrapatrimoniais sobre os patrimoniais, na medida em que antepõe a função social da posse exercida pelo possuidor à propriedade do incauto titular; o direito à moradia à especulação dominial; a dignidade humana ao capital; o desempenho ativo da situação jurídica subjetiva à letra fria do título no Registro de Imóveis; a solidariedade ao individualismo; a substância à forma.

E a forma de aquisição, originária, descaracteriza qualquer relação de transferência, por ato de autonomia privada, com a titularidade anterior – surgindo, na verdade, uma situação proprietária nova, que

---

[46] "Art. 30. Compete aos Municípios: I – legislar sobre assuntos de interesse local; (…) VIII – promover, no que couber, adequado ordenamento territorial, mediante planejamento e controle do uso, do parcelamento e da ocupação do solo urbano". "Art. 182. A política de desenvolvimento urbano, executada pelo Poder Público municipal, conforme diretrizes gerais fixadas em lei, tem por objetivo ordenar o pleno desenvolvimento das funções sociais da cidade e garantir o bem-estar de seus habitantes".

[47] "Art. 183. Aquele que possuir como sua área urbana de até duzentos e cinquenta metros quadrados, por cinco anos, ininterruptamente e sem oposição, utilizando-a para sua moradia ou de sua família, adquirir-lhe-á o domínio, desde que não seja proprietário de outro imóvel urbano ou rural".

não guarda comunicação com a situação antecedente, permitindo a abertura de uma específica matrícula no Registro Geral de Imóveis, independente da cadeia registral existente.

Nesse processo, muitas vezes penoso, de obtenção do registro na serventia competente, o fato de se exigir requisito não contemplado no texto constitucional por si só vilipendia a isonomia substancial e obstaculiza o acesso à propriedade por parte das pessoas que mais carecem da tutela social da Constituição. Não se pode perder de vista que, em existindo na localidade eventuais imóveis que por qualquer circunstância tenham sido registrados com dimensões inferiores ao plano urbanístico, com maior eloquência restaria caracterizada a violação ao princípio da igualdade (formal), materializando-se a lesão, *per se*, na exigência do dimensionamento mínimo, por se atribuir tratamento desigual a pessoas que se acham na mesma situação jurídica.[48]

Além disso, gize-se, *ad colorandum*, que, em termos dos modos de aquisição de propriedade, a usucapião representa exceção no contexto fático atual, não se podendo alegar risco de favelização generalizada em consequência do reconhecimento judicial pontual de um dos efeitos mais fortes da posse, a usucapião.

Acresceu o Tribunal de Justiça do Estado do Rio de Janeiro, em recentíssima ocasião, em sua Súmula da Jurisprudência Predominante, nº 317, procurando pacificar os entendimentos em torno da concepção majoritária na corte estadual, nos seguintes termos: "É juridicamente possível o pedido de usucapião de imóvel com área inferior ao módulo mínimo urbano definido pelas posturas municipais".[49]

O teor do novíssimo enunciado interpretativo corresponde igualmente à tese que parece prevalecer no país, em meio à celeuma de decisões judiciais na matéria por todos os tribunais. Há, inclusive, número expressivo de acórdãos a tutelar o interesse do usucapiente, dando provimento, em segunda instância, aos recursos interpostos contra as sentenças terminativas prolatadas por impossibilidade jurídica.[50]

---

[48] Tal circunstância pode ser demonstrada por meio da apresentação de certidão do serviço registral competente, a atestar a existência de matrículas porventura abertas relativamente a imóveis com metragem abaixo do módulo mínimo.

[49] A publicação da Súmula data de 18.08.2014, a partir do julgamento do Incidente de Uniformização de Jurisprudência nº 001314964.2005.8.19.0202, j. em 14.04.2014, Rel. Des. Marcus Quaresma Ferraz.

[50] Assim, TJRJ, 3ª CC, Ap. Cív. nº 0015350-79.2003.8.19.0208, Rel. Des. Elton Leme, j. em 15.01.2014; no mesmo sentido, TJSP, 3ª Câmara de Direito Privado, Ap. Cív. nº 0062548-25.2010.8.26.0224, Rel. Des. João Pazine Neto, j. em 10.9.2013; bem como TJPR, 18ª Câmara

USUCAPIÃO IMOBILIÁRIA URBANA INDEPENDENTE DE METRAGEM MÍNIMA: UMA CONCRETIZAÇÃO... | 263

A matéria, em 2015, finalmente chegou ao Supremo Tribunal Federal, que conferiu definição jurisdicional do problema. Fazendo prevalecer os valores existenciais e da justiça social, o Tribunal caminhou no mesmo sentido do recém-editado verbete da Súmula do Tribunal de Justiça do Estado do Rio de Janeiro. A Corte, ao reconhecer a raiz constitucional da usucapião especial urbana, decidiu que seu implemento "não pode ser obstado com fundamento em norma hierarquicamente inferior ou em interpretação que afaste a eficácia do direito constitucionalmente assegurado".[51]

6 Considerações finais

Sob a perspectiva funcional, o contraste das duas vocações (ordenar o território da cidade e garantir acesso à propriedade pelo possuidor que preenche os requisitos da usucapião) permite entrever a concepção de sistema e a ideia de unidade na complexidade de fontes que constituem o ordenamento, dentro do qual ambas as regras podem e devem conviver em harmonia. O reconhecimento pontual da usucapião, em determinadas circunstâncias, passa ao largo da proibição de parcelamento do solo que crie lote com área inferior ao mínimo legal.

Em termos da função de cada instituto, o conflito, que estruturalmente se coloca ao intérprete, acaba por se apequenar, se é que de conflito se possa falar. Insista-se, à exaustão: uma coisa é a limitação proveniente da legislação municipal para a implantação de lotes autônomos, direcionada ao parcelamento do solo urbano pelos

---

Cível, Ap. Cív nº 692.874-7, Rel. Fabian Scweitzer, j. 08.06.2011; e, ainda, TJSC, Câmara Especial Regional de Chapecó, Ap. Cív. nº 20120219266, Rel. Des. Eduardo Mattos Gallo Júnior, j. 12.08.2013.

[51] STF, Pleno, RE nº 422349/ RS, rel. Min. Dias Toffoli, julg. 29.4.2015; confira-se a íntegra da ementa do julgado: "Recurso extraordinário. Repercussão geral. Usucapião especial urbana. Interessados que preenchem todos os requisitos exigidos pelo art. 183 da Constituição Federal. Pedido indeferido com fundamento em exigência supostamente imposta pelo plano diretor do município em que localizado o imóvel. Impossibilidade. A usucapião especial urbana tem raiz constitucional e seu implemento não pode ser obstado com fundamento em norma hierarquicamente inferior ou em interpretação que afaste a eficácia do direito constitucionalmente assegurado. Recurso provido. 1. Módulo mínimo do lote urbano municipal fixado como área de 360 m². Pretensão da parte autora de usucapir porção de 225 m², destacada de um todo maior, dividida em composse. 2. Não é o caso de declaração de inconstitucionalidade de norma municipal. 3. Tese aprovada: preenchidos os requisitos do art. 183 da Constituição Federal, o reconhecimento do direito à usucapião especial urbana não pode ser obstado por legislação infraconstitucional que estabeleça módulos urbanos na respectiva área em que situado o imóvel (dimensão do lote). 4. Recurso extraordinário provido."

diversos meios negociais; outra, completamente diversa, é a previsão da usucapião constitucional (ou da legislação ordinária federal), voltada à conversão da posse em propriedade, modo originário de obtenção do domínio.[52] Somente uma exegese que artificialmente forçasse a literalidade da norma municipal em detrimento de sua teleologia e função no sistema permitiria conclusão diversa.

Negar aprovação, na esfera administrativa, a projeto de subdivisão de terra urbana que crie lote com área abaixo da prevista para o módulo mínimo, quando for o caso,[53] e chancelar, no plano jurisdicional, a aquisição (originária, sublinhe-se) por usucapião sobre parcela de terreno que dê origem a lote novo, ainda que inferior às dimensões do módulo mínimo, é o que se espera do Estado, em nome da dignidade humana, da solidariedade social e da igualdade substancial, sem que se possa vislumbrar qualquer contradição entre tais medidas.

---

[52] Do ponto de vista da estrutura, supondo-se o choque entre os princípios e valores no caso, se o resultado da ponderação indicasse a prevalência do módulo mínimo na usucapião, restariam aniquilados os interesses do possuidor, que teria negado seu direito constitucional de acesso à propriedade, mesmo tendo reunido todos os pressupostos aquisitivos cabíveis. Tal aniquilamento não se mostra desejável. A ponderação, ao revés, permite a compatibilização, em certa medida, dos valores em confronto, em detrimento do sacrifício total de um polo.

[53] O Superior Tribunal de Justiça houve por bem manter decisão judicial que negava a implantação de loteamentos residenciais com área menor que o módulo urbano (STJ, Corte Especial, AgRg em suspensão de liminar e de sentença 1.067-SP, Min. Rel. Cesar Asfor Rocha, j. 18.11.2009). Neste julgado, o Ministro Relator fundamentou seu voto no argumento de que "cabe à administração pública tomar as medidas urgentes cabíveis para evitar criação de favelas, invasões e o aumento do número de família sem residência própria".

USUCAPIÃO FAMILIAR: UM OLHAR SOBRE O NOVO INSTITUTO*

A Lei nº 12.424, de 16.6.2011, acresceu um novo artigo ao Código Civil (art. 1240-A) criando o que se pode denominar de *usucapião familiar ou especialíssima*. Na espécie, o prazo para conversão da posse em propriedade reduz-se a apenas dois anos, proporcionando a tutela mais célere dos direitos do cônjuge ou companheiro abandonado pelo outro, em benefício da preservação dos interesses existenciais de todas as pessoas que integram a entidade familiar.

A referida norma de 2011 notabilizou-se no cenário jurídico nacional pela radical modificação que empreendeu no programa intitulado "Minha Casa, Minha Vida", objeto da Lei nº 11.977, de 7.7.2009. Sobre a lei de 2009, o diploma de 2011, em demonstração de fôlego, alterou-lhe nada menos do que trinta artigos, criando-lhe ainda novos treze. Para além disso, promoveu inovações na Lei de Registros Públicos (Lei *nº* 6.015/73), na de Condomínio e Incorporações (Lei nº 4.591/64), na de Parcelamento do Solo Urbano (Lei nº 6.766/79), dentre outras, adaptando-as à nova sistemática do Programa Minha Casa, Minha Vida. No entanto, em que pesem a extensão e a profundidade das transformações suscitadas, o foco deste breve ensaio cinge-se a tentar lançar luzes sobre o artigo 9º da indigitada lei, que, paralelamente a tantas transformações inspiradas pelo princípio da função social da propriedade, ao criar novo artigo no Código Civil (Lei 10.406/2002), concebeu nova hipótese de usucapião no ordenamento jurídico pátrio. Confira-se, então, o texto do dispositivo em análise:

---

* O presente trabalho foi originalmente publicado na *Revista Trimestral de Direito Civil*, v. 49, 2012.

Art. 9º A Lei nº 10.406, de 10 de janeiro de 2002, passa a vigorar acrescida do seguinte art. 1.240-A:

Art. 1.240-A. Aquele que exercer, por 2 (dois) anos ininterruptamente e sem oposição, posse direta, com exclusividade, sobre imóvel urbano de até 250m² (duzentos e cinquenta metros quadrados) cuja propriedade dividia com ex-cônjuge ou ex-companheiro que abandonou o lar, utilizando-o para sua moradia ou de sua família, adquirir-lhe-á o domínio integral, desde que não seja proprietário de outro imóvel urbano ou rural.

§1º O direito previsto no caput não será reconhecido ao mesmo possuidor mais de uma vez.

Como se vê, a consagração normativa do instituto apoia-se em pressupostos específicos, a ensejar sua aplicação restrita (posto que socialmente relevante, como apontado e se constata a seguir). A começar pela necessidade de que (i) o parceiro abandonado divida a titularidade do imóvel com o abandonador e (ii) continue a residir no bem após o evento – a lei reza "utilizando-o para sua moradia ou de sua família". Vale dizer, o cônjuge ou companheiro permanece a residir no imóvel do qual detém uma parcela da propriedade e vai, com o transcurso do biênio legal, adquirir a propriedade da fração pertencente ao outro, integralizando o domínio em seu nome em prol da segurança da moradia.

Razões de conveniência legislativa limitaram a incidência do novo instituto aos imóveis ditos (i) urbanos; (ii) de até 250 m²; e que (iii) o beneficiado não seja proprietário de outro imóvel urbano ou rural. O legislador aqui ponderou que acima dessa parametrização não encontraria justificativa a tutela excepcional conferida tão somente àqueles que, aos seus olhos, carecem da proteção especialíssima ora criada. Aos demais, suficientes e preferíveis seriam as regras gerais do direito de família, sucessões e, eventualmente, da disciplina da ausência.

Aspecto interessante a merecer consideração é que a lei não distingue entre os percentuais que cabem a cada condômino para a eficácia do dispositivo. Portanto, basta a situação da comunhão para que seja deflagrado o mecanismo *ad usucapionem* em relação à fração remanescente, qualquer que seja a razão da divisão entre as cotas: meio a meio; 40 a 60%; 20 a 80%, etc. O raciocínio, tal como apresentado, aparentemente remete a antigo brocardo interpretativo – onde o legislador não distinguiu, não cabe ao intérprete fazê-lo. Porém, muito mais do que isso, a indiscriminação ora propugnada encontra justificativa última nos valores constitucionais da tutela da pessoa humana no ambiente familiar. Simplifica excepcionalmente a aquisição da propriedade, reunindo as frações sob a titularidade do responsável que permanece na residência, em benefício da segurança jurídica do núcleo.

Agora, outro tema de inegável relevo. A aquisição da propriedade na íntegra independe também do motivo e das razões que deram causa ao suposto abandono do lar, ainda que involuntário o desaparecimento e mesmo se se tratar de hipótese de ausência (artigos 22 a 39 do CC). Se, de fato, a interpretação literal parece impor o requisito subjetivo, pois a expressão empregada pela lei "abandono de lar" denota um significado de prática de ato de vontade, o tipo reclama interpretação extensiva quando confrontado, em análise funcional, com o necessário controle dos valores constitucionais. Isso porque se a finalidade da norma é a tutela célere da preservação da moradia da família, como parece, sua finalidade restaria enfraquecida se incidisse somente no sumiço deliberado. Em consequência, ficariam à margem do seu alcance todas as situações jurídicas em que se não lograsse a demonstração do *animus abandonandi*, criando embaraços para as pessoas que, muito provavelmente, mais necessitam da tutela social especialíssima. Mais uma vez, a tutela existencial dos integrantes da família é que justifica a consolidação ágil do domínio sob a titularidade do cônjuge/companheiro que permanece na moradia comum, independentemente das causas que motivaram a saída do outro. Não se trata de norma de natureza punitiva, inspirada na perquirição da culpa no rompimento da sociedade conjugal, em visão que reservaria ao abandonador a sanção de "perda" de sua fração na propriedade.

Para a definição do que seja imóvel urbano, e bem assim, em contraposição, o que se entende por imóvel rural, tem-se aplicado ora o critério da localização, respeitando-se as definições das respectivas municipalidades, ora o da destinação econômica. Para efeito de alcance da nova regra, basta registrar que o critério da localização urbana se afigura suficiente à deflagração do mecanismo aquisitivo, sem descuidar que mesmo que inserido em área rural, se o imóvel se presta à finalidade de moradia, ter-se-ia por cumprido o requisito, em ótica necessariamente ampliativa, em vista da função que desempenha.

Quanto ao requisito de não ser proprietário de outro imóvel urbano ou rural, defende-se seja adotado o entendimento que vem prevalecendo na jurisprudência para casos análogos, segundo o qual a limitação consiste em que o reivindicante não seja proprietário de *outro imóvel voltado a fins residenciais*. Assim, o ex-cônjuge ou ex-companheiro pode eventualmente ser dono de uma loja ou sala comercial e mesmo assim fazer jus à usucapião especialíssima. Em jogo, insista-se, está o direito constitucional à moradia e sua função somente restaria desvirtuada se já houvesse outro(s) bem(s) habitacional(s) sob a titularidade do que pleiteia o domínio na íntegra.

Ademais, quanto à matéria da prova negativa, contentam-se doutrina e jurisprudência com a simples declaração exarada pelo usucapiente de não ser titular de outra propriedade, incumbindo a eventual interessado o ônus de provar o contrário, usualmente com a certidão do cartório do RGI competente que demonstre a titularidade diversa.

Por fim, a propalada inadmissibilidade de usucapião entre condôminos, baseada na circunstância de que ambos têm a composse da coisa, cai por terra com o abandono, pois a partir daí dá-se o fenômeno da interversão da posse, que, assim transfigurada em sua natureza, faz-se *ad usucapionem* desde o momento que o abandonador deixa a residência, extinguindo a posse conjunta – termo *a quo* do fluxo temporal previsto.

O prazo bienal, aliás, para as situações em curso quando do advento da norma, segundo os princípios e regras de direito intertemporal, na ponderação entre a segurança das relações sociais e a eficácia imediata da lei nova, deverá ser deflagrado a partir da vigência desta, que se iniciou com sua publicação em 17 de junho de 2011.

O DIREITO DE VIZINHANÇA NO CÓDIGO CIVIL*

1 Introdução

O direito de vizinhança é o ramo do direito civil que se ocupa dos conflitos de interesses causados pelas recíprocas interferências entre propriedades imóveis próximas. Não há necessidade, como se sabe, de serem as propriedades imóveis contíguas; basta serem próximas para que possa ter lugar a interferência, que será, então, coibida pelas normas protetoras dos direitos de vizinhança.

Portanto, trata-se de normas que tendem a compor e a satisfazer os conflitos entre propriedades opostas com o objetivo de tentar definir regras básicas da situação de vizinhança. Busca-se, como dito, a satisfação de interesses de titulares opostos.

2 Características do direito de vizinhança

É característica do direito de vizinhança, em primeiro lugar, regular situações entre proprietários ou possuidores, estabelecendo, nesse sentido, limitações, restrições ao uso da propriedade, ou seja, trata-se aqui de deveres criados pela lei.

Uma outra característica do direito de vizinhança é que nesse tema não se busca criar vantagens para os proprietários ou para qualquer prédio. Visa-se, ao contrário, tão somente a evitar prejuízos. Daí essas restrições serem denominadas pela doutrina *restrições defensivas*. As restrições, no direito civil, podem decorrer também da autonomia

---

* O texto foi originalmente publicado na *Revista da EMERJ, v.* Esp., 2004.

privada. Como exemplo de restrição negocial, nós temos as servidões, que, ao contrário do direito de vizinhança, visam a conferir justamente maiores vantagens para os proprietários, para os prédios dominantes. A servidão, portanto, se distingue do direito de vizinhança, seja pela fonte, seja pela finalidade. Pela fonte, porque as servidões têm sempre fonte convencional ou contratual; e pela finalidade porque as servidões visam à criação de vantagem para a propriedade dominante, enquanto a vizinhança surge sempre da lei, por meio de normas imperativas que visam a evitar prejuízos.

Mais uma característica do direito de vizinhança: procura-se, mediante as normas que compõem as relações de vizinhança, coibir as interferências indevidas nos imóveis vizinhos. Hoje em dia é adotado pela doutrina o termo *interferência*, que substituiu o termo *imissão*, por se entender que este último possui um significado material, concreto, palpável. Por isso, com a evolução do direito de vizinhança, o termo técnico que significa incômodo e distúrbio indesejado passou a ser *interferência*, para se ampliar a possibilidade de defesa do proprietário diante das ingerências não corpóreas, não palpáveis.

Por outro lado, essas interferências devem ser sempre indiretas ou mediatas, decorrentes, portanto, da própria utilização do imóvel vizinho. Nunca deverá ser uma interferência direta; caso contrário, não se estará em sede de direito de vizinhança, mas sim de ato ilícito. Se, por exemplo, o particular atira uma pedra em imóvel vizinho, essa situação independe das regras de vizinhança para a sua composição, pois se trata mesmo de ato ilícito e será sancionado como tal. Por outro, em outro exemplo, se, da exploração de uma pedreira, voam fragmentos para a propriedade próxima, inserir-se-ão as normas do direito de vizinhança.

O tema liga-se diretamente à função social da propriedade, de índole constitucional, que permeia toda a estrutura do direito de propriedade.

Hoje em dia, já é quase pacífico que a propriedade tem – ao lado do seu *aspecto estrutural*, formado por seus elementos econômico e jurídico (o elemento econômico ou interno é a senhoria: a possibilidade de usar, fruir e dispor do bem; o elemento jurídico ou externo se traduz na possibilidade de repelir eventuais ingerências alheias sobre o bem) – um *aspecto funcional*, por força de ditame constitucional, que deve permear os aspectos econômicos e jurídicos do instituto.

O fenômeno da urbanização e do desenvolvimento das cidades torna também mais e mais vasto o campo de incidência dos conflitos de vizinhança, sobretudo em edifícios de apartamentos, regulamentados pela Lei nº 4.591/94 e pelo Código Civil. A esse propósito, aliás, o Código de 2002, em passagem que ainda não mereceu maior atenção da doutrina, erigiu como dever do condômino "dar às suas partes a mesma destinação que tem a edificação, e não as utilizar de maneira prejudicial ao sossego, salubridade e segurança dos possuidores, ou aos bons costumes" (art. 1.336, IV do Código Civil).

3 Parte geral do direito de vizinhança

Vamos abordar aqui, em primeiro lugar, o que se denomina de parte geral dos direitos de vizinhança, que são as normas que vão definir a possibilidade de uso da propriedade, os limites a esse uso e quais interferências serão coibidas.

Nesse primeiro momento, procuramos definir quais sejam essas interferências que devem ser tolhidas, reprimidas – dentro desse aspecto geral –, demarcando a diferença para com as atividades que devem ser toleradas, admitidas, para depois, em um segundo momento, ingressarmos nas regras especiais dos direitos de vizinhança, destacando, desde já, que o Código de 2002 consagrou, em grandes proporções, o que vem sendo desenvolvido pela jurisprudência e também a tese do Professor San Tiago Dantas, que é a origem e o melhor trabalho de vizinhança em nosso território, em nossa literatura jurídica e que ganhou larga aplicação, pacificando verdadeiramente os tribunais.

Costuma-se dizer que interferências sempre haverá; o simples fato do convívio entre propriedades próximas já é, por si só, um motivo de acirramento de ânimos e, portanto, costuma-se até definir a relação de vizinhança como uma relação de confronto e não de cooperação, em que a satisfação do interesse de um proprietário implica restrições ao interesse do proprietário vizinho. Então, se interferências sempre haverá, o que resta é distinguir quais são as consideradas lícitas e que poderão ser praticadas daquelas que, ao contrário, não têm esse caráter e devem ser sancionadas e reprimidas pelo ordenamento jurídico.

San Tiago Dantas já afirmava, na sua tese de cátedra, que o direito de vizinhança não tolera soluções unilaterais, sob pena de se aniquilar o direito de uma das partes – ou se tolhe a atividade e se priva o titular da propriedade de seu uso, da sua utilização, que consiste em elemento integrante da senhoria, do conteúdo econômico da propriedade, ou, por outro lado, caso se permita esse uso, pode-se estar afetando diretamente a propriedade próxima, que terá, já por sua vez, a sua utilização comprometida pela interferência do vizinho. Logo, em tema de direito de vizinhança, a solução deve ser, preferencialmente, bilateral.

Voltando à questão central: quais interferências devem ser coibidas? Esse aspecto da parte geral do direito de vizinhança estava previsto no artigo 554 do Código Civil de 1916, dispositivo que se constitui em uma das poucas cláusulas gerais do antigo código. Esse artigo, de fato, fixa verdadeira cláusula geral cujo conteúdo, como se sabe, amolda-se a permitir a evolução do direito e a construção de critérios seguros em cada etapa da evolução socioeconômica que se apresenta em nosso país. Dita cláusula geral, de certa forma, é preservada na sua essência, no novo Código Civil, mas ela é desdobrada em três dispositivos, vale dizer; o artigo 554 do Código Civil de 1916 desdobra-se, portanto, nos artigos 1.277, 1.278 e 1.279 do Código de 2002 e, nesse sentido, na busca de se distinguir quais são as interferências que devem ser coibidas daquelas que devem ser permitidas e toleradas, é que foram historicamente surgindo as teorias do direito de vizinhança. Vejamos as principais delas.

3.1 Principais teorias do direito de vizinhança

A primeira teoria que se propôs a cuidar da questão foi a teoria de Spangenberg, romanista alemão que, em 1826, com base na experiência do Direito Romano, sustentava a vedação das chamadas *imissões corpóreas* (as que eram palpáveis, portanto). Permitia-se ao proprietário vizinho qualquer atividade, contanto que o incômodo não fosse causado por algo de material, e, nessa teoria, como proibição à imissão corpórea, se inseriam a água, a fumaça e a poeira, consideradas interferências corpóreas nocivas à propriedade.

A essa teoria opôs-se a crítica de que, por apenas alcançar as imissões corpóreas, excluía os rumores, os barulhos e os maus cheiros, que frequentemente interferem na propriedade vizinha. Essa tese da imissão material acabou sendo completamente refutada, já no século XIX, pela falta de um critério seguro para se estabelecer a distinção entre as imissões corpóreas e as incorpóreas.

A segunda teoria que se propôs a solucionar a questão foi a *teoria do uso normal*, de Ihering, em 1862. Ihering procurava diferenciar os casos em que a interferência devesse ser suportada daqueles nos quais ela devesse ser repelida. Para isso propôs, então, um *standard* do uso normal da propriedade, e para se aferir esse uso normal era necessário perquirir os aspectos ativo e passivo do uso da propriedade.

Sob o aspecto ativo, é necessário saber se a utilização da propriedade está dentro dos parâmetros já consagrados em determinada região. Por outro lado, sob o aspecto passivo, cabe avaliar a receptividade abstrata do homem natural, do homem médio, o que Ihering denominou de *grau médio de tolerabilidade*, naquela determinada época e localidade, no sentido de que esses *standards* são sempre relativos, flexíveis.

Tal teoria, consagrada pelo Código Civil Alemão (BGB), tem maior relevo entre nós, porque aplicada em nosso ordenamento desde o Código de 1916 (que, no particular, se inspirou no BGB), sendo mantida pelo Código de 2002. Aliás, importa salientar que o novo Código, ainda sob a influência da teoria em comento, alterou a denominação da seção destinada aos direitos de vizinhança, abandonado a expressão *uso nocivo da propriedade* para adotar a expressão *uso anormal da propriedade*.

Como desdobramento da teoria de Ihering, surge a *subteoria do desequilíbrio*, de Ripert, em 1902, que se assemelhava, por seu turno, à *subteoria da pré-ocupação*, de Demolombe. Para Ripert, o conflito de vizinhança estaria baseado em uma ruptura do equilíbrio que vigorasse em uma dada região. Esse rompimento seria causado pelo proprietário ou possuidor que iniciasse uma atividade não ajustada aos parâmetros das atividades normalmente desenvolvidas naquela localidade. Sobre ele, então, que rompia aquele equilíbrio, pesava a correspondente responsabilidade e, para se saber quando isso acontecia, Georges Ripert lançava mão do *standard* do uso normal, e a pré-ocupação é que definia o grau de normalidade. Normal era a utilização que se fazia naquela região, localidade e vizinhança. Essa teoria se constituiu em verdadeira arma da propriedade doméstica contra o surto de industrialização daquele momento, na medida em que as fábricas, naquelas circunstâncias, possuíam um alto grau de interferência nas propriedades vizinhas.

A terceira teoria que surge é a *teoria da necessidade*, de Bonfante. Ela surge justamente em contraposição à *teoria do uso normal*. O romanista italiano afirmava não ser correto concluir que o uso anormal deveria ser sempre coibido, pois há interesse social no desenvolvimento das indústrias em progresso crescente. Daí essa teoria, que nasce em contraposição à do uso normal, ter sido considerada a defesa da propriedade industrial, numa época de industrialização crescente. Uma fábrica, mesmo que causasse, com sua enorme quantidade de fumaça, interferência indevida nas propriedades vizinhas, poderia ter a manutenção de sua atividade garantida por força do que Bonfante denominava *necessidade geral do povo*, e com base nessa necessidade, o juiz deveria manter essas atividades. Diferente do que ocorreria, por exemplo, com uma lareira, pois se essa provocasse uma fumaça anormal, como ali só se estaria diante de uma situação de interesses particulares, a atividade deveria cessar.

Finalmente, entre nós, quem melhor sistematizou o assunto foi o Professor San Tiago Dantas. A sua tese de cátedra, apresentada à Faculdade Nacional de Direito em 1939, denominada *O conflito de vizinhança e sua composição*, é uma obra clássica, do conhecimento de todos. Esse grande civilista, em sua teoria, que depois denominou de *teoria mista*, propôs uma espécie de aliança, de combinação entre os principais subsídios das teorias de Ihering e de Bonfante.

A teoria mista de San Tiago, portanto, se baseia em dois princípios fundamentais. O primeiro é o da *coexistência de direitos*, e se destina à situação onde vigore o interesse particular, ou seja, a orientar a vizinhança comum. O outro princípio é o da *supremacia do interesse público*. Esse segundo princípio governará a vizinhança industrial. Na hipótese de conflito, deve o magistrado, em primeiro lugar, perquirir se o uso daquela propriedade que está em jogo é normal ou não. Se o uso for normal, a partir dos *standards* de Ihering, dos aspectos passivo e ativo do uso normal, ele produz interferências lícitas e o ato assim é considerado, podendo, portanto, continuar. Se o uso, no entanto, é considerado anormal dentro daqueles *standards*, a gerar, então, incômodos por demais excessivos, deve-se pesquisar para se saber se tal atividade é necessária socialmente ou se é, ao contrário, desnecessária. Se a supremacia do interesse público legitimar esse uso excepcional, o juiz manterá os incômodos inevitáveis, ordenando, no entanto, que se faça cabal indenização ao prejudicado, correspondente, aqui, a uma espécie de expropriação de direito privado.

O juiz deve também, já dizia San Tiago, na medida do possível, buscar compatibilizar os interesses. Ou seja: sempre que possível, o magistrado deveria (com base nas técnicas que vão se desenvolvendo para contornar os distúrbios causados por uma dada atividade) coibir aquela interferência mediante o emprego de filtros, de vedações acústicas, de equipamentos cada vez mais modernos que a impeçam. Esse deve ser o caminho prioritário a ser tomado. Se tal não for possível, todavia, passa-se à permissão da atividade com a indenização cabal; ou, se o interesse público não legitimar o uso excepcional da propriedade naquela região, é de mau uso que se trata, e o juiz, então, irá mandar cessar a atividade.

3.2 A disciplina no Código de 2002: inovações e conteúdo da cláusula geral

A *teoria mista* foi amplamente consagrada, seja em doutrina, seja pela jurisprudência de maneira geral, e agora foi incorporada expressamente no novo Código Civil, ganhando esse reconhecimento na redação do eminente mestre Prof. Ebert Chamoun, que foi o relator do anteprojeto nesse tema de direitos reais e vizinhança.

A leitura dos artigos 1.277 e 1.278 revela a adoção dos ensinamentos do Mestre San Tiago Dantas:

> Art. 1.277. O proprietário ou o possuidor de um prédio tem o direito de fazer cessar as interferências prejudiciais à segurança, ao sossego e à saúde dos que o habitam, provocadas pela utilização de propriedade vizinha.
>
> Parágrafo único. Proíbem-se as interferências considerando-se a natureza da utilização, a localização do prédio, atendidas as normas que distribuem as edificações em zonas, e os limites ordinários de tolerância dos moradores da vizinhança.
>
> Art. 1.278. O direito a que se refere o artigo antecedente não prevalece quando as interferências forem justificadas por interesse público, caso em que o proprietário ou o possuidor, causador delas, pagará ao vizinho indenização cabal.

A leitura atenta desses dois dispositivos parece revelar que o artigo 1.277 regula aquilo que San Tiago denominou de interesse privado; ou seja, de *estatuto da vizinhança comum*, estando nitidamente presente em seu teor a *teoria do uso normal*, de Ihering. Por seu turno, o artigo 1.278 cuida da vizinhança industrial, em que prevalece o interesse público, com base na *teoria da necessidade*, de Bonfante.

Também o artigo 1.279, cujo teor se deve ao trabalho da jurisprudência, tem sua origem na obra de San Tiago Dantas. O referido dispositivo legal dispõe: "Ainda que por decisão judicial devam ser toleradas as interferências, poderá o vizinho exigir a sua redução, ou eliminação, quando estas se tornarem possíveis". Note-se que, em sendo possível, sempre devem ser tomadas as medidas necessárias para reduzir ou mesmo eliminar as interferências. Se, quando a questão vier colocada, for possível ao magistrado lançar mão desses artifícios, isso deve ser feito. Se não, sem embargo da determinação para que as interferências prevaleçam, se, em um momento futuro for possível, pelo desenvolvimento tecnológico, o emprego dessas técnicas, aí sim, não obstante aquela determinação judicial, o proprietário ou possuidor terá direito à aplicação desses mecanismos de redução.

Cumpre destacar, outrossim, um outro aspecto que parece fundamental: o conteúdo da cláusula geral de vizinhança, à luz do texto do artigo 1.277 do Código de 2002. Como tem sido bem destacado pelo Professor Gustavo Tepedino, o preenchimento desse conteúdo há de ser feito sob os ditames da carga axiológica constitucional. De fato, o magistrado deverá perquirir a função social, o atendimento ao meio ambiente, a dignidade da pessoa humana e todos os outros valores que são carreados pela Constituição, para que verifique se, naquele determinado caso, as interferências devem ser coibidas. Já o parágrafo único contém em seu teor diretrizes para dar algum conteúdo à cláusula geral, como visto. Posto que louvável a orientação, a integração somente se completa mediante recurso à fonte constitucional.

Para finalizar a abordagem acerca da parte geral da vizinhança, ponham-se em destaque as inovações desse conjunto de artigos, quando comparados com o Código anterior. Os artigos 1.278 e 1.279 do Código Civil de 2002, já vistos, não encontram correspondentes no Código de 1916, e quando do cotejo do artigo 1.277 com o artigo 554 do Código revogado, merecem ser destacadas três alterações, além da novidade trazida pelo parágrafo único.

Em primeiro lugar, a substituição do termo "inquilino" por "possuidor": o Código anterior afirmava "o proprietário ou inquilino de um prédio tem direito de impedir que o mau uso da propriedade vizinha (...)". Em redação bastante melhorada, contempla-se agora, também como gênero, o "possuidor", porque o que importa é a posse (a relação direta com o imóvel, não importando o título jurídico que ostente o possuidor). Essa novidade reflete a exegese que já vigorava em relação ao alcance do artigo 554 do Código de 1916.

A segunda alteração de destaque é a utilização do termo "interferências". O texto fala em "fazer cessar as interferências prejudiciais à saúde, à segurança, ao sossego", o que reflete a orientação mais técnica da doutrina e da jurisprudência, como visto anteriormente.

O terceiro aspecto que merece menção está contido na parte final do *caput* do artigo 1.277. É a afirmação de que tais interferências devem ser "provocadas pela utilização de propriedade vizinha". Quer dizer, trata-se da interferência mediata, a qual, como já averbamos ao tratar das características do direito de vizinhança, não se confunde com eventuais interferências diretas, dolosas, deliberadamente praticadas, sem relação com a utilização da propriedade vizinha. Repita-se o exemplo da pedra que é intencionalmente lançada no imóvel vizinho, quebrando uma vidraça. Trata-se de um ato ilícito e o dano dele resultante será tratado como tal.

Assim, terminam-se as considerações iniciais sobre a parte geral do direito de vizinhança.

4 Parte especial do direito de vizinhança

Adentra-se agora nas observações acerca da parte especial do direito de vizinhança, composta por regras específicas que no Código Civil de 2002 dizem respeito aos seguintes temas: i) árvores limítrofes, ii) passagem forçada, iii) passagem de cabos e tubulações, iv) águas comuns, v) linha divisória e direito de tapagem, vi) direito de construir e vii) auxílio mútuo.

4.1 Árvores limítrofes

Desse tema tratam os artigos 1.282 a 1.284 do Código de 2002. O novo Código em praticamente nada alterou a disciplina anterior. Ou seja, continua valendo a presunção relativa, *iuris tantum*, de copropriedade ou condomínio das árvores cujos troncos se encontrem nos limites de dois imóveis.

Além disso, as duas regras clássicas em termos de árvores limítrofes continuam contempladas, tanto a de cortar os ramos e raízes que invadem a propriedade vizinha, como a relativa à titularidade dos frutos das árvores. Nesse sentido se afirma nos artigos 1.283 e 1.284 que os ramos pertencem ao dono, porém, o proprietário ou possuidor do imóvel vizinho onde se deitam os ramos ou raízes pode podar ou cortar a árvore. É claro que essa poda observará necessariamente as normas ambientais e administrativas aplicáveis à espécie.

Em relação aos frutos, enquanto na árvore estiverem, pertencerão ao proprietário onde ela deite raízes; porém, se caírem naturalmente, pertencerão ao proprietário do solo onde caírem. Se o proprietário ou possuidor do imóvel vizinho de alguma forma interferir para que os frutos caiam, e essa queda se consumar de forma não natural, ele não terá direito a esses frutos.

4.2 Passagem forçada

O segundo instituto que merece atenção é o da passagem forçada, previsto no Código de 2002 em um único artigo: o 1.285. O Código reproduz, nesse tema, a regra que permite ao proprietário encravado pela propriedade vizinha o acesso às vias públicas de maneira a preservar o contorno desse instituto. A passagem forçada constitui, como assinalam Caio Mário da Silva Pereira e Darci Bessone, uma verdadeira desapropriação de direito privado.

Há vários aspectos dignos de nota acerca do instituto da passagem forçada. Em primeiro lugar, ela não se confunde com a servidão de passagem, que, como se sabe, é resultante de consenso entre as partes. Portanto, tem sua fonte em convenção e existe para melhorar o acesso, para criar vantagem a determinado imóvel, denominado prédio dominante. A passagem forçada, por outro lado, é matéria de direito de vizinhança, com fonte na lei e para evitar prejuízo, como dito anteriormente, com fundamento no princípio da solidariedade social.

O artigo 1.285 do Código Civil, logo em seu *caput*, fixa um requisito importantíssimo ao instituo da passagem forçada: "o dono do prédio que não tiver acesso à via pública, nascente ou porto...". Portanto, trata-se do imóvel encravado; isto é, sem saída. Há amplo debate nos tribunais pátrios, a fim de apurar qual a solução correta em hipóteses muito próximas à do encravamento, quando há alguma passagem, mas essa é difícil, quase inacessível. Questiona-se se nessas hipóteses se considera ou não viável a utilização da passagem forçada. Majoritariamente, doutrina e jurisprudência se inclinaram pela resposta negativa, considerando que a passagem forçada impõe uma restrição à propriedade privada do vizinho, somente na medida em que o prédio não encontre qualquer possibilidade de saída é que haverá o direito de passagem. Somente, portanto, quando literalmente encravada é que terá direito à passagem forçada. Tal é o entendimento que prevalece. O juiz, então, diante dessa hipótese, vai fixar o rumo da passagem, de maneira a tentar minimizar o sofrimento e o ônus do prédio que tem de suportar a passagem do vizinho; e, assim que cessar essa situação de encravamento, seja pela abertura de novas vias, seja pela aquisição de novas terras, cessará para o vizinho o dever de franquear a passagem. O artigo 1.285, além disso, prevê uma indenização cabal. Ou seja, trata-se de direito de vizinhança oneroso.

Dentre as novidades trazidas no bojo do artigo 1.285, destaca-se a do §1º, que cuida da hipótese onde o imóvel encravado possa alcançar a via pública por várias propriedades confinantes (quando há várias possibilidades de acesso à via pública). Então, a regra é que sofrerá o constrangimento o vizinho cujo imóvel mais natural e facilmente se prestar à passagem. Como se vê, o Código de 2002 estabelece regra de importância prática para a definição de qual será o imóvel que suportará a passagem forçada. Vale lembrar, contudo, que este já era o entendimento consolidado da jurisprudência sobre o assunto. As inovações trazidas pelos demais parágrafos do artigo 1.285 não oferecem qualquer dificuldade para o intérprete, razão pela qual nos absteremos de analisar nesta sede.

4.3 Passagem de cabos e tubulações

Chega-se, então, ao terceiro instituto específico, que é a passagem forçada de cabos e tubulações. Cuida-se, aqui, de uma novidade do Código de 2002. São dois artigos que procuram estabelecer normas diante das novas necessidades sociais da população; normas essas que se assemelham, na maioria de seus contornos, ao instituto da passagem forçada, estudado logo acima. Tecer-se-ão brevíssimas considerações acerca de sua disciplina legal.

Em primeiro lugar, trata-se de direito de vizinhança oneroso. O próprio *caput* do artigo 1.286 do Código inicia estabelecendo a marca da onerosidade, pela fórmula "mediante recebimento de indenização que atenda também à desvalorização da área remanescente".

Em segundo, pode-se concluir que terá lugar a passagem de cabos e tubulações somente quando indispensável. É o que se depreende da parte final do *caput* desse mesmo artigo, que dispõe o seguinte:

> Mediante recebimento de indenização que atenda, também, à desvalorização da área remanescente, o proprietário é obrigado a tolerar a passagem, através de seu imóvel, de cabos, tubulações e outros condutos subterrâneos de serviços de utilidade pública, em proveito de proprietários vizinhos, quando de outro modo for impossível ou excessivamente onerosa.

Além disso, vai-se procurar estabelecer a passagem de forma menos gravosa à propriedade prejudicada, nos termos do parágrafo único do artigo 1.286, que guarda coerência com a linha traçada pelo Código em todas as passagens acerca da situação de vizinhança: o enfrentamento bilateral dos problemas ao qual se fez referência anteriormente.

Por fim, se houver riscos potenciais; ou seja, se a passagem dos cabos ou tubulações trouxer riscos (como é o caso das tubulações de gás e dos cabos de energia elétrica), pode-se exigir, a teor do artigo 1.287, a realização de obras de segurança.

4.4 Águas comuns

O Código, em sequência, passa a disciplinar o instituto das águas comuns, e o faz entre os artigos 1.288 e 1.296. Aqui, mais uma vez, a matéria não muda substancialmente o estado anterior do direito. O que há são algumas inovações, como ocorre sobretudo na regulamentação do aqueduto, nos artigos 1.293 a 1.296, e nas modificações trazidas nas regras gerais dos artigos 1.288 e 1.289.

A parte final do artigo 1.288 traz uma novidade, segundo a *ratio* de buscar tratamento bilateral dos direitos de vizinhança. Desde o regramento anterior já se dispunha que o dono do prédio inferior é obrigado a receber as águas que correm naturalmente para seu imóvel. Noutras palavras, o proprietário a jusante é obrigado a receber as águas que correm do proprietário a montante, de maneira natural. Acrescentou-se, ao final do artigo 1.288, que, assim como a propriedade inferior é obrigada a receber as águas que naturalmente correm da superior, o proprietário (ou possuidor) do prédio superior, por seu turno, não pode agravar, mediante a execução de obras, a condição natural e anterior do prédio inferior.

O artigo 1.289 garante o direito de receber indenização pelas águas que correrem do prédio a montante quando nele cheguem artificialmente, ou quando aí forem colhidas. Aqui, a regra é diferente porque se trata de nascentes artificiais, logo se fixa a onerosidade, ou seja, aquele que é obrigado a suportar essas águas tem o direito à indenização, sempre que o outro não puder desviá-las. O parágrafo único afirma que, quanto a essa indenização, vai se abater o eventual benefício que aquela água venha por eventualidade a conceder ao prédio inferior.

4.5 Linha divisória e direito de passagem

O tema é extenso e controverso; buscar-se-á apresentar sucintamente suas diretrizes básicas. Se há dúvida quanto ao delineamento da linha divisória, faz-se a busca de títulos de propriedade para determinar os lindes entre os prédios. Se não for possível, com base nos títulos de propriedade, fixar-se-á a linha divisória, demarcando-se as fronteiras entre os dois prédios como prevê o artigo 1.297, lançando-se mão dos critérios previstos no artigo 1.298.

O primeiro critério é o da comprovação da posse justa, que, de mais a mais, já era consagrada no sistema anterior. Não provada a posse de nenhum dos dois disputantes quanto aos limites ou, ao contrário, provada a composse, ou seja, não sendo possível definir a questão com base na posse, lança-se mão de um segundo critério, que é inovação trazida pelo Código de 2002: a repartição em partes iguais. Enquanto o Código anterior falava em repartição proporcional, o que suscitava os maiores problemas em se encontrar o critério de proporcionalidade (seria proporcional às respectivas áreas dos imóveis? Ao número de vizinhos interessados no pedaço de terra?), o Código de 2002, em boa hora, simplifica – ou tenta simplificar – estabelecendo a divisão em partes iguais, restaurando, enfim, o que já constava do próprio Projeto de Clóvis Beviláqua, que deu origem ao Código de 1916.

O terceiro critério, também já consagrado, é aplicado na hipótese de não ser viável essa divisão em partes iguais, por não ser cômoda. Se assim for, o juiz irá determinar a adjudicação da propriedade a um dos imóveis, estabelecendo indenização justa ao proprietário vizinho.

4.6 Direito de construir

O direito de construir fixa, no artigo 1.299, como regra geral, a possibilidade de o proprietário levantar a construção que lhe aprouver. Em princípio, ele constrói como quiser, desde que respeitadas as normas do direito de vizinhança e também os regulamentos administrativos, geralmente emitidos pelo Poder Público Municipal no controle de zoneamento e de definição de utilização daquela propriedade imóvel.

Além dessa liberdade de construir, tolhida por esses dois aspectos, seja pela vizinhança, seja pelo Direito Administrativo, pelas normas sobretudo municipais atinentes a gabaritos, a recuos, etc. há algumas regras específicas também no Código Civil. A primeira delas é a das *distâncias legais*. O Código de 2002 aumentou a distância mínima para a construção de edificações em relações aos limites entre imóveis rurais – era de um metro e meio no Código de 1916 e passou a ser de três metros no Código de 2002 (artigo 1.303). Portanto, hoje são três metros até o limite do terreno para erguer a construção rural.

A *contrario sensu*, como já se interpretava, o proprietário pode construir no seu imóvel urbano até o limite da divisória, mas a lei impede a abertura de janelas a menos de um metro e meio do terreno vizinho. Isso também se manteve no Código de 2002 expressamente no artigo 1.301. Os parágrafos de tal artigo veiculam, grandes inovações.

Dispõe o parágrafo primeiro: "As janelas cuja visão não incida sobre a linha divisória, bem como as perpendiculares, não poderão ser abertas a menos de setenta e cinco centímetros". Diminui-se pela metade a disposição do *caput*. Isso foi uma novidade trazida pelo Código de 2002, contrariando, inclusive, entendimento sumulado pelo Supremo Tribunal Federal, que não distingue a vista oblíqua da direta, na abertura janela ou afins, naquela proibição de um metro e meio.

O parágrafo segundo também apresentou outra inovação de monta, que foi estabelecer para as aberturas menores, que não são tecnicamente consideradas janelas (ou seja, medem menos de dez por vinte centímetros), que a permissão para a sua abertura está condicionada a que estas aberturas estejam a mais de dois metros de altura, para se evitar que se devasse o prédio vizinho, que se rompa a privacidade. No sistema anterior não havia esse requisito de altura, que, aliás, foi de inspiração do Código Civil Italiano.

Concluindo, o artigo 1.300 aduz outra regra específica, no sentido de que não se pode despejar águas diretamente sobre o vizinho. É uma fórmula mais genérica, melhorando-se a redação da disposição legal em relação à anterior correspondente. A depender das circunstâncias, poderá ser necessário o uso de calhas ou de qualquer mecanismo congênere a fim de evitar tal transtorno.

4.7 Auxílio mútuo

Por fim, cabe breve referência ao instituto do auxílio mútuo ou direito de ingresso na propriedade alheia, que está previsto no artigo 1.313 do Código de 2002, apresentando os requisitos seguintes: deve ser temporário; deve ser mediante prévio aviso; e deve ser indispensável o ingresso na propriedade vizinha. Obviamente, se esse ingresso gerar dano ao vizinho, há que se fazer acompanhar da devida reparação.

PARECERES

AUTONOMIA CONTRATUAL EM ANÁLISE: UM PROBLEMA DE INTERPRETAÇÃO E QUALIFICAÇÃO DO NEGÓCIO EM CONCRETO*

> "É preciso convencionar o preço, porque não há compra e venda sem preço." (*Institutas* do Imperador Justiniano, Livro Terceiro, Título XXIII, §1º)

O renomado Instituto XYZ, por meio de seus ilustres advogados, solicita nossa opinião doutrinária a respeito da natureza jurídica da operação registrada no "Termo de Transferência" nº xxx, datado de 17.03.2010, do livro de registro de acionistas da "ALFA – EMPREENDI-MENTOS S/A", por meio do qual a acionista "BETA LTD.", sociedade com sede em Jersey, transfere mais de 50.000.000 ações para o "INSTITUTO XYZ", que tem sede no Brasil, pelo preço de R$1,00 (um real), considerando que (i) o patrimônio líquido da "ALFA", em 28.02.2010, correspondia a montante acima de R$40.000.000,00 (quarenta milhões de reais) e que (ii) as ações transferidas representam 99,53% do total das mais de 50.000.000 das ações representativas do capital social da Companhia.

Segundo informações fornecidas pelo consulente e documen-tação acostada, em especial o parecer de 24 de novembro de 2010,

---

* O parecer foi originalmente publicado pela *Revista Trimestral de Direito Civil*, ano 12, abr./jun. 2011.

subscrito por RHG, único diretor da BETA e membro do escritório WT S.A., o pagamento de preço simbólico pelos ativos alienados teve por objetivo atender aos requisitos estabelecidos pela legislação de Jersey, que demandam a existência de uma contraprestação como condição necessária para tornar oponíveis as obrigações contratadas pelas partes e, assim, efetivar a transferência dos ativos pela alienante, bem como sua aquisição de pleno direito pelo adquirente.

De acordo com o exposto acima, infere-se que o objeto preciso da presente consulta cinge-se à questão da *qualificação* do contrato celebrado entre BETA e XYZ à luz do direito brasileiro, se de compra e venda ou de doação.[1]

É por meio do procedimento de qualificação[2] que se logra individuar a normativa adequada a cada caso concreto, à luz das regras, dos princípios e dos valores constantes do ordenamento, permitindo-se identificar, no que toca à consulta que nos foi encaminhada, o tipo contratual adotado pela declaração de vontade comum dos contraentes.

Consoante a doutrina de Pietro Perlingieri, "qualificação é determinação da relevância jurídica do fato, isto é, determinação da normativa. Para esta contribuem a superação do esquema da subsunção e a consideração que a integração dos efeitos não é somente algo 'posterior' à qualificação, mas um seu momento essencial".[3]

A qualificação dos negócios jurídicos no direito civil realiza-se, sob o prisma estrutural, por meio da análise de seus elementos essenciais, e sob a inspiração funcional, pela compreensão da síntese de seus efeitos essenciais.

Adianta-se daqui a conclusão de que, sob qualquer ótica pela qual se examine a questão, verificou-se constituir doação o negócio

---

[1] Segundo Enzo Roppo, "a operação lógica, através da qual o intérprete – perante um contrato determinado, concreto – individualiza a que tipo ele pertence, designa-se por *qualificação*". *O contrato*. Tradução de Ana Coimbra e M. Januário Gomes. Coimbra: Almedina, 1988, p. 133.

[2] Para Olivier Cayla, o procedimento de qualificação é uma "atividade central do jurista" e que "consiste em dar um nome às coisas e caracterizá-las juridicamente. Antes de começar por dizer de um objeto o que ele não deve ser, ou ao contrário dizer o que ele pode ou deve ser, começa-se por dizer o que ele é. De um fato que, no estado natural, "bruto", se apresenta por exemplo como a passagem de um bem das mãos de uma pessoa a outra, começa-se por dizer se ele se chama venda, doação, roubo... e é precisamente essa atividade de aparência descritiva e eminentemente jurídica que consiste na qualificação". Overture: La qualification, ou la vérité du droit. *Revue Française de Théorie Juridique*, n. 18, p. 3 e 4, citado por Adriano Saldanha em *Direito internacional privado e direito à filiação*. Rio de Janeiro: Lumen Juris, 2010, p. 14.

[3] PERLINGIERI, Pietro. *O direito civil na legalidade constitucional*. Tradução de Maria Cristina De Cicco. Rio de Janeiro: Renovar, 2008, p. 658.

entabulado entre BETA e XYZ. Estrutura e função se complementam e conduzem o intérprete a este mesmo resultado, senão, vejamos.

Em linha de princípio, um contrato em que se transfere a propriedade contra o pagamento de um preço se traduz como compra e venda – não é à toa que a dicção legal do artigo 482 do CC[4] ("as partes acordarem no objeto e no preço") em boa síntese contempla todos os elementos essenciais da compra e venda: coisa, preço e consentimento.

No entanto, subtraindo-se o elemento essencial preço, afirma-se que a transferência da propriedade que teria lugar em tal quadro denotaria um espírito de liberalidade, de altruísmo, de beneficiar a outra parte desinteressadamente, pois que inexistente a contraprestação, e assim caracteriza-se como doação.

Tais noções encontram-se bem sedimentadas na doutrina. Em rigor, desde os jurisconsultos do século XVI, como informou Pothier, no clássico *Tratado das obrigações*, já se antevia tal esquema. Confira-se: "muito mais exata a distinção que vários jurisconsultos do século XVI fizeram, pois identificam três coisas distintas em todo contrato: as que lhe são essenciais, as que são apenas da natureza do contrato, e aquelas que lhe são puramente acidentais".[5]

Eis a origem da consagrada tripartição dos elementos dos negócios jurídicos em essenciais, naturais e acidentais. E, no que tange à temática que nos interessa, prossegue: "As coisas que são da essência do contrato são aquelas sem as quais o contrato não pode subsistir: *faltando uma delas*, já não há contrato, ou *será outra espécie de contrato*. É essencial, por exemplo, que em todo contrato de venda exista uma coisa que seja vendida, e que exista um preço pelo qual foi vendida" (grifou-se). E conclui, insistindo na ideia: "a falta de uma das coisas que são da essência do contrato impede que exista qualquer tipo de contrato; às *vezes essa ausência muda sua natureza*" (grifou -se).[6]

Exatamente nisso reside a pertinência da lição invocada: diante do consenso quanto à transferência da propriedade da coisa, a falta do elemento essencial preço desvirtua, modifica a natureza do ajuste para doação – como textualmente posto logo acima, *será outra espécie de contrato*.

---

[4] "Art. 482 – A compra e venda, quando pura, considerar-se-á obrigatória e perfeita, desde que as partes acordarem no objeto e no preço".

[5] POTHIER, Robert Joseph. *Tratado das obrigações*. Campinas: Servanda, 2001, p. 33.

[6] *Ibidem*.

Também Caio Mário professa a tese explicitando a consequência: "Ao examinar a qualificação de um contrato, cumpre fundamentalmente analisá-lo em suas características próprias, e nos seus elementos etiológicos, independentemente da denominação que as partes lhe deram, ou utilizaram para designá-lo. *Se os contratantes avençaram um negócio jurídico em que se opera a transferência do domínio de uma coisa imóvel sem a contraprestação de um preço, é em vão que o denominem compra e venda, porque na sua essência o que ocorre é uma doação"* (grifou-se).[7]

Apresentadas com clareza em suas bases doutrinárias específicas, a questão que se coloca em exame reclama ainda um pequeno passo adiante do intérprete.

Com efeito, se formalmente está presente um preço (o pagamento de um real), materialmente ele se revela vazio, oco, inconsistente quando contraposto ao valor da coisa cedida, situado em patamar acima de quarenta milhões de reais.

Igualmente mostra-se assentada na doutrina a ideia de exigência de certos requisitos pertinentes ao elemento preço, principalmente: que seja certo ou determinável; que consista em dinheiro; e, sobretudo para o nosso estudo, que se revista de seriedade.

Segundo Orlando Gomes, "o preço deve ser sério; *verum* como diziam os romanos. Necessário que o vendedor tenha a intenção de exigi-lo e consista em soma que possa ser considerada contrapartida da coisa. Inadmissíveis, portanto, o *preço simulado, o preço irrisório, o preço vil*. Se *fictício* não vale a venda. A equivalência das prestações não precisa ser objetiva. Exigindo-se apenas que o preço não seja tão insignificante que signifique liberalidade do vendedor ou seu propósito de não o exigir".[8]

A parte final da transcrição amolda-se sob medida ao caso: a insignificância do preço (um real) significa liberalidade.

E já era assim desde o período clássico do direito romano. Segundo Ebert Chamoun, naquela época o preço devia ser real e sério, de tal sorte que "a venda por preço insignificante, *nummo uno*, disfarça uma doação e era tratada como tal".[9]

Se, como informado *supra*, o sistema de direito romano já oferecia o deslinde adequado à controvérsia, há mais de dois mil anos

---

[7] PEREIRA, Caio Mário da Silva. *Contratos e obrigações:* pareceres: de acordo com o Código Civil de 2002. Rio de Janeiro: Forense, 2011, p. 264.

[8] GOMES, Orlando. *Contratos.* 24. ed. Rio de Janeiro: Forense, 2001, p. 229.

[9] CHAMOUN, Ebert. *Instituições de direito romano.* 6. ed. Rio de janeiro: Rio, 1977, p. 367.

atrás, com o passar do tempo e o amplo processo de desenvolvimento técnico-industrial registrado sobretudo nos últimos dois séculos, robusteceu-se ainda mais a consideração da prevalência da substância sobre a forma, hoje positivada no Código Civil como regra de interpretação dos negócios jurídicos em geral (art. 112 do Código Civil[10]).

Na esteira da assertiva, Caio Mário explica que "mais modernamente, passou-se a considerar que o *nomem juris* não é fundamental na qualificação do contrato. O que sobreleva é a sua tipificação. Tendo em vista o fato de se achar um contrato disciplinado nos Códigos ou nas leis, isto é, de ser uma figura contratual dotada de tipicidade legal, diz-se que ele é 'típico'. Caso contrário, classifica-se como contrato 'atípico'. (...) Quando as partes celebram um contrato típico, por isto mesmo, e só por isto, adotam toda a dogmática legal daquele negócio jurídico. Implicitamente, invocam as normas jurídicas oferecidas pelo legislador para aquela espécie de avença, embora se reconheça que nem sempre se trate de regras imperativas".[11]

A extensão da desproporção entre coisa e preço aponta a variabilidade dos remédios e institutos jurídicos atinentes a cada problema em concreto. Alude-se à lesão, ou, na outra ponta, à excessiva onerosidade, com os efeitos que lhes são peculiares, anulação ou revisão/resolução. No particular, todavia, de tais expedientes não se cogita. O valor do preço arremata qualquer debate. A discussão em torno da proporcionalidade sequer se põe.

De fato, não se vislumbra nenhum indício, nenhuma nesga de bilateralidade e onerosidade em uma avença que origina a transferência de ações avaliadas, insista-se, em mais de quarenta milhões de reais contra o pagamento de apenas um real.

Não há, em definitivo, vínculo de causa e efeito, tecnicamente *sinalagma*, ligando as obrigações das partes de modo a que cada uma seja a razão de ser da outra e vice-versa, como acontece na compra e venda em geral, a justificar a atração e a incidência de todo um arcabouço normativo típico de tal classificação dos contratos. Nos negócio bilaterais sinalagmáticos, como se sabe, "não só nascem obrigações para ambas as partes, como essas obrigações se encontram unidas uma à outra por

---

[10] "Art. 112 – Nas declarações de vontade se atenderá mais à intenção nelas consubstanciada do que ao sentido literal da linguagem". Tal dispositivo repete, com pequena alteração redacional, o art. 85 do Código de 1916.

[11] PEREIRA, Caio Mário da Silva. *Contratos e obrigações:* pareceres: de acordo com o Código Civil de 2002. Rio de Janeiro: Forense, 2011, p. 181.

um vínculo de *reciprocidade* ou *interdependência*", consoante cátedra de Antunes Varela,[12] vínculo este que não se tem na hipótese em exame. O que se tem, a rigor, aqui, é mera liberalidade. A prática de ato sem interesse patrimonial correspectivo. Invoque-se uma outra vez o magistério autorizado de Caio Mário: "Ainda que haja a menção de um preço meramente simbólico, ou irrisório, o contrato é de doação e não de compra e venda, porque este não se aperfeiçoa sem a existência da coisa e do preço (com os respectivos elementos), além do consentimento. Mas um contrato, posto que apelidado de compra e venda, não pode ser assim qualificado, se lhe faltar um de seus elementos essenciais. Há nisto, então, um problema de hermenêutica da vontade, ligado à qualificação do contrato".[13]

Adotando idêntica conclusão, mas por via diversa, complementar, Perlingieri também destaca que: "A modificação da disciplina de um contrato pode incidir sobre a sua qualificação toda vez que a mudança, ainda que de uma única cláusula, provocar a mudança do título, isto é, da função sócio-jurídica do regulamento contratual".[14] A cláusula do valor do preço, *in casu*, deflagra a transmutação do negócio de aparente compra e venda em verdadeira doação.

Aí está. Cruzando-se as fronteiras da estrutura para a função, ou, em termos didáticos, do "como é" para o "para que serve", Perlingieri adverte: "ao lado da constituição, modificação ou extinção devem ser analisados os possíveis efeitos relativos à *fattispecie* concreta, ao seu particular regulamento de interesses, de modo a valorar o ato não apenas estruturalmente, mas teleologicamente".[15]

Uma vez verificada a teleologia do negócio em concreto produzido entre BETA e XYZ, a finalidade última dos contratantes repousa em ato de benemerência em prol do segundo, sendo que o pagamento de um preço de valor simbólico visou apenas a atender requisito da lei do domicílio da alienante, com vistas a tornar oponíveis as obrigações contratadas. Assim, considera-se que o propósito que levou cada parte a querer contratar, que determinou o conteúdo contratual e bem assim o regime dos seus efeitos é que qualificará o negócio concreto. Sendo,

---

[12] VARELA, João de Matos Antunes. *Das obrigações em geral*. 10. ed. Coimbra: Almedina, 2000. v. I, p. 396.

[13] *Op. cit.*, p. 264.

[14] PERLINGIERI, Pietro. *O direito civil na legalidade constitucional*. Tradução de Maria Cristina De Cicco. Rio de Janeiro: Renovar, 2008, p. 658.

[15] *Idem*, p. 659.

portanto, o atendimento à determinada finalidade econômico-jurídica o fator decisivo na especificação contratual.[16]

Retomando a lição de Perlingieri: "definiu-se, antes, a função do fato como a 'síntese dos efeitos essenciais'. A definição é particularmente indicativa, uma vez que é mediante esta síntese que se qualifica o fato: é pela síntese dos efeitos essenciais – e, portanto, pela função concreta – que se compreende se o fato jurídico é, por exemplo, uma compra e venda, uma doação, ou uma outra figura negocial".[17]

A transferência das ações da ALFA sem correspectivos quaisquer – eis a síntese dos efeitos essenciais da avença *sub examen*, a qual não guarda relação com o que o autor designa mínimo denominador comum da compra e venda: "O artigo 1.470 Cód. Civ. [italiano] individua a função prático-social da compra e venda em um núcleo essencial, constituído pela transferência do direito contra o pagamento do preço. Sem este mínimo denominador comum não existe 'aquele' contrato, mas um ato com outra função".[18]

E, para finalizar o raciocínio, arremata o professor: "portanto, é possível deparar-se também com *fattispecie* que produzam o nascimento do pagamento de uma soma de dinheiro e a transferência de um direito sem que sejam definíveis como compra e vendas, uma vez que tais efeitos, em vez de estarem ligados incindivelmente de forma correspectiva, são resultado de uma outra síntese (ou função) prático-jurídica".[19] Na presente hipótese, diante da magnitude da diferença entre as prestações das partes, o negócio divorcia-se da compra e venda ou de qualquer contrato atípico análogo que se classificasse como bilateral-sinalagmático e se inscreve dentre os unilaterais, gratuitos, animados por liberalidade.

Entender o contrário é impedir a efetiva atuação do programa de autonomia privada traçado pelas partes, frustrando seus interesses fundamentais.

Tendo deixado claro nosso pensamento, após a corrente exposição, cumpre apenas abrir parêntese para aduzir um registro final, ainda que breve, já que a extrapolar os lindes, estreitos, desta empreitada. É que não se pode, em princípio, inquinar o negócio benéfico de inválido

---

[16] No mesmo sentido, confira-se ROPPO, Enzo. *O contrato*. Tradução de Ana Coimbra e M. Januário Gomes. Coimbra: Almedina, 1988, p. 142.

[17] PERLINGIERI, Pietro. *O direito civil na legalidade constitucional*. Tradução de Maria Cristina De Cicco. Rio de Janeiro: Renovar, 2008, p. 658 e 659.

[18] *Idem*, p. 660.

[19] *Idem*, p. 661.

por incorrer em vício de simulação. Se de simulação se tratasse, ainda assim a consequente nulidade seria apenas da compra e venda aparente, por conter declaração ou cláusula não verdadeira – o preço fictício de um real – subsistindo, entretanto, a doação encoberta sob as roupagens do outro tipo.

Isso porque a doutrina do direito civil costuma designar tal fenômeno por *simulação relativa*, categoria que tem por efeito a preservação do negócio real, limitando os efeitos da nulidade ao negócio aparente, em caso de aplicação do princípio da conservação dos negócios jurídicos, como salientam Gustavo Tepedino, Heloisa Helena Barboza e Maria Celina Bodin de Moraes: "a simulação relativa, também denominada dissimulação, é a que contém dois atos jurídicos, quais sejam: o negócio simulado que esconde ou camufla outro negócio, que é o dissimulado, a verdadeira intenção das partes. É então da simulação relativa que fala o dispositivo em tela [art. 167 do CC], referindo-se à preservação do negócio dissimulado, se válido na substância e forma. Trata-se de um caso de aplicação do princípio da conservação dos negócios jurídicos".[20]

O único requisito para a subsistência do negócio que se dissimulou é que seja válido na substância e na forma, como constatado. Recorra-se novamente a lição de Tepedino, Barboza e Moraes: "quanto à forma, a doação pode ser classificada em duas espécies: em regra, escrita, por instrumento particular ou por escritura pública, a integrar a própria substância do negócio, *ad solemnitatem*; ou, excepcionalmente, real. A imposição de forma solene decorre da necessidade de se coibirem eventuais abusos que se poderiam praticar mediante ato gratuito".[21]

A existência do documento escrito e bem assim do registro da operação no livro de registro de acionistas da ALFA satisfaz, de todo, o requisito de forma escrita das doações, além de denotar a aceitação expressa do donatário – esta imprescindível à existência do contrato.[22]

---

[20] *Código civil interpretado conforme a Constituição da República*. 2. ed. Rio de Janeiro: Renovar, 2006. v. I, p. 317 e 318.

[21] *Código civil interpretado conforme a Constituição da República*. Rio de Janeiro: Renovar, 2007. v. II, p. 221.

[22] San Tiago Dantas leciona que "a natureza contratual da doação está, claramente, expressa no dispositivo de lei que se possui sobre o assunto, pela exigência de que o donatário aceite a doação".
Para além de exprimir a posição do direito brasileiro acerca da natureza jurídica da doação, San Tiago expressa seu posicionamento quanto à importância deste contrato na sociedade contemporânea: "a doação corresponde a uma função econômica e civil muito complexa. É através dela que se opera este cooperação desinteressada, que um homem dá a outro homem, seja por motivo de ordem afetiva, seja por simples razões de solidariedade social, seja, até mesmo, por desejo de remunerar serviços, que não foram prestados contra

E, assim, nada existindo nos termos da consulta que abale a higidez da doação, no que tange à sua substância, e preenchido o requisito formal *ad solemnitatem* de materialização por escrito, fecha-se o parêntese afirmando-se que o negócio se apresenta perfeitamente válido e eficaz.

Em conclusão final, e respondendo diretamente à consulta formulada, podemos proferir com segurança a nossa opinião de que a transferência das ações da ALFA pela BETA em benefício do XYZ constitui doação no direito brasileiro, seja por qualquer ângulo sob o qual se aprecie a espécie.

É o parecer.

---

pagamento de um preço, seja para estimular atividades etc.". *Programa de direito civil*. Rio de Janeiro: Editora Rio, 1978. v. II, p. 253 e p. 249, respectivamente. No caso da consulta, o motivo parece ser o de estimular atividades, com base ma solidariedade social.

ROYALTIES E PARTICIPAÇÕES ESPECIAIS DEVIDOS PELA EXPLORAÇÃO DO PETRÓLEO: SEGURANÇA JURÍDICA, DIREITO ADQUIRIDO E BOA-FÉ OBJETIVA*

Ementa: Royalties e participações especiais devidos pela exploração do petróleo. Superveniência de modificação legislativa. Irretroatividade. Segurança jurídica. Direito adquirido. Ato jurídico perfeito. Perfil funcional. Natureza compensatória. Contrato de Refinanciamento de Dívida. Tutela da confiança. Boa-fé objetiva. Inconstitucionalidade que se impõe. Possibilidade de interpretação conforme a Constituição para protrair os efeitos da lei nova para as concessões licitadas depois do encerramento do aludido Contrato de Refinanciamento.

1 Relatório. O objeto da consulta e o âmbito de projeção do problema

Trata-se de processo administrativo iniciado no âmbito desta Procuradoria-Geral do Estado do Rio de Janeiro, formado a partir do Ofício s/n – 2014 – ACSJ/PG13, da lavra do Ilustre Procurador-Chefe da Procuradoria do Estado na Capital Federal, Dr. Alde da Costa

---

* O parecer foi originalmente publicado na *Revista de Direito da Procuradoria Geral do Estado do Rio de Janeiro*, v. 68, 2014.

Santos Júnior, endereçado ao Exmo. Subprocurador-Geral do Estado, Dr. Ciro Grynberg (fls. 3), solicitando a emissão de parecer pelo subscritor do presente em tema que envolve a segurança jurídica e as novas regras de distribuição dos *royalties* e participações especiais devidos pela exploração do petróleo, introduzidas pela Lei nº 12.734, de 30 de novembro de 2012. O d. requerente aduz que deduziu o pedido com a finalidade de subsidiar a defesa da posição do Estado na Ação Direta de Inconstitucionalidade nº 4.917/RJ, por meio da qual se pretende ver declarada a inconstitucionalidade da referida lei.

O indigitado ofício se fez acompanhar de cópia dos seguintes documentos: petição inicial da ADI mencionada acima (fls. 4-54); Contrato de confissão, consolidação e refinanciamento de dívidas celebrado entre a União e o Estado do Rio de Janeiro (fls. 55-64); Termo aditivo de rerratificação ao aludido contrato de confissão, consolidação e refinanciamento de dívidas (fls. 64, v.-66); e Lei nº 2.674/1997 – que concede autorização ao Poder Executivo para adoção de medidas necessárias à implementação de programa de reestruturação e de ajuste fiscal de longo prazo (fls. 66, v.-69).

Acolhendo o pleito da douta PG-13, a manifestação do insigne Subprocurador-Geral do Estado demanda, nos termos do artigo 6º, XXIV, da Lei Complementar nº 15/1980,[1] a elaboração de parecer que especificamente examine: (a) "a violação do primado da segurança jurídica e do ato jurídico perfeito, em razão da anunciada aplicação do novo regime de distribuição de *royalties* às concessões licitadas anteriormente à vigência da Lei nº 12.534/2012"; e (b) "a violação desses primados à luz do Contrato de Refinanciamento de Dívidas celebrado entre o Estado e a União" (fls. 70).

Antecipando o teor das conclusões do presente parecer, pode-se afirmar que o tema em exame, ainda que desafie o olhar do intérprete e requeira alcance sobre o amplo e complexo panorama das diversas fontes que compõem a unidade do ordenamento jurídico, revela-se, em essência, relativamente simples no que tange à demonstração das múltiplas violações perpetradas pelo advento das novas regas de distribuição dos *royalties* e participações especiais devidos pela exploração do petróleo.

---

[1] LC 15/1980, "Art. 6º – Compete ao Procurador-Geral do Estado, sem prejuízo de outras atribuições: (...) XXIV – avocar encargo de qualquer Procurador do Estado, podendo atribuí-lo a outro, e, também, *designar qualquer Procurador do Estado, ainda que se encontre no exercício de funções de cargo de chefia de assessoria jurídica de Secretaria de Estado, para a execução de trabalho específico, independentemente de sua lotação*" (destacou-se).

A consagração desse novo modelo viola, em primeiro plano, o sentido e o alcance do art. 20, §1º da Constituição, além do próprio pacto federativo originário, e, em consequência, o princípio da supremacia da Constituição e o princípio federativo. Dessa ordem de violações, no entanto, este trabalho cuidará apenas na medida em que se relacione ao desenvolvimento do objeto específico da consulta formulada, a saber, *o estudo das violações dos primados da segurança jurídica e do ato jurídico perfeito,* como se vê a seguir, sem perder de vista a perspectiva dinâmica de interações e cruzamentos de rumo dos pontos integrantes de cada um destes elencos.[2]

2 Fundamentação

2.1 Primeiro quesito: a violação do primado da segurança jurídica e do ato jurídico perfeito, em razão da anunciada aplicação do novo regime de distribuição de *royalties* às concessões licitadas anteriormente à vigência da Lei nº 12.534/2012

O pano de fundo da problemática descrita *supra* reside na análise das consequências do chamado *conflito de leis no tempo,* fenômeno comumente designado como *direito intertemporal.* A mudança legislativa projeta efeitos nas situações jurídicas continuativas, aquelas que se prolongam no tempo e que, justamente, são atingidas pelo feixe de incidência das novas disposições.

As atividades afetas à extração do petróleo engendram a celebração de contratos de longa duração, os quais, como se sabe, dadas as singularidades de sua natureza, demandam, por exemplo, vultosos investimentos por parte dos diferentes agentes públicos e/ou privados envolvidos, investimentos de tal ordem que requerem tempo de retomo do capital aplicado e do estabelecimento de garantias de previsibilidade e de segurança relacionadas ao processo – parecendo desnecessário

---

[2] Na divisão didática concebida na petição inicial da ADI nº 4.917/RJ, o objeto imediato deste parecer estaria inserido na tese II (invalidade da aplicação das novas regras aos *royalties* derivados das concessões instituídas nos termos da legislação anterior) e corresponderia *ao pedido subsidiário* formulado naquela sede, compreendendo apenas mediatamente o escopo da tese I (invalidade global das alterações no regime jurídico dos royalties do petróleo), atinente ao *pedido principal.*

desenvolver nesta sede a umbilical vinculação entre capital intensivo, previsibilidade e segurança.[3]

A superveniência da mudança de rumos legislativos, como se pretende demonstrar neste texto, atinge em cheio não somente os contratos aperfeiçoados de há muito e em plena produção de efeitos, como toda uma gama de situações jurídicas plurilaterais, complexas e interdependentes que formam o [equilíbrio normativo do] sistema, dentro do qual os negócios jurídicos perfeitos e acabados aparecem como partes integrantes de um todo.

Esse complexo de relações jurídicas envolve diversas pessoas de direito público e privado – inclusive os entes federativos União, Distrito Federal, Estados e Municípios, os quais titularizam diferentes situações subjetivas, ativas e passivas, de confronto e de cooperação – e se encontra funcionalizado à promoção de princípios e valores inseridos no ápice do ordenamento jurídico brasileiro e que constituem a razão de ser da própria federação.

A unicidade orgânica das posições e situações jurídicas atreladas no seio desse complexo não se constituiu por obra do acaso. Muito pelo contrário, decorre de sólida fundamentação normativa, assentada no bojo da própria Constituição, com raízes no pacto federativo originário, e se apresenta como fator essencial ao desenvolvimento da atividade petrolífera. Não houvesse as propaladas estabilidade e rigidez quanto à garantia das regras do jogo e certamente não haveria a rede contratual subjacente, com os investimentos públicos e privados que sustentam e conformam o relevante segmento, cujos resultados afiguram-se, hoje, indispensáveis ao incremento econômico e social do país.

É nesse sentido que a Constituição da República confere à União o domínio sobre o petróleo, mas lhe obriga a partilhar com Estados e Municípios o produto de sua exploração.[4] Exploração esta que se

---

[3] Rolf Stober enaltece a importância da segurança jurídica para o desenvolvimento da economia: "A capacidade de fimcionamento, o lucro, a disponibilidade de investimento e de inovação da economia dependem, em larga escala, da aferição e da previsibilidade das medidas de direito administrativo econômico. Aferição significa para os sujeitos da economia privada segurança jurídica dispositiva, no sentido de garantia e continuidade da ordem jurídico-econômica". STOBER, Rolf *Direito administrativo econômico geral*. Tradutção de Antônio Francisco de Sousa. São Paulo: Saraiva, 2012, p. 144 e 145. No mesmo sentido, José Afonso da Silva: "Uma importante condição da segurança jurídica está na relativa certeza de que os indivíduos têm de que as relações realizadas sob o império de uma norma devem perdurar ainda quando tal norma seja substituída". AFONSO DA SILVA, José. *Curso de direito constitucional positivo*. 29. ed. São Paulo: Malheiros, 2007, p. 433.

[4] "Art. 20. São bens da União:

...

IX – os recursos minerais, inclusive os de subsolo;

constitui em monopólio da União, nos termos do texto constitucional que prevê, ainda, a edição de lei para disciplinar as condições de contratação de empresas estatais e de particulares para procederem às diversas atividades envolvidas em tal contexto.[5]

A lei de que trata o texto constitucional é a Lei nº 9.478/1997, que "dispõe sobre a política energética nacional, as atividades relativas ao monopólio do petróleo, institui o Conselho Nacional de Política Energética e a Agência Nacional do Petróleo e dá outras providências", e que veio a ser complementada, quanto às áreas do pré-sal, pela Lei nº 12.351, de 22 de dezembro de 2010.

À luz desta normatividade, Estados e Municípios produtores planejaram suas economias valendo-se, legitimamente, de uma receita tida como *certa*. E assim celebraram contratos, realizaram investimentos, assumiram compromissos que respeitaram o princípio da responsabilidade fiscal, enfim, *pautaram suas condutas em lastro jurídico alicerçado em um sistema normativo que tutela a segurança, o direito adquirido e o ato jurídico perfeito*.[6]

Eis que, surpreendentemente, o quadro normativo instituído por essas leis foi desconstruído pela Lei nº 12.734/2012, que "modifica as Leis nº 9.478, de 6 de agosto de 1997, e nº 12.351, de 22 de dezembro

---

...

§1º É assegurada, nos termos da lei, aos Estados, ao Distrito Federal e aos Municípios, bem como a órgãos da administração direta da União, participação no resultado da exploração de petróleo ou gás natural, de recursos hídricos para fins de geração de energia elétrica e de outros recursos minerais no respectivo território, plataforma continental, mar territorial ou zona econômica exclusiva, ou compensação financeira por essa exploração."

[5] "Art. 177. Constituem monopólio da União:
I – a pesquisa e a lavra das jazidas de petróleo e gás natural e outros hidrocarbonetos fluidos;
II – a refinação do petróleo nacional ou estrangeiro;
III – a importação e exportação dos produtos e derivados básicos resultantes das atividades previstas nos incisos anteriores;
IV – o transporte marítimo do petróleo bruto de origem nacional ou de derivados básicos de petróleo produzidos no País, bem assim o transporte, por meio de conduto, de petróleo bruto, seus derivados e gás natural de qualquer origem;
...
§1º A União poderá contratar com empresas estatais ou privadas a realização das atividades previstas nos incisos I a IV deste artigo observadas as condições estabelecidas em lei.
§2º A lei a que se refere o §1° disporá sobre:
I – a garantia do fornecimento dos derivados de petróleo em todo o território nacional;
II – as condições de contratação;
III – a estrutura e atribuições do órgão regulador do monopólio da União".

[6] O direito adquirido e o ato jurídico perfeito são protegidos pelo ordenamento jurídico brasileiro, não podendo ser atingidos por lei superveniente, conforme o inciso XXXVI do artigo 5º da Constituição da República (*"a lei não prejudicará o direito adquirido, o ato jurídico perfeito e a coisa julgada"*).

de 2010, para determinar novas regas de distribuição entre os entes da Federação dos *royalties* e da participação especial devidos em função da exploração de petróleo, gás natural e outros hidrocarbonetos fluidos, e para aprimorar o marco regulatório sobre a exploração desses recursos no regime de partilha".

Contra os termos desta lei de 2012 insurgiu-se o Estado do Rio de Janeiro, ajuizando a Ação Direta de Inconstitucionalidade nº 4.917/RJ pendente de julgamento no âmbito do Supremo Tribunal Federal e já com liminar deferida pela Exma. Ministra Relatora para suspender a eficácia dos dispositivos relacionados à partilha, Confira-se:

> Conquanto apenas em sede acauteladora de direitos fundamentais federativos, a argumentação apresentada pelo Autor da presente ação e a demonstração por ele feita dos riscos iminentes e de efeitos de difícil desfazimento a serem suportados por Estados e Municípios que se creem titulares do direito prescrito no parágrafo 1º do art. 20 da Constituição, conduz ao imediato deferimento do requerido, para suspender os efeitos dos arts. 42-B; 42-C; 48, II; 49, II; 49-A; 49-B; 49-C; parágrafo 2º do art. 50; 50-A; 50-B; 50-C; 50-D e 50-E da Lei Federal n. 9.478/97, com as alterações promovidas pela Lei n. 12.734/2012, ad referendum do Plenário deste Supremo Tribunal Federal, até o julgamento de mérito da presente ação.[7]

Na verdade, as decisões do Supremo Tribunal Federal têm sido firmes no reconhecimento da inconstitucionalidade de diferentes leis que se pretendiam retroativas, justamente por verificar nesses casos a ofensa ao direito adquirido e ao ato jurídico perfeito, rechaçando a incidência de lei nova sobre contratos celebrados na vigência da lei anterior.

Exemplos marcantes de tal orientação são bem retratados em três casos ruidosos que se tornaram emblemáticos. Trata-se de mudanças legislativas que tinham por objeto (i) os planos privados de assistência à saúde; (ii) a desindexação da economia; e (iii) as cadernetas de poupança. E em todos eles o Tribunal assentou a força normativa das garantias constitucionais atinentes à segurança jurídica.

A ADI-MC nº 1.931/DF, no ponto que interessa ao desenvolvimento deste trabalho, tratou do pedido de suspensão de eficácia e posterior declaração de inconstitucionalidade de disposições da Lei nº 9.656, de 3 de junho de 1998, que trata dos planos privados de

---

[7] STF /ADI nº 4.917 MC/DF, Medida Cautelar na ADI; Min. Rel. Carmen Lúcia, julg. 18.03.2013; publ. 21.03.2013.

assistência à saúde, a contratos celebrados antes de sua vigência.[8]
Colhe-se do voto do relator:

> 55. Assim sendo, os contratos assinados com os consumidores antes da nova legislação não podem ser modificados pelas regas ora impostas, sob pena de violação ao princípio do direito adquirido e também ao ato jurídico perfeito – garantias protegidas por mandamento constitucional (CF, artigo 5º, inciso XXXVI).
>
> (...)
>
> 61. A retroatividade determinada por esses preceitos faz incidir regras da legislação nova sobre cláusulas contratuais preexistentes, firmadas sob a égide do regime legal anterior, que, a meu ver, afrontam o direito consolidado das partes, de tal modo que violam o principio consagrado no inciso XXXVI do artigo 5º da Constituição Federal e põem-se em contraste com a jurisprudência desta Corte de que é exemplo o acórdão proferido na ADI nº 493-DF, Moreira Alves, publicado na RTJ 143/724.

O exemplo mencionado na decisão imediatamente anterior diz respeito à instituição de regras para a desindexação da economia, no início da década de 1990, que foram em parte refutadas pelo teor do voto-condutor do Ministro Moreira Alves, não por coincidência invocado como fundamento do voto em tema de planos de saúde.

A decisão da ADI nº 493-DF teve, dentre outras virtudes, o mérito didático de afastar o entendimento, comum na doutrina lastreada em ordenamentos europeus que não possuem previsão constitucional

---

[8] A decisão restou assim ementada: "AÇÃO DIRETA DE INCONSTITUCIONALIDADE. LEI ORDINÁRIA 9656/98. PLANOS DE SEGUROS PRIVADOS DE ASSISTÊNCIA À SAÚDE. MEDIDA PROVISÓRIA 1730/98. PRELIMINAR. ILEGITIMIDADE ATIVA. INEXISIÊNCIA. AÇÃO CONHECIDA. INCONSTITUCIONALIDADES FORMAIS E OBSERVÂNCIA DO DEVIDO PROCESSO LEGAL. *OFENSA AO DIREITO ADQUIRIDO E AO ATO JURÍDICO PERFEITO.* 1. Propositura da ação. Legitimidade. (...) 5. Violação ao direito adquirido e ao ato jurídico perfeito. Pedido de inconstitucionalidade do artigo 35, caput e parágrafos 1º e 2º, da Medida Provisória 1730-7/98. Ação não conhecida tendo em vista as substanciais alterações neles promovida pela medida provisória superveniente. 6. Artigo 35-G, caput, incisos I a IV, parágrafos 1º, incisos I a V, e 2º, com a nova versão dada pela Medida Provisória 1908-18/99. *Incidência da norma sobre cláusulas contratuais preexistentes, firmadas sob a égide do regime legal anterior. Ofensa aos princípios do direito adquirido e do ato jurídico perfeito. Ação conhecida, para suspender-lhes a eficácia até decisão final da ação.* 7. Medida cautelar deferida, em parte, no que tange à suscitada violação ao artigo 5º, XXXVI, da Constituição, quanto ao artigo 35-G, hoje, remunerado como artigo 35-E pela Medida Provisória 1908-18, de 24 de setembro de 1999; ação conhecida, em parte, quanto ao pedido de inconstitucionalidade do §2º do artigo 10 da Lei 9.656/1998, com a redação dada pela Medida Provisória 1908-18/1999, para suspender a eficácia apenas da expressão "atuais e". Suspensão da eficácia do artigo 35-E (redação dada pela MP 2177-44/2001) e da expressão "artigo 35-E" contida no artigo 3º da Medida Provisória 1908-18/99".

do assunto, de que o critério de decisão sobre a retroatividade da lei decorreria de sua própria natureza (Savigny), de tal sorte que se se tratasse de lei imperativa, ou de ordem pública, poderia retroagir. Se, ao revés, fosse meramente dispositiva ou de interesse preponderantemente privado, não retroagiria (Simoncelli). O argumento contrário a tais ilações doutrinárias no Brasil se faz singelo: o ordenamento pátrio adota a garantia do direito adquirido e do ato jurídico perfeito em *sede constitucional, no bojo dos direitos e garantias fundamentais*, e, assim, subtraiu do legislador ordinário a possibilidade de suprimir, ainda que em caráter de exceção, a eficácia de tais garantias. E mais: mesmo o constituinte derivado acha-se impedido de sobrepujar o espectro de tais regas protetivas, pois que se revestem de caráter perene, nos termos da dicção consagrada no artigo 60, §4º.[9]

Confira-se, ainda, a veemência da argumentação construída no corpo do voto do Relator:

> (...) pouco importa que as normas impugnadas nesta ação direta sejam normas de ordem pública, tendo em vista o interesse público desse sistema, pois, como acentuei, exaustivamente, na parte inicial deste voto, *também as normas de ordem pública e de direito público estão sujeitas à vedação constitucional do artigo 5º, XXXVI, da Constituição Federal:* 'A lei não prejudicará o direito adquirido, o ato jurídico perfeito e a coisa julgada'. Apesar de impostas pela lei certas cláusulas como obrigatórias num contrato, uma vez apostas a ele passam a integrá-lo como fruto de ato de vontade inclusive da parte que a ele adere, e, consequentemente, daí resulta que esse contrato, como ato jurídico perfeito, tem os seus efeitos futuros postos a salvo de modificações que lei nova faça com relação a tais cláusulas, as quais somente são imperativas para os contratos que vierem a celebrar-se depois de sua entrada em vigor. *Não há ato jurídico*

---

[9] Extrai-se da ementa do acórdão o seguinte: Se a lei alcançar os efeitos futuros de contratos celebrados anteriormente a ela será essa lei retroativa (retroatividade mínima), porque vai interferir na causa, que é um ato ou fato ocorrido no passado. – O disposto no artigo 5º, XXXVI, da Constituição Federal se aplica a toda e qualquer lei infraconstitucional, sem qualquer distinção entre lei de direito público e lei de direito privado, ou entre lei de ordem pública e lei dispositiva. Precedente do STF. – Ocorrência, no caso, de violação de direito adquirido. (...) Também ofendem o ato jurídico perfeito e os dispositivos impugnados que alteram o critério de reajuste das prestações nos contratos já celebrados pelo sistema do Plano de Equivalência Salarial por Categoria Profissional (PES/CP). Ação direta de inconstitucionalidade julgada procedente, para declarar a inconstitucionalidade dos artigos 18, "caput" e parágrafos 1 e 4; 20; 21 e parágrafo Único; 23 e parágrafos; e 24 e parágrafos, todos da Lei n. 8.177, de 1 de maio de 1991. (STF – ADI: 493 DF, Relator: MOREIRA ALVES, Data de Julgamento: 25/06/1992, TRIBUNAL PLENO, Data de Publicação: DJ 04-09-1992 PP-14089 EMENTA VOL-01674-02 PP-00260 RTJ VOL-00143 –03 PP-00724).

parcialmente perfeito, conforme suas cláusulas decorram da autonomia da vontade ou resultem de normas de ordem pública, para pretender-se que aquelas são infensas à retroatividade, ao passo que estas estão sujeitas à modificação imediata, que nada mais é – como já se viu – uma das espécies de retroatividade. Essa distinção, em última análise, volta ao problema da retroatividade das leis de ordem pública (ou seja, das leis cogentes), pois são leis dessa natureza que, em direito privado ou em direito público, impõem às partes contratantes a adoção de cláusulas contratuais imperativas. Nem por isso essas cláusulas deixam de integrar o contrato, que, como ato jurídico perfeito, está a salvo das modificações posteriores que outras leis de ordem pública venham impor na redação dessas cláusulas. Volto a repetir o que já demonstrei: *a norma constitucional impede a retroatividade da lei nova em face do ato jurídico perfeito, que, por não poder ser modificado retroativamente, tem os seus efeitos futuros resguardados da aplicação dessa lei* (RTJ 143/752-3). (Original sem destaques)[10]

O terceiro caso alinhado *supra* cuida do problema da aplicação da lei nova aos contratos de depósito em caderneta de poupança celebrados antes de sua vigência.[11]

---

[10] STF, ADI nº 493 DF, Tribunal Pleno, Rel. Min. Moreira Alves, julg. 25.06.1992, publ. *DJ* 04.09.1992. Nessa mesma ocasião, merece destaque, igualmente, a sempre citada lição do Ministro Celso de Mello, em palavras claras: "(...) Se é certo, de um lado, que, em face da prospectividade ordinária das leis, os fatos pretéritos escapam, naturalmente, ao domínio normativo desses atos estatais (RT 299/478), não é menos exato afirmar, de outro, que, para os efeitos da incidência da cláusula constitucional da irretroatividade em face de situações jurídicas definitivamente consolidadas, mostra-se irrelevante a distinção pertinente à natureza dos atos legislativos. Trate-se de leis de caráter meramente dispositivo, trate-se de leis de ordem pública, cogentes ou imperativas, todas essas espécies normativas subordinam-se, de modo pleno e indiscriminado, à eficácia condicionante e incontrastável do princípio constitucional assegurador da intangibilidade do ato jurídico perfeito, do direito adquirido e da coisa julgada em face da ação normativa superveniente do Poder Público (RTJ 106/314)."

[11] "EMENTA: RECURSO EXTRAORDINÁRIO – CADERNETA DE POUPANÇA – CONTRATO DE DEPÓSITO VALIDAMENIE CELEBRADO – ATO JURÍDICO PERFEITO – ENTANGIBILIDADE CONSTITUCIONAL – CF/88, ART. 5º, XXXVI – INAPLICABILIDADE DE LEI SUPERVENIENTE À DATA DA CELEBRAÇÃO DO CONTRATO DE DEPÓSITO, MESMO QUANTO AOS EFEITOS FUTUROS DECORRENTES DO AJUSTE NEGOCIAL – RE NÃO CONHECIDO. CONTRATOS VALIDAMENTE CELEBRADOS – ATO JURÍDICO PERFEITO – ESTATUTO DE REGÊNCIA – LEI CONTEMPORÂNEA AO MOMENTO DA CELEBRAÇÃO. – Os contratos submetem-se, quanto ao seu estatuto de regência, ao ordenamento normativo vigente à época de sua celebração. Mesmo os efeitos futuros oriundos de contratos anteriormente celebrados não se expõem ao domínio normativo de leis supervenientes. As consequências jurídicas que emergem de um ajuste negocial válido são regidas pela legislação em vigor no momento de sua pactuação. Os contratos – que se qualificam como atos jurídicos perfeitos (RT 547/215) – acham-se protegidos, em sua integralidade, inclusive quanto aos efeitos futuros, pela norma de salvaguarda constante do art. 5º, XXXVI, da Constituição da República. Doutrina e precedentes. INAPLICABILIDADE DE LEI NOVA AOS EFEITOS FUTUROS DE CONTRATO ANTERIORMENTE CELEBRADO – 1-HIPÓTESE DE RETROATIVIDADE MÍNIMA – OFENSA

Por intermédio de seu teor, põe-se em evidência um ponto essencial ao deslinde da questão em exame neste parecer. O Poder Público, ainda que por meio da adoção de medidas de caráter normativo, não pode valer-se de atos de império para viabilizar o descumprimento da Constituição. Nos termos precisos do excerto a seguir:

> A possibilidade de intervenção do Estado no domínio econômico não exonera o Poder Público do dever jurídico de respeitar os postulados que emergem do ordenamento constitucional brasileiro. Razões de Estado – que muitas vezes configuram fundamentos políticos destinados a justificar, pragmaticamente, *ex parte principis*, a inaceitável adoção de medidas de caráter normativo – não podem ser invocadas para viabilizar o descumprimento da própria Constituição. As normas de ordem pública – que também se sujeitam à cláusula inscrita no art. 5º, XXXVI, da Carta Política (RTJ 143/724) – não podem frustrar a plena eficácia da ordem constitucional, comprometendo-a em sua integridade e desrespeitando-a em sua autoridade.[12]

Nada parece justificar, em tema de *royalties* e participações especiais na exploração do petróleo, que as regras de partilha da Lei nº 12.734, de 2012, pudessem retroagir para alcançar os contratos de concessões já licitadas. Nem mesmo a alusão à vetusta figura de doutrina que contrapunha ao valor segurança os ideais de justiça, a favor da retroatividade da lei nova, poderia socorrer o comportamento da União na espécie.

Com efeito, já se disse que ao conflito entre a lei nova e a antiga corresponde o choque (aparente) entre justiça e segurança, respectivamente dois valores determinantes do ordenamento. A aplicação da *lei nova* traduziria a solução mais *justa* porque seus termos, mais recentes, seriam melhores ao deslinde da situação enfocada do que os anteriores e, assim, justificar-se-ia a convicção singela e generalizada

---

AO PATRIMÔNIO JURÍDICO DE UM DOS CONTRATANTES – INADIMIISSIBILIDADE. – A incidência imediata da lei nova sobre os efeitos futuros de um contrato preexistente, precisamente por afetar a própria causa geradora do ajuste negocial, reveste-se de caráter retroativo (retroatividade injusta de grau mínimo), achando-se desautorizada pela cláusula constitucional que tutela a intangibilidade das situações jurídicas definitivamente consolidadas. Precedentes. LEIS DE ORDEM PÚBLICA – RAZÕES DE ESTADO – MOTIVOS QUE NÃO JUSTIFICAM O DESRRESPEITO ESTATAL À CONSTITUIÇÃO – PREVALÊNCIA DA NORMA INSCRITA NO ART. 50, XXXVI, DA CONSTITUIÇÃO. (...)" (RE nº 205193, Relator(a): Min. CELSO DE MELLO, Primeira Turma, julgado em 25.02.1997, DI 06.06.1997 PP-24891 EMENT VOL-01872-09 PP-01761 RTJ VOL-00163-02 PP-00802).

[12] STF, RE nº 205193/RS – Rio Grande do Sul, Primeira Turma, Recurso Extraordinário, Rel. Min. Celso de Mello, Julg. 25.02.1997, publ. 06/06/1997.

de existência de um constante processo de aprimoramento e evolução do Direito. A aplicação da *lei antiga*, por outro ângulo, prestigiaria a solução mais *segura*, na medida em que atenderia à preocupação de previsibilidade das partes envolvidas, as quais, afinal, pautaram suas condutas tomando por referência o quadro legislativo então em vigor, as conhecidas *regras do jogo*.[13]

Ocorre, todavia, que os influxos de justiça presentes na proposição da maioria do Congresso Nacional mostram-se de duvidosa constitucionalidade, como bem retratado na primeira parte da petição inicial da ADI, na medida em que esvaziam a natureza compensatória e não distributiva dos *royalties* e subvertem o pacto constituinte entre Estados produtores e não produtores, cuja essência repousa no equilíbrio entre o recebimento dos *royalties* e a fórmula de cobrança do ICMS sobre petróleo na origem, e não no destino. Não se poderia mesmo inserir sob o pálio da justiça uma lei que premia os Estados que detêm a maioria no Congresso Nacional, ditada por interesses próprios, em detrimento dos Estados produtores – minoritários.

O aparente conflito dos valores justiça e segurança, a ser solucionado por mecanismo de ponderação como preconizado pela doutrina contemporânea, nas circunstâncias do caso concreto, resolver-se-ia de modo bastante simplificado, atento ao fato de que há muito mais libras pesando a favor dos interesses dos Estados produtores (lei de 1997), do que dos não produtores (lei de 2012).

De fato, hoje, superados a *técnica legislativa exclusivamente regulamentar* e o *modelo interpretativo baseado na subsunção*, o antagonismo do conflito tudo ou nada cede espaço às ponderações de princípios e

---

[13] A esse (aparente) dilema a doutrina se dedica há tempos, podendo-se destacar desde o início do século XX no Brasil as obras de autores tais como Espínola, Bevilaqua, Porchat, Carpenter, Maximiliano, dentre outros, e, na Europa, Gabba, Roubier, Pugliese. Representativa é a passagem a seguir, extraída das lições de San Tiago Dantas: "Note-se que este princípio pode ser, entretanto, temperado por um outro, que não se impõe ao nosso espírito com menos energia, tal é o de que quando o legislador altera uma norma jurídica e coloca no seu lugar uma nova, é porque ele se convenceu de que a norma anterior era contrária ao bem comum. E, realmente, é estranho que estando ele convencido de que uma determinada norma é contrária ao bem comum, mantenha, entretanto, o seu império para todas aquelas situações que já se constituíram à sua sombra e que foram precisamente as que lhe inspiraram a mudança de legislação. Pois foi justamente por ver a iniquidade que a lei antiga tinha constituído para um determinado grupo de indivíduos ou interesses, que ele fez a lei nova, tomando-se, assim, estranho que ele venha a dizer que todas as situações anteriores continuem a se regular pela lei antiga. (...) E daí dizermos que a grande dificuldade do problema da retroatividade das leis é analisar estes dois princípios que em si são antagónicos, mas aos quais precisamos dar uma simultânea satisfação" DANTAS, San Tiago. *Programa de direito civil*: teoria geral. 3. ed. Rio de Janeiro: Forense, 2001, p. 78 e 79.

valores, em meio a um contexto social fluido, na construção da justiça do caso concreto.

Por outro ângulo, parece evidente que cada concessão licitada constitui fato aquisitivo suficiente para que os direitos dela decorrentes passem a integrar definitivamente os patrimônios dos seus titulares, sendo certo que da concessão também decorrem os direitos de participação dos Estados e Municípios produtores e confrontantes. E parece mais evidente ainda que cada concessão licitada que já tenha produzido todos os seus efeitos constitui ato jurídico perfeito, também integrando definitivamente o patrimônio do seu titular os direitos que dele decorrem, sendo certo que da concessão também decorrem os direitos de participação dos Estados e Municípios produtores e confrontantes.

Completos os fatos idôneos de aquisição do direito e com sua integração definitiva ao patrimônio de seu titular, não pode ser atingido por lei superveniente, sob pena de violação do direito adquirido. E se estão exauridos os efeitos de um ato jurídico, o direito que dele decorre passa a integrar definitivamente o patrimônio de seu titular, não podendo ser atingido por lei superveniente, sob pena de violação do ato jurídico perfeito.

A rígida jurisprudência do Supremo Tribunal sobre a matéria, como revelado nos exemplos ilustrativos anteriores, já bastaria para travar aqui qualquer pretensão de retroatividade da lei que concebeu as novas regras da distribuição dos *royalties* do petróleo. O voto da Ministra Relatora a um só tempo revela e faz uso da densidade jurídica do argumento:

> Das concessões acabadas decorreram direitos que ingressaram no patrimônio público das pessoas federadas e que, mesmo se desdobrando em recebimento de valores no presente e parcelas no futuro, fundamentam-se em processos findos, válidos, que se formaram e se aperfeiçoaram segundo a legislação vigente no período em que se deram os seus atos. Aplicar a nova legislação àqueles atos e processos aperfeiçoados segundo as normas vingentes quando de sua realização seria retroação, dotar de efeitos pretéritos atos e processos acabados segundo o direito, em clara afronta à norma constitucional do inc. XXXVI do art. 5º, antes mencionado.[14]

---

[14] STF, ADI nº 4.917 MC/DF, Medida Cautelar na ADI; Mim. Rel. Carmen Lúcia, julg. 18.03.2013; publ. 21.03.2013.

ROYALTIES E PARTICIPAÇÕES ESPECIAIS DEVIDOS PELA EXPLORAÇÃO DO PETRÓLEO: SEGURANÇA JURÍDICA...

Ainda que, por hipótese absurda, se pudesse, no entanto, ultrapassar essa barreira, o que se admite apenas por abstração teórica, cabe observar que a imutabilidade das regras jurídicas enquanto perdurem as concessões instituídas sob sua égide responde sobretudo *à perspectiva funcional* da segurança jurídica.

Isto porque a normatização da atividade petrolífera traçada sob as tintas da Lei nº 9.478/1997 vinculara os contratos de concessão (artigo 45) ao equilíbrio orgânico projetado no âmbito do pacto federativo vigente entre a União e os demais entes federativos, com supedâneo na Constituição (em especial, art. 20, IX e §1º), e que se estabelecera na forma da partilha originalmente prevista nos artigos 48 e 49 da lei de 1997. Com efeito, pode-se falar então em uma *interligação funcional a jungir cada contrato de concessão licitado aos termos do tecido normativo integrado pelos dispositivos ora mencionados.*[15-16]

Corolário disso, os recursos financeiros que dão efetiva execução ao mencionado pacto fundado no §1º do artigo 20 da Constituição da República e disciplinado pelos artigos 48 e 49 da lei de 1997 originam-se precisamente da remuneração extraída dos contratos de concessão, já que a União, detentora do domínio do petróleo, não o extrai diretamente.

No caso em foco, a consagrada vinculação de cada contrato de concessão ao respectivo edital apresenta ainda um relevante aspecto.

---

[15] Para Perlingieri, "apenas a coligação com os princípios e com outras normas torna possível a individuação da normativa [do caso concretor]" PERLINGIERI, Pietro. *O direito civil na legalidade constitucional.* Tradução de Maria Cristina De Cicco. Rio de Janeiro: Renovar, 2008, p. 259. Na lição clássica de Betti, "a lógica do direito é algo muito mais elevado do que uma pobre lógica formal de cada proposição legislativa; e é tarefa do intérprete espiritualizá-la, considerando como imanente a ela o momento teleológico e percebendo a coerência de todo o sistema" BETTI, Emilio. *Interpretação da lei e dos atos jurídicos.* Tradução de por Karina Jannini, rev. tec. por Denise Agostinetti, São Paulo: Martins Fontes, 2007, p. 231.

[16] "Art. 45. O contrato de concessão disporá sobre as seguintes participações governamentais, previstas no edital de licitação:
I – bônus de assinatura;
II – royalties;
III – participação especial;
IV – pagamento pela ocupação ou retenção de área.
§1º As participações governamentais constantes dos incisos II e IV serão obrigatórias.
§2º As receitas provenientes das participações governamentais definidas no caput, alocadas para órgãos da administração pública federal, de acordo com o disposto nesta Lei, serão mantidas na Conta Única do Governo Federal, enquanto não forem destinadas para as respectivas programações.
§3º O superávit financeiro dos órgãos da administração pública federal referidos no parágrafo anterior, apurado em balanço de cada exercício financeiro, será transferido ao Tesouro Nacional."

É que o comando do artigo 45 da Lei nº 9.478/1997 determina que o contrato de concessão, bem como o edital de licitação disponham sobre as participações governamentais previstas no elenco de seus incisos I a IV. Obviamente que os percentuais de tais participações ganham concretude com a celebração da avença, a suscitar a vinculação da União e de sua *longa manus* no contrato, a Agência Nacional do Petróleo, Gás Natural e Biocombustíveis – ANP, aos seus termos não apenas no que toca às obrigações perante o concessionário mas também no que concerne às obrigações assumidas perante os demais entes federativos quanto ao regime de partilha do produto da exploração do petróleo.

Ou seja, introduz-se no tecido contratual, *a bem da certeza e da segurança jurídica,* a disciplina legal dos *royalties* e participações especiais. E assim se completa o sistema normativo do caso concreto, integrando lei e contrato, na dinâmica das concessões licitadas na exploração do petróleo.

Ainda que não houvesse a previsão contratual específica dos percentuais das participações governamentais, o próprio *princípio da função social dos contratos,* à luz da normalização existente, imporia às partes "o dever de perseguir, ao lado de seus interesses individuais, a interesses extracontratuais socialmente relevantes, dignos de tutela jurídica, que se relacionam com o contrato ou são por ele atingidos".[17]

Em síntese, a cada concessão celebrada deflagra-se o conjunto de relações jurídicas a unir o complexo de situações subjetivas envolvidas na espécie, aperfeiçoando o sistema normativo em vigor naquela oportunidade – *tempus regit actun* – e posto a salvo de alterações legislativas futuras que maculem a *segurança* de que eram merecedores todos os partícipes e interessados no processo.

De outro ângulo, já se assentou acima que a distribuição dos *royalties* e participações especiais devidos pela exploração do petróleo foi objeto de um pacto nacional, que conferiu aos entes produtores e confrontantes um bônus proporcional ao ônus que suportam sozinhos, consistente na sobrecarga da demanda de serviços públicos e, principalmente, na degradação do meio ambiente.

Como sintetizado em conhecida passagem de voto do então Ministro Eros Roberto Grau, "Não se interpreta o direito em tiras; não se interpretam textos normativos isoladamente, mas sim o direito, no seu todo – marcado, na dicção de Ascarelli, pelas suas *premissas implícitas*".[18]

---

[17] TEPEDINO, Gustavo. Notas sobre a função social dos contratos. *In: Temas de direito civil.* Rio de Janeiro: Renovar, 2009. t. III, p. 149.

[18] ADPF nº 101/DF, Rel. Min. Carmen Lúcia, *DJe* de 04.06.2012.

Desse modo, o exame do §1º do artigo 20 da Constituição da República, que remete à lei a disciplina da repartição dos bônus decorrentes da exploração do petróleo,[19] deve considerar os termos implícitos em que essa repartição deve se dar, os quais há muito foram pactuados pelos entes da federação nos termos (explícitos!) até então postos na Lei nº 9.487, de 6 de agosto de 1997, com sua redação anterior. Nos ensinamentos de Perlingieri:

> A solução a cada controvérsia deve ser dada não somente levando em consideração o artigo de lei que parece contê-la e resolvê-la, mas à luz de todo o ordenamento, em particular dos seus princípios fundamentais, como escolhas de fundo que o caracterizam.[20]
>
> As relações entre princípios constitucionais e regras ordinárias estatais são, portanto, expressas não como relação entre sistemas normativos, mas como componentes do unitário ordenamento jurídico, ao qual o intérprete deve se sentir vinculado.[21]

As bases da repartição daqueles bônus não representam fatos contingentes nem fundamentos arbitrários, mutáveis ao sabor da maioria parlamentar. A repartição se baseou no fato perene de que os Estados produtores e confrontantes suportam, permanentemente, pesados ônus com a exploração do petróleo, quer pela maior demanda de serviços públicos, quer pelo significativo impacto ambiental, destacando-se, com relação ao impacto ambiental, a constatação evidente de que os danos ambientais afetam a presente *e as futuras gerações.*

Emerge, neste contexto, destacadamente, a *função compensatória* e não distributiva da repartição dos bônus da exploração do petróleo. Função compensatória balizada inclusive pelo princípio da igualdade (artigo 5º, *caput,* da Constituição da República), que se expressa, na linha das lições de Canotilho, como igualdade na criação do direito – em

---

[19] "É assegurada, nos termos da lei, aos Estados, ao Distrito Federal e aos Municípios, bem como a órgãos da administração direto da União, participação no resultado da exploração de petróleo ou gás natural, de recursos hídricos para fins de geração de energia elétrica e de outros recursos minerais no respectivo território, plataforma continental, mar territorial ou zona econômica exclusiva, ou compensação financeira por essa exploração".

[20] PERLINGIERI, Pietro. *O direito civil na legalidade constitucional.* Tradução de Maria Cristina De Cicco. Rio de Janeiro: Renovar, 2008, p. 175.

[21] *Op. cit.,* p. 209.

especial sob o aspecto de igualdade justa[22] – e como igualdade perante os encargos públicos.[23]

Não há dúvida de que os Estados produtores e confrontantes, pelos ônus que suportam, devem receber uma compensação, representada por uma parcela maior do que a percebida pelos Estados não produtores, nos bônus da exploração do petróleo. Ocorre que, para respeitar o princípio da igualdade, não basta conferir aos Estados produtores uma parcela maior, qualquer que seja essa parcela, como se a definição do quanto seria essa parcela maior fosse uma decisão contingente, entregue à deliberação majoritária do Congresso Nacional.

É preciso conferir aos Estados produtores uma parcela maior da repartição dos bônus na proporção necessária para efetivamente cumprir a função de compensar os ônus extraordinária e particularmente sofridos, pelas gerações presentes e futuras. Pensar o contrário implicaria em *vulnerar o princípio da proporcionalidade*, inclusive *sob a vertente de vedação à proteção insuficiente de um direito fundamental*.[24]

---

[22] "A fórmula 'o igual deve ser tratado igualmente o desigual desigualmente' não contém o critério material de um juízo de valor sobre a relação de igualdade (ou desigualdade). A questão da *igualdade justa* pode colocar-se nestes termos: o que é que nos leva a afirmar que uma lei trata dois indivíduos de uma forma igualmente justa? Qual o critério de valoração para a relação de igualdade? (§) Uma possível resposta, sufragada em algumas sentenças do Tribunal Constitucional, reconduz-se à *proibição geral do arbítrio*: existe observância da igualdade quando indivíduos ou situações iguais não são arbitrariamente (proibição do arbítrio) tratados como desiguais". *Direito constitucional e teoria da constituição*. 7. ed. Coimbra: Almedina, 2003, p. 428.

[23] Uma outra manifestação do princípio da igualdade é a que os autores designam por igualdade perante os encargos públicos (égalité devant lês charges publiques, Lastengleichleit). O seu sentido tendencial é o seguinte: (1) os encargos públicos (impostos, restrições ao direito de propriedade) devem ser repartidos de forma igual pelos cidadãos; (2) no caso de existir um sacrifício especial de um indivíduo ou grupo de indivíduos justificado por razões de interesse público, deverá reconhecer-se uma indenização ou compensação aos indivíduos particularmente sacrificados. *Direito constitucional e teoria da constituição*. 7. ed. Coimbra: Almedina, 2003, p. 431.

[24] O Supremo Tribunal Federal já reconheceu a vedação de proteção insuficiente como uma das projeções do princípio da proporcionalidade, como se colhe, por exemplo, do voto condutor do Ministro Gilmar Mendes no HC nº 104.410/RS, 2ª Turma, DJe de 27.03.2012. E, partindo-se da importante premissa de que os Estados também têm direitos fundamentais em relação aos demais entes, confiram-se as lições precisas de José Joaquim Gomes Canotilho em tema de vedação à proteção insuficiente: "O sentido mais geral da proibição por excesso é, como se acaba de ver, este: evitar cargas coactivas excessivas ou actos de ingerência desmedidos na esfera jurídica dos particulares. Há, porém, um outro lado da protecção que, em vez de salientar o excesso, releva a proibição por defeito (Untermassverbot). Existe um defeito de protecção quando as entidades sobre quem recai um dever de protecção (Schutzpflicht) adoptam medidas insuficientes para garantir uma protecção constitucionalmente adequada dos direitos fundamentais. Podemos formular esta ideia usando uma formulação positiva: o Estado deve adoptar medidas suficientes, de natureza normativa ou de natureza material, conducente a uma protecção adequada e

ROYALTIES E PARTICIPAÇÕES ESPECIAIS DEVIDOS PELA EXPLORAÇÃO DO PETRÓLEO: SEGURANÇA JURÍDICA...

Como apontado claramente na petição inicial da Ação Direta de Inconstitucionalidade nº 4.917, a distribuição que se pretende implementar por meio da Lei nº 12.734, de 30 de novembro de 2012, produzirá efeitos profundamente deletérios sobre a receita de Estados e Municípios produtores ou confrontantes, a evidenciar que a pretendida regra de distribuição não será capaz de satisfazer os princípios da igualdade e da proporcionalidade, de modo a assegurar a compensação pelos ônus da exploração do petróleo.

E o descumprimento da função invalida, nos dizeres de arguta doutrina, a própria estrutura do direito.[25]

Em última análise, não seria merecedor de tutela jurídica o ato, ainda que de caráter normativo, que desconsiderasse a função de situações subjetivas consagradas e aperfeiçoadas com base em princípios e valores que remetem ao ápice do ordenamento nacional. Trata-se de um controle axiológico, ditado pela Constituição, ao qual a aplicação retroativa da lei de 2012 não resistiria.

Tudo considerado, não pode a Lei nº 12.734, de 2012, retroagir para alcançar as concessões já licitadas, sob pena de violar frontalmente a função compensatória pactuada e o direito adquirido dos Estados e Municípios produtores e confrontantes à participação no produto da exploração do petróleo nos percentuais então pactuados.

Assim sendo, respondendo objetivamente ao primeiro item da consulta (o exame da violação do primado da segurança jurídica e do ato jurídico perfeito, em razão da anunciada aplicação do novo regime de distribuição dos *royalties* a concessões licitadas anteriormente a vigência da Lei nº 12.734/2012), conclui-se que a aplicação do novo regime de distribuição dos *royalties* a concessões licitadas anteriormente à vigência da Lei nº 12.734, de 2012, viola, estrutural e funcionalmente, o direito adquirido e o ato jurídico perfeito, que constituem projeções da segurança jurídica.

---

eficaz dos direitos fundamentais. A verificação de uma insuficiência de juridicidade estatal deverá atender à natureza das posições jurídicas ameaçadas e à intensidade do perigo de lesão de direitos fundamentais." *(Direito constitucional e teoria da constituição*, cit., p. 273).

[25] Destacam-se aqui: BOBBIO, Norberto. *Da estrutura à função: novos estudos de teoria do direito.* Tradução de Daniela Beccaccia Versiani; revisão técnica de Orlando Seixas Bechara e Renata Nagamine. Barueri, SP: Manole, 2007; PERLINGIERI, Pietro. *O direito civil na legalidade constitucional.* Tradução de Maria Cristina De Cicco. Rio de Janeiro: Renovar, 2008. TEPEDINO, Gustavo. *Temas de Direito Civil.* Rio de Janeiro: Renovar, 2009. t. III.

2.2 Segundo quesito: a violação do primado da segurança jurídica e do ato jurídico perfeito à luz do Contrato de Refinanciamento de Dívidas celebrado entre o Estado e a União

A União editou, em 11 de setembro de 1997, a Lei nº 9.496, que "Estabelece critérios para a consolidação, a assunção e o refinanciamento, pela União, da dívida pública mobiliária e outras que especifica, de responsabilidade dos Estados e do Distrito Federal", colhendo-se do *caput* do seu artigo 3º, do artigo 4º e do artigo 7º que:

> Art. 3º Os contratos de refinanciamento de que trata esta Lei serão pagos em até 360 (trezentos e sessenta) prestações mensais e sucessivas, calculadas com base na Tabela Price, vencendo-se a primeira trinta dias após a data da assinatura do contrato e as seguintes em igual dia dos meses subsequentes, observadas as seguintes condições:
> ...
> Art. 4º Os contratos de refinanciamento deverão contar com adequadas garantias que incluirão, obrigatoriamente, a vinculação de receitas próprias e dos recursos de que tratam os arts. 155, 157 e 159, incisos I, "a", e II, da Constituição.
> ...
> Art. 7º Fica a União autorizada a receber das Unidades da Federação bens, direitos e ações, para fins de amortização extraordinária dos contratos de refinanciamento celebrados na forma desta Lei.

A Lei nº 9.496/1997 é fruto da conversão em lei da Medida Provisória nº 1.560-8, de 12 de agosto de 1997, que, por sua vez, tem origem na Medida Provisória nº 1.560, de 19 de dezembro de 1996, editada no âmbito do Programa Nacional de Apoio à Reestruturação e Ajuste Fiscal dos Estados.

Seguindo nessa linha, observa-se também que a mesma União editou a Medida Provisória nº 1.868-20, de 26 de outubro de 1999, que prevê em seu artigo 16:

> Art. 16. Fica a União autorizada a adquirir do Estado do Rio de Janeiro, até o limite de R$13.220.000.000,00 (treze bilhões e duzentos e vinte milhões de reais), a preços de 15 de agosto de 1999, créditos relativos à participação governamental obrigatória de que trata a Lei nº 9.478, de 6 de agosto de 1997, nas modalidades de *royalties* e participações especiais, utilizando em pagamento Certificados Financeiros do Tesouro – CFT com características definidas em ato do Ministro de Estado da Fazenda.

Parágrafo único. Os CFT recebidos pelo Estado em decorrência da operação de que trata o *caput* poderão, a critério do Ministro de Estado da Fazenda, ser utilizados no pagamento de dívidas para com a União e suas entidades.

Cumpre observar que o referido dispositivo foi essencialmente mantido nas sucessivas reedições por que passou a medida provisória, colhendo-se disposição substancialmente idêntica do artigo 16 da Medida Provisória nº 2.181-45, de 24 de agosto de 2001, com redação dada pela Lei nº 10.712, de 12 de agosto de 2003.

Como se vê, a União editou uma lei prevendo o refinanciamento da dívida dos Estados e se obrigou – por lei – a receber a amortização da dívida refinanciada ao longo de 360 (trezentos e sessenta) meses, ou seja, 30 (trinta) anos.

E a mesma União previu, por lei, para amortização da dívida refinanciada, o recebimento de bens, direitos e ações dos Estados e, em seguida, previu em Medida Provisória – com força de lei – o recebimento de créditos detidos pelo Estado do Rio de Janeiro a título de *royalties* e participações especiais.

Foi com base nessa legislação, editada pela União – a mesma União que agora edita a Lei nº 12.734, de 2012, questionada na ADI nº 4.917 – que o Estado do Rio de Janeiro celebrou com a União, em 29 de outubro de 1999, o Contrato nº 004/00-STN/COAFI – Processo nº 17944.001007/97-15, que teve por objeto o *refinanciamento das dívidas contratual e mobiliária do Estado do Rio de Janeiro, com a confissão de dívida no valor de R$18.536.808.277,61 (dezoito bilhões, quinhentos e trinta e seis milhões, oitocentos e oito mil, duzentos e setenta e sete reais e sessenta e um centavos).*

Colhe-se da *cláusula quinta* do referido contrato que a dívida será paga em 360 (trezentos e sessenta) prestações mensais, ou seja, 30 (trinta) anos, vencendo-se a primeira prestação em 28 de novembro de 1999.

Em caso de inadimplemento pelo Estado do Rio de Janeiro, nos termos da *cláusula décima terceira* do contrato, a União tem poderes para adentrar a conta de centralização de receitas do Estado e de lá retirar recursos oriundos de receitas tributárias estaduais e de receitas decorrentes de transferências compulsórias da União para o Estado, previstas nos artigos 155, 157 e 159 da Constituição da República.

E foi também com base nessa legislação, editada pela União – a mesma União que agora edita a Lei nº 12.734, de 2012, questionada na ADI nº 4.917 – que o Estado do Rio de Janeiro cedeu à União parte dos créditos a que faz jus a título de *royalties* e participações especiais, no valor de R$10.834.607.939,20 (dez bilhões, oitocentos e trinta e sete milhões, seiscentos e sete mil, novecentos e trinta e nove reais e vinte centavos), sendo uma pequena parte do valor envolvido nessa cessão usada para amortizar a dívida refinanciada, e a maior parte, para capitalização do fundo de previdência dos servidores estaduais com títulos da dívida pública mobiliária federal, conforme contrato celebrado igualmente em 29 de outubro de 1999.

Extrai-se da *cláusula primeira* do referido contrato que essa cessão de créditos se deu em 255 (duzentas e cinquenta e cinco) parcelas mensais, vencendo-se a primeira em 20 de dezembro de 1999 e a última em 20 de fevereiro de 2021.

A União, conhecedora do endividamento do Estado do Rio de Janeiro e também conhecedora de todas as projeções de receita do Estado advindas de créditos dos *royalties* e participações especiais – projeções essas baseadas na proporção de partilha que desde sempre foi adotada –, *editou sucessivas leis e celebrou com o Estado do Rio de Janeiro contratos baseados nessas leis de modo a alimentar no Estado a legítima expectativa de que a proporção da partilha dos royalties e participações especiais continuasse a mesma ao longo do período de duração dos contratos.*

Ora, é evidente que o Estado do Rio de Janeiro jamais arriscaria praticamente toda a receita estadual expondo-a ao seu sequestro extrajudicial pela União e jamais cederia à União parte expressiva do valor dos *royalties* e participações especiais a que faz jus se fosse, de longe, imaginável que a União, no curso dessa relação contratual, promoveria a brusca mudança da proporção de partilha dos *royalties* e participações especiais a que o Estado faz jus.[26]

O elemento peculiar no caso examinado é que a conduta da União, consistente em mudar bruscamente a proporção da partilha dos *royalties* e participações especiais, importa não apenas a exposição do Estado do Rio de Janeiro a graves danos como parte contratante, mas, também, como parte de um pacto nacional que envolveu a edição de leis pela própria União com o declarado objetivo de fazer os Estados da Federação se adaptarem às suas diretrizes de ajuste fiscal.

---

[26] O contrato de concessão no âmbito da exploração do petróleo desborda, em rigor, a simples delegação da execução de um serviço público, antes envolve a contratação de um parceiro, estatal ou particular, para explorar uma atividade econômica relevante para a nação, *sobre bem do qual a União é titular do domínio, e que carrega, como uma espécie de ônus real, a dívida perpétua da partilha do produto de sua exploração com os Estados e os Municípios produtores e confrontantes.*

Resta examinar se é juridicamente possível que a União use seu poder de legislar de modo (contraditório) a provocar graves danos ao Estado do Rio de Janeiro: (i) asfixiando o seu fluxo de recursos advindos dos *royalties* e participações especiais e (ii) celebrando contrato de refinanciamento de dívida com a presença de cláusulas abusivas que lhe permitem, na hipótese – muito provável com a asfixia – de inadimplemento, liquidar definitivamente o Estado do Rio de Janeiro, sequestrando o restante das receitas estaduais.

Para responder a essa questão, faz-se mister examinar a incidência de um dos valores cardeais do ordenamento, a *segurança jurídica,* e de um de seus principais desdobramentos, a *proteção da confiança,* que, por sua vez, revela sua mais forte expressão no princípio da *boa-fé objetiva.*

De pronto, cumpre observar que a União sujeita-se à observância do princípio da boa-fé objetiva tanto como parte em uma relação contratual (o que, por sua evidência, dispensa demonstração lógico-argumentativa) quanto como parte em um pacto entre entes da federação, e mesmo enquanto potestade mesma, inclusive da função legislativa. Nesse sentido é o ensinamento de Celso Antônio Bandeira de Mello:[27]

> *Em quaisquer de seus atos, o Estado* – tanto mais porque cumpre a função de ordenador da vida social – *tem de emergir como interlocutor sério, veraz, responsável, leal e obrigado aos ditames da boa-fé.* De seu turno, os administrados podem agir fiados na seriedade, responsabilidade, lealdade e boa-fé do Poder Público, maiormente porque a situação dos particulares é, em larguíssima medida, condicionada por decisões estatais, ora genéricas, ora provenientes de atos administrativos concretos.
>
> ...
>
> Quem se retrata de orientação anterior não pode – sem violar a boa-fé – pretender que aquele que agiu nela embasado seja ao depois onerado em razão desta inconstância no entendimento administrativo.
>
> ...
>
> *O princípio da boa-fé, da lealdade e da confiança legítima, tanto como o da segurança jurídica, têm aplicação em todos os ramos do Direito e são invocáveis perante as condutas estatais em quaisquer de suas esferas: legislativa, administrativa ou jurisdicional.*

---

[27] A estabilidade dos atos administrativos e a segurança jurídica, boa-fé e confiança legítima ante os atos estatais. *In: Grandes temas de direito administrativo.* São Paulo: Malheiros, 2009, p. 174-177 (grifou-se).

Na mesma linha também é o ensinamento de José Joaquim Gomes Canotilho, que realça a estreita ligação entre *segurança jurídica e proteção da confiança,* a ponto de exigir a criação de uma disciplina transitória em caso de mudança de regime jurídico que se esperava ser estável:

> O homem necessita de *segurança* para conduzir, planificar e conformar autônoma e responsavelmente a sua vida. Por isso, desde cedo se consideram *os princípios da segurança jurídica e da protecção da confiança como elementos constitutivos do Estado de direito.* (§) Estes dois princípios – segurança jurídica e protecção da confiança – andam estreitamente associados, a ponto de alguns autores considerarem o princípio da protecção da confiança como um subprincípio ou como uma dimensão específica da segurança jurídica.[28]
>
> No plano do direito constitucional, *o princípio da protecção da confiança justificará que o Tribunal Constitucional controle a conformidade constitucional de uma lei, analisando se era ou não necessária e indispensável uma disciplina transitória,* ou se esta regulou, de forma justa, adequada e proporcionada, os problemas resultantes da conexão de efeitos jurídicos da lei nova a pressupostos – posições, relações, situações – anteriores e subsistentes no momento de sua entrada em vigor.[29]
>
> Embora não haja um paralelismo entre sentença judicial, força de caso julgado e acto administrativo, força de caso decidido (Bestandkraft), entende-se que *o acto administrativo goza de uma tendencial imutabilidade* que se traduz: (1) na *autovinculação da administração* (Sellstbindung) na qualidade de autora do acto e como consequência da obrigatoriedade do acto; (2) na tendencial *irrevogabilidade* do acto *administrativo a fim de salvaguardar os interesses dos particulares destinatários do acto (protecção da confiança e da segurança).*[30]

A segurança jurídica (artigo 5º, *caput* e XXXVI, da Constituição da República) tem incidência mais acentuada no caso sob exame também porque os atos da União interferem em um planejamento do Estado do Rio de Janeiro que é imposto pela própria Constituição da Republica,[31]

---

[28] Direito constitucional e teoria da constituição, cit., p. 257 (grifou-se).

[29] *Op. cit.,* p. 263 (grifou-se).

[30] *Op. cit.,* p. 265 (grifou-se).

[31] Pietro Perlingeri destaca que: "A impossibilidade de se propor uma noção de autonomia baseada exclusivamente sobre o privado emerge ainda mais quando a regulamentação dos interesses seja fruto não de um acordo entre um particular e um ente público, mas do encontro de vontades de entes públicos, às vezes expressamente previsto pela lei no intento de estimular urna proficua coordenação das suas atividades institucionais. (...) Portanto, os instrumentos (e as relativas disciplinas) oferecidos pelo *ius civile,* utilizados também e cada vez mais pelos entes públicos, adquiriram a fisionomia de instrumentos (e

v. g. em seus artigos 165 e 174. Na lição de Gilmar Ferreira Mendes e Paulo Gustavo Gonet Branco:

> O direito, por natureza, deve existir para disciplinar o futuro, jamais o passado, não sendo razoável entender que normas construídas *a posteriori* possam dar definições e consequências novas a eventos já ocorridos no mundo fenomênico.[32-33]

Luís Roberto Barroso, ao indicar a segurança jurídica, ao lado da justiça, como um dos fundamentos do Estado Democrático de Direito,[34] em lição que se relaciona intensamente com as considerações aqui expendidas, arremata:

> A expressão segurança jurídica passou a designar um conjunto abrangente de ideias e conteúdos, que incluem: 1. A existência de instituições estatais dotadas de poder e garantias, assim como sujeitas ao princípio da legalidade; 2. A confiança nos atos do Poder Público, que deverão reger-se pela boa-fé e pela razoabilidade; 3. A estabilidade das relações jurídicas, manifestada na durabilidade das normas, na anterioridade das leis em relação aos fatos sobre os quais incidem e na conservação dos direitos em face da lei nova; 4. A previsibilidade dos comportamentos, tanto os que devem ser seguidos como os que devem ser suportados. (...).[35]

---

de disciplina) de direito comum, visto como patrimônio de experiência desvinculado da rígida dicotomia direito privado – direito público." *O direito civil na legalidade constitucional.* Tradução de Maria Cristina De Cicco. Rio de Janeiro: Renovar, 2008, p. 337.

[32] MENDES, Gilmar Ferreira; BRANCO, Paulo Gustavo Gonet. *Curso de direito constitucional.* 7. ed. São Paulo: Saraiva, 2012, p. 499.versão e-book.

[33] Para Canotilho, a vedação da irretroatividade da lei constitui projeção do princípio da segurança jurídica: "O princípio geral da segurança jurídica em sentido amplo (abrangendo, pois, a ideia de protecção da confiança) pode formular-se do seguinte modo: o indivíduo têm do direito poder confiar em que aos seus actos ou às decisões públicas incidentes sobre os seus direitos, posições ou relações jurídicas alicerçados em normas jurídicas vigentes e válidas por esses actos jurídicos deixado pelas autoridades com base nessas normas se ligam os efeitos jurídicos previstos e prescritos no ordenamento jurídico. As refracções mais importantes do princípio da segurança jurídica são as seguintes: (1) relativamente a actos normativos – proibição de normas retroactivas restritivas de direitos ou interesses juridicamente protegidos". *Direito constitucional e teoria da constituição.* 7. ed. Coimbra: Almedina, 2003, p. 257.

[34] O autor sustenta que: "As teorias democráticas acerca da origem e justificação do Estado, de base contratualista, assentam-se sobre urna cláusula comutativa: recebe-se em segurança aquilo que se concede em liberdade". BARROSO, Luís Roberto. *Temas de direito constitucional.* Rio de Janeiro: Renovar, 2005. t. III, p. 132.

[35] BARROSO, Luís Roberto. *Temas de direito constitucional.* Rio de Janeiro: Renovar, 2005. t. III, p. 133.

E a proteção da confiança, derivada da segurança jurídica, hipertrofia-se no caso sob exame porque incidente numa relação jurídica de direito público, entre entes que devem atuar na promoção do bem comum, exemplarmente, o que envolve interesses públicos indisponíveis, *não se podendo supor que posições jurídicas desvantajosas sejam expressão de uma autonomia privada egocêntrica, inexistente nessa relação.*

Observando o caso examinado, nota-se uma importante peculiaridade: o *caráter bifronte* nos atos da União com relação ao refinanciamento da dívida do Estado do Rio de Janeiro e à cessão de parte dos valores devidos a título de *royalties* e participações especiais: *a União age como Estado administrador e legislador ao mesmo tempo.*

Nesse contexto, como visto acima, os termos do pacto firmado entre a União e o Estado do Rio de Janeiro revelam-se complexos e envolvem a conjugação dos seguintes elementos, que não podem ser considerados isoladamente:

a) proporção da partilha dos royalties e participações especiais;

b) submissão do Estado do Rio de Janeiro às diretrizes impostas pela União sobre ajuste fiscal;

c) reconhecimento pela União da delicada situação econômico-financeira do Estado do Rio de Janeiro;

d) reconhecimento pela União de que essa delicada situação carecia da pactuação de um verdadeiro plano de recuperação econômico-financeira, que, como todo plano dessa natureza, demanda tempo para que a recuperação se materialize;

e) exigência da União de cessão pelo Estado do Rio de Janeiro de parte do valor a que faz jus pela partilha de royalties e participações especiais como contrapartida para o refinanciamento da dívida pública do Estado;

f) pactuação entre a União e o Estado do Rio de Janeiro de que a cessão de parte do valor a que faz jus a título de royalties e participações especiais se daria ao longo de mais de 20 (vinte) anos;

g) reconhecimento de que o valor dos royalties e participações especiais representa a mais expressiva parcela da receita do Estado do Rio de Janeiro, a ponto de sua brusca diminuição acarretar a ruína do Estado; e

h) reconhecimento de que a brusca diminuição do valor percebido a título de royalties e participações especiais, por parte da União, implicará direta e imediatamente a impossibilidade de o Estado do Rio de Janeiro cumprir sua prestação de amortizar a dívida contraída perante a União.

Diante do caráter bifronte dos atos da União nesse contexto fático, a mudança na proporção de partilha dos *royalties* e participações especiais importa a violação dos deveres de proteção e de lealdade, derivados da boa-fé objetiva. E a boa-fé objetiva – além de comportar a tutela da confiança e, pois, relacionar-se à segurança jurídica – mostra-se exigível da União no exercício de todas as suas funções: administrativa, legislativa e jurisdicional, como visto supra.

Logo, no pacto nacional entre entes federativos produtores e não produtores de petróleo, e em seus desdobramentos mais evidentes no caso concreto, que são o refinanciamento da dívida do Estado do Rio de Janeiro pela União, a cessão de parte dos valores de *royalties* e participações especiais a que o Estado do Rio de Janeiro faz jus à União e a proporção da partilha dos *royalties* e participações especiais entre os entes da federação, a *União está inteiramente sujeita aos deveres jurídicos decorrentes da boa-fé objetiva.*

Como se sabe, as relações jurídicas são caracterizadas por seu caráter complexo, sendo integradas não apenas pelas prestações pactuadas, que constituem o dever principal, mas, também, pelos deveres chamados acessórios, anexos ou secundários, que decorrem da boa-fé objetiva. Para Pietro Perlingieri:

> Indagar se um comportamento é contrário à boa-fé ou à lealdade (...) significa individuar os princípios (e os correspondentes valores) em concurso e as ulteriores regras legislativas vigentes em relação à hipótese a decidir; significa desenvolver aspectos implícitos na normativa (...) e sintetizá-los na elaboração da regra do caso concreto.[36]

Muito embora o tema dos deveres da boa-fé objetiva escape à catalogação rigorosa em número fechado, a sistematização comumente aceita dos deveres anexos é proposta por António Manuel da Rocha e Menezes Cordeiro, que os classifica em tês categorias: deveres de proteção, deveres de esclarecimento e deveres de lealdade.[37]

---

[36] *O direito civil na legalidade constitucional*. Tradução de Maria Cristina De Cicco. Rio de Janeiro: Renovar, 2008, p. 240.

[37] *Da boa-fé no direito civil*. Coimbra: Almedina, 2013, p. 604. No Brasil, é farta a produção bibliográfica no assunto boa-fé objetiva, valendo destacar, por todos, MARTINS-COSTA, Judith. *A boa-fé no direito privado*: sistema e tópica no processo obrigacional. São Paulo: Revista dos Tribunais, 2000.

Por força dos deveres anexos de proteção *"considera-se que as partes, enquanto perdure um fenómeno contratual, estão ligadas a evitar que, no âmbito desse fenômeno, sejam infligidos danos mútuos, nas suas pessoas ou nos seus patrimônios"*.[38]

Quanto aos deveres anexos de esclarecimento, as partes devem *"informarem-se mutuamente de todos os aspectos atinentes ao vínculo, de ocorrências que, com ele, tenham certa relação e, ainda, de todos os efeitos que, da execução contratual, possam advir"*.[39]

E, levando em consideração os deveres anexos de lealdade, se *"obrigam as partes a, na pendência contratual, absterem-se de comportamentos que possam falsear o objectivo do negócio ou desequilibrar o jogo das prestações por elas consignado. Com esse mesmo sentido, podem ainda surgir deveres de actuação positiva"*.[40]

No caso sob exame, a mudança brusca e radical da proporção de partilha dos *royalties* e participações especiais entre os entes federados, por obra da União, infligirá danos ao Estado do Rio de Janeiro em dupla ordem: a primeira, ao diminuir suas receitas futuras (produzindo danos equiparáveis aos lucros cessantes) e a segunda ao tornar excessivamente onerosa a obrigação de o Estado pagar as prestações do contrato de refinanciamento firmado com a própria União, gerando o iminente risco de seu colapso financeiro com o sequestro extrajudicial das principais receitas do Estado pela União.

Desse modo, facilmente se percebe que a mudança brusca e radical da proporção de partilha dos *royalties* e participações especiais entre os entes federados, por obra da União, importará em violação dos deveres anexos de proteção e de lealdade, donde se pode concluir que essa conduta macula igualmente a tutela da confiança e a segurança jurídica. Diante da gravidade dos vícios que apresenta, e de sua invalidade evidente, não pode produzir efeitos, merecendo ser declarada a inconstitucionalidade da Lei nº 12.734, de 30 de novembro de 2012.

Há mais. Como se sabe, a boa-fé objetiva, na tríplice acepção que se reconhece às suas funções, também impõe limites ao exercício de direitos. A prática de conduta contrária à boa-fé pode importar, inclusive, abuso de direito, merecendo, nesse caso, ser afastada.

Transportando essa mesma ordem de ideias para o caso presente, observa-se que o exercício do poder de legislar da União não pode

---

[38] *Op. cit.*, p. 604.

[39] *Op. cit.*, p. 605.

[40] *Op. cit.*, p. 606.

ser exercido de modo abusivo, sob pena de restar caracterizada sua invalidade e consequente nulidade.

Como a base da boa-fé objetiva é a proteção de confiança, as expressões do abuso de direito relacionadas à violação da boa-fé objetiva estão relacionadas a hipóteses em que o exercício do direito frustra legítimas expectativas. Esse é o caso da proibição de *venire contra factum proprium*. Como ensina António Manuel da Rocha e Menezes Cordeiro, *"venire contra factum propium* postula dois comportamentos da mesma pessoa, lícitos em si e diferidos no tempo. O primeiro – o *factum proprium* – é, porém, contrariado pelo segundo".[41]

Caso se considerasse aprioristicamente serem lícitas as proporções de partilha dos *royalties* e participações especiais tanto anterior quanto posterior à Lei nº 12.734, de 2012 (o que se concebe por exercício de argumentação, pois, como antes demonstrado, a Lei nº 12.734, de 2012 estabelece um modelo de partilha contrário ao artigo 20, §1º da Constituição da República), ainda assim se chegaria à conclusão de que a Lei nº 12.734, de 2012 é ilícita no caso concreto.

Como se demonstrou acima, a União deu diversos sinais de que manteria pelos próximos trinta anos o tradicional regime de partilha dos *royalties* e participações especiais: celebrou contratos e editou leis que supõem a manutenção do mesmo estado de coisas por todo o período de refinanciamento da dívida pública dos Estados, o que inclui o regime de partilha dos *royalties* e participações especiais especialmente com relação ao Estado do Rio de Janeiro, dada a cessão, por décadas, de partes dos valores desses *royalties* exigida pela União em seu favor.

Gerando no Estado do Rio de Janeiro a legítima expectativa de que esse regime de partilha seria mantido, não pode a União promover pela Lei nº 12.734, de 2012, novo regime de partilha que frustre essas legítimas expectativas, sem incorrer em nítido abuso de direito, ou, em outros termos, em nítido abuso do poder de legislar.

Percebe-se que a gravidade da situação põe em jogo os próprios termos do pacto constituinte, porque o refinanciamento da dívida dos Estados não é um contrato isolado na vida federativa: antes, é expressão do ajuste fiscal dos Estados seguindo as diretrizes da União, política que, depois da celebração dos contratos e da edição das leis examinadas, e na linha do Programa Nacional de Apoio à Reestruturação e Ajuste

---

[41] *Op. cit.*, p. 745. Sobre a proibição do comportamento contraditório no Brasil, v., por todos, SCHEIBER, Anderson. *A proibição do comportamento contraditório*. 3. ed. Rio de Janeiro: Renovar, 2012.

Fiscal dos Estados, culminou com a edição da Lei de Responsabilidade Fiscal, Lei Complementar nº 101, de 4 de maio de 2000.

Daí por que se conclui que, mesmo que se considerasse lícito, em si, o regime de partilha da Lei nº 12.734, de 2012, ele seria, no contexto, ilícito, o que impõe o reconhecimento de sua inconstitucionalidade.[42]

Logo, respondendo objetivamente ao segundo item da consulta (o exame da violação desses primados à luz do Contrato de Refinanciamento de Dívidas celebrado entre o Estado do Rio de Janeiro e a União – Contrato nº 004/99-STN/COAFI – Processo nº 17944.001007/97-15), conclui-se que a aplicação da Lei nº 12.734, de 2012, antes de exauridos os efeitos desse contrato, viola a boa-fé objetiva e, por corolário, o princípio da proteção da confiança, havendo, ainda, no caso concreto, violação da segurança jurídica.

3 Conclusão

Por todo o exposto, pode-se dizer que (i) a aplicação imediata da Lei nº 12.734/2012 viola, estrutural e funcionalmente, o direito adquirido e o ato jurídico perfeito, que constituem projeções da segurança jurídica e (ii) que a aplicação da Lei nº 12.734/2012, antes de exauridos os efeitos do Contrato de Refinanciamento da dívida pública do Estado do Rio de Janeiro com a União, viola a boa-fé objetiva e, por corolário, o princípio da proteção da confiança, havendo, ainda, no caso concreto, violação da segurança jurídica, o que lhe confere a pecha da inconstitucionalidade, de modo que sua manutenção no ordenamento jurídico brasileiro dependeria da retenção dos seus efeitos para não atingir as concessões licitadas e para protrair o início de sua aplicação para depois do encerramento do Contrato de Refinanciamento, em um exercício de interpretação conforme a Constituição.

É o parecer.

---

[42] A União, não importa por obra de qual se seus poderes, não se pode comportar como a Dama da famosíssima ópera de Giuseppe Verdi, da qual se dizia "La Donna è mobile/qual piuma al vento/muta d'accento/e dipensiero".

PREFÁCIOS E APRESENTAÇÕES

DO SONHO À AÇÃO: O RENASCIMENTO DA REVISTA DA FACULDADE DE DIREITO DA UERJ*

O volume que o leitor tem agora em mãos apresenta-se como o coroamento do esforço de anos do corpo docente da Faculdade de Direito da UERJ que, inconformado com a interrupção das publicações de seu principal periódico, jamais deixou de sonhar a retomada da trajetória de êxito editorial construída ao longo de duas décadas. Afinal, reiniciada e mantida dentro da periodicidade anual nas gestões de Antônio Celso e Gustavo Tepedino, a Revista publicou em seus números anteriores históricas palestras de juristas nacionais e estrangeiros ocorridos no Salão Nobre da Faculdade, notáveis primeiras linhas de alunos de graduação, então jovens pesquisadores em iniciação científica, hoje mestres, doutores, e, alguns, professores da Casa, discursos e pronunciamentos clássicos, e, sobretudo, a sólida produção docente, revelada por importantes artigos de doutrina divididos entre todos os Departamentos integrantes da Faculdade.

Consolidavam-se passo a passo, assim, as vocações da Revista, em simetria, acrescente-se aqui, com a maturidade do Programa de pós-graduação stricto sensu que, não por coincidência, abriu sua primeira turma do embrionário e multidisciplinar Direito da Cidade em março de 1991.

Desde então, Programa e Revista desenvolveram-se de mãos dadas ao longo da última década do século passado e esta constituía,

---

* Apresentação da Revista da Faculdade de Direito da UERJ, publicada originalmente no v. 8, 2000.

por assim dizer, a via natural do escoamento dos textos produzidos em meio à robustez editorial das escolas de pensamento que caracterizam as linhas de pesquisa daquele, colaborando para a criação das respectivas identidades culturais a permear todos os segmentos da Faculdade.

Hoje, posto que consagrado e reconhecido como padrão de excelência no sistema nacional de pós-graduação, o Programa se revisa e redimensiona à luz dos novos desafios impostos pelos anseios da comunidade acadêmica em geral, tendo logrado significativa modificação em 2007.

Prosseguindo no paralelismo destacado, 2007 é o ano que marca o início das ações concretas para debelar a paralisação indesejada dos trabalhos da Revista, delineando-se – no âmbito da nossa Coordenação do Programa e do seu Colegiado, que tivemos a honra de presidir –, a formalização da decisão pela retomada da Revista da Faculdade de Direito com a manutenção do ISSN (original), e o deflagrar dos processos de consultas à CAPES (Qualis), da licitação entre as editoras (sagrando-se vencedora a Juruá), das reuniões de definição do projeto adotado, da busca do financiamento, dos pedidos de contribuições da seleção e distribuição dos artigos nos volumes conforme a cronologia adequada, e tudo o mais que já foi feito para que a Revista esteja agora, pronta e atualizada, em suas mãos.

No entanto, o êxito final somente ocorreu, para além das ações administrativas aludidas no parágrafo acima, graças a todos os professores e alunos que, confiando no projeto, encaminharam os belos textos ora publicados, a quem agradecemos de modo geral, mas com toda ênfase, na impossibilidade de destacar um por um. Nomeadamente o fazemos, porém, em relação a quatro ilustres professores da Faculdade. Patrícia Glioche tem sido e é a pessoa cujo esforço desmedido pôde materializar a vontade coletiva: sem sua presença em todas as etapas do processo a Revista simplesmente não aconteceria. Também não aconteceria sem o substancioso apoio material, de, em ordem alfabética, Carlos Roberto Siqueira Castro, Gustavo Tepedino e Luís Roberto Barroso, que, demonstrando grandeza de personalidade e espírito público, prontamente ocorreram ao chamamento quando da passagem do pires.

Do sonho à ação e o resultado aqui está! O beneficiário maior é o próprio público leitor. Aliás, é em seu favor que paramos por aqui essas breves linhas de apresentação, atentos ao conselho do personagem Brás Cubas, de Machado de Assis, que ao narrar suas memórias, mesmo que de lá "do outo mundo", admitia em tom confessional ainda esperar "angariar as simpatias da opinião, e o primeiro remédio é fugir a um prólogo explícito e longo", para arrematar logo em seguida que "o melhor prólogo é o que contém menos coisas".

Bem vistos os fatos, a recuperação da Revista se insere em contexto mais amplo da responsabilidade da comunidade acadêmica quanto às novas realidades e exigências impostas pela contemporaneidade. O reclamar de dinamismo, a rigor, marca também o renascimento da Revista: daqui para frente, sua agenda é extensa. Os requisitos de adequação, os parâmetros de controle tornam-se, a cada dia, crescentes e mais rigorosos. Na administração hodierna só é mesmo perene a tônica da reconstrução, revisando-se e aperfeiçoando-se permanentemente as práticas a bem da otimização do resultado final.

A sabedoria de Adilson Rodrigues Pires na coordenação do Programa e a competência de Heloisa Helena Barboza na direção da Revista, aos quais passamos o bastão, constituem a própria tradução da máxima. Vida longa à Revista da Faculdade de Direito da UERJ!

PROBLEMAS DE
RESPONSABILIDADE CIVIL*

O título desta obra corresponde ao da disciplina homônima, por mim lecionada no primeiro semestre de 2015, no Programa de Pós-graduação em Direito da Faculdade de Direito da UERJ, para os alunos dos cursos de mestrado e doutorado. Em sua acepção original, a denominação escolhida associa-se a balizamentos traçados por Pietro Perlingieri, que registrara preferir raciocinar por problemas, porque cada problema teria solução na complexidade e na unidade do ordenamento, em linha de superação da corrente metodológica oposta, vazada na técnica da subsunção deflagrada em meio à pluralidade de ordenamentos setoriais – ditos microssistemas. Nas palavras do autor, firme na convicção de que o ordenamento é uno, posto que de múltiplas fontes, e composto por um sistema coerente de valores, princípios e regras, organizados hierarquicamente, "o estudo do direito não pode ser feito por setores pré-constituídos, mas por problemas, com especial atenção às exigências emergentes".[1]

Com efeito, após a leitura do presente trabalho, fica-se com a sensação de que em nenhum outro campo do estudo jurídico a sentença *perlingeriana* se projeta com tamanhos impacto e grandeza como na responsabilidade civil. De fato, é no chamado direito dos danos que explodem a cada momento novos desafios que parecem transcender as bases – legais e doutrinárias – da disciplina, forjadas em contexto histórico diverso, reducionista de sua estrutura e funções. Em rigor,

---

* Apresentação à obra coletiva organizada pelo autor e publicada em outubro de 2016.
[1] PERLINGIERI, Pietro. *Perfis do direito civil*. 3. ed. Rio de Janeiro: Renovar, 2007, p. 55.

nesta senda as evoluções e revoluções dos fatos, especialmente com o advento das novas tecnologias, põem em xeque a sabedoria convencional acumulada nas obras de referência, o que, por isso mesmo, faz convergir a atenção de pesquisadores e estudiosos em número crescente, intrigados por desvelar soluções jurídicas compatíveis com a escala de valores do ordenamento, para a riqueza da plêiade de novos casos que pululam em toda parte.

Em tal contexto, o leitor encontrará elementos os mais interessantes da renovada disciplina da responsabilidade civil e poderá constatar que os escritores pesquisaram, em perspectiva crítica, desde as fontes clássicas às contemporâneas, ajuntando experiências selecionadas de direito estrangeiro, em assuntos tais como *a responsabilidade de terceiro que viola o contrato*, tema que congrega a força normativa dos princípio da boa-fé objetiva e da reparação integral, em linha de reformulação do princípio da relatividade dos efeitos negociais; *o dano moral contratual e o problema da cláusula penal*, em que se busca, por meio de aprofundado estudo, preencher o vazio legislativo a respeito da possibilidade de indenização por dano moral proveniente de relações contratuais, cotejando-a com o instituto da cláusula penal em suas diferentes espécies; *o ônus de mitigação dos próprios prejuízos no ordenamento jurídico brasileiro*, assunto ainda pouco estudado no país, com interessante debate sobre a medida em que o prejudicado pela inexecução de uma obrigação deve mitigar o dano sob pena de não ser integralmente ressarcido pelo prejuízo sofrido; *parâmetros de quantificação do lucro da intervenção*, necessários para compreender os aspectos relevantes da ingerência não autorizada no patrimônio alheio, problema que se põe na realidade social, e proceder à correta liquidação do dano decorrente; *dano causado por membro indeterminado de um grupo*, que propõe parâmetros para a indenização ante a impossibilidade de individualização do agente causador do dano, para além da controvérsia atinente à reparação (deverá ser suportada por todo o grupo ou ficará a vítima não ressarcida?); *novas controvérsias em tema de responsabilidade civil nas relações familiares*, que ganham importância a partir da perspectiva instrumental da família desenvolvida na contemporaneidade pelo direito brasileiro, abordadas, primeiramente, no eixo das relações conjugais e, em seguida, no das relações paterno-filiais; *modalidades da responsabilidade civil pela perda de chance*, trazendo base doutrinária sólida para discutir por quais métodos e liames causais a chance perdida pode e deve ser identificada como dano indenizável; *o abuso do direito e seus reflexos na responsabilidade civil*, em que se revela o estudo sinérgico de tópicos separados pela dogmática civilista tradicional; *os deveres de conduta dos administradores de S/A,* buscando-se analisar objetivamente os deveres de conduta de seus administradores e as possíveis ações de responsabilidade civil disponibilizadas pela lei societária aos acionistas pretensamente lesados; *a responsabilidade por abuso positivo no exercício do direito de voto pela minoria na S/A,* em que se trata da valoração positiva das condutas dos grupos minoritários, perquirindo-se sua conformidade com o dever de lealdade empresarial e o interesse social; e, por fim, apresenta-se a recente discussão acerca da *privacidade, spam e responsabilidade civil,* que diariamente ganha novos contornos devido aos avanços da capacidade humana em transmitir informações por meio virtual, com risco crescente à autodeterminação dos dados pessoais.

O traço comum que une os textos ora publicados é que todos decorrem do esforço coletivo – modelo que tenho adotado em repetidos semestres na docência em pós-graduação, cujo efeito principal diz respeito à conclusão do trabalho final contemporaneamente à disciplina, quer dizer, dentro do próprio período letivo, diferente do regulamento do Programa de Pós-Graduação, que permite seja entregue até noventa dias após o encerramento das aulas. O coletivismo que marca sua gênese permite sobretudo que os autores conheçam muito bem, desde a concepção da ideia, os trabalhos dos colegas e os tenham lido e relido, além de desempenharem papel de solidários revisores, formulando críticas redacionais, fornecendo sugestões de bibliografia e de decisões judiciais. Não surpreende que ao fim haja bom volume de citações recíprocas.

Cumpre assinalar, como se pode ver, que não se trata de reunião de textos esparsos, aleatoriamente jungidos para montar livro. O que se tem é o resultado de pesquisas aprofundadas em perspectiva crítica, fincadas no marco teórico do direito civil-constitucional, acerca de um mesmo e único tema: a responsabilidade civil. A meta que apresentei aos pesquisadores na sessão inaugural da disciplina – que incluía escolha e delimitação do temário, planejamento, execução e revisão dos ensaios científicos, assinados individualmente ou em dupla, em meio a debates articulados em quinze encontros semanais de cerca de quatro horas de duração – coroou-se de êxito ao término do semestre letivo e vem à luz agora nos elegantes tipos da Editora Revan.

Ao fim dessa apresentação, registro uma breve passagem à guisa de agradecimento à generosidade de mestre do Professor Nilo Batista.

Nossos horários se sucediam naquele primeiro semestre de 2015; sua aula se iniciava uma hora após a previsão de encerramento da minha. Não raro, no entanto, as atividades intelectuais coletivas, que ali tinham lugar, extravasavam o tempo regulamentar, permitindo o encontro, sempre rico de sabedoria e afeto, com o Professor que de longa data admirava, seja na academia, na atividade advocatícia, ou ainda como governador do Estado do Rio de Janeiro (de quem fui eleitor!). Assim tinha início a história da publicação destes *Problemas*. Boa leitura!

DIREITO DAS RELAÇÕES PATRIMONIAIS: ESTRUTURA E FUNÇÃO NA CONTEMPORANEIDADE*

No primeiro semestre de 2014, assumi a disciplina Direito das Relações Patrimoniais para ministrar seu conteúdo aos alunos matriculados nos cursos de mestrado e doutorado do Programa de Pós-Graduação em Direito da UERJ.

Aos desafios ordinários que envolvem a honrosa docência nos graus mais avançados da pós-graduação somava-se uma circunstância peculiar. Avizinhava-se a Copa do Mundo de Futebol da FIFA no Brasil e em face da localização do nosso campus universitário, rigorosamente em frente ao Estádio Mário Filho (Maracanã), a reitoria divulgou calendário acadêmico que suspendia as atividades universitárias por 30 dias, a fim de evitar a coincidência entre estas e os certames futebolísticos. A paralisação atingia a programação do curso em cheio: situada quase na metade do período letivo, impunha a divisão de sua estrutura em duas etapas. Estava dado o mote para um planejamento diferenciado.

Propus aos mestrandos e doutorandos, já no encontro inaugural da disciplina, que aproveitássemos o turno pré-Copa para a construção do esboço das monografias, com a escolha e delimitação temática, seleção das referências e, não por último, o desenho provisório do fio condutor de cada ensaio, reservando à segunda parte da jornada, pós-Copa, a apresentação das minutas dos textos já produzidos. O método, um tanto experimental e fruto de circunstância única, foi muito bem recebido pelos discentes, que souberam vivenciá-lo com

---

* Apresentação à obra coletiva coordenada pelo autor e publicada em 2015.

vigor comprovado pela energia depositada na execução das tarefas impostas pelo intenso cronograma traçado.

Foram dezesseis encontros semanais de três horas de duração, em que se travaram debates para discussão e aprofundamento dos trabalhos. As sessões tiveram um ou dois relatores por tema designado, participando todos os demais como ativos revisores.

O grupo heterogêneo, composto por professores de renomadas instituições, advogados públicos e privados, operadores jurídicos de variegadas experiências, ligava-se, no entanto, pelo traço comum da pesquisa em conjunto. O trabalho coletivo, tônica em sala de aula, e que se reflete nos textos constantes da publicação que o leitor tem agora em mãos, exigia de todos, a um só tempo, generosidade e despojamento. Fizeram-se necessários, respectivamente, o olhar atento para o outro e a exposição de convicções personalíssimas, em processo dialético permanente de crítica e autocrítica, escancarando-se os pontos fortes e fracos de cada argumento em baila, a cada fase do procedimento. Desincumbindo-se de tais misteres com naturalidade, em comunhão de ideias e de afeto, o grupo logrou a unidade que o tornou apto ao bom desenvolvimento da missão assumida.

Como produto da pesquisa, nasce esta coletânea de dez artigos científicos articulados em torno do eixo temático da funcionalização das relações patrimoniais, que guardam coerência entre si, com referências cruzadas, e todos escritos na perspectiva da metodologia civil-constitucional – portanto, com os mesmos marcos teóricos.

Assim, o livro traz três artigos sobre direito dos contratos. O primeiro, Vulnerabilidade, hipervulnerabilidade ou simplesmente dignidade da pessoa humana? Uma abordagem das qualificações a partir do exemplo do consumidor superendividado, de autoria de Cíntia Muniz de Souza Konder, analisa a questão da qualificação jurídica do consumidor superendividado e propõe uma solução hermenêutica para a proteção da vulnerabilidade desses consumidores à luz da unidade do ordenamento jurídico, a partir dos princípios da dignidade da pessoa humana e do equilíbrio econômico.

Ainda na perspectiva protetiva da pessoa humana, a partir do exemplo do leilão de virgindade praticado pela internet, Juliana da Silva Ribeiro Gomes Chediek, em seu artigo *Mercantilização da virgindade e dignidade da pessoa humana*, busca problematizar a proteção da dignidade da pessoa humana dentro do contexto dinâmico das novas contratações virtuais na sociedade de hiperconsumo. Diante da constitucionalização do direito civil, procura pesquisar até que ponto a autonomia negocial pode ser utilizada como fundamento jurídico para legitimar a mercantilização do corpo através da internet.

No artigo *Apontamentos sobre o equilíbrio econômico das prestações*, Fernanda Paes Leme Peyneau Rito propõe uma reflexão sobre o princípio do equilíbrio dos contratos, usualmente relegado pela dogmática, mais precisamente, sobre equilíbrio econômico entre as prestações de pactos onerosos, bilaterais e comutativos. E, neste contexto, indaga o que significa equilíbrio econômico das prestações e quais os efeitos de um eventual desequilíbrio, quando não for possível configurar as figuras da lesão, do estado de perigo e da onerosidade excessiva, por exemplo.

A respeito da funcionalização das relações obrigacionais, Louise Vago Matieli e Thiago Andrade Sousa, em coautoria, evidenciam, no artigo *Situações jurídicas reais vs. situações jurídicas obrigacionais. A crise da dicotomia e a viabilidade de um direito comum para as situações patrimoniais*, que a tradicional dicotomia das situações patrimoniais – reais *vs.* obrigacionais – encontra-se em crise, seja por conta da insuficiência dos critérios para estabelecer tal distinção, seja porque a sua própria razão justificadora é relativizada. Afinal, consoante a metodologia civil-constitucional, todo o direito patrimonial deve ser funcionalizado ao atendimento de valores extrapatrimoniais. Assim é que defendem a viabilidade de um regramento comum das situações patrimoniais.

Rafael Sinay, em linha análoga, desenvolve o artigo *Funcionalização das relações obrigacionais – A cessão de posição contratual e a cessão de carteira de clientes*, no qual, de forma pontual, analisa a funcionalização das relações obrigacionais por meio da análise de dois dinâmicos institutos: a cessão de posição contratual e a cessão de carteira de clientes, tratada como um caso especial.

Tendo em vista a unidade do sistema, optou-se por incluir nas discussões questões afetas ao direito empresarial, como se vê em três artigos a seguir. No texto *A boa-fé objetiva nos acordos de acionistas*, Fernanda Mynarski Martins Costa analisa a operatividade do princípio da boa-fé objetiva nos acordos entre acionistas, tendo em vista o critério do campo normativo e o da materialidade subjacente. Além disso, pretendeu abordar brevemente situações complexas surgidas quando há disjunção entre os ditames da boa-fé objetiva e os do fim social.

Pedro Freitas Teixeira e Rodrigo Rabelo Tavares Borba desenvolveram, em coautoria, outros dois artigos que estabelecem essa necessária interseção entre o direito civil e o direito empresarial. Em *O poder de controle à luz da perspectiva funcional: o caso Petroquisa*, os autores analisam o fenômeno da dissociação entre o "direito de propriedade" e o correlato "controle da propriedade" no contexto das sociedades anônimas. O estudo parte da ideia de desintegração do átomo da propriedade, passa pela análise dos diversos tipos de controle e finaliza analisando o controvertido caso Petroquisa a partir de uma visão funcional do direito.

Já no artigo *A responsabilidade civil dos administradores de companhia aberta sob a perspectiva da metodologia do direito civil-constitucional*, os autores, em uma perspectiva crítica, investigam se a metodologia civil-constitucional, que considera o ordenamento jurídico como unitário, complexo, sistemático e coerente por definição e admite a aplicação direta das normas constitucionais como forma de unificar o ordenamento, poderá auxiliar o intérprete do direito a promover a reparação das vítimas de danos advindos da atividade empresarial. O artigo aborda o instituto do seguro de responsabilidade civil como instrumento jurídico capaz de garantir a reparação das vítimas de danos e a liberdade dos administradores na tomada de decisões e prática dos atos de gestão que possam eventualmente gerar algum tipo de dano.

De outro giro, Chiara Antonia Spadaccini de Teffé apresenta o artigo *A restituição do lucro da intervenção nos casos de violação aos direitos da personalidade: uma questão entre o enriquecimento sem causa e a responsabilidade civil*, que tem como objetivo analisar se, nas hipóteses de intervenção indevida em direito da personalidade alheio, o ofensor teria o dever de restituir o lucro auferido ilicitamente à vítima. Partindo da ideia de que se faz necessária a restituição, tendo em vista que se trata de violação a categoria de direitos absolutos e essenciais à pessoa humana, a autora busca verificar qual instituto dentro do Direito Civil mostra-se mais adequado para tanto, se o enriquecimento sem causa ou a responsabilidade civil.

Seja consentido registrar, por último, que o livro traz trabalho de minha autoria, intitulado *Usucapião imobiliária urbana independente de metragem mínima: uma concretização da função social da propriedade*, que cuida da função social na aquisição por usucapião de imóvel urbano, enfrentando o problema das dimensões mínimas da propriedade previstas nas diretrizes normativas de cada cidade, situando-o, pois, no plano funcional do direito de propriedade, à luz de renovada teoria da interpretação. Dentre os objetivos do artigo inclui-se, igualmente, a identificação da atual crise no tratamento jurisprudencial da matéria, marcada pela contraposição de duas correntes majoritárias, e protagonizada pelo Superior Tribunal de Justiça, em que prevalece a improcedência do pedido aquisitivo, e os Tribunais de Justiça estaduais, favoráveis, em regra, à possibilidade da aquisição independente de metragem mínima – tese defendida no artigo como resultado da funcionalização das situações patrimoniais aos valores existenciais e da ponderação de interesses em jogo no caso concreto.

Boa leitura!

Rio de Janeiro, primavera de 2014.

Carlos Edison do Rêgo Monteiro Filho

CURATELA E INTERDIÇÃO CIVIL*

Costuma-se recomendar paixão pelo tema àqueles que se dedicam a produzir trabalhos acadêmicos de maior fôlego. A advertência encerra dificuldades de observância. Natural que assim seja. É voz corrente também que a paixão não se elege por simples ato de vontade, enquadrado nas molduras de tempo, lugar, qualidade e intensidade decorrentes do desejo do titular, atribuindo-se suas origens antes à complexidade que cerca a mente humana, nas múltiplas acepções conscientes e inconscientes do indivíduo.

A obra que o leitor tem agora em mãos, originária de tese de doutorado apresentada ao Programa de Pós-graduação em Direito da Faculdade de Direito da Universidade do Estado do Rio de Janeiro, permite entrever o comprometimento apaixonado da escritora para com o tema, traço que se reflete na boa pesquisa empreendida, a coligir resultados que vão desde a singeleza das lições do clássico Teixeira de Freitas às últimas novidades da experiência estrangeira na matéria, e incluem ainda ingredientes não usuais como o trabalho de campo realizado no Tribunal de Justiça do Estado do Rio de Janeiro (estatísticas e entrevistas com juízes das varas de órfãos e sucessões da capital) e as referências a manifestações culturais diversas (tais como cinema, arte e notícias de jornais).

A proposta central da tese, em boa hora publicada nos tipos da *Lumen Juris*, volta-se, nas palavras da autora, à "leitura adequada da norma contida no artigo 1.772 do CC/2002, de maneira que a *flexibilização* da curatela pelo juiz seja um direito de qualquer portador de transtorno mental, independentemente do permissivo legal em que ele se situe

---

* Apresentação à obra de Célia Barbosa Abreu, publicada originalmente em 2009.

(artigo 1.767), a fim de resguardar suas potencialidades todas as vezes que possam ser manifestadas, em respeito ao seu desenvolvimento e à sua dignidade, liberdade, igualdade e demais direitos fundamentais de que é titular. Afinal, a capacidade é a regra e a incapacidade é a exceção, razão pela qual deve ser provada. Logo, a falta de capacidade há que ser constatada para cada ato, pois uma pessoa pode ser incapaz de praticar determinados atos e não outros".

Afinada com os marcos teóricos sobre os quais deita raízes, a obra faz-se coerente com a metodologia da linha de pesquisa eleita para o doutoramento. De fato, no cenário contemporâneo não se deve (*rectius*: não se pode) descuidar da valorização, com prioridade máxima, da tutela da pessoa humana em concreto, sendo institutos como a curatela instrumentos da promoção de sua dignidade, consoante as especificidades de cada caso, e bem assim da busca de dar conteúdo axiológico às cláusulas gerais previstas, com base em parâmetros do próprio ordenamento jurídico, em linha de superação da ideia de espaços vazios de arbítrio do julgador. Eis o esforço intelectual, enfim, de tornar densa a construção jurídica, a projetar luzes para instituto decerto lacunoso, e, com isso, permitir ao operador extrair potencialidades interpretativas coerentes com a hierarquia de valores que pauta o ordenamento brasileiro. Esse, afinal, não seria o papel da doutrina? Com a palavra, o leitor.

EXECUÇÕES EXTRAJUDICIAIS DE CRÉDITOS IMOBILIÁRIOS*

Conheci o autor Samir José Caetano Martins em 1996, quando tive a alegria de ser seu professor no curso de bacharelado na Faculdade de Direito da UERJ. Sua trajetória ascendente começava a se revelar – inaugurada com o primeiro lugar no concorridíssimo vestibular de ingresso naquela Casa – nos resultados expressivos conquistados ao longo de toda a graduação, culminando com um incomum coeficiente de rendimentos que beirava a nota dez na conclusão do curso. O autor é, ainda, especialista em direito processual civil pela Universidade Estácio de Sá e mestrando em Direito na Universidade Gama Filho.

Ancorado em formação acadêmica sólida, seus primeiros passos na atividade profissional abraçada, a advocacia privada, foram coroados de êxito. Destacando-se na área imobiliária do conceituado escritório Barbosa, Musnich e Aragão no Rio de Janeiro, logo foi pinçado pelo Departamento Jurídico da AMIL, no qual atualmente exerce as funções de assessoria e consultoria aliadas à prática contenciosa.

A inquietude de sua inteligência marca a fuga do lugar-comum em seus escritos e dá o tom de sua produção científica, notabilizada pela crítica aguda e pela pesquisa exaustiva, a resultar em investigações instigantes que conduzem o leitor à profícua reflexão sobre os temas desenvolvidos, como ocorre em EXECUÇÕES EXTRAJUDICIAIS DE CRÉDITOS IMOBILIÁRIOS: *Uma perspectiva processual constitucional da experiência brasileira.*

---

* Prefácio à obra de Samir José Caetano Martins, publicada em originalmente em 2007.

A obra ora apresentada conjuga a rica experiência prática do autor a seu talento científico, notadamente nos campos do direito processual civil e do direito imobiliário: a opção pelo tema invulgar, a identificação prévia dos marcos teóricos, a correta sistematização da estrutura capitular evidenciada no sumário, a clareza da apresentação dos resultados da pesquisa empreendida, as provocações bem lançadas, a riqueza do conteúdo das notas de rodapé e a (re)visão prospectiva dos assuntos abordados constituem predicados que a distinguem como ferramenta de destaque, ora posta à disposição – sorte nossa – de todos os operadores do Direito. Bom proveito.

CONTRATO PRELIMINAR: CONTEÚDO MÍNIMO E EXECUÇÃO*

Vive-se era de hipercomplexidade social. As relações jurídicas desdobram-se em situações subjetivas de números crescentes e se sofisticam a cada giro. Novas técnicas surgem, em meio à permanente tensão entre segurança e risco, na tentativa de ordenação da frenética factualidade. Nesse contexto, para regular o interesse de pessoas naturais ou jurídicas que travando contato desejem contratar, avulta em importância as distintas funções que pode cumprir um pacto, dito preliminar, contraído no bojo do processo de formação progressiva dos negócios jurídicos.

Em boa hora, portanto, vem à luz *Contrato preliminar: conteúdo mínimo e execução*, de Luiza Lourenço Bianchini, produto de sua dissertação de mestrado intitulada *Contrato Preliminar Incompleto* no Programa de Pós-Graduação em Direito da UERJ, aprovada com recomendação de publicação por banca examinadora composta por mim e pelos ilustres professores Gustavo Tepedino, Carlos Nelson Konder e Marcelo Junqueira Calixto. O livro destina-se a ocupar lugar de destaque no dinâmico panorama da contratualística contemporânea. De fato, pouquíssimas obras dedicaram-se ao contrato preliminar em perspectiva funcional, logrando conciliar tamanho esmero técnico com refinada didática. Daí resulta um texto denso, informativo, repleto de imersões verticalizadas, e ao mesmo tempo claro, agradável e compreensível por profissionais e estudantes de direito.

Não por acaso, a capacidade de aliar as investigações de temas os mais complexos com o poder de simplificação em apresentações orais

---

* Prefácio à obra de Luiza Bianchini, no prelo da Editora Arquipélago.

e escritas sempre distinguiu a trajetória acadêmica de Luiza Bianchini. Forjada nos bancos da Faculdade de Direito da UERJ, seu histórico inclui intercâmbio acadêmico na consagrada *Università degli Studi di Firenze, Scuola di Giurisprudenza*, projeto de pesquisa (iniciação científica), com bolsa da Faperj, além do curso de mestrado. Tive a satisfação de ser seu orientador na graduação e no mestrado e pude presenciar outra virtude que o leitor certamente encontrará no texto: o conhecimento prático dos assuntos versados e o domínio da jurisprudência, para o qual decisivamente concorre sua experiência diária da advocacia, exercida em alto nível no renomado escritório Sérgio Bermudes há mais de uma década.

A obra que o leitor tem em mãos se divide em quatro partes. Na primeira, a autora apresenta o contrato preliminar como instituto autônomo, relatando seu histórico no direito estrangeiro e brasileiro. Nessa análise, por meio da metodologia civil-constitucional, estuda a natureza jurídica e as mais variadas funções e interesses satisfeitos pelo contrato preliminar, a justificar sua tutela pelo ordenamento.

Na segunda parte, a autora empreende profundo estudo sobre o contrato preliminar, definindo, a partir de detida análise de sua causa e objeto, seus contornos funcionais. É nessa segunda parte que sustentará a distinção entre causa e objeto do preliminar e do definitivo, constituindo aquele, portanto, figura autônoma e merecedora de tutela independente. Ainda nessa parte, realiza valioso exame acerca da aplicação do princípio da boa-fé objetiva na sistemática dos contratos preliminares, além de distingui-los do que chamou de 'figuras próximas', como as tratativas, as minutas e as cartas de intenção.

Em sequência, o texto apresenta o resultado de estudos do princípio da equiparação, segundo o qual, em regra, o contrato preliminar segue a mesma disciplina aplicável ao negócio prometido. Por meio da análise funcional do instituto, no entanto, demonstrará a autora que o princípio pode ser afastado, já que, em muitos casos, a vontade dos contratantes ao celebrar o preliminar se dedica a dispensar determinadas formalidades, requisitos do contrato definitivo. Nesse sentido, ganha corpo o tema das exceções ao princípio da equiparação, como a forma e o objeto do contrato preliminar. O preliminar não necessita esmiuçar todos os aspectos do definitivo, bastando que preveja os efeitos essenciais deste. Assim, demonstrará a autora a perfeita viabilidade, nos ditames do ordenamento jurídico brasileiro, do contrato preliminar incompleto: aquele em que alguns pontos do regulamento são deixados, propositalmente, em branco, a serem definidos em momento posterior, quando da celebração do contrato definitivo.

Por fim, na quarta parte, a autora cuida do momento patológico da relação contratual preliminar. Aponta, aqui, os problemas trazidos pela disciplina da execução específica dos contratos preliminares, que deve ser preferida à conversão em perdas e danos. Sob essa perspectiva, aborda hipóteses em que será impossibilitada a execução específica, seja pela natureza da obrigação, seja pela inviabilidade jurídica do negócio prometido. Em seguida a autora problematiza a execução específica do contrato preliminar incompleto, sustentando sua possibilidade. Com esse desiderato, advogará a tese de que é possível a complementação dos elementos faltantes pelo magistrado, que integrará o contrato na observância da intenção das partes e dos valores constitucionais.

Para além do recorte do objeto, o livro traz contribuição didática e sistematizada do direito contratual em sentido amplo, abordando, *a latere*, temas como princípio da boa-fé objetiva, inadimplemento contratual e suas consequências, execução específica das obrigações, tipologia contratual e efeitos do negócio.

A sensação que se tem após a leitura do texto é de que a obra, por meio da configuração exaustiva de sua dogmática, logrou demonstrar a compatibilidade do preliminar incompleto com o sistema jurídico pátrio, constituindo-se assim em firme revisão crítica do famoso caso Disco, como ficou notabilizado o julgamento do Supremo Tribunal Federal nos anos setenta do século passado, em que prevaleceu a tese oposta, por meio da qual o preliminar devia reunir, em nome da congruência, todos os elementos, essenciais ou não, do definitivo.

Pois bem, se a contemporaneidade fez substituir juízos de certeza por juízos de probabilidade, de rigidez por flexibilidade, de univocidade por plurivocidade, se a obra definida se permite aberta, assim também não deve o operador do Direito permanecer apegado à rigidez e à suposta segurança de esquematizações do passado. Umberto Eco, em *Obra aberta*, asseverou que "a um mundo ordenado segundo leis universalmente reconhecidas substituiu-se um mundo fundado sobre a ambiguidade, quer no sentido negativo de uma carência de centros de orientação, quer no sentido positivo de uma contínua revisibilidade dos valores e das certezas"[1]. Insistindo nas comparações, associa-se o preliminar incompleto aos novos princípios contratuais, assim como o completo aos clássicos, em linha de reunião harmônica promovida pelo sistema.

---

[1] ECO, Umberto. *Obra aberta:* forma e indeterminação nas poéticas contemporâneas. São Paulo: Perspectiva, 2012. Tradução de Giovanni Cutolo.

Se, no ambiente de liberdade, tantas são as figuras contratuais quantas são as vontades humanas, o contrato preliminar incompleto pode se revelar utilíssimo instrumento posto à disposição da autonomia negocial nos mais variados cenários.

Enfim, existem numerosas razões a justificar a leitura da presente obra. Neste prefácio, elencaram-se algumas. Outras há. Cabe ao leitor, com proveito, completá-las.

O MESTRE E SUA OBRA: APRESENTAÇÃO A *INSTITUIÇÕES DE DIREITO CIVIL*, VOL. IV, DE CAIO MÁRIO DA SILVA PEREIRA

Costuma-se dizer que a tarefa de atualização de um texto encerra níveis de dificuldade maiores do que os enfrentados na criação de um novo. Em especial quando aos atualizadores se submete obra clássica, admiradíssima, e que há mais de quarenta e cinco anos, como é o caso das *Instituições de Direito Civil*, fascina diferentes gerações de civilistas. Além da elegância de estilo e do domínio singular sobre a linguagem, a obra do professor Caio Mário da Silva Pereira alia as marcas da profundidade e da didática, virtudes tais que distinguem suas *Instituições* como o manual de direito civil de maior repercussão na comunidade jurídica, a criar vinculação intelectual e afetiva entre o Mestre e seus leitores, desde os bancos da graduação até o desempenho das mais altas atividades profissionais por todo o país. Assim, os trabalhos de revisão e atualização revestem-se de profunda dimensão social pois têm por escopo não privar as atuais e futuras gerações de estudantes e estudiosos do direito civil das preciosas lições que se perpetuam na presente coleção.

Como que a lidar com a pureza dos diamantes, intervenções pontuais, adendos e mesmo construções inovadoras paulatinamente inseridos nas edições atualizadas procuram guardar fidelidade ao estilo e às diretrizes centrais do pensamento do autor, incorporando toda a farta produção jurisprudencial e legislativa hodierna ao conteúdo do livro. Já nos manuscritos desenvolvidos para a primeira versão pós Código Civil de 2002, gentilmente cedidos aos atualizadores, percebe-se a preocupação do professor em conciliar o Direito com as exigências da realidade, afastando construções ensimesmadas em conceitualismos vazios. Ao adotar, no rigor metodológico, o Direito como ciência instrumental aos anseios de justiça, Caio Mário logrou imprimir em suas *Instituições* significado transcendente, de profícua aplicabilidade aos tempos correntes.

A explosão dos empreendimentos e da especulação imobiliária, bem como as novas faces da autonomia privada nos direitos reais, e a ainda necessária ampliação dos meios de acesso à propriedade, por exemplo, evidenciam a importância prática das lições do professor Caio Mário. Nesta linha, a 24ª edição do livro procura tratar de temas recentíssimos, dentre os quais se destacam a disciplina da usucapião extrajudicial e as modificações relativas às ações possessórias no Código de Processo Civil de 2015, e, ainda, a atualização do instituto da alienação fiduciária e os novos perfis do pacto marciano na jurisprudência.

Constata-se, de sua prazerosa leitura, que além de núcleo essencial das situações patrimoniais, os direitos reais se revelam importante meio de construção de uma sociedade livre, justa e solidária, que prime pela proeminência dos princípios e valores humanistas consagrados na Constituição da República. A servir de guia interpretativo do sentido das *Instituições*, encerram-se essas palavras com a dedicatória introduzida pelo próprio Caio Mário ao presente volume: "Aos meus filhos, dedico este volume que trata dos bens, para que a estes saibam sempre sobrepor os valores morais".